中经金课会计专业精品课程
新时代高等教育"互联网+"创新型教材

政府与民间非营利组织会计

Accounting of Government and
Non-governmental Non-profit Organizations

主　编　焦建秋　胡　迪　吴养学
副主编　孙艺馨　潘宗玲　吕杨杨
　　　　王明玺

中国经济出版社
CHINA ECONOMIC PUBLISHING HOUSE
北京

图书在版编目（CIP）数据

政府与民间非营利组织会计／焦建秋，胡迪，吴养学主编． -- 北京：中国经济出版社，2022.11（2024.7重印）
中经金课会计专业精品课程
ISBN 978-7-5136-7005-0

Ⅰ．①政… Ⅱ．①焦…②胡…③吴… Ⅲ．①单位预算会计－教材 Ⅳ．① F810.6

中国版本图书馆CIP数据核字（2022）第128005号

选题策划	雷　生
责任编辑	彭　欣
责任印制	马小宾
封面设计	牧野春晖
出版发行	中国经济出版社
印 刷 者	北京富泰印刷有限责任公司
经 销 者	各地新华书店
开　　本	889mm×1194mm　1/16
印　　张	18
字　　数	505千字
版　　次	2022年11月第1版
印　　次	2024年7月第3次
定　　价	59.00元

广告经营许可证　京西工商广字第8179号

中国经济出版社 网址www.economyph.com 社址北京市东城区安定门外大街58号 邮编100011
本版图书如存在印装质量问题，请与本社销售中心联系调换（联系电话：010-57512564）

版权所有　盗版必究（举报电话：010-57512600）
国家版权局反盗版举报中心（举报电话：12390）　　服务热线：010-57512564

EDITORIAL BOARD 编委会

主　任　唐大鹏（东北财经大学教授）
成　员　陈　婧　　郭　娟　　侯建云
　　　　　　胡　迪　　姜新阳　　焦建秋
　　　　　　刘春苗　　罗雅兰　　李　敏
　　　　　　李　锐　　李　琦　　李建民
　　　　　　吕杨杨　　欧洳彤　　裴　雯
　　　　　　潘宗玲　　孙艺馨　　尚玉霞
　　　　　　佟　玲　　吴养学　　王彩丽
　　　　　　王明玺　　许素青　　杨　尚
　　　　　　杨　智　　张晓毅　　张　静
　　　　　　张思檬　　张　毅　　张玉梅
　　　　　　周嫔婷

（以姓名拼音排序）

PREFACE 前言

政府与民间非营利组织会计是我国两大会计体系之一。随着经济体制改革和财政管理体制改革的不断深入，我国在财政预算管理方面也实施了多项改革。为了满足政府与民间非营利组织会计教学和广大会计人员学习的需要，便于大家及时地掌握和了解政府与民间非营利组织会计的管理与核算要求的新变化，我们编写了本书。

1. 编写理念

根据高校应用型人才培养理念，重点打造实操实务技能，做到"所学即所用"，提高学生专业水平和应用技能，做到让学生在就业和择业选择上更有竞争力。

2. 编写内容

以最新准则和制度为基础，内容紧跟我国最新的政府与民间非营利组织会计相关制度，既包含了《政府会计准则制度》，也融入了《民间非营利组织会计制度》和《中华人民共和国预算法实施条例》，体现了改革的最新变化，突出了我国民间非营利组织会计改革的最新成果，介绍了最新的法律法规、会计准则和会计制度的要求，与政府会计的改革方向保持一致。

3. 编写形式

力求克服专业教材僵硬枯燥的传统形式，将教材内容要点化、步骤化、图表化和案例化，增强启发性。本教材在体例上设计了应知应会、关键词、情景和项目训练等辅助环节，并力求将各环节结合实际，增强学生的感性认识，达到让学生便于理解、快速掌握的目的。

本教材由多位一线教师和众多会计从业人员合作编写而成，是全体编写人员集体智慧的结晶。尽管在教材特色建设方面做出了许多努力，但由于编者经验和水平有限，书中难免存在疏漏之处，恳请相关院校师生和广大读者批评指正，以便进一步修订和完善。

编　者

2022 年 8 月

CONTENTS 目录

项目 1 政府会计概述 ... 1
- 任务 1.1 政府会计的概述 ... 2
- 任务 1.2 政府会计信息质量特征与会计假设 ... 4
- 任务 1.3 政府会计要素的确认、计量和报告 ... 6
- 任务 1.4 影响政府会计的财政制度 ... 9
- 项目小结 ... 17
- 思考与练习 ... 17

项目 2 行政单位的收入、费用与支出 ... 19
- 任务 2.1 行政单位的财务会计收入与预算会计收入 ... 20
- 任务 2.2 行政单位的费用和支出 ... 27
- 项目小结 ... 37
- 思考与练习 ... 38

项目 3 行政单位的资产、负债、净资产与预算结余 ... 40
- 任务 3.1 行政单位的资产 ... 41
- 任务 3.2 行政单位的负债 ... 82
- 任务 3.3 行政单位的净资产及预算结余 ... 89
- 项目小结 ... 102
- 思考与练习 ... 102

项目 4 事业单位的收入、费用与支出 ... 104
- 任务 4.1 事业单位的财务会计收入与预算会计收入 ... 105
- 任务 4.2 事业单位的费用与支出 ... 110
- 项目小结 ... 124
- 思考与练习 ... 124

项目 5 行政事业单位会计报表 …… 126

任务 5.1 行政事业单位会计报表概述 ………… 127
任务 5.2 行政事业单位的财务报表 … 128
任务 5.3 行政事业单位的预算会计报表 …………………… 144
项目小结 ……………………… 153
思考与练习 …………………… 153

项目 6 总会计的收入与支出 ……………………… 156

任务 6.1 总会计的概念 ………… 157
任务 6.2 总会计的核算 ………… 158
任务 6.3 总会计的会计要素 …… 159
任务 6.4 总会计科目 …………… 161
项目小结 ……………………… 165
思考与练习 …………………… 166

项目 7 总会计的资产、负债及净资产 ……………… 167

任务 7.1 总会计的资产 ………… 168
任务 7.2 总会计的负债 ………… 181
任务 7.3 总会计的净资产 ……… 186
项目小结 ……………………… 191
思考与练习 …………………… 192

项目 8 财政总会计的收入和费用 … 193

任务 8.1 总预算收入 …………… 194
任务 8.2 总预算费用 …………… 199
项目小结 ……………………… 206
思考与练习 …………………… 207

项目 9　财政总会计的预算收入、预算支出和预算结余……… 209

- 任务 9.1　预算收入……………… 210
- 任务 9.2　预算支出……………… 217
- 任务 9.3　预算结余……………… 224
- 项目小结………………………… 231
- 思考与练习……………………… 231

项目 10　财务会计报表……………… 233

- 任务 10.1　资产负债表…………… 234
- 任务 10.2　收入费用表…………… 237
- 任务 10.3　现金流量表…………… 241
- 任务 10.4　本年预算结余与本期盈余调节表…………………… 246
- 任务 10.5　财务会计报表附注…… 249
- 项目小结………………………… 250
- 思考与练习……………………… 250

项目 11　民间非营利组织业务会计… 252

- 任务 11.1　民间非营利组织会计概述… 253
- 任务 11.2　民间非营利组织的收入与费用……………………… 257
- 任务 11.3　民间非营利组织的资产、负债及净资产……………… 264
- 任务 11.4　民间非营利组织的会计报表……………………… 269
- 项目小结………………………… 276
- 思考与练习……………………… 276

参考文献……………………………… 278

项目 1　政府会计概述

知识目标

◎ 理解政府会计的概述

◎ 理解政府会计信息质量特征与会计假设

技能目标

◎ 掌握政府会计的概念

◎ 理解政府会计质量特征

案例导入

政府会计主体应当以实际发生的经济业务或者事项为依据进行会计核算，如实反映各项会计要素的情况和结果，保证会计信息真实可靠。

案例思考

上述材料体现了政府会计准则的什么特征？

本章导语

政府会计是各级政府财政部门对财政总预算执行情况和财政资金活动进行核算与监督的专业会计，由预算会计和财务会计构成，有利于客观真实地评价政府的财务受托责任。

任务 1.1 政府会计的概述

1.1.1 政府会计的概念和目标

1. 政府会计的概念

简单来说,政府会计是指用于确认、计量、记录和报告政府会计主体财务收支活动及其受托责任履行情况的会计体系。由于各个国家的政治经济体制和管理体制不同,政府会计的内涵也有一定的差别。

政府会计主体是各级政府以及与本级政府财政部门直接或间接发生预算拨款关系的国家机关、军队、政党组织、社会团体、事业单位和其他单位。进一步说,政府会计是以货币为主要计量单位,对各政府会计主体财政资金的活动过程和结果进行全面、系统、连续的反映和监督,以确认、计量、记录政府管理国家公共事务和国家资源、国有资产的情况,报告政府公共财务资源管理的业绩及履行受托责任情况的专门会计。

政府会计由预算会计和财务会计构成。预算会计提供与政府预算执行有关的信息,实行收付实现制,国务院另有规定的,依照其规定。财务会计提供与政府的财务状况、运行情况(含运行成本)和现金流量等有关信息,实行权责发生制。

2. 政府会计目标

政府会计目标包括决算报告目标和财务报告目标。

(1)决算报告的目标是向决算报告使用者提供与政府预算执行情况有关的信息,综合反映政府会计主体预算收支的年度执行结果,从而有助于决算报告使用者进行监督和管理,并为编制后续年度预算提供参考和依据。政府决算报告使用者包括各级人民代表大会及其常务委员会、各级政府及其有关部门、政府会计主体自身、社会公众和其他利益相关者。

(2)财务报告的目标是向财务报告使用者提供与政府的财务状况、运行情况(含运行成本,下同)和现金流量等有关信息,反映政府会计主体公共受托责任履行情况,有助于财务报告使用者做出决策或者进行监督和管理。政府财务报告使用者包括各级人民代表大会常务委员会、债权人、各级政府及其有关部门、政府会计主体自身和其他利益相关者。

1.1.2 政府会计相关法律制度

1. 政府会计准则

政府会计准则包括基本准则、具体准则和应用指南三个层次。

迄今已出台的政府会计准则有:

(1)《政府会计准则——基本准则》。

(2)《政府会计准则第1号——存货》。

(3)《政府会计准则第2号——投资》。

(4)《政府会计准则第3号——固定资产》。

(5)《政府会计准则第4号——无形资产》。

(6)《政府会计准则第5号——公共基础设施》。

(7)《政府会计准则第6号——政府储备物资》。

(8)《政府会计准则第7号——会计调整》。

(9)《政府会计准则第8号——负债》。

（10）《政府会计准则第 9 号——财务报表编制和列报》。

（11）《〈政府会计准则第 3 号——固定资产〉应用指南》。

2. 政府会计制度

政府会计制度包括财政总会计制度、行政事业单位会计制度及其补充规定和其他政府会计制度。

（1）财政总会计制度。

财政总会计制度中，最重要的是财政部 2015 年 10 月 10 日发布、2016 年 1 月 1 日起实施的《财政总会计制度》。

《财政总会计制度》的内容全面系统地体现在本书项目 7 中。

（2）行政事业单位会计制度。

在行政事业单位会计制度中，最重要的是财政部 2017 年 10 月 24 日发布、2019 年 1 月 1 日起实施的《政府会计制度——行政事业单位会计科目和报表》。

《政府会计制度——行政事业单位会计科目和报表》的内容全面系统地体现在本书项目 5 中。

（3）行政事业单位会计制度的补充规定。

《政府会计制度——行政事业单位会计科目和报表》是按照统一性原则，在有机归并现行行政单位、事业单位和行业事业单位会计制度基础上形成的，部分行业事业单位的特殊业务未完全体现在该制度中。

为了规范医院、高等学校、科学事业单位等行业事业单位特殊经济业务或事项的会计核算，财政部结合行业单位实际情况，对《政府会计制度——行政事业单位会计科目和报表》做出了必要补充。

2018 年 7 月至今，财政部陆续发布了 7 项《政府会计制度——行政事业单位会计科目和报表》的补充规定：

1）《关于彩票机构执行〈政府会计制度——行政事业单位会计科目和报表〉的补充规定》。

2）《关于国有林场和苗圃执行〈政府会计制度——行政事业单位会计科目和报表〉的补充规定》。

3）《关于基层医疗卫生机构执行〈政府会计制度——行政事业单位会计科目和报表〉的补充规定》。

4）《关于科学事业单位执行〈政府会计制度——行政事业单位会计科目和报表〉的补充规定》。

5）《关于医院执行〈政府会计制度——行政事业单位会计科目和报表〉的补充规定》。

6）《关于高等学校执行〈政府会计制度——行政事业单位会计科目和报表〉的补充规定》。

7）《关于中小学校执行〈政府会计制度——行政事业单位会计科目和报表〉的补充规定》。

因篇幅有限，本书不涉及上述 7 项补充规定的内容。

（4）其他政府会计制度。

除上述政府会计制度外，我国还有一些核算特殊会计主体的特殊经济业务的会计制度，如财政部 2008 年 8 月 19 日发布、2009 年 1 月 1 日起实施的《土地储备资金会计核算办法（试行）》等。

因篇幅有限，本书也不涉及《土地储备资金会计核算办法（试行）》的内容。

任务1.2　政府会计信息质量特征与会计假设

1.2.1　政府会计信息质量特征

政府会计信息质量要求是指政府会计向信息使用者提供的会计信息应当达到的质量标准。政府会计信息属于信息产品，其质量是否达到要求的标准及其质量的高低，直接影响信息使用者能否做出合理、正确的经济和社会等方面的决策。政府会计信息质量要求通常包括可靠性、全面性、相关性、可比性、可理解性、实质重于形式、及时性等。

1. 可靠性

可靠性也称真实性或客观性，是指会计核算应当以实际发生的经济业务为依据，客观真实地记录、反映各项业务活动的实际情况和结果。政府会计不能扭曲经济业务的内容，对相应的经济业务做出不真实、不客观的记录和反映，也不能以尚未发生或可能发生的经济业务为依据，根据人为的片面估计进行会计核算，更不能故意编造经济业务的内容，并以此为依据进行会计记录和反映。政府会计信息只有真实客观全面，才能帮助信息使用者做出正确的评价和决策。否则，政府会计信息会导致信息使用者做出错误的评价和决策，从而影响和损害社会公众的利益。

《政府会计准则——基本准则》规定：政府会计主体应当以实际发生的经济业务或者事项为依据进行会计核算，如实反映各项会计要素的情况和结果，保证会计信息真实可靠。

2. 全面性

全面性是指政府会计应当全面反映预算执行情况以及财务状况、运行情况等信息。以财政总会计为例：财政总会计需要全面反映一般公共预算、政府性基金预算、国有资本经营预算等各类预算资金的来源和使用情况。在收入方面，需要全面反映税收收入、非税收入、债务收入、转移性收入等情况；在支出方面，需要全面反映按功能分类的支出以及按经济性质分类的支出。再以行政事业单位会计为例：行政事业单位会计需要全面反映财政拨款资金收支、非财政拨款资金收支等情况。在行政事业单位会计中，既涉及财政拨款资金的来源和使用，也涉及非财政拨款资金的来源和使用（比如，事业单位面向市场取得的事业收入的来源和使用既涉及基本运行经费的来源和使用，也涉及项目经费的来源和使用；既需要反映预算执行情况，也需要反映财务状况和运行成本等）。

《政府会计准则——基本准则》规定：政府会计主体应当将发生的各项经济业务或者事项统一纳入会计核算，确保会计信息能够全面反映政府会计主体预算执行情况和财务状况、运行情况、现金流量等。

3. 相关性

《政府会计准则——基本准则》规定：政府会计主体提供的会计信息，应当与反映政府会计主体公共受托责任履行情况以及报告使用者决策或者监督、管理的需要相关，有助于报告使用者对政府会计主体过去、现在以及未来的情况做出评价或者预测。

近年来，我国政府财政预算管理以及行政事业单位预算管理方法取得了很大进步，预算管理水平不断提高。在财政总预算层面，政府一般公共预算、政府性基金预算、国有资本经营预算和社会保险基金预算体系全面确立，收支账户体系不断完善。在行政事业单位预算层面，行政事业单位收支综合预算、基本支出预算和项目支出预算等预算内容和方法不断呈现和完善。除此之外，中央和地方政府债券的发行也日趋规范，行政事业单位国有资产管理不断加强。在此过程中，政府会计也不断进行相应的改革和发展。政府会计提供的信息基本满足了人民代表大会评价和考核政府公共受托责任履行情况的需要，并为人民代表大会做出相应的经济和社会决策提供了有力的信息支持。

4. 可比性

《政府会计准则——基本准则》规定：政府会计主体提供的会计信息应当具有可比性。

可比性是指政府会计信息之间可以相互比较。可比性信息质量要求同一政府会计主体不同时期发生的相同或者相似的经济业务或者事项应当采用一致的会计政策，不得随意变更。确需变更的，应当将变更的内容、理由及其影响在附注中予以说明。不同政府会计主体发生的相同或者相似的经济业务或者事项，应当采用一致的会计政策，确保政府会计信息口径一致，相互可比。可比的政府会计信息将大大增加对其进行评价和据以决策的有用性。

5. 可理解性

《政府会计准则——基本准则》规定：政府会计主体提供的会计信息应当清晰明了，便于报告使用者理解和使用。

可理解性是指政府会计信息易于为人民代表大会等信息使用者理解。政府会计信息只有易于为信息使用者理解，才能帮助信息使用者评价政府财政以及行政事业单位受托责任的履行情况，并做出相应的经济和社会决策。可理解的政府会计信息应当概念清楚、明确，并通俗易懂。

6. 实质重于形式

《政府会计准则——基本准则》规定：政府会计主体应当按照经济业务或者事项的经济实质进行会计核算，不限于以经济业务或者事项的法律形式为依据。

经济业务的经济实质和法律形式在大多数情况下是相互一致的，但有时也会存在不相一致的情况。

实质重于形式是指政府会计确认、计量和报告更看重经济业务的经济实质，而不是更看重经济业务的法律形式。

7. 及时性

政府会计主体对已经发生的经济业务或者事项，应当及时进行会计核算，不得提前或者延后。

1.2.2 政府会计基本假设

1. 会计主体假设

会计主体是指会计信息所反映的单位。政府会计主体包括各级政府、各部门、各单位。各部门、各单位是指与本级政府财政部门直接或者间接发生预算拨款关系的国家机关、军队、政党组织、社会团体、事业单位和其他单位。

2. 持续经营假设

持续经营假设是指会计核算单位在可预见的将来会继续下去，可以在正常的经营过程中变现资产、清偿债务。政府会计应以各级政府财政以及行政事业单位的业务活动能够持续不断地进行下去作为组织正常会计核算的基本假设。持续运行的前提可以保证政府财政以及行政事业单位可以按照正常的会计方法进行会计核算，而不将会计核算建立在非正常的财政财务清算基础之上。

3. 会计分期假设

政府会计应当划分会计期间，分期结算账目和编制会计报表。会计期间至少分为年度和月度。会计年度、月度等会计期间的起讫日期采用公历日期。年度终了后，可根据工作特殊需要设置一定期限的上年决算清理期。

> **提示**
>
> 清理期限和清理事项，由各省、自治区、直辖市财政部门根据财政部规定的原则做出具体规定。

4. 货币计量假设

政府会计应当以人民币作为记账本位币，以元为金额单位，元以下记至角、分。若发生外币业务，在登记外币金额的同时，一般应当按照业务发生当日中国人民银行公布的汇率中间价，将有关外币金额折算为人民币金额记账。

期末，各种以外币计价或结算的资产负债项目，应当按照期末中国人民银行公布的汇率中间价进行折算。其中，货币资金项目因汇率变动产生的差额计入有关支出等科目；其他资产负债项目因汇率变动产生的差额计入有关净资产等科目。

任务 1.3　政府会计要素的确认、计量和报告

1.3.1　政府会计要素的确认

1. 会计要素确认的特点

政府与非营利组织的资产很难进行界定。政府与非营利组织的资产包括自然资源、继承资产、基础设施资产、国防资产以及大量的无形资产等。当由于缺乏可靠计量而使这类资产不能被确认时，为反映这类资产，往往以附注的形式来披露。

政府与非营利组织的负债也很难进行界定。政府存在货币发行、环境负债、雇员养老金负债等特殊负债，同时很难在政府的合约或法律义务与政治承诺、提供一般福利的社会责任之间进行区分。与公司的有限责任相比，民主政府倾向于扩大它们的责任，因此导致更大的预算和经常的赤字。

政府与非营利组织的收入和费用存在非匹配性。政府提供的公共物品具有垄断性。公共物品的非排他性使得不付费者照样也能消费，因此需要通过税收等非交换性交易对其进行融资。这些特征使得产品或服务的提供和收入的确认失去联系，使公共组织的收入和费用无法进行匹配。同时，政府和公众间的许多交易和事项的非自愿性加剧了收入和费用的非匹配性。另外，政府的运营报表按资源流动进行计量和确认，而不注重计量政府的服务努力和成就。

2. 中国政府与非营利组织会计要素的确认

（1）政府预算会计要素。

政府预算会计要素包括预算收入、预算支出与预算结余。

1）预算收入是指政府会计主体在预算年度内依法取得的并纳入预算管理的现金流入。

2）预算支出是指政府会计主体在预算年度内依法发生并纳入预算管理的现金流出。

3）预算结余是指政府会计主体预算年度内的预算收入扣除预算支出后的资金余额，以及历年滚存的资金余额。

结余资金是指年度预算执行终了，预算收入实

际完成数扣除预算支出和结转资金后剩余的资金。

结转资金是指预算安排项目的支出年终尚未执行完毕或者因故未执行，且下年需要按原用途继续使用的资金。

（2）政府财务会计要素。

中国政府财务会计要素包括资产、负债、净资产、收入和费用。

1）资产。资产是指政府会计主体过去的经济业务或者事项形成的，由政府会计主体控制的、预期能够产生服务潜力或者带来经济利益流入的经济资源。

服务潜力是指政府会计主体利用资产提供公共产品和服务以履行政府职能的潜在能力。经济利益流入表现为现金及现金等价物的流入，或者现金及现金等价物流出的减少。

政府会计主体的资产按照流动性，分为流动资产和非流动资产。

流动资产是指预计在1年内（含1年）耗用或者可以变现的资产，包括货币资金、短期投资、应收及预付款项、存货等。

非流动资产是指流动资产以外的资产，包括固定资产、在建工程、无形资产、长期投资、公共基础设施、政府储备资产、文物文化资产、保障性住房和自然资源资产等。

2）负债。负债是指政府会计主体过去的经济业务或者事项形成的，预期会导致经济资源流出政府会计主体的现时义务。

现时义务是指政府会计主体在现行条件下已承担的义务。未来发生的经济业务或者事项形成的义务不属于现时义务，所以不应当确认为负债。

政府会计主体的负债按照流动性，分为流动负债和非流动负债。

流动负债是指预计在1年内（含1年）偿还的负债，包括应付及预收款项、应付职工薪酬、应缴款项等。

非流动负债是指流动负债以外的负债，包括长期应付款、应付政府债券和政府依法担保形成的债务等。

3）净资产。净资产是指政府会计主体资产扣除负债后的净额。

4）收入。收入是指报告期内导致政府会计主体净资产增加的、含有服务潜力或者经济利益的经济资源的流入。

5）费用。费用是指报告期内导致政府会计主体净资产减少的、含有服务潜力或者经济利益的经济资源的流出。

1.3.2 政府会计要素的计量

1. 政府会计要素计量的特点

政府与非营利组织资产的计量，应先区分交换性或非交换性交易获得的资产，再分别采用不同的计量模式。对交换性交易获得的资产，采用历史成本或修正的历史成本进行计量。对于以非交换性交易获得的资产，以收到的资产的公允价值计量。大部分国家占有的土地是它们的祖先留下的或通过武力占领的，所以，历史成本即使易于获得，也没有计量意义。除极少数例外情况（如美国曾向法国购买路易斯安那州，向俄国购买阿拉斯加州），一般来说，国家不会通过买卖交易取得新领土，因而市场价格虽然具有可验证性，却很难获得。确认和计量自然资源和文物的价值也会遇到同样的问题。

负债也不易于在中央政府契约的或法定的义务与其政治承诺和对大众福利的社会责任之间划清界限。由于政府会计计量重点是当期的财务资源并忽视长期债务的计量，以致政府存在大量的隐性债务，并给政府的持续运行带来极大的风险。

政府没有明确的所有者，其权益属于人民，这就使得政府与非营利组织在应用会计恒等式和经营成果的计算方面产生问题。

政府提供的公共物品是公众共同的消费品，没有人愿意为之付费，所以只能通过税收来筹集资金。这个特征切断了履行服务与收入确认之间的联系，使得收入很难与费用配比。

由于政府与公众之间的许多交易是非自愿性质的，政府的运营报表往往只反映资源流动情况，计量重点是"支出"而非"费用"，且附带地计量政府的服务努力与成就。

2. 中国政府与民间非营利组织会计要素的计量

（1）资产的计量。

资产的计量属性主要包括历史成本、重置成本、现值、公允价值和名义金额。

在历史成本计量下，资产按照取得时支付的现金金额或者支付对价的公允价值计量。

在重置成本计量下，资产按照现在购买相同或者相似资产所需支付的现金金额计量。

在现值计量下，资产按照预计从其持续使用和最终处置中所产生的未来净现金流入量的折现金额计量。

在公允价值计量下，资产按照市场参与者在计量日发生的有序交易中出售资产所能收到的价格计量。

无法采用上述计量属性的，采用名义金额（即人民币1元）计量。

政府会计主体在对资产进行计量时，一般应当采用历史成本。

采用重置成本、现值、公允价值计量的，应当保证所确定的资产金额能够持续、可靠地计量。

（2）负债的计量。

负债的计量属性主要包括历史成本、现值和公允价值。

在历史成本计量下，负债按照因承担现时义务而实际收到的款项或者资产的金额，或者承担现时义务的合同金额，或者按照为偿还负债预期需要支付的现金计量。

在现值计量下，负债按照预计期限内需要偿还的未来净现金流出量的折现金额计量。

在公允价值计量下，负债按照市场参与者在计量日发生的有序交易中转移负债所需支付的价格计量。

政府会计主体在对负债进行计量时，一般应当采用历史成本。

采用现值、公允价值计量的，应当保证所确定的负债金额能够持续、可靠地计量。

1.3.3 政府会计要素的报告

1. 政府决算报告和财务报告

（1）政府决算报告。

政府决算报告是综合反映政府会计主体年度预算收支执行结果的文件。

实务中，政府决算报表分别由财政总会计报表和行政事业单位预算会计报表组成。其中，财政总会计报表反映一级政府层面财政预算执行情况，行政事业单位预算会计报表反映行政事业单位预算执行情况。行政事业单位预算会计报表按政府部门汇总后，形成政府部门预算会计报表，反映政府部门预算执行情况。

有关政府决算报表的具体内容和编制方法将在项目9之任务9.1中进行详细介绍。

（2）政府财务报告。

政府财务报告是反映政府会计主体某一特定日期的财务状况和某一会计期间的运行情况和现金流量等信息的文件。政府财务报告应当包括财务报表和其他应当在财务报告中披露的相关信息和资料。

有关政府财务报表的具体内容和编制方法将在项目9之任务9.2中进行详细介绍。

2. 民间非营利组织财务报告

民间非营利组织财务报告是反映民间非营利组织某一特定日期的财务状况和某一会计期间的运行情况和现金流量等信息的文件。民间非营利组织财务报告应当包括财务报表和其他应当在财务报告中披露的相关信息和资料。

有关民间非营利组织财务报表的具体内容和编制方法将在项目 10 之任务 10.4 中进行详细介绍。

1.3.4 政府会计科目

由于政府会计分为预算会计和财务会计，所以政府会计科目也分为预算会计科目和财务会计科目。预算会计科目分为预算收入类、预算支出类和预算结余类；财务会计科目分为资产类、负债类、净资产类、收入类和费用类。

任务 1.4 影响政府会计的财政制度

1.4.1 政府收入与支出分类

1. 政府收支分类科目

政府收支分类就是对政府收入和支出进行类别和层次的划分，以全面、准确、清晰地反映政府收支活动。

政府收支分类科目影响行政事业单位、财政总会计的收入、支出、净资产三类科目的核算内容，也是大部分会计明细科目设置的重要依据。

政府收支分类科目是政府收入和支出分类的类别名称，是编制政府预算、组织预算执行以及各级财政总会计、行政事业单位会计进行明细分类核算的重要依据。

政府收支分类科目一般分为收入科目和支出科目两大块。

2. 政府收入分类科目

政府收入是指政府财政为实现政府职能，根据法律法规等所筹集的资金。根据《中华人民共和国预算法》，政府的全部收入和支出都应当纳入预算，所以政府收入即为预算收入，政府支出即为预算支出。

收入分类科目反映政府收入的来源和性质。

根据《2019 年政府收支分类科目》（以下简称《分类科目》），政府收入分为类、款、项、目四级。类级科目下设相应的款级科目，款级科目下分设相应的项级科目，项级科目下设相应的目级科目，从类到目，逐级细化。表 1-1 所示即为从《分类科目》中摘取的"政府收入"的部分内容。

如表 1-1 所示，类级科目设置了 6 个：税收收入（101）、社会保险基金收入（102）、非税收入（103）、贷款转贷回收本金收入（104）、债务收入（105）和转移性收入（110）。

表1-1 政府收入的分类与级次

科目编码				科目名称	说明
类	款	项	目		
101				**税收收入**	
	01			增值税	反映……
		01		国内增值税	反映……
			01	国有企业增值税	中央与地方公用收入科目。反映……
			02	集体企业增值税	……
			…	……	……
102				**社会保险基金收入**	
	01			企业职工基本养老保险基金收入	……
		01		企业职工基本养老保险费收入	……
		02		企业职工基本养老保险基金财政补贴收入	……
		…		……	……
103				**非税收入**	
	01			政府性基金收入	……
	02			农网还贷资金收入	……
		01		中央农网还贷资金收入	……
		02		地方农网还贷资金收入	……
		…		……	……
104				**贷款转贷回收本金收入**	
	01			国内贷款回收本金收入	……
	02			国外贷款回收本金收入	……
		01		外国政府贷款回收本金收入	……
		…		……	……
105				**债务收入**	
	03			中央政府债务收入	……
		01		中央政府国内债务收入	……
		02		中央政府国外债务收入	……
			01	中央政府境外发行主权债券收入	……
			02	中央政府向外国政府借款收入	……
			…	……	……
110				**转移性收入**	
	01			返还性收入	……
		02		所得税基数返还收入	……
		03		成品油税费改革税收返还收入	……
		…		……	……

3. 政府支出分类科目

政府支出是指一级政府为实现其职能,对根据法令和法规所取得的资金进行的再分配。政府支出分类科目是政府支出按一定的标准进行分类后的类别名称。

根据《分类科目》,政府支出有功能分类和经济分类两类基本标准。在编制部门预算时,每一笔支出都同时列在功能支出和经济支出的框架中,从中可以清楚地看出这个部门做了哪些事、钱花在了哪些方面。

(1) 政府支出的功能分类。

支出功能分类,是对政府支出按主要职能活动分类,其显示的是政府的钱"干了什么",起到了什么样的社会作用。

这种分类的优点如下：

1）能够清晰反映政府各项职能活动支出的总量、结构和方向，便于根据建立公共财政体制的要求和宏观调控的需要，有效进行总量控制和结构调整。

2）支出功能分类与支出经济分类相配合，可以形成一个相对稳定的、既反映政府职能活动又反映支出性质、既有总括反映又有明细反映的支出分类框架，从而为全方位的政府支出分析创造有利条件。

3）便于国际比较。支出按功能分类符合国际通行的做法，这种分类方法将各部门和单位相同职能的支出归于同一功能下，不受国家政府组织机构差别的影响，从而有利于进行国际比较。

根据《分类科目》，政府支出分为类、款、项三级。以"教育"为例，类、款、项三级结构分别对应"教育"—"普通教育"—"小学教育"，反映的是政府为完成教育职能在"普通教育"中用于"小学教育"这个具体方面的支出费用。

类级科目共设置了29个：一般公共服务支出（201）、外交支出（202）、国防支出（203）、公共安全支出（204）、教育支出（205）、科学技术支出（206）、文化旅游体育与传媒支出（207）、社会保障和就业支出（208）、社会保险基金支出（209）、卫生健康支出（210）、节能环保支出（211）、城乡社区支出（212）、农林水支出（213）、交通运输支出（214）、资源勘探信息等支出（215）、商业服务业等支出（216）、金融支出（217）、援助其他地区支出（219）、自然资源海洋气象等支出（220）、住房保障支出（221）、粮油物资储备支出（222）、国有资本经营预算支出（223）、灾害防治及应急管理支出（224）、预备费（227）、其他支出（229）、转移性支出（230）、债务还本支出（231）、债务付息支出（232）和债务发行费用支出（233）。

类级科目下设相应的款级科目，款级科目下分设相应的项级科目，类、款、项依次逐级细化。表1-2所示即为从《分类科目》中摘取的"政府支出"的部分内容。

表1-2 政府支出的功能分类与级次

科目编码			科目名称	说明
类	款	项		
201			**一般公共服务支出**	……
	01		人大事务	……
		01	行政运行	……
		02	一般行政管理事务	……
		…	……	……
	02		政协事务	……
		01	行政运行	……
		…	……	……
	99		其他一般公共服务支出	……
		01	国家赔偿费用资产	……
		99	其他一般公共服务支出	……
…	…			……
205			**教育支出**	……
	01		教育管理事务	……
		…	……	……
	02		普通教育	……
		01	学前教育	……
		…	……	……
		05	高等教育	……
…	…			……

续表

科目编码			科目名称	说明
类	款	项		
232			**债务付息支出**	……
	01		中央政府国内债务付息支出	……
	02		中央政府国外债务付息支出	……
	03		地方政府一般债务付息支出	……
		01	地方政府一般债券付息支出	……
	…			
233			**债务发行费用支出**	……
	01		中央政府国内债务发行费用支出	……
	02		中央政府国外债务发行费用支出	……
	03		地方政府一般债务发行费用支出	……

（2）政府支出的经济分类。

对政府支出按经济性质进行分类，则是对政府支出按具体用途进行的分类，显示的是"钱花到哪儿去了"。以教育经费为例，款级科目显示多少钱给教师发工资，花多少钱用于购买教学设施，这使我们比较容易判断这些钱是怎么花的，花得合不合理。

根据《分类科目》，政府支出分为政府预算支出分类科目和部门预算支出经济分类科目两个层次。每个层次类级科目下设相应的款级科目，类、款依次逐级细化。

1）政府预算支出及分类科目。

这一层共设置了15个类级科目：机关工资福利支出（501）、机关商品和服务支出（502）、机关资本性支出（一）(503)、机关资本性支出（二）(504)、对事业单位经常性补助（505）、对事业单位资本性补助（506）、对企业补助（507）、对企业资本性补助（508）、对个人和家庭的补助（509）、对社会保障基金补助（510）、债务利息及费用支出（511）、债务还本支出（512）、转移性支出（513）、预备费及预留（514）、其他支出（599）。

2）部门预算支出经济分类科目。

这一层共设置了10个类级科目：工资福利支出（301）、商品和服务支出（302）、对个人和家庭的补助（303）、债务利息及费用支出（307）、资本性支出（基本建设）(309)、资本性支出（310）、对企业补助（基本建设）(311)、对企业补助（312）、对社保基金补助（313）和其他支出（399）。

表1-3从《分类科目》中摘取了"部门预算支出与经济分类科目"的部分内容。

表1-3 部门预算支出与经济分类科目

科目编码		科目名称	说明
类	款		
301		**工资福利支出**	反映单位开支的在职职工和编制外长期聘用人员……
	01	基本工资	反映按规定发放的基本工资。包括公务员的职务……
	02	津贴补贴	反映……
	03	奖金	反映……
	…	……	反映……
302		**商品和服务支出**	反映单位购买商品和服务的支出（不包括用于……）
	01	办公费	反映……
	02	印刷费	反映……
	03	咨询费	反映……
	…	……	反映……
303		**对个人和家庭的补助**	反映政府用于对个人和家庭的补助支出
	01	离休费	反映……

续表

科目编码		科目名称	说明
类	款		
	02	退休费	反映……
	…	……	反映……
	08	助学金	反映……
	…	……	反映……
307		**债务利息及费用支出**	反映政府对各类企业、事业单位及民间非营利组织……
	01	国内债务付息	反映……
	02	国外债务付息	反映……
…	…	……	反映……
310		**资本性支出**	反映非各级发展与改革部门集中安排的用于购置……
	01	房屋建设物购建	反映……
	02	办公设备购置	反映……
	03	专用设备购置	反映……
	05	基础设施建设	反映……
	…	……	
	99	其他资本性支出	反映……
399		**其他支出**	财政部门或有预算分配权的部门专用科目。反映……
	06	赠与	反映……
	07	国家赔偿费用支出	反映……
	08	对民间非营利组织和群众性自治组织补贴	反映……
	99	其他支出	反映……

1.4.2 政府采购制度

财政部发布统计显示，2021年度全国政府采购项目数861 236个，与去年同比减少了0.24%；项目规模为21 095.6亿元，同比下降16.76%。从项目品目采购来看：服务类采购项目数358 268个，占项目总数的42.73%，项目规模7961.96亿元，占项目总规模的37.88%；货物类采购项目数273 199个，占项目总数的32.59%，项目规模4 694.09亿元，占项目总规模的22.34%；工程类采购项目数206 943个，占项目总数的24.68%，项目规模8 360.31亿元，占项目总规模的39.78%。

推行政府采购制度使政府会计主体除了自行采购、自行支付的业务活动外，还增加了政府采购和集中支付的业务内容。

1. 政府采购制度概念

政府采购是指国家各级政府为从事日常的政务活动或为了满足公共服务的需求，利用国家财政性资金和政府借款购买货物、工程和服务的行为。

政府采购制度是在长期的政府采购实践中形成的对政府采购行为进行管理的一系列法律和惯例的总称，是现代财政制度的重要组成部分。具体来说，政府采购制度包括以下内容：

（1）政府采购政策，包括采购的目标和原则。

（2）政府采购的方式和程序。

（3）政府采购的组织管理。

2. 政府采购的主要当事方

政府采购的主要当事方包括：

（1）政府采购管理机关。政府采购管理机关是指财政部门内部设立的，制定政府采购政策、法规和制度，规范和监督政府采购行为的行政管理机构。该机关不参与和干涉采购中的具体商业活动。

（2）政府采购机关。政府采购机关是指政府设立的负责本级财政性资金的集中采购和招标组织工作的专门机构。

（3）采购主体。采购主体是指使用财政性资金采购物资或者服务的国家机关、事业单位或其他社会组织。

（4）政府采购社会中介机构。政府采购社会中介机构是指依法取得招标代理资格，从事招标代理业务的社会中介组织。

（5）供应商。供应商是指与采购人可能或者已经签订采购合同的供应商或者承包商。

（6）政府采购资金管理部门。政府采购资金管理部门是指编制政府采购资金预算、监督采购资金的部门，包括财政部门和采购单位的财务部门。

3. 政府采购内容及限额

（1）政府采购内容。

政府采购的内容是《政府集中采购目录》以内的货物、工程和服务；或者虽未列入其中，但采购金额超过了规定的限额标准的货物、工程和服务。

《政府集中采购目录》中的采购内容一般是各采购单位通用的货物、工程和服务，如计算机、打印机、复印机、传真机、公务车、电梯、取暖锅炉等货物，房屋修缮和装修工程会议服务、汽车维修、保险、加油等服务。

中央预算单位《政府集中采购目录》的采购内容还包括在中央部门内通用的货物、工程和服务，如防汛抗旱和救灾物资、医疗设备和器械、气象专用仪器、警用设备和用品质检专用仪器、海洋专用仪器等。

《政府集中采购目录》中的采购内容，无论金额大小，都属于政府采购的范围。

（2）政府采购限额。

《政府集中采购目录》以外的采购内容，采购金额超过政府采购的最低限额标准的，也属于政府采购的范围。

《政府集中采购目录》和政府采购最低限额标准由国务院和省、自治区、直辖市人民政府规定。

《中华人民共和国政府采购法》实施以来，国务院办公厅公布的中央预算单位政府采购的最低限额标准为：货物和服务单项或批量为50万元，工程为60万元。

4. 政府采购形式与方式

（1）政府采购形式。

1）集中采购模式，即由一个专门的政府采购机构负责本级政府的全部采购任务。

2）分散采购模式，即由各支出采购单位自行采购。

3）半集中半分散采购模式，即由专门的政府采购机构负责部分项目的采购，而其他的则由各单位自行采购。

在中国政府采购中，集中采购占了很大的比重。列入集中采购目录和达到一定采购金额以上的项目，必须进行集中采购。

（2）政府采购方式。

1）公开招标。公开招标是政府采购的主要方式，其他方式是政府采购的辅助方式。

公开招标的具体数额标准：属于中央预算的政府采购项目，由国务院规定；属于地方预算的政府采购项目，由省、自治区、直辖市人民政府规定；因特殊情况需要采用公开招标以外的采购方式的，应当在采购活动开始前获得设区的市、自治州以上人民政府采购监督管理部门的批准。

采购人不得将应当以公开招标方式采购的货物或者服务化整为零或者以其他任何方式规避公开招标采购。

2）邀请招标。邀请招标也称选择性招标，由采购人根据供应商或承包商的资信和业绩，选择一定数目的法人或其他组织（不能少于三家），向其发出招标邀请书，邀请他们参加投标竞争，按一定条件，从中选定中标的供应商。

3）竞争性谈判。竞争性谈判是指采购人或代理机构通过与多家供应商（不少于三家）进行谈判，最后从中确定中标的供应商。

4）单一来源。单一来源采购也称直接采购，是指采购人向唯一供应商进行采购的方式，适用于达到了限购标准和公开招标数额标准，但所购商品的来源渠道单一，或属专利、首次制造、合同追加、原有采购项目的后续扩充和发生了不可预见紧急情况不能从其他供应商处采购等情况。

5) 询价。询价是指采购人向有关供应商发出询价单让其报价，在报价基础上进行比较并确定最优供应商的一种采购方式。

5. 政府采购的基本流程

政府采购的基本流程是由政府设立的集中采购机构依据政府制定的集中采购目录，受采购人的委托，按照公开、公平、公正的采购原则，以及必须遵循的市场竞争机制和一系列专门操作规程进行的统一采购。

1.4.3 国库集中收付制度

1. 国库集中收付制度的概念

国库集中收付制度一般也称为国库单一账户制度，包括国库集中支付制度和收入收缴管理制度，是指由财政部门代表政府设置国库单一账户体系，所有的财政性资金均纳入国库单一账户体系收缴、支付和管理的制度。财政收入通过国库单一账户体系，直接缴入国库；财政支出通过国库单一账户体系，以财政直接支付和财政授权支付的方式，将资金支付到商品和劳务供应者或用款单位，即预算单位使用资金但见不到资金；未支用的资金均保留在国库单一账户，由财政部门代表政府进行管理运作，降低政府筹资成本，为实施宏观调控政策提供可选择的手段。

2. 国库体系

国家金库简称国库，是国家财政资金的出纳、保管机构，负责办理预算收入的收纳、划分、留解、退付和预算支出的拨付。

中国国库单一账户实行国家统一领导、分级管理的财政体制，原则上一级财政设立一级经理国库，包括总库、分库、中心支库和支库四级。中国人民银行总行经理总库；各省、自治区、直辖市中国人民银行分行经理分库；各省辖市、自治州和成立一级财政的地区，由市、地（州）中国人民银行分、支行经理中心支库；县（市）中国人民银行支行（城市区办事处）经理支库。

县级以上各级财政必须设立国库，具备条件的乡、民族乡、镇也应当设立国库。

3. 国库集中收付

中国实行国库集中收缴和集中支付制度。所有政府的收支都通过国库单一账户体系进行集中收缴、拨付和清算。

（1）政府收入的集中收缴。

全部政府收入应缴入国库，对于法律有明确规定或者经国务院批准的特定专用资金，可以依照国务院的规定设立财政专户。

适应财政国库管理制度的改革要求，政府收入集中收缴分为直接缴库和集中汇缴。

1) 直接缴库。直接缴库的税收收入，由纳税人或税务代理人提出纳税申报，经征收机关审核无误后，由纳税人通过开户银行将税款缴入国库单一账户。直接缴库的其他收入，比照税收收入直接缴库程序缴入国库单一账户或财政专户。

2) 集中汇缴。小额零散税收和法律另有规定的应缴收入，由征收机关于收缴收入的当日，汇总缴入国库单一账户。非税收入中的现金缴款，比照小额零散税收收入集中汇缴程序缴入国库单一账户或财政专户。

（2）政府支出的集中支付。

全部政府支出通过国库单一账户体系支付到商品和劳务供应者或用款单位。

按照不同的支付主体，对不同类型的支出应分别实行财政直接支付和财政授权支付。

1) 财政直接支付。财政直接支付是指由财政部门开具支付令，通过国库单一账户体系，直接将财政资金支付到收款人（即商品和劳务供应者，下同）或用款单位账户。实行财政直接支付的支出包括：

①工资支出、购买支出以及中央对地方的专项转移支付，拨付企业大型工程项目或大型设备采购的资金等，直接支付到收款人。

②转移支出（中央对地方专项转移支出除外），包括中央对地方的一般性转移支付中的税收返还、原体制补助、过渡期转移支付、结算补助等支出，对企业的补贴和未指明购买内容的某些专项支出等，支付到用款单位（包括下级财政部门和预算单位）。

2）财政授权支付。财政授权支付是指由预算单位根据财政授权，自行开具支付令，通过国库单一账户体系中的单位零余额账户或财政专户将资金支付到收款人账户。

实行财政授权支付的支出包括未实行财政直接支付的购买支出和零星支出。如：

①差旅费支出，指单位工作人员出差发生的费用支出，国内及境外学习、考察支出除外。

②交通费支出指单位车船等各类交通工具发生的费用支出，车辆维修、保险和刷卡加油除外。

③劳务费支出，指单位向个人支付劳务发生的费用支出。

④咨询费支出，指单位向个人咨询发生的费用支出。

⑤奖励性支出，指单位向部分个人奖励发生的费用支出。

⑥其他零星现金支出，指单位未包括上述支出范围的一些零星现金支出。

4. 国库单一账户体系

国库单一账户体系由6类账户构成，每类账户功能定位各异。

（1）财政部门开设的银行账户。

1）国库单一账户。财政部门在中国人民银行开设国库单一账户，按收入和支出设置分类账，收入账按预算科目进行明细核算，支出账按资金使用性质设立分账册。该类账户为国库存款账户，用于记录、核算和反映纳入预算管理的财政收入和支出活动，并用于与财政部门在商业银行开设的零余额账户进行清算，实现支付。

2）财政零余额账户。财政部门按资金使用性质在商业银行开设的零余额账户，该类账户用于财政直接支付和与国库单一账户支出清算。财政零余额账户与国库单一账户相互配合，构成财政资金支付过程的基本账户。为了保证财政资金在支付实际发生前不流出国库单一账户，须先由代理银行支付，每日终了时再由代理银行向国库单一账户进行清算。

3）财政专户。财政专户是指财政部门为履行财政管理职能，在银行业金融机构开设用于管理核算特定资金的银行结算账户。该账户用于记录、核算和反映特定资金的收入和支出活动，由财政部门负责管理。代理银行根据财政部门的要求和支付指令，办理财政专户的收入和支出业务。其中，银行业金融机构，是指在中华人民共和国境内依法设立的商业银行、城市信用合作社、农村信用合作社等吸收公众存款的金融机构以及政策性银行。

预算单位不得将财政专户的资金转入本单位其他账户核算。

（2）财政部门为预算单位开设的银行账户。

1）单位零余额账户。财政部门按资金使用性质在商业银行为预算单位开设零余额账户，该类账户用于财政授权支付和清算。

2）小额现金账户。财政部门在商业银行为预算单位开设小额现金账户，主要是方便预算单位日常发生的一些零星分散、数额小、支付频繁的支出。该类账户用于记录、核算和反映预算单位的零星支出活动，并用于与国库单一账户进行清算。

（3）特设银行账户。由于中国现处于改革和发展的关键时期，政策性支出项目较多，对资金的支出有特殊要求，经国务院或国务院授权财政部批准，特设置预算单位开设的特殊专户。该类账户用于记录、核算和反映预算单位的特殊专项支出活动，并用于与国库单一账户清算。预算单位不得将其他账户资金转入特设账户核算。

项目小结

本项目主要介绍了政府会计的概述，政府会计信息质量特征与会计假设，政府会计要素的确认、计量和报告，影响政府会计的财政制度。其中：

政府会计的概述包括政府会计的概念和目标、政府会计相关法律制度。

政府会计信息质量特征与会计假设包括政府会计信息质量特征、政府会计基本假设。

政府会计要素的确认、计量和报告包括政府会计要素的确认、政府会计要素的计量、政府会计要素的报告、政府会计科目。

影响政府会计的财政制度包括政府收入与支出分类、政府采购制度、国库集中收付制度。

思考与练习

一、单项选择题

1. 下列选项中，不属于政府会计基本假设的是（ ）。
   A. 会计主体假设　　　B. 会计客体假设
   C. 货币计量假设　　　D. 会计分期假设
2. 政府预算报告的编制主要以（ ）为基础。
   A. 收付实现制
   B. 权责发生制
   C. 预算会计核算生成的数据
   D. 预算表
3. 下列选项中，不属于政府采购的主要当事方的是（ ）。
   A. 政府采购机关
   B. 政府采购资金管理部门
   C. 供应商
   D. 询价小组
4. 下列选项中，不属于政府采购方式的是（ ）。
   A. 公开招标　　　　B. 邀请招标
   C. 固定对象采购　　D. 询价
5. 下列选项中，不属于财政部门开设的银行账户是（ ）。
   A. 国库单一账户　　　B. 财政专户
   C. 财政零余额账户　　D. 小额现金账户

二、多项选择题

1. 政府会计的目标包括（ ）。
   A. 财务报告目标　　B. 决算报告目标
   C. 基础会计目标　　D. 总会计目标
2. 政府会计准则体系的组成有（ ）。
   A. 政府会计基本准则
   B. 政府会计具体准则
   C. 政府会计应用指南
   D. 小企业会计准则
3. 政府会计质量特征包括（ ）。
   A. 可靠性　　B. 相关性
   C. 全面性　　D. 可比性
4. 我国政府财务会计要素包括（ ）。

A. 资产 　　　B. 负债
C. 净资产 　　D. 收入

5. 政府收支分类包括（　　）。

A. 利润科目 　　B. 支出科目
C. 费用科目 　　D. 收入科目

三、判断题

1. 可靠性也称真实性或客观性，是指会计核算应当以实际发生的经济业务为依据，客观真实地记录、反映各项业务活动的实际情况和结果。（　　）

2. 会计主体是指会计信息所反映的单位。（　　）

3. 会计分期假设是指会计核算单位在可预见的将来会继续下去，可以在正常的经营过程中变现资产、清偿债务。（　　）

4. 政府会计应当以人民币作为记账本位币，以元为金额单位，元以下记至角、分。（　　）

5. 资产的计量属性主要包括历史成本、重置成本、现值、公允价值和名义金额。（　　）

四、简答题

1. 简述特设银行账户。

2. 简述国库体系。

项目 2　行政单位的收入、费用与支出

知识目标

◎ 理解非同级财政拨款收入与非同级财政拨款预算收入

◎ 理解行政单位费用和支出

技能目标

◎ 掌握行政单位的财务会计收入与预算会计收入的账务处理

◎ 掌握业务活动费用与行政支出的账务处理

案例导入

某市交通局 2022 年 8 月应计提固定资产折旧 60 000 元，办公软件应摊销 20 000 元。为履行业务活动发生的车船税、房产税、城镇土地使用税等共计 4 000 元，应交水电费 3 000 元。

案例思考

根据上述材料，做出相应的会计分录。

本章导语

通过本章的学习，明确行政单位各项收入和支出的具体内容，掌握拨入经费、拨出经费、经费支出、预算外资金收入和其他收入等内容的核算方法。

任务 2.1 行政单位的财务会计收入与预算会计收入

2.1.1 行政单位收入概述

在行政事业单位中，收入属于财务会计要素，预算收入属于预算会计要素。收入和预算收入在基本概念、具体种类、确认和计量方法上虽有一定的联系，但也存在明显的区别。

收入是指行政事业单位在履行职责或开展业务活动中依法取得的非偿还性资金。行政事业单位的收入按照不同的来源渠道和资金性质，包括财政拨款收入、事业收入、上级补助收入、附属单位上缴收入、经营收入、非同级财政拨款收入、投资收益、捐赠收入、利息收入、租金收入和其他收入等种类。收入应当以权责发生制为基础进行确认和计量。

2.1.2 财政拨款收入与财政拨款预算收入

1. 财政拨款收入

单位应设置"财政拨款收入"科目核算单位从同级政府财政部门取得的各类财政拨款。期末结转后，科目应无余额。

同级政府财政部门预拨的下期预算款和没有纳入预算的暂付款项，以及采用实拨资金方式通过本单位转拨给下属单位的财政拨款，应通过"其他应付款"科目核算，不通过本科目核算。

该科目可按照一般公共预算财政拨款、政府性基金预算财政拨款等拨款种类进行明细核算。

2. 财政拨款预算收入

单位应设置"财政拨款预算收入"科目核算单位从同级政府财政部门取得的各类财政拨款。年末结转后，科目应无余额。

该科目应当设置"基本支出"和"项目支出"两个明细科目，并按照《分类科目》中"支出功能分类科目"的项级科目进行明细核算，同时，在"基本支出"明细科目下按照"人员经费"和"日常公用经费"进行明细核算，在"项目支出"明细科目下按照具体项目进行明细核算。

有一般公共预算财政拨款、政府性基金预算财政拨款等两种或两种以上财政拨款的单位，还应当按照财政拨款的种类进行明细核算。

3. 账务处理

（1）财政直接支付方式。

年末，根据本年度财政直接支付预算指标数与当年财政直接支付实际支付数的差额。

财政拨款收入	财政拨款预算收入
借：库存物品 　　固定资产 　　业务活动费用 　　应付职工薪酬 　贷：财政拨款收入	借：行政支出 　贷：财政拨款预算收入

财政拨款收入	财政拨款预算收入
借：财政应返还额度——财政直接支付 　　贷：财政拨款收入	借：资金结存——财政应返还额度 　　贷：财政拨款预算收入

【情景2-1】某市市场监督管理局收到财政部门委托代理银行转来的财政直接支付入账通知单，财政部门为该单位支付了为开展日常行政活动所发生的经费60 000元及专项专业业务活动所发生的经费700 000元。这两项经费分别在《分类科目》支出功能分类科目中的类款项"一般公共服务支出——商贸事务——行政运行"和"一般公共服务支出——市场监督管理事务——市场监督管理专项"科目中反映。该市场监督管理局只有一般公共预算财政拨款这种拨款类型。

A. 该单位应编制财务会计分录为：

借：业务活动费用　　　　　　　　760 000
　　贷：财政拨款收入
　　　　——一般公共预算财政拨款 760 000

B. 该单位应编制预算会计分录为：

借：行政支出　　　　　　　　　　760 000
　　贷：财政拨款预算收入——基本支出
　　　　——行政运行——日常公用经费
　　　　　　　　　　　　　　　　60 000
　　　　——项目支出——市场监督管理专项
　　　　　　　　　　　　　　　700 000

【情景2-2】某市卫生局2022年度被市财政局批复的年度预算为6 000 000元。2022年1月1日，卫生局收到市财政局代理银行的财政直接支付入账通知单，支付1月员工工资福利200 000元和集中采购的办公用品价款500 000元，不能抵扣的增值税71 000元。员工工资福利和办公用品在《分类科目》支出功能分类科目中的类款项"卫生健康支出——卫生健康管理事务——行政运行"中反映。该卫生局有一般公共预算财政拨款和政府性基金预算拨款等两种拨款类型。2022年年末，代理银行与人民银行国库清算后，根据代理银行提供的对账单，2022年度直接支付总额为5 500 000元。

A. 该单位应编制财务会计分录为：

a. 支付：

借：库存物品　　　　　　　　　　571 000
　　应付职工薪酬　　　　　　　　200 000
　　贷：财政拨款收入
　　　　——一般公共预算财政拨款 771 000

b. 年末：

借：财政应返还额度——财政直接支付
　　　　　　　　　　　　　　　500 000
　　贷：财政拨款收入
　　　　——一般公共预算财政拨款 500 000

B. 该单位应编制预算会计分录为：

a. 支付：

借：行政支出　　　　　　　　　　771 000
　　贷：财政拨款预算收入　　　　771 000

b. 年末：

借：资金结存——财政应返还额度 500 000
　　贷：财政拨款预算收入
　　　　——一般公共预算财政拨款 500 000

（2）财政授权支付方式。

财政拨款收入	财政拨款预算收入
A. 根据收到的"财政授权支付额度到账通知书"，按照通知书中的授权支付额度：	
借：零余额账户用款额度 　　贷：财政拨款收入	借：资金结存——零余额账户用款额度 　　贷：财政拨款预算收入
B. 年末，本年度财政授权支付预算指标数大于零余额账户用款额度下达数的，根据未下达的用款度：	
借：财政应返还额度——财政授权支付 　　贷：财政拨款收入	借：资金结存——财政应返还额度 　　贷：财政拨款预算收入

【情景2-3】某市卫生局2022年度被市财政局批复的年度授权支付额度为300 000元。2022年1月5日，卫生局收到财政授权支付额度到账通知书，已有250 000元额度到账。1月8日，通过授权支付方式支付1月用于机关后勤的零星开支200 000元。2022年年末，代理银行与中国人民银

行国库清算后，根据代理银行提供的对账单，2022年度授权支付总额为 290 000 元。

A. 该单位应编制财务会计分录为：

a. 1 月 5 日：

借：零余额账户用款额度　　　　250 000
　　贷：财政拨款收入——一般公共预算财
　　　　政拨款　　　　　　　　250 000

b. 1 月 8 日：

借：业务活动费用　　　　　　　200 000
　　贷：零余额账户用款额度　　200 000

c. 年末：

借：财政应返还额度——财政授权支付 50 000
　　贷：财政拨款收入　　　　　50 000

B. 该单位应编制预算会计分录为：

a. 1 月 5 日：

借：资金结存——零余额账户用款额度
　　　　　　　　　　　　　　　250 000
　　贷：财政拨款预算收入　　　250 000

b. 1 月 8 日：

借：行政支出　　　　　　　　　200 000
　　贷：资金结存——零余额账户用款额度
　　　　　　　　　　　　　　　200 000

c. 年末：

借：资金结存——财政应返还额度　50 000
　　贷：财政拨款预算收入　　　50 000

（3）其他方式。

财政拨款收入	财政拨款预算收入
A. 收到款项时，按照实际收到的拨款金额：	
借：银行存款 　　贷：财政拨款收入	借：资金结存——货币资金 　　贷：财政拨款预算收入
B. 单位收到下期预算的财政预拨款，应当在下个预算期，按照预收的金额：	
—	借：资金结存——货币资金 　　贷：财政拨款预算收入

（4）因差错更正或购货退回等发生国库直接支付款项退回。

财政拨款收入	财政拨款预算收入
A. 属于以前年度支付的款项，按照退回金额：	
借：财政应返还额度——财政直接支付 　　贷：以前年度盈余调整 　　　　库存物品	—
B. 属于本年度支付的款项，按照退回金额：	
借：财政拨款收入 　　贷：业务活动费用 　　　　库存物品	借：财政拨款预算收入 　　贷：行政支出

【情景 2-4】某市公安局 2022 年 3 月 24 日因差错更正 2021 年度需退回国库 300 000 元。3 月 30 日，因 2022 年 1 月 10 日所购货物退回 100 000 元，所购货物价款已由供应商退还国库。

A. 该单位应编制财务会计分录为：

a. 3 月 24 日：

借：财政应返还额度——财政直接支付
　　　　　　　　　　　　　　　300 000
　　贷：以前年度盈余调整　　　300 000

b. 3 月 30 日：

借：财政拨款收入　　　　　　　100 000
　　贷：库存物品　　　　　　　100 000

B. 该单位应编制预算会计分录为：

借：财政拨款预算收入　　　　　100 000
　　贷：行政支出　　　　　　　100 000

（5）期末结清收入。

财政拨款收入	财政拨款预算收入
借：财政拨款收入 　　贷：本期盈余	借：财政拨款预算收入 　　贷：财政拨款结转——本年收支结转

【情景2-5】年终，市科技局收入科目结账前"财政拨款收入——一般公共预算财政拨款"余额为4 600 000元，"财政拨款收入——政府性基金预算财政拨款"余额为500 000元，"财政拨款预算收入——基本支出——人员经费"余额3 500 000元，"财政拨款预算收入——项目支出——A项目"2 000 000元。

A. 该单位应编制财务会计分录为：

借：财政拨款收入
　　——一般公共预算财政拨款　4 600 000
　　——政府性基金预算财政拨款　500 000
　　贷：本期盈余　　　　　　　　5 100 000

B. 该单位应编制预算会计分录为：

借：财政拨款预算收入——基本支出
　　——人员经费　　　　　　　3 500 000
　　——项目支出——A项目　　2 000 000
　　贷：财政拨款结转——本年收支结转
　　　　　　　　　　　　　　　5 500 000

2.1.3　非同级财政拨款收入与非同级财政拨款预算收入

1. 账户设置

（1）非同级财政拨款收入。

单位应设置"非同级财政拨款收入"科目核算单位从非同级政府财政部门取得的经费拨款，包括从同级政府其他部门取得的横向转拨财政款、从上级或下级政府财政部门取得的经费拨款等。期末结转后，科目应无余额。

该科目应当按照本级横向转拨财政款和非级财政拨款进行明细核算，并按照收入来源进行明细核算。

（2）非同级财政拨款预算收入。

单位应设置"非同级财政拨款预算收入"科目核算单位从非同级政府财政部门取得的财政拨款，包括本级横向转拨财政款和非本级财政拨款。期末结转后，科目应无余额。

该科目应当按照非同级财政拨款预算收入的类别、来源和《分类科目》中"支出功能分类科目"的项级科目等进行明细核算。非同级财政拨款预算收入中如有专项资金收入，还应按照具体项目进行明细核算。

2. 账务处理

非同级财政拨款收入	非同级财政拨款预算收入
A. 按照应收或实际收到的金额确认收入： 借：其他应收款 　　银行存款 　　贷：非同级财政拨款收入 B. 期末结清科目本期发生额： 借：非同级财政拨款收入 　　贷：本期盈余	借：资金结存——货币资金 　　贷：非同级财政拨款预算收入 借：非同级财政拨款预算收入——专项资金收入 　　贷：非财政拨款结转——本年收支结转 借：非同级财政拨款预算收入——非专项资金收入 　　贷：其他结余

【情景2-6】某市文化局向文化和旅游部申请的地方非物质文化保护专项经费已获批立项，由中央财政下拨立项经费600 000元，但该专项资金尚未下拨。年末，"非同级财政拨款预算收入"科目余额中，专项资金明细账余额共计17 000 000元，非专项资金明细账余额共计5 000 000元。

A. 该单位应编制财务会计分录为：

借：其他应收款　　　　　　　　　600 000
　　贷：非同级财政拨款收入　　　　　600 000

B. 该单位应编制预算会计分录为：

借：非同级财政拨款预算收入

　　　　——专项资金收入　　　　17 000 000
　　　　——非专项资金收入　　　　5 000 000
　　贷：非财政拨款结转——本年收支结转
　　　　　　　　　　　　　　　　17 000 000
　　　　其他结余　　　　　　　　5 000 000

2.1.4　行政单位的其他收入

1. 账户设置

（1）捐赠收入。

单位应设置"捐赠收入"科目核算单位接受其他单位或者个人捐赠取得的收入。期末结转后，科目应无余额。

该科目应当按照捐赠资产的用途和捐赠单位等进行明细核算。

（2）利息收入。

单位应设置"利息收入"科目核算单位取得的银行存款利息收入。期末结转后，科目应无余额。

（3）租金收入。

单位应设置"租金收入"科目核算单位经批准利用国有资产出租取得并按照规定纳入本单位预算管理的租金收入。期末结转后，科目应无余额。

该科目应当按照出租国有资产类别和收入来源等进行明细核算。

（4）其他收入。

单位应设置"其他收入"科目核算单位取得的除财政拨款收入、捐赠收入、利息收入、租金收入以外的各项收入，包括现金盘盈收入、行政单位收回已核销的其他应收款、无法偿付的应付、置换换出资产评估增值等。期末结转后，科目应无余额。

该科目应当按照其他收入的类别、来源等进行明细核算。

（5）其他预算收入。

单位应设置"其他预算收入"科目核算单位除财政拨款预算收入、非同级财政拨款预算收入之外的纳入部门预算管理的现金流入，包括捐赠预算收入、利息预算收入、租金预算收入、现金盘盈收入等。期末结转后，科目应无余额。

该科目应当按照其他收入类别和《分类科目》中"支出功能分类科目"的项级科目等进行明细核算。其他预算收入中如有专项资金收入，还应按照具体项目进行明细核算。

单位发生的捐赠预算收入、利息预算收入、租金预算收入金额较大或业务较多的，可单独设置"6603 捐赠预算收入""6604 利息预算收入""6605 租金预算收入"等科目。

2. 账务处理

（1）接受捐赠。

捐赠收入	其他预算收入
A. 按照实际收到的货币资金金额：	
借：银行存款 　　库存现金 　　贷：捐赠收入	借：资金结存——货币资金 　　贷：其他预算收入
B. 接受捐赠的存货、固定资产等非现金资产：	
借：库存物品（确定的成本） 　　固定资产（确定的成本） 　　贷：银行存款（相关税费） 　　　　捐赠收入（差额）	支付的相关税费等 借：其他支出 　　贷：资金结存

续表

捐赠收入	其他预算收入
C. 接受捐赠的资产按照名义金额入账的： a. 按照名义金额： 借：库存物品 　　固定资产 　　贷：捐赠收入 b. 同时，按照发生的相关税费、运输费等： 借：其他费用 　　贷：银行存款	支付的相关税费等 借：其他支出 　　贷：资金结存

（2）取得利息。

利息收入	其他预算收入
取得银行存款利息时，按照实际收到的金额： 借：银行存款 　　贷：利息收入	借：资金结存——货币资金 　　贷：其他预算收入
【情景2-7】某县民政局取得银行存款利息收入3 000元，收到对该县抗日及抗美援朝军人的社会捐款200 000元，节假日慰问物资40 000元，接收捐赠物资过程中，民政局用现金支付了运杂费200元。 A. 该民政局应编制财务会计分录为： 　借：银行存款　　　　　　3 000 　　　贷：利息收入　　　　　　3 000 　借：银行存款　　　　　200 000 　　　库存物品　　　　　　40 000 　　　贷：捐赠收入——军人　239 800	库存现金　　　　　　　　200 B. 该民政局应编制预算会计分录为： 　借：资金结存——货币资金　203 000 　　　贷：其他预算收入　　　　203 000 　借：其他支出　　　　　　　　200 　　　贷：资金结存——货币资金　200 （3）获取租金。 租金收入为国有资产出租收入，应当在租赁期内各个期间按照直线法予以确认。涉及增值税业务的，相关账务处理参见"应交增值税"科目。
A. 采用预收租金方式的，预收租金时，按照收到的金额： 借：银行存款 　　贷：预收账款 B. 分期确认租金收入时，按照各期租金金额： 借：预收账款 　　贷：租金收入	A. 采用后付租金方式的，每期确认租金收入时，按照各期租金金额： 借：应收账款 　　贷：租金收入 B. 收到租金时，按照实际收到的金额： 借：银行存款 　　贷：应收账款 C. 采用分期收取租金方式的，每期收取租金时，按照租金金额： 借：银行存款 　　贷：租金收入
其他预算收入，实际收到时，按收到的金额： 借：资金结存——货币资金 　　贷：其他预算收入	

（4）现金盘盈。

每日现金账款核对中发现的现金溢余，属于无法查明原因的部分，报经批准后，借记"待处理财产损溢"科目，贷记"其他收入"科目。

	其他收入	其他预算收入
A. 发现时:	借：库存现金 　贷：待处理财产损溢	借：资金结存——货币资金 　贷：其他预算收入
B. 经核实，属于应支付给有关个人和单位的部分，按照实际支付的金额：	借：待处理财产损溢 　贷：其他应付款 借：其他应付款 　贷：银行存款	借：其他预算收入 　贷：资金结存——货币资金
C. 属于无法查明原因的部分，报经批准后：	借：待处理财产损溢 　贷：其他收入	—

（5）科技成果转化。

其他收入	其他预算收入
单位科技成果转化所取得的收入，按照规定留归本单位的，按照所取得收入扣除相关费用之后的净收益： 借：银行存款 　贷：其他收入	收到时，按收到的金额： 借：资金结存——货币资金 　贷：其他预算收入

（6）收回已核销的其他应收款。

其他收入	其他预算收入
行政单位已核销的其他应收款在以后期间收回的，按照实际收回的金额： 借：银行存款 　贷：其他收入	收到时，按收到的金额： 借：资金结存——货币资金 　贷：其他预算收入

（7）无法偿付的应付及预收款项。

其他收入	其他预算收入
无法偿付或债权人豁免偿还的应付账款、其他应付款及长期应付款： 借：应付账款 　　其他应付款 　　长期应付款 　贷：其他收入	—

【情景2-8】某县教育局2022年5月31日临时出租会议室收取租金2 000元，当日现金盘点发现盘盈50元，从市教育局取得专门用于该县中小学多媒体教学设施的专项资金800 000元。6月3日，经核实，盘盈的现金为少付给李四的医药费报销款，县教育局随后用现金支付给了李四本人。

A. 该单位应编制财务会计分录为：

a. 5月31日：

借：银行存款　　　　　　　802 000
　贷：租金收入　　　　　　　2 000
　　　其他应收款　　　　　800 000
借：库存现金　　　　　　　　　50
　贷：待处理财产损溢　　　　　50

b. 6月3日：

借：待处理财产损溢　　　　　　50
　贷：其他应付款　　　　　　　50
借：其他应付款　　　　　　　　50
　贷：库存现金　　　　　　　　50

B. 该单位应编制预算会计分录为：

a. 5月31日：

借：资金结存——货币资金　02 050
　贷：其他预算收入　　　　802 050

b. 6月3日：

借：其他预算收入　　　　　　　50
　贷：资金结存——货币资金　　50

（8）期末结清收入科目本期发生额。

捐赠收入	其他预算收入
借：捐赠收入 　　利息收入 　　租金收入 　　其他收入 　贷：本期盈余	分两种情况处理： A. 借：其他预算收入——专项资金收入 　　　贷：非财政拨款结转——本年收支结转 B. 借：其他预算收入——非专项资金收入 　　　贷：其他结余

【情景 2-9】年终，某市技术监督局有关收入科目结账前余额如表 2-1 所示。

表 2-1　某市技术监督局有关收入科目结账前余额

单位：元

科目	贷方余额
捐赠收入	587 000
利息收入	30 000
租金收入	356 000
其他收入	1 506 000
其他预算收入 —— 专项资金收入	1 000 000
—— 非专项资金收入	400 000

A. 该市技术监督局应编制财务会计分录为：

借：捐赠收入　　　　　587 000
　　利息收入　　　　　 30 000
　　租金收入　　　　　356 000
　　其他收入　　　　 1 506 000
　贷：本期盈余　　　 2 479 000

B. 该市技术监督局应编制预算会计分录为：

借：其他预算收入 —— 专项资金收入
　　　　　　　　　　 1 000 000
　　　　　　　—— 非专项资金收入
　　　　　　　　　　　400 000
　贷：非财政拨款结转 —— 本年收支结转
　　　　　　　　　　 1 000 000
　　　其他结余　　　　400 000

任务 2.2　行政单位的费用和支出

2.2.1　行政单位费用和支出概述

1. 财务会计费用概述

行政单位的费用是以权责发生制为核算基础形成的，属于财务会计的口径，包括业务活动费用、资产处置费用和其他费用。

其中，业务活动费用是指行政单位为实现其职能目标，依法履职或开展专业业务活动及其辅助活动所发生的各项费用，如工资薪酬、办公费用等。

资产处置费用是指行政单位处置各种资产过程中发生的各项费用，如处置资产的账面价值、处置过程中发生的相关税费、处置收入等。

其他费用是指行政单位发生的除业务活动费用和资产处置费用以外的费用，如利息费用、罚没支出、现金资产捐赠支出等。

2. 预算会计支出概述

行政单位的支出是以收付实现制为核算基础形成的，属于预算会计的口径，包括行政支出和其他支出。

其中，行政支出是指行政单位为实现其职能目标，依法履职或开展专业业务活动及其辅助活动所支付的各项费用。

其他支出是指行政单位支付的除行政支出以外的各项支出，如资产处置过程的支出、利息支出、现金捐赠支出等。

2.2.2 预算支出的分类

为全面反映单位各项预算支出的内容，分析和考核各项支出的实际发生和使用效果，提高单位资金使用的社会效益和经济效益，了解支出的不同分类是很有必要的（这些分类适用于行政及事业单位的支出分类）。

1. 按《分类科目》的部门预算支出经济分类科目分类

以《分类科目》的部门预算支出经济分类科目为标准，单位的支出可分为：工资福利支出（301）、商品和服务支出（302）、对个人和家庭的补助（303）、债务利息及费用支出（307）、资本性支出（基本建设）（309）、资本性支出（310）、对企业补助（基本建设）（311）、对企业补助（312）、对社会保障基金补助（313）和其他支出（399）共10个类级科目，类级科目下再设款级科目，从类级科目到款级科目，内容逐级细化。

2. 按部门预算要求进行分类

按部门预算要求，费用及支出分为基本支出和项目支出两类。基本支出包括人员经费预算支出和日常办公经费预算支出。人员经费预算支出由工资福利支出和对个人和家庭补助组成。日常办公经费预算支出由商品和服务支出、基本建设支出和其他资本性支出组成。对于项目支出，可以根据需要选择使用工资福利支出、商品和服务支出、基本建设支出、其他资本性支出类级科目及有关的款级科目。

3. 按不同经费来源进行分类

按不同的经费来源，单位的费用及支出可分为财政拨款支出、非同级财政拨款和其他资金支出。

其中，财政拨款支出可分为一般预算经费支出和基金预算经费支出。一般预算经费支出是指行政单位使用财政一般预算拨入经费而发生的经费支出；基金预算经费支出是指行政单位使用财政基金预算拨入经费而发生的经费支出。

非同级财政拨款是指使用上级财政或下级财政拨款发生的专项支出。

其他资金支出是指行政单位使用除了财政拨款或非同级财政拨款外发生的经费支出。

2.2.3 业务活动费用与行政支出

1. 账户设置

（1）业务活动费用。

行政单位应设置"业务活动费用"科目核算单位为实现其职能目标，依法履职或开展专业业务活动及其辅助活动所发生的各项费用。期末结转后，科目应无余额。

该科目应当按照项目、服务或者业务类别、支付对象等进行明细核算。

为了满足成本核算需要，该科目下还可按照"工资福利费用""商品和服务费用""对个人和家庭的补助费用""对企业补助费用""固定资产折旧费""无形资产摊销费""公共基础设施折旧（摊销）费""保障性住房折旧费""计提专用基金"等成本项目设置明细科目，归集能够直接计入业务活动或采用一定方法计算后计入业务活动的费用。

（2）行政支出。

行政单位应设置"行政支出"科目核算行政单位履行其职责实际发生的各项现金流出。年末结转后，科目应无余额。

该科目应当分别按照"财政拨款支出""非财政专项资金支出""其他资金支出""基本支出"和"项目支出"等进行明细核算，并按照《分类科目》中"支出功能分类科目"的项级科目进行明细核算；"基本支出"和"项目支出"明细科目下应当按照《分类科目》中"部门预算支出经济分类科目"的款级科目进行明细核算，同时在"项目支出"明细科目下按照具体项目进行明细核算。

有一般公共预算财政拨款、政府性基金预算财政拨款等两种或两种以上财政拨款的行政单位，还应当在"财政拨款支出"明细科目下按照财政拨款的种类进行明细核算。

对于预付款项，可通过在"行政支出"科目下设置"待处理"明细科目进行核算，待确认具体支出项目后再转入"行政支出"科目下相关明细科目。年末结账前，应将"行政支出"科目下的"待处理"明细科目余额全部转入"行政支出"科目下相关明细科目。

2. 账务处理

（1）人员薪酬。

业务活动费用	行政支出
A. 履职或开展业务活动人员计提的薪酬，应按照计算确定的金额：	
借：业务活动费用 　　贷：应付职工薪酬	—
B. 向单位职工个人支付薪酬时，按照实际支付的金额：	
借：应付职工薪酬 　　贷：财政拨款收入 　　　　零余额账户用款额度 　　　　银行存款	借：行政支出 　　贷：财政拨款预算收入 　　　　资金结存
C. 按照规定代扣代缴个人所得税以及代扣代缴或为职工缴纳职工社会保险费、住房公积金等时，按照实际缴纳的金额：	
借：其他应交税费——应交个人所得税 　　应付职工薪酬——社会保险费 　　　　　　　　——住房公积金 　　贷：财政拨款收入 　　　　零余额账户用款额度 　　　　银行存款	借：行政支出 　　贷：财政拨款预算收入 　　　　资金结存

【情景2-10】某市教育局2022年2月底计提2月税前工资总额600 000元，其中，基本工资250 000元，津贴补贴200 000元，离休费100 000元，退休费50 000元。3月10日，收到代理银行转来的财政直接支付到账通知单，支付了2月的工薪570 000元及代扣代缴的个人所得税30 000元。

A. 该教育局应编制财务会计分录为：

a. 计提时：

借：业务活动费用——工资福利费用　450 000
　　　　　　　　——对个人和家庭的补助费用　150 000
　　贷：应付职工薪酬　　　　　　　　　　　600 000

b. 代扣个人所得税时：

借：应付职工薪酬　　　　　　　　　　　　30 000

业务活动费用	行政支出
c. 支付薪酬及代缴个人所得税时： 借：应付职工薪酬　　　　570 000 　　其他应交税费——应交个人所得税 　　　　　　　　　　　　30 000 　　贷：财政拨款收入　　　600 000 B. 该教育局应编制预算会计分录为：	贷：其他应交税费——应交个人所得税 　　　　　　　　　　　　30 000 借：行政支出——财政拨款支出 　——基本支出——基本工资　250 000 　——津贴补贴　　　　　　200 000 　——离休费　　　　　　　100 000 　——退休费　　　　　　　 50 000 　贷：财政拨款预算收入　　600 000 （2）外部人员劳务费。

业务活动费用	行政支出
A. 为履职或开展业务活动发生的外部人员劳务费： 按照计算确定的金额： 借：业务活动费 　贷：其他应交税费——应交个人所得税 　　　其他应付款（应付金额） 　　　财政拨款收入 　　　零余额账户用款额度 　　　银行存款	按支付给外部人员的金额： 借：行政支出 　贷：财政拨款预算收入 　　　资金结存
B. 按照规定代扣代缴个人所得税时，按实际缴纳的金额： 借：其他应交税费——应交个人所得税 　贷：财政拨款收入 　　　零余额账户用款额度 　　　银行存款	借：行政支出 　贷：财政拨款预算收入 　　　资金结存

【情景2-11】某市教育局聘请软件公司开发专用软件，2022年4月20日计提应付个人所得税前劳务费300 000元。5月5日，软件公司收到代理银行转来的财政授权支付到账通知单，为教育局支付了软件开发人员劳务费150 000元及代扣代缴个人所得税50 000元。

A. 该教育局应编制财务会计分录为：

a. 2022年4月20日计提时：

借：业务活动费用　　　　　300 000
　贷：其他应交税费——应交个人所得税
　　　　　　　　　　　　　 50 000
　　　其他应付款　　　　　250 000

b. 5月5日：

借：其他应交税费——应交个人所得税
　　　　　　　　　　　　　 50 000
　　其他应付款　　　　　　150 000
　贷：零余额账户用款额度　200 000

B. 该教育局应编制预算会计分录为：

借：行政支出——财政拨款支出
　——基本支出——劳务费　　200 000
　贷：资金结存——货币资金　200 000

（3）购买、领用库存物资或政府储备物资。

业务活动费用	行政支出
A. 现购、赊购库存物资或政府储备物资： 借：库存物品 　　政府储备物资 　贷：应付账款（赊购） 　　　财政拨款收入 　　　零余额账户用款额度 　　　银行存款	按现购时支付的金额： 借：行政支出 　贷：财政拨款预算收入 　　　资金结存

续表

业务活动费用	行政支出
B. 发生预付账款时，按照实际支付的金额：	
借：预付账款 　　贷：财政拨款收入 　　　　零余额账户用款额度 　　　　银行存款	借：行政支出 　　贷：财政拨款预算收入 　　　　资金结存
C. 为履职或开展业务活动领用库存物品，以及动用发出相关政府储备物资：	
借：业务活动费用 　　贷：库存物品 　　　　政府储备物资	—

【情景2-12】某市统计局2022年4月23日收到财政部门委托代理银行转来的财政直接支付入账通知单，支付了批量购买的办公用品货款200 000元，不能抵扣的增值税26 000元，收到财政部门委托代理银行转来的财政授权支付入账通知单，支付随用随买的办公耗材20 000元，不能抵扣的增值税2 600元，预付专用材料定金20 000元。4月26日，领用批量购买的办公用品2 000元。

A. 该统计局应编制财务会计分录为：

a. 2022年4月23日：

借：业务活动费用　　　　　　22 600
　　库存物品　　　　　　　　22 6000
　　预付账款　　　　　　　　20 000
　　贷：财政拨款收入　　　　268 600

b. 4月26日：

借：业务活动费用　　　　　　2 000
　　贷：库存物品　　　　　　2 000

B. 该统计局应编制预算会计分录为：

a. 2022年4月23日：

借：行政支出——财政拨款支出
　　　　　——基本支出
　　　　　——办公经费　　　　　248 600
　　　　　——专用材料购置费　　 20 000
　　贷：财政拨款预算收入　　　2 686 000

b. 4月26日，无须做会计处理。

【情景2-13】某市文化局收到财政部门委托代理银行转来的财政直接支付到账通知单，通过"政府性基金预算——文化体育与传媒支出——文化事业建设费安排的支出"支付60 000元，用于该市文化局"人才培训教学"专项。

A. 该文化局应编制财务会计分录为：

借：业务活动费用　　　　　　60 000
　　贷：财政拨款收入　　　　60 000

B. 该文化局应编制预算会计分录为：

借：行政支出——财政拨款支出
　　　　　——政府性基金预算财政拨款
　　　　　——项目支出——人才培训教学　60 000
　　贷：财政拨款预算收入　　　60 000

（4）折旧或摊销。

业务活动费用	行政支出
为履职或开展业务活动所使用的固定资产、无形资产以及为所控制的公共基础设施、保障性住房计提的折旧、摊销，按照计提金额：	
借：业务活动费用 　　贷：固定资产累计折旧 　　　　无形资产累计摊销 　　　　公共基础设施累计折旧（摊销） 　　　　保障性住房累计折旧	—

（5）其他税金及费用。

业务活动费用	行政支出
A. 为履职或开展业务活动发生的城市维护建设税、教育费附加、地方教育附加、车船税、房产税、城镇土地使用税等，按照计算确定应缴纳的金额： 借：业务活动费用 　　贷：其他应交税费	—
B. 为履职或开展业务活动发生其他各项费用时： 按照费用确认金额： 借：业务活动费用 　　贷：财政拨款收入 　　　　零余额账户用款额度 　　　　银行存款 　　　　应付账款 　　　　其他应付款 　　　　其他应收款	按照实际支付的金额： 借：行政支出 　　贷：财政拨款预算收入 　　　　资金结存

【情景2-14】某市交通局2022年8月应计提固定资产折旧60 000元，办公软件应摊销20 000元。为履行业务活动发生的车船税、房产税、城镇土地使用税等共计4 000元，应交水电费3 000元。

该交通局应编制财务会计分录为：

借：业务活动费用——固定资产折旧费　　　　　　　　　　　　　　　60 000
　　　　　　　——无形资产摊销费　　20 000
　　　　　　　——其他税费　　　　　4 000
　　　　　　　——水电费　　　　　　3 000
　　贷：固定资产累计折旧　　　　　60 000
　　　　无形资产累计摊销　　　　　20 000
　　　　其他应交税费　　　　　　　4 000
　　　　应付账款　　　　　　　　　3 000

（6）购货退回。

业务活动费用	行政支出
发生当年购货退回等业务： 对于已计入本年业务活动费用的，按照收回或应收的金额： 借：财政拨款收入 　　零余额账户用款额度 　　银行存款 　　其他应收款 　　贷：业务活动费用	属于当年支出收回的，按照收回的金额： 借：财政拨款预算收入 　　资金结存 　　贷：行政支出

【情景2-15】某市环保局将2022年上半年购买的不符合合同规格的办公用品50 000元退回供货单位。供货单位已经将退货款直接支付给国库，并且已经收到财政国库支付执行机构转来的入账通知书。

A. 该环保局应编制财务会计分录为：

借：财政拨款收入　　　　　　　　50 000
　　贷：库存物品　　　　　　　　50 000

B. 该环保局应编制预算会计分录为：

借：财政拨款预算收入　　　　　　50 000
　　贷：行政支出　　　　　　　　50 000

（7）差错更正。

业务活动费用	行政支出
因差错更正等发生国库直接支付款项退回的，属于本年度收支的款项，按照退回金额： 借：财政拨款收入 　　贷：业务活动费用 　　　　库存物品	借：财政拨款预算收入 　　资金结存 　　贷：行政支出

（8）期末结清科目发生额。

业务活动费用	行政支出

借：本期盈余
    贷：业务活动费用
	按不同资金来源分别处理：
	A. 借：财政拨款结转 —— 本年收支结转
	    贷：行政支出 —— 财政拨款支出
	B. 借：非财政拨款结转 —— 本年收支结转
	    贷：行政支出 —— 非财政专项资金支出
	C. 借：其他结余
	    贷：行政支出 —— 其他资金支出

【情景2-16】某市环保局2021年末有关费用支出科目余额如下：

业务活动费用 —— 工资福利费用　30 000 000
　　　　　　 —— 商品和服务费用　20 000 000
　　　　　　 —— 对个人和家庭的补助费用
　　　　　　　　　　　　　　　　60 000
　　　　　　 —— 固定资产折旧费　790 000
　　　　　　 —— 无形资产摊销费　390 000
行政支出 —— 财政拨款支出
　　　　 —— 政府性基金预算财政拨款
　　　　 —— 项目支出　　　　13 050 000
　　　　 —— 一般公共预算财政拨款
　　　　 —— 基本支出　　　　58 500 000
　　　　 —— 非财政专项资金支出
　　　　 —— 项目支出　　　　　950 000
　　　　 —— 其他资金支出　　　 20 000

A. 该环保局应编制财务会计分录为：
借：本期盈余　　　　　　　51 240 000
　　贷：业务活动费用 —— 工资福利费用
　　　　　　　　　　　　　30 000 000
　　　　　　　　 —— 商品和服务费用　20 000 000
　　　　　　　　 —— 对个人和家庭的补助费用
　　　　　　　　　　　　　　　　60 000
　　　　　　　　 —— 固定资产折旧费　790 000
　　　　　　　　 —— 无形资产摊销费　390 000

B. 该环保局应编制预算会计分录为：
借：财政拨款结转 —— 本年收支结转
　　　　　　　　　　　　　71 550 000
　　非财政拨款结转 —— 本年收支结转
　　　　　　　　　　　　　　950 000
　　其他结余　　　　　　　　320 000
　　贷：行政支出 —— 财政拨款支出
　　　　　　 —— 政府性基金预算财政拨款
　　　　　　 —— 项目支出　　　13 050 000
　　　　　　 —— 一般公共预算财政拨款
　　　　　　 —— 基本支出　　　58 500 000
　　　　　　 —— 非财政专项资金支出
　　　　　　 —— 项目支出　　　　950 000
　　　　　　 —— 其他资金支出　　320 000

2.2.4 资产处置费用、其他费用与其他支出

资产处置的形式按照规定包括无偿调拨、出售、出让、转让、置换、对外捐赠、报废毁损以及货币性资产损失核销等。

1. 账户设置

（1）资产处置费用。

行政单位应设置"资产处置费用"科目核算单位经批准处置资产时发生的费用，包括转销的被处置资产价值，以及在处置过程中发生的相关费用或者处置收入小于相关费用形成的净支出。期末结转后，科目应无余额。

单位在资产清查过程中查明的资产盘亏、毁损以及资产报废等，应当先通过"待处理财产损溢"科目进行核算，再将处理资产价值和处理净支出计入"资产处置费用"科目。

该科目应当按照处置资产的类别、资产处置

的形式等进行明细核算。

（2）其他费用。

行政单位应设置"其他费用"科目核算单位发生的除业务活动费用、资产处置费用以外的各项费用，包括利息费用、罚没支出、现金资产捐赠支出以及相关税费、运输费等。期末结转后，科目应无余额。

该科目应当按照其他费用的类别等进行明细核算。

单位发生的利息费用较多的，可以单独设置"5701 利息费用"科目。

（3）其他支出。

行政单位应设置"其他支出"科目核算单位除行政支出以外的各项现金流出，包括利息支出、对外捐赠现金支出、现金盘亏损失、接受捐赠（调入）和对外捐赠（调出）非现金资产发生的税费支出、资产置换过程中发生的相关税费支出和罚没支出等。

该科目应当按照其他支出的类别，"财政拨款支出""非财政专项资金支出"和"其他资金支出"，以及《分类科目》中"支出功能分类科目"的项级科目和"部门预算支出经济分类科目"的款级科目等进行明细核算。其他支出中如有专项资金支出，还应按照具体项目进行明细核算。

单位发生利息支出、捐赠支出等其他支出金额较大或业务较多的，可单独设置"7902 利息支出""7903 捐赠支出"等科目。

2. 账务处理

（1）资产处置费用与其他支出。

1）不通过"待处理财产损溢"科目核算的资产处置。

资产处置费用	其他支出
A. 按照规定报经批准处置资产时： 借：资产处置费用 　　固定资产累计折旧 　　无形资产累计摊销 　　公共基础设施累计折旧（摊销） 　　保障性住房累计折旧 　贷：库存物品 　　　固定资产 　　　无形资产 　　　公共基础设施 　　　政府储备物资 　　　文物文化资产 　　　保障性住房 　　　其他应收款 　　　在建工程	—
B. 处置资产过程中仅发生相关费用的，按照实际发生金额：	
借：资产处置费用 　贷：银行存款 　　　库存现金	借：其他支出 　贷：资金结存
C. 处置资产过程中取得收入的，按照取得的价款：	
借：库存现金/银行存款（收到的金额） 　　资产处置费用（借方差额） 　贷：银行存款/库存现金（支付的费用） 　　　应缴财政款（贷方差额）	—
D. 涉及增值税业务的，相关账务处理参见"应交增值税"科目。	

【情景 2-17】某市环保局按规定拍卖一超标公车，该车原价 360 000 元，累计折旧 60 000 元，拍卖过程中用银行存款支付相关费用 15 000 元，拍卖收入银行存款 280 000 元。

A. 该环保局应编制财务会计分录为：

借：资产处置费用　　　　　　　　300 000
　　固定资产累计折旧　　　　　　 60 000
　　贷：固定资产　　　　　　　　360 000
借：银行存款　　　　　　　　　　280 000
　　贷：银行存款　　　　　　　　 15 000
　　　　应缴财政款　　　　　　　265 000

B. 该环保局应编制预算会计分录为：

借：其他支出　　　　　　　　　　 15 000
　　贷：资金结存　　　　　　　　 15 000

2）通过"待处理财产损溢"科目核算的资产处置。

①现金盘亏。

资产处置费用	其他支出
A. 发现现金短缺时：	
借：待处理财产损溢 　　贷：库存现金	借：其他支出 　　贷：资金结存——货币资金
B. 待查明原因后：	
借：其他应收款（应由责任人赔偿或应追回的） 　　资产处置费用（无法查明原因报经批准核销） 　　贷：待处理财产损溢	
C. 收到补偿款时：	
借：库存现金 　　银行存款 　　贷：其他应收款	借：资金结存——货币资金 　　贷：其他支出

②资产清查。

资产处置费用	其他支出
A. 单位在资产清查过程中发现盘亏或者毁损、报废的存货、固定资产、无形资产、公共基础设施、政府储备物资、文物文化资产、保障性住房等时：	
借：待处理财产损溢——待处理财产价值 　　固定资产累计折旧 　　无形资产累计摊销 　　公共基础设施累计折旧（摊销） 　　保障性住房累计折旧 　　贷：库存物品 　　　　固定资产 　　　　无形资产 　　　　公共基础设施 　　　　政府储备物资 　　　　文物文化资产 　　　　保障性住房 　　　　其他应收款 　　　　在建工程	—
B. 报经批准处理时：	
借：资产处置费用 　　贷：待处理财产损溢——待处理财产价值	—
C. 处置资产过程中仅发生相关费用的，按照实际发生金额：	
借：待处理财产损溢——处理净收入 　　贷：银行存款 　　　　库存现金	借：其他支出 　　贷：资金结存
D. 处置资产过程中取得收入的，按照取得的金额：	

续表

资产处置费用	其他支出
借：库存现金 　　银行存款 　　贷：待处理财产损溢——处理净收入	借：资金结存 　　贷：其他支出

E. 处理收支结清时，处理过程中所取得收入小于所发生相关费用的，按照相关费用减去处理收入后的净支出：

借：资产处置费用 　　贷：待处理财产损溢——处理净收入	—

（2）其他费用与其他支出。

1）对外捐赠现金资产。

其他费用	其他支出
借：其他费用 　　贷：银行存款 　　　　库存现金等	借：其他支出 　　贷：资金结存——货币资金

2）单位接受捐赠（或无偿调入）以名义金额计量的存货、固定资产、无形资产，以及成本无法可靠取得的公共基础设施、文物文化资产等发生的相关税费、运输费等。

其他费用	其他支出
借：其他费用 　　贷：财政拨款收入 　　　　零余额账户用款额度 　　　　银行存款 　　　　库存现金	借：其他支出 　　贷：资金结存

3）罚没支出。

其他费用	其他支出
借：其他费用 　　贷：银行存款 　　　　库存现金 　　　　其他应付款	借：其他支出 　　贷：资金结存——货币资金

【情景2-18】 某市农业农村局2022年6月20日对外捐出银行存款20 000元，用现金支付无偿调入以名义金额计量的专用设备过程中发生的运输费2 000元。

A. 该市农业农村局应编制财务会计分录为：

借：其他费用　　　　　　　　22 000
　　贷：银行存款　　　　　　20 000
　　　　库存现金　　　　　　 2 000

B. 该市农业农村局应编制预算会计分录为：

借：其他支出　　　　　　　　22 000
　　贷：资金结存　　　　　　22 000

4）单位发生的与受托代理资产相关的税费、运输费、保管费等。

其他费用	其他支出
实际支付或应付的金额： 借：其他费用 　　贷：财政拨款收入 　　　　零余额账户用款额度 　　　　银行存款 　　　　库存现金 　　　　其他应付款	按实际支付金额： 借：其他支出 　　贷：资金结存

5）期末结清费用及支出科目发生额。

其他费用	其他支出
借：本期盈余 　　贷：其他费用 　　　　资产处置费用	分三种情况处理： A. 借：非财政拨款结转——本年收支结转 　　贷：其他支出——财政拨款支出 B. 借：其他结余 　　贷：其他支出——非财政专项资金支出 C. 借：其他结余 　　贷：其他支出——其他资金支出

【情景2-19】某市环保局2021年12月31日有关费用及其他支出及其明细账余额如下：

资产处置费用——固定资产——出售 200 000
　　　　　　　　　　　　——毁损 30 000
其他费用——利息费用 1 000
　　　　——捐赠费用 14 000
其他支出——财政拨款支出
　　　　——生态环境保护宣传 349 000
　　　　——非财政专项资金支出
　　　　——生态环境监测与信息 60 000
　　　　——其他资金支出——森林管护 20 000

A. 该环保局应编制财务会计分录为：
借：本期盈余 245 000
　　贷：资产处置费用——固定资产
　　　　　　　　　　——出售 200 000
　　　　　　　　　　——毁损 30 000
　　其他费用——利息费用 1 000
　　　　　　——捐赠费用 14 000

B. 该市环保局应编制预算会计分录为：
借：财政拨款结转——本年收支结转 349 000
　　非财政拨款结转——本年收支结转 60 000
　　其他结余 20 000
　　贷：其他支出——财政拨款支出——生态环境保护宣传 349 000
　　　　　　——非财政专项资金支出——生态环境监测与信息 60 000
　　　　　　——其他资金支出——森林管护 20 000

项目小结

本项目介绍了行政单位的财务会计收入与预算会计收入，以及行政单位的费用和支出。其中：

行政单位的财务会计收入与预算会计收入主要包括行政单位收入概述、财政拨款收入与财政拨款预算收入、非同级财政拨款收入与非同级财政拨款预算收入、行政单位的其他收入。

行政单位的费用和支出主要包括行政单位费用和支出概述、预算支出的分类、业务活动费用与行政支出，以及资产处置费用、其他费用与其他支出。

思考与练习

一、单项选择题

1. 下列有关"财政拨款预算收入"的表述，错误的是（　　）。

    A. 各单位应当设置"财政拨款预算收入"科目

    B. "财政拨款预算收入"科目核算单位从同级政府财政部门取得的各类财政拨款

    C. 在"项目支出"明细科目下按照"人员经费"和"日常公用经费"进行明细核算

    D. "财政拨款预算收入"科目应当设置"基本支出"和"项目支出"两个明细科目

2. 下列选项中，在财政授权支付方式下做出的会计分录，正确的是（　　）。

    A. 借：零余额账户用款额度
        贷：财政拨款收入

    B. 借：银行存款
        贷：财政拨款收入

    C. 借：财政拨款收入
        贷：本期盈余

    D. 借：单位管理费用
        贷：财政拨款收入

3. 下列属于预算支出经济分类科目的是（　　）。

    A. 一般公共服务　　B. 工资福利支出

    C. 社会保障和就业　D. 文化体育与传媒

4. 某行政单位因业务活动发生的支出，应计入（　　）。

    A. 单位管理费用　　B. 业务活动费用

    C. 其他费用　　　　D. 管理费用

5. 核算行政单位履行其职责实际发生的各项现金流出，应计入（　　）。

    A. 行政支出　　　　B. 预算支出

    C. 其他支出　　　　D. 管理费用

二、多项选择题

1. 关于"非同级财政拨款预算收入"科目表述，正确的有（　　）。

    A. 核算事业单位从非同级政府财政部门取得财政拨款

    B. 核算事业单位开展科研及其辅助活动从非同级政府财政部门取得的经费拨款

    C. 期末，本科目本年发生额中的非专项资金收入转入"其他结余"科目

    D. 期末，本科目本年发生额中的专项资金收入转入"非财政拨款结转"科目

2. 下列选项中，按不同经费来源进行分类的有（　　）。

    A. 财政拨款支出　　B. 非同级财政拨款

    C. 其他资金支出　　D. 同级财政拨款

3. 下列各项中，属于行政事业单位业务活动费用的有（　　）。

    A. 工资福利费用

    B. 商品和服务费用

    C. 对个人和家庭的补助费用

    D. 固定资产折旧费用

4. 下列属于"资产处置费用"账户核算内容的有（　　）。

    A. 转销的被处置资产的价值

    B. 处置中发生的相关费用

    C. 处置收入小于相关费用形成的净支出

    D. 处置收入大于相关费用形成的净收入

5. 下列选项中，会计分录正确的有（　　）。

A. 取得银行存款利息时，按照实际收到的金额：
　借：银行存款
　　　贷：利息收入
B. 按照实际收到的货币资金金额：
　借：银行存款
　　　库存现金
　　　贷：捐赠收入
C. 接受捐赠的存货、固定资产等非现金资产：

借：库存物品（确定的成本）
　　固定资产（确定的成本）
　　贷：银行存款（相关税费）
　　　　捐赠收入（差额）
D. 接受捐赠的资产按照名义金额入账的：
　借：库存物品
　　　固定资产
　　　贷：捐赠收入

三、判断题

1. 资产处置的形式按照规定包括无偿调拨、出售、出让、转让、置换、对外捐赠、报废毁损以及货币性资产损失核销等。（　）
2. 行政单位应设置"业务活动费用"科目核算单位为实现其职能目标，依法履职或开展专业业务活动及其辅助活动所发生的各项费用。（　）
3. 对于预付款项，可通过在"行政支出"科目下设置"待处理"明细科目进行核算，待确认具体支出项目后再转入"行政支出"科目下相关明细科目。（　）
4. 单位应设置"非同级财政拨款预算收入"科目核算单位从非同级政府财政部门取得的财政拨款，包括本级横向转拨财政款和非本级财政拨款。（　）
5. 行政单位的费用包括业务活动费用、资产处置费用和其他费用。（　）

四、简答题

1. 简述现金盘盈的账务处理。

2. 简述获取租金的账务处理。

项目 3　行政单位的资产、负债、净资产与预算结余

知识目标

◎ 理解行政单位的流动资产
◎ 理解文物文化资产、保障性住房

技能目标

◎ 掌握行政单位的流动负债的账务处理
◎ 掌握长期应付款的账务处理
◎ 掌握行政单位的净资产和预算结余的账务处理

案例导入

某单位融资租入办公用房。租赁合同确定的租赁价款为 500 000 元，每季度负债支付 20 000 元。另用银行存款支付相关税费 20 000 元，租赁保险费 10 000 元。

案例思考

根据上述材料，做出相应的会计分录。

本章导语

行政单位资产是行政单位占有或者使用的能以货币计量的经济资源，行政单位负债是行政单位承担的能以货币计量，需要以各项资产偿还的债务，包括应缴预算款、应缴财政专户款、暂存款等。

任务 3.1 行政单位的资产

3.1.1 行政单位的流动资产

行政单位的流动资产主要包括货币资金、应收及预付款、存货和待摊费用等。

1. 货币资金

货币资金是指处于货币形态的资产,包括库存现金、银行存款、零余额账户用款额度和其他货币资金。

(1) 库存现金。

1) 账户设置。

库存现金是指存放在单位会计部门的现金,单位应当严格按照国家有关现金管理的规定收支现金。

单位应当设置"库存现金"科目核算现金的各项收支业务。科目期末借方余额,反映单位实际持有的库存现金。

该科目应设置"受托代理资产"明细科目,核算单位受托代理、代管的现金。

单位应当设置"库存现金日记账",由出纳人员根据收付款凭证,按照业务发生顺序逐笔登记。

每日终了,出纳人员还应当计算当日的现金收入合计数、现金支出合计数和结余数,并将结余数与实际库存数核对,做到账款相符。

现金收入业务繁多、单独设有收款部门的单位,收款部门的收款员应当将每天所收现金连同收款凭据一并交财务部门核收记账,或者将每天所收现金直接送存开户银行后,将收款凭据及向银行送存现金的凭证等一并交财务部门核收记账。

单位有外币现金的,应当分别按照人民币、各种外币设置"库存现金日记账"进行明细核算。

2) 账务处理。

① 从银行提取现金或将现金存入银行,只做财务会计分录,不做预算会计分录。

借:库存现金
  贷:银行存款
    零余额账户用款额度

② 从银行或单位零余额账户提取现金,应按照实际提取的金额编制如下会计分录:

财务会计	预算会计
A. 按照实际提取现金金额:	

借:库存现金
  贷:零余额账户用款额度
	借:资金结存——货币资金
	  贷:资金结存——零余额账户用款额度

B. 将现金存入银行或退回单位零余额账户时,按照实际存入金额,做相反会计分录。	

③ 因内部职工出差等原因借出的现金,应编制如下会计分录:

财务会计	预算会计
A. 按照实际借出的现金金额:	
借:其他应收款 贷:库存现金	—
B. 出差人员报销差旅费时,按照实际报销的金额:	

借:业务活动费用
  库存现金(报销额小于借出额的差额)
  贷:其他应收款(实际借出的现金金额)
    库存现金(报销额大于借出额的差额)
	借:行政支出
	  贷:资金结存——货币资金

【情景3-1】某单位从财政部门为本单位在商业银行开设的零余额账户中提取现金6 000元用于支付单位工作人员李某的出差费，实际支出5 800元，余款200元退回单位零余额账户。

A. 该单位应编制财务会计分录为：

a. 提现时：

借：库存现金　　　　　　　　　　6 000
　　贷：零余额账户用款额度　　　　　6 000

b. 预支时：

借：其他应收款——李某　　　　　6 000
　　贷：库存现金　　　　　　　　　　6 000

c. 报销及将余款200元退回单位时：

财务会计	预算会计
借：业务活动费用 　　库存物品 　　应交增值税 　　贷：库存现金	借：行政支出 　　贷：资金结存——货币资金

【情景3-2】某单位以库存现金800元支付业务培训讲课费。

A. 该单位应编制财务会计分录为：

借：业务活动费用　　　　　　　　800
　　贷：库存现金　　　　　　　　　　800

财务会计	预算会计
借：其他费用 　　贷：库存现金	借：其他支出 　　贷：资金结存——货币资金

⑥收到或支付受托代理、代管的现金，只做财务会计分录，不做预算会计分录。

按照实际收到的金额：

借：库存现金——受托代理资产
　　贷：受托代理负债

支付受托代理、代管的现金，按照实际支付的金额：

借：业务活动费用　　　　　　　5 800
　　库存现金　　　　　　　　　　200
　　贷：其他应收款——李某　　　　6 000

B. 该单位应该编制预算会计分录为：

a. 提现时：

借：资金结存——货币资金　　　6 000
　　贷：资金结存——零余额账户用款额度
　　　　　　　　　　　　　　　　6 000

b. 报销及将余款200元退回单位时：

借：行政支出　　　　　　　　　5 800
　　贷：资金结存——货币资金　　5 800

④因购买服务、物品或者其他事项支付现金，按照实际支付的金额，编制如下会计分录：

B. 该单位应编制预算会计分录为：

借：行政支出　　　　　　　　　　800
　　贷：资金结存——货币资金　　　800

⑤以库存现金对外捐赠，按照实际捐出的金额，编制如下会计分录：

借：受托代理负债
　　贷：库存现金——受托代理资产

⑦发现有现金溢余或短缺时，应编制相应的会计分录。

单位应日清月结，如在每日账款核对中发现有待查明原因的现金短缺或溢余，应当通过"待处理财产损溢"科目进行核算：

A. 现金溢余。

a. 发现溢余时，按照实际溢余金额：

财务会计	预算会计
借：库存现金 　　贷：待处理财产损溢	借：资金结存——货币资金 　　贷：其他预算收入

b. 查明处理时：

续表

财务会计	预算会计
借：待处理财产损溢 　　贷：其他应付款（属于应付给有关人员或单位的） 　　　　其他收入（属于无法查明原因的，报经批准后）	—
c. 支付给有关人员或单位时，按支付的金额：	
借：其他应付款 　　贷：库存现金	借：其他预算收入 　　贷：资金结存——货币资金
B. 现金短缺。	
a. 发现短缺时，按实际短缺金额：	
借：待处理财产损溢 　　贷：库存现金	借：其他支出 　　贷：资金结存——货币资金
b. 查明处理时：	
借：其他应收款（应由责任人赔偿或应追回的） 　　资产处置费用（无法查明原因的，经批准核销） 　　贷：待处理财产损溢	—
c. 收到责任人赔偿款时：	
借：库存现金 　　贷：其他应收款	借：资金结存——货币资金 　　贷：其他支出

【情景3-3】某行政单位2022年3月19日盘点现金时发现短缺100元，3月20日查明其中58元为多付员工甲报销的差旅费，余下42元无法查明原因。2022年3月21日，员工甲已退回58元。

A. 该单位应编制财务会计分录为：

a. 发现短缺时：

借：待处理财产损溢　　　　　100
　　贷：库存现金　　　　　　　　100

b. 查明原因时：

借：其他应收款——甲　　　　58
　　资产处置费用　　　　　　42
　　贷：待处理财产损溢　　　　　100

c. 收到退回的余款时：

借：库存现金　　　　　　　　58
　　贷：其他应收款　　　　　　　58

B. 该单位应该编制预算会计分录为：

a. 发现短缺时：

借：其他支出　　　　　　　　100
　　贷：资金结存——货币资金　　100

b. 收到退回的余款时：

借：资金结存——货币资金　　58
　　贷：其他支出　　　　　　　　58

（2）银行存款。

1）账户设置。

银行存款是指单位存入银行或其他金融机构的各种存款。

单位应设置"银行存款"科目核算存入银行或其他金融机构的各种存款。科目期末方余额，反映单位实际存放在银行或其他金融机构的款项。

该科目应设置"受托代理资产"明细科目，核算单位受托代理、代管的银行存款。

单位应当按开户银行或其他金融机构、存款种类及币种等，分别设置"银行存款日记账"，由出纳人员根据收付款凭证，按照业务的发生顺序逐笔登记，每日终了应结出余额。

"银行存款日记账"应定期与"银行对账单"核对，至少每月核对一次。月度终了，单位银行存款账面余额与银行对账单余额之间如有差额，必须逐笔查明原因并进行处理，按月编制"银行存款余额调节表"，调节相符。

2）账务处理。

财务会计	预算会计
A. 将款项存入银行或其他金融机构，按照实际存入的金额：	
借：银行存款 　　贷：库存现金 　　　　其他收入	借：资金结存——货币资金 　　贷：其他预算收入等
B. 收到银行存款利息，按照实际收到的金额：	
借：银行存款 　　贷：利息收入	借：资金结存——货币资金 　　贷：其他预算收入
C. 支付银行手续费等：	
借：业务活动费用 　　贷：银行存款	借：行政支出 　　贷：资金结存——货币资金
D. 以银行存款支付相关费用，按照实际支付的金额：	
借：业务活动费用 　　其他费用 　　贷：银行存款	借：行政支出 　　其他支出 　　贷：资金结存——货币资金
E. 以银行存款对外捐赠，按照实际捐出的金额：	
借：其他费用 　　贷：银行存款	借：其他支出 　　贷：资金结存——货币资金

【情景3-4】某单位按规定收到应上缴国库的罚款收入16 000元，开出转账支票向希望工程捐款50 000元，开出现金支票支付公务车辆维修费25 000元。

A. 该单位应编制财务会计分录为：

借：银行存款　　　　　　　　　16 000
　　贷：应缴财政款　　　　　　　16 000

借：其他费用　　　　　　　　　50 000
　　业务活动费用　　　　　　　25 000
　　贷：银行存款　　　　　　　75 000

B. 该单位应编制预算会计分录为：

借：行政支出　　　　　　　　　25 000
　　其他支出　　　　　　　　　50 000
　　贷：资金结存——货币资金　75 000

财务会计	预算会计
A. 按照实际收到的委托金额：	
借：银行存款——受托代理资产 　　贷：受托代理负债	—
B. 支付受托代理、代管的银行存款，按照实际支付的金额：	
借：受托代理负债 　　贷：银行存款——受托代理资产	—

（3）零余额账户用款额度。

1）账户设置。

零余额账户用款额度是指实行国库集中支付的预算单位根据财政部门批复的用款计划收到和支用的零余额账户用款额度。

零余额账户用款额度是预算单位零余额账户的用款额度，具有与人民币存款相同的支付结算功能。零余额账户只能用于办理转账、汇兑、委托收款和提取现金等支付业务，单位的自有收入、经营收入、往来收入等非财政性资金不得进入本单位零余额账户。

当财政部门向预算单位零余额账户的代理银行下达零余额账户用款额度时，预算单位的零余额账户用款额度增加。单位零余额账户由预算单位根据经批准的单位预算和用款计划，向单位零余额账户的代理银行开具支付令。当通过单位零余额账户向收款人支付款项、提取现金时，零余额账户用款额度减少。当零余额账户用款额度大于零余额账户的实际用数时，就会产生尚未支用的零余额账户用款额度。

2）账务处理。

财务会计	预算会计
A. 收到额度： 根据"财政授权支付到账通知书"所列金额： 借：零余额账户用款额度 　　贷：财政拨款收入	借：资金结存——零余额账户用款额度 　　贷：财政拨款预算收入
B. 按照规定支用额度： a. 支付日常活动费用： 借：业务活动费用 　　贷：零余额账户用款额度 b. 购买存货或购建固定资产，按实际成本： 借：库存物品 　　固定资产 　　在建工程 　　贷：零余额账户用款额度（实付额） 　　　　应付账款（应付额）	借：行政支出 　　贷：资金结存——零余额账户用款额度
C. 因购货退回等发生财政授权支付额度退回的，按照退回的金额： a. 本年度授权支付的款项： 借：零余额账户用款额度 　　贷：库存物品	借：资金结存——零余额账户用款额度 　　贷：行政支出
b. 以前年度授权支付的款项： 借：零余额账户用款额度 　　贷：库存物品 　　　　以前年度盈余调整等	借：资金结存——零余额账户用款额度 　　贷：财政拨款结转——年初余额调整 　　　　财政拨款结余——年初余额调整
D. 年末，注销额度： a. 根据代理银行提供的对账单注销额度： 借：财政应返还额度——财政授权支付 　　贷：零余额账户用款额度	借：资金结存——财政应返还额度 　　贷：资金结存——零余额账户用款额度
b. 本年度财政授权支付预算指标数大于零余额账户额度下达数的，根据未下达的用款额度： 借：财政应返还额度——财政授权支付 　　贷：财政拨款收入	借：资金结存——财政应返还额度 　　贷：财政拨款预算收入
E. 下年初，恢复额度： a. 根据代理银行提供的额度恢复到账通知书恢复财政授权支付额度： 借：零余额账户用款额度 　　贷：财政应返还额度——财政授权支付	借：资金结存——零余额账户用款额度 　　贷：资金结存——财政应返还额度
b. 收到财政部门批复的上年未下达零余额账户用款额度： 借：零余额账户用款额度 　　贷：财政应返还额度——财政授权支付	借：资金结存——零余额账户用款额度 　　贷：资金结存——财政应返还额度

【情景3-5】某单位2021年有授权支付预算指标600 000元，已下达额度550 000元，实际使用500 000元额度支付所购物品价款。年终财政收回额度，并于2022年1月恢复全部额度。2022年1月，实际授权支付15 000元用于日常活动费用。

A. 该单位应编制财务会计分录为：

a. 财政下达授权支付额度600 000元时：

借：零余额账户用款额度　　550 000
　　贷：财政拨款收入　　　　　550 000

b. 单位实际使用授权额度时：

借：库存物品　　　　　　　500 000
　　贷：零余额账户用款额度　　500 000

c. 年终时，注销已下达的未用额度50 000元，确认未下达的额度50 000元：

借：财政应返还额度——财政授权支付
　　　　　　　　　　　　　100 000
　　贷：财政拨款收入——财政授权支付
　　　　　　　　　　　　　　50 000
　　　　零余额账户用款额度　50 000

d. 2022 年恢复上年已注销未用额度 50 000 元时：

借：零余额账户用款额度　　　　　50 000
　　贷：财政应返还额度——财政授权支付
　　　　　　　　　　　　　　　　50 000

e. 单位收到财政部门批复的上年未下达零余额账户用款额度 50 000 元时：

借：零余额账户用款额度　　　　　50 000
　　贷：财政应返还额度——财政授权支付
　　　　　　　　　　　　　　　　50 000

f. 2022 年实际授权支付时：

借：业务活动费用　　　　　　　　15 000
　　贷：零余额账户用款额度　　　15 000

B. 该单位应编制预算会计分录为：

a. 财政下达授权支付额度 600 000 元时：

借：资金结存——零余额账户用款额度
　　　　　　　　　　　　　　　550 000
　　贷：财政拨款预算收入　　　550 000

b. 单位实际使用授权额度时：

借：行政支出　　　　　　　　　500 000
　　贷：资金结存——零余额账户用款额度
　　　　　　　　　　　　　　　500 000

c. 年终时，注销已下达的未用额度 50 000 元，确认未下达的额度 50 000 元：

借：资金结存——财政应返还额度 100 000
　　贷：财政拨款预算收入　　　　50 000
　　　　资金结存——零余额账户用款额度
　　　　　　　　　　　　　　　　50 000

d. 2022 年恢复上年已注销未用额度 50 000 元时：

借：资金结存——零余额账户用款额度
　　　　　　　　　　　　　　　　50 000
　　贷：资金结存——财政应返还额度
　　　　　　　　　　　　　　　　50 000

e. 单位收到财政部门批复的上年未下达零余额账户用款额度 50 000 元时：

借：资金结存——零余额账户用款额度
　　　　　　　　　　　　　　　　50 000
　　贷：资金结存——财政应返还额度
　　　　　　　　　　　　　　　　50 000

f. 2022 年实际授权支付时：

借：行政支出　　　　　　　　　500 000
　　贷：资金结存——零余额账户用款额度
　　　　　　　　　　　　　　　500 000

2. 应收及预付款项

行政单位的应收及预付款项包括财政应返还额度、应收账款、预付账款和其他应收款。

（1）财政应返还额度。

1）账户设置。

单位应设置"财政应返还额"总账科目核算实行国库集中支付的行政单位应收财政返还的资金额度。科目期末借方余额反映行政单位尚未使用的以前年度财政资金额度。

该科目应当设置"财政直接支付"和"财政授权支付"两个明细科目，进行明细核算。

2）账务处理。

财政直接支付。

财务会计	预算会计
A. 年末本年度预算指标数与当年实际支付数的差额：	
借：财政应返还额度——财政直接支付 　　贷：财政拨款收入	借：资金结存——财政应返还额度 　　贷：财政拨款预算收入
B. 下年度使用以前年度财政直接支付额度支付款项时：	
借：业务活动费用 　　贷：财政应返还额度——财政直接支付	借：行政支出等 　　贷：资金结存——财政应返还额度

【情景 3-6】某单位 2021 年度财政批复的用款计划为 17 000 000 元。2021 年年末，根据代理银行提供的对账单，其直接支付用款计划尚有 500 000 元未使用。2022 年 1 月 5 日，财政为其恢复了直接支付额度 500 000 元。2022 年 1 月 10 日，该单位通过国库使用该额度直接支付本月业务接待费用 40 000 元。

A. 该单位应编制财务会计分录为：

a. 2021 年 12 月 31 日：

借：财政应返还额度——财政直接支付
　　　　　　　　　　　　　　500 000
　　贷：财政拨款收入　　　　500 000
b. 2022 年 1 月 10 日：
借：业务活动费用　　　　　　40 000
　　贷：财政应返还额度——财政直接支付
　　　　　　　　　　　　　　40 000
B. 该单位应编制预算会计分录为：
a. 2021 年 12 月 31 日：
借：资金结存——财政应返还额度 500 000
　　贷：财政拨款预算收入　　500 000

b. 2022 年 1 月 10 日：
借：行政支出　　　　　　　　40 000
　　贷：资金结存——财政应返还额度 40 000

（2）应收账款。
1）账户设置。
单位应设置"应收账款"科目核算行政单位因出租资产、出售物资等应收取的款项。科目期末借方余额反映单位尚未收回的应收账款。
该科目按照债务单位（或个人）进行明细核算。
2）账务处理。

财务会计	预算会计
A. 应收账款收回后不需要上缴财政：	
单位发生应收账款时，按照应收未收金额： 借：应收账款 　　贷：租金收入 　　　　其他收入	—
收回应收账款时，按照实际收到的金额： 借：银行存款 　　贷：应收账款	借：资金结存 　　贷：其他预算收入
B. 应收账款收回后需要上缴财政：	
按照应收未收金额： 借：银行存款 　　贷：应收账款	—
收回应收账款时，按照实际收到的金额： 借：银行存款 　　贷：应收账款	—

（3）预付账款。
1）账户设置。
单位应设置"预付账款"科目核算单位按照购货、服务合同或协议规定预付给供应单位（或个人）的款项，以及按照合同规定向承包工程的施工企业预付的备料款或工程款。科目期末借方余额反映单位实际预付但尚未结算的款项。

该科目应当按照供应单位（或个人）及具体项目进行明细核算，对于基本建设项目发生的预付账款，还应当在本科目所属基建项目明细科目下设置"预付备料款""预付工程款""其他预付款"等明细科目，进行明细核算。
2）账务处理。

财务会计	预算会计
A. 根据购货、服务合同或协定规定预付款项时，按照预付金额：	
借：预付账款 　　贷：财政拨款收入 　　　　零余额账户用款额度 　　　　银行存款	借：行政支出等 　　贷：财政拨款预算收入 　　　　资金结存
B. 收到所购资产或服务时，按照购入资产或服务的成本：	

续表

财务会计	预算会计
借：库存物品 　　固定资产 　　无形资产 　　业务活动费用等 　　贷：预付账款（按照相关预付账款的账面余额） 　　　　财政拨款收入（按财政直接支付补付额） 　　　　零余额账户用款额度（按授权支付补付额） 　　　　银行存款（按银行存款补付的金额）	按补付款项： 借：行政支出等 　　贷：财政拨款预算收入 　　　　资金结存
C. 根据工程进度结算工程价款及备料款时，按照结算金额：	
借：在建工程 　　贷：预付账款 　　　　财政拨款收入 　　　　零余额账户用款额度 　　　　银行存款	按补付款项： 借：行政支出等 　　贷：财政拨款预算收入 　　　　资金结存
D. 发生预付账款退回的，按照实际退回金额：	
借：财政拨款收入——本年直接支付 　　财政应返还额度——以前年度直接支付 　　零余额账户用款额度 　　贷：预付账款	借：财政拨款预算收入（属于当年退回的） 　　资金结存 　　贷：行政支出（属于当年退回的） 　　　　财政拨款结余——年初余额调整等
E. 单位应当于每年年末对预付账款进行全面检查。如果有确凿证据表明预付账款不再符合预付款项性质，或者因供应单位破产、撤销等原因可能无法收到所购货物或服务的，应当先将其转入其他应收款，再按照规定进行处理：	
将预付账款账面余额转入其他应收款时： 借：其他应收款 　　贷：预付账款	—

【情景3-7】某单位为小规模纳税人，2022年5月8日，向B公司采购A材料2 500件，单价40元，增值税税率13%，对方代垫包装费760元，总计113 760元，已通过财政直接向B公司预付买价的40%。5月18日，全部A材料验收入库，余款财政直接支付。另现金支付入库前挑选整理费400元。

A. 该单位应编制财务会计分录为：

a. 5月8日：

借：预付账款　　　　　　　　　　40 000
　　贷：财政拨款收入　　　　　　40 000

b. 5月18日：

借：库存物品　　　　　　　　　114 160
　　贷：预付账款　　　　　　　　40 000
　　　　财政拨款收入　　　　　　73 760
　　　　库存现金　　　　　　　　　 400

B. 该单位应编制预算会计分录为：

a. 5月8日：

借：行政支出　　　　　　　　　　40 000
　　贷：财政拨款预算收入　　　　40 000

b. 5月18日：

借：行政支出　　　　　　　　　　74 160
　　贷：资金结存　　　　　　　　　 400
　　　　财政拨款预算收入　　　　73 760

（4）其他应收款。

1）账户设置。

单位应设置"其他应收款"科目核算单位除财政应返还额度、预付账款以外的其他各项应收及暂付款项，如职工预借的差旅费、已经偿还银行尚未报销的本单位公务卡欠款、拨付给内部有关部门的备用金、应向职工收取的各种垫付款项、支付的可以收回的订金或押金等。科目期末借方余额反映单位尚未收回的其他应收款。

该科目应当按照其他应收款的类别以及债务单位（或个人）进行明细核算。

2）账务处理。

财务会计	预算会计
A. 发生其他各种应收及暂付款项时，按照实际发生金额： 借：其他应收款 　　贷：零余额账户用款额度 　　　　银行存款 　　　　库存现金等	—
B. 收回其他各种应收及暂付款项时，按照收回的金额： 借：库存现金 　　银行存款 　　贷：其他应收款	—
C. 单位内部实行备用金制度的，有关部门使用备用金以后应当及时到财务部门报销并补足备用金。财务部门核定并发放备用金时，按照实际发放金额： 借：其他应收款 　　贷：库存现金 根据报销金额用现金补足备用金定额时： 借：业务活动费用 　　贷：库存现金	按实际报销金额： 借：行政支出等 　　贷：资金结存
D. 偿还尚未报销的本单位公务卡欠款时，按照偿还的款项： 借：其他应收款 　　贷：零余额账户用款额度 　　　　银行存款 持卡人报销时，按照报销金额： 借：业务活动费用 　　贷：其他应收款	按实际报销金额： 借：行政支出等 　　贷：资金结存
E. 将预付账款账面余额转入其他应收款时： 借：其他应收款 　　贷：预付账款	—
F. 已核销的其他应收款在以后期间收回，按照实际收回金额： 借：银行存款等 　　贷：其他收入	借：资金结存——货币资金 　　贷：其他预算收入

【情景3-8】某单位2022年5月31日通过财政授权支付偿还尚未报销的本单位公务卡欠款共计200 000元。6月10日，持卡人报销了其中的165 000元，全部属于业务活动费用。

A. 该单位应编制财务会计分录为：

a. 5月31日：

借：其他应收款　　　　　　200 000
　　贷：零余额账户用款额度　　200 000

b. 6月10日报销：

借：业务活动费用　　　　　165 000
　　贷：其他应收款　　　　　　165 000

B. 该单位应编制预算会计分录为：

借：行政支出　　　　　　　165 000
　　贷：资金结存　　　　　　　165 000

3. 存货

(1) 存货的确认与计量。

1) 存货的定义。

存货是指单位在开展业务活动及其他活动中为耗用或出售而储存的资产，如材料、产品、包装物和低值易耗品等，以及未达到固定资产标准的用具、装具、动植物等，不包括政府储备物资、收储土地。

2) 存货的确认。

存货同时满足下列条件的，应当予以确认：

①与该存货相关的服务潜力很可能实现或者经济利益很可能流入单位。

②该存货的成本或者价值能够可靠地计量。

3) 初始计量。

存货在取得时应当按照成本进行初始计量。

购入的存货，其成本包括购买价款、相关税费、运输费、装卸费、保险费以及使得存货达到目前场所和状态所发生的归属于存货成本的其他支出。

但下列各项应当在发生时确认为当期费用，不计入在途物品成本：仓储费用（不包括在加工过程中为达到下一个加工阶段所必需的费用）；不能归属于使存货达到目前场所和状态所发生的其他支出。

（2）在途物品。

1）账户设置。

单位应设置"在途物品"科目核算单位采购材料等物资时货款已付或已开出商业汇票但尚未验收入库的在途物品的采购成本。科目期末借方余额反映单位在途物品的采购成本。

该科目可按照供应单位和物品种类进行明细核算。

2）账务处理。

在途物品主要通过外购的方式取得，涉及购买物品及验收入库等业务。

财务会计	预算会计
A. 单位购入材料等物品，结算凭证收到货未到，款已付：	
借：在途物品（按照确定的物品采购成本） 　　贷：财政拨款收入 　　　　零余额账户用款额度 　　　　银行存款	借：行政支出等 　　贷：财政拨款预算收入 　　　　资金结存
B. 所购材料等物品到达，验收入库：	
借：库存物品（按照确定的库存物品成本金额） 　　贷：在途物品（按照物品采购成本金额） 　　　　银行存款（按物品达到目前场所和状态发生的其他支出）	—

【情景3-9】某单位按照税法规定属于增值税一般纳税人。2022年6月3日，该单位购入一批专用材料1 000千克，增值税专用发票上载明的货款为200 000元，增值税税额26 000元，对方代垫包装费2 000元。款项未付。增值税不能抵扣。

该单位应编制财务会计分录为：

借：在途物品　　　　　228 000
　　贷：应付账款　　　　　228 000

（3）库存物品。

1）账户设置。

单位应设置"库存物品"科目核算单位在开展业务活动及其他活动中为耗用或出售而储存的各种材料、产品、包装物、低值易耗品，以及达不到固定资产标准的用具、装具、动植物等的成本。科目期末借方余额反映单位库存物品的实际成本。

该科目应当按照库存物品的种类、规格、保管地点等进行明细核算。

已完成的测绘、地质勘查、设计成果等的成本，也通过"库存物品"科目核算。

单位随买随用的零星办公用品，可以在购进时直接列作费用，不通过"库存物品"科目核算。

单位控制的政府储备物资，应当通过"政府储备物资"科目核算，不通过"库存物品"科目核算。

单位受托存储保管的物资和受托转赠的物资，应当通过"受托代理资产"科目核算。不通过"库存物品"科目核算。

单位为在建工程购买和使用的材料物资，应当通过"工程物资"科目核算，不通过"库存物品"科目核算。

单位储存的低值易耗品、包装物较多的，可以在"库存物品"科目（低值易耗品、包装物）下按照"在库""在用"和"摊销"等进行明细核算。

2）取得库存物品的账务处理。

库存物品的取得方式包括购入、自行加工、接受捐赠、无偿调入、置换等。

①外购取得库存物品。购入的库存物品，其成本包括购买价款、相关税费、运输费、装卸费、保险费以及使得存货达到目前场所和状态所发生的归属于存货成本的其他支出。

财务会计	预算会计
A. 单位购入材料等物品，结算凭证收到货未到，款已付：	
借：库存物品（按照确定的库存物品成本的金额） 　　贷：财政拨款收入（财政直接支付） 　　　　零余额账户用款额度（财政授权支付） 　　　　银行存款（银行存款支付） 　　　　应付账款（赊购库存物品）	按支付金额： 借：行政支出等 　　贷：财政拨款预算收入 　　　　资金结存
B. 所购材料等物品到达验收入库：	
借：库存物品（按照确定的库存物品成本） 　　贷：在途物品（按照物品采购成本） 　　　　银行存款（按达到目前场所和状态发生的其他支出）	—

【情景3-10】（续【情景3-9】）该单位2022年6月10日收到材料并验收入库。6月23日，采用财政授权支付方式通过代理银行零余额账户支付上述款项。

该单位应编制财务会计分录为：

a. 2022年6月10日，验收入库：

借：库存物品　　　　　　228 000
　　贷：在途物品　　　　　　228 000

b. 2022年6月23日，支付款项：

借：应付账款　　　　　　228 000
　　贷：零余额账户用款额度　228 000

② 自行加工取得库存物资。参见本书第55页"（4）加工物品"部分内容。

③ 接受捐赠的存货。其成本按有关凭据注明的金额加上相关税费、运输费等确定；没有相关凭据可供取得但按规定经过资产评估的，其成本按照评估价值加上相关税费、运输费等确定；没有相关凭据可供取得也未经资产评估的，其成本比照同类或类似资产的市场价格加上相关税费、运输费等确定；没有相关凭据且未经资产评估，同类或类似资产的市场价格也无法可靠取得的，按照名义金额入账，相关税费、运输费等计入当期费用。

财务会计	预算会计
A. 接受捐赠的库存物品验收入库：	
借：库存物品（按照确定的成本） 　　贷：银行存款（按照发生的相关税费、运输费等） 　　　　捐赠收入（按照其差额）	实际支付的相关税费： 借：其他支出 　　贷：资金结存
B. 接受捐赠的库存物品按照名义金额入账的，按照名义金额：	
借：库存物品 　　贷：捐赠收入 同时，按照发生的相关税费、运输费等： 借：其他费用 　　贷：银行存款	按照发生的相关税费、运输费等： 借：其他支出 　　贷：资金结存

【情景3-11】某单位2022年6月15日收到社会捐赠的灾区防寒物资。由捐赠方提供的增值税专用发票注明，采购价格共计200 000元，增值税26 000元，运杂费共计2 000元。上述价税款及运杂费均由捐赠方付讫。

该单位应编制财务会计分录为：

借：库存物品　　　　　　228 000
　　贷：捐赠收入　　　　　　228 000

④ 无偿调入的存货，其成本按照调出方账面价值加上相关税费、运输费等确定。

财务会计	预算会计
A. 接受无偿调入的库存物品验收入库： 借：库存物品（按照确定的成本） 　　贷：银行存款等（按照发生的相关税费等） 　　　　无偿调拨净资产（按照其差额）	实际支付的相关税费： 借：其他支出 　　贷：资金结存
B. 接受无偿调入的库存物品按照名义金额入账的，按照名义金额： 借：库存物品 　　贷：无偿调拨净资产 同时，按照发生的相关税费、运输费等： 借：其他费用 　　贷：银行存款等	按发生的相关税费、运输费等： 借：其他支出 　　贷：资金结存

【情景3-12】某单位2022年6月11日收到某企业无偿调入的救灾物资。调出方没能提供相应的发票，也没有按规定经过资产评估，且很多物资市场价格无法可靠取得。该单位用银行存款支付了运杂费共计2 000元。上述价税款及运杂费均由捐赠方付讫。

A. 该单位应编制财务会计分录为：

借：库存物品　　　　　　　2 000
　　贷：无偿调拨净资产　　　　　2 000

借：其他费用　　　　　　　2 000
　　贷：银行存款　　　　　　　2 000

B. 该单位应编制预算会计分录为：

借：其他支出　　　　　　　2 000
　　贷：资金结存　　　　　　　2 000

⑤通过置换取得的存货，其成本按照换出资产的评估价值，加上支付的补价或减去收到的补价，加上为换入存货发生的其他相关支出确定。

财务会计	预算会计
A. 用固定资产／无形资产置换换入的库存物品验收入库： 借：库存物品（按照确定的成本） 　　固定资产累计折旧 　　无形资产累计摊销 　　资产处置费用（若出现借方差额） 　　贷：固定资产（按照换出固定资产的账面余额） 　　　　无形资产（按照换出无形资产的账面余额） 　　　　银行存款（按照置换过程中发生的其他相关支出） 　　　　其他收入（若出现贷方差额）	实付的其他相关支出： 借：其他支出 　　贷：资金结存
B. 涉及补价的，分别按以下情况处理：	
a. 支付补价的： 借：库存物品 　　固定资产累计折旧 　　无形资产累计摊销 　　资产处置费用（若出现借方差额） 　　贷：固定资产 　　　　无形资产 　　　　银行存款（支付的补价） 　　　　其他收入（若出现贷方差额）	实际支付的补价和其他相关支出： 借：其他支出 　　贷：资金结存
b. 收到补价的： 借：库存物品（按照确定的库存物品成本） 　　银行存款（按照收到的补价） 　　固定资产累计折旧	

续表

财务会计	预算会计

无形资产累计摊销
资产处置费用（若出现借方差额）
 贷：固定资产
   无形资产
   银行存款（支付的补价和其他相关支出）
   应缴财政款（按补价扣减相关支出后的净收入）
   其他收入（若出现贷方差额）
	相关支出大于收到补价的差额：
	借：其他支出
	 贷：资金结存

3）发出库存物品的账务处理。

① 发出存货的计价方法。

单位应当根据实际情况采用先进先出法、加权平均法或者个别计价法确定发出存货的实际成本。计价方法一经确定，不得随意变更。

对于性质和用途相似的存货，应当采用相同的成本计价方法确定发出存货的成本。

对于不能替代使用的存货、为特定项目专门购入或加工的存货，通常采用个别计价法确定发出存货的成本。

② 领用、出售、无偿调出及发出加工库存物品。

财务会计	预算会计
A. 单位开展业务活动等领用库存物品，按照领用物品的实际成本：	
借：业务活动费用 贷：库存物品	—
B. 出售库存物品：	
经批准对外出售不可自主出售的库存物品时，按照库存物品的账面余额：	
借：资产处置费用 贷：库存物品 同时： 借：银行存款（按照收到的价款） 贷：银行存款（按照处置过程中发生的相关费用） 应缴财政款（按照其差额）	—
C. 经批准无偿调出库存物品：	
无偿调出的库存物品发出时，按照库存物品的账面余额：	
借：无偿调拨净资产 贷：库存物品 同时，按照无偿调出过程中发生的归属于调出方的相关费用： 借：资产处置费用 贷：银行存款	实际支付的相关费用： 借：其他支出 贷：资金结存
D. 加工发出库存物品，按照领用、出售等发出物品的实际成本：	
借：加工物品 贷：库存物品	—

【情景3-13】某单位为小规模纳税人，采用简易计税方法计算应纳增值税额。2022年6月23日，经批准对外出售不可自主出售的库存物品20件，每件售价200元。所售物品的税款已经收到。该物品每件实际成本600元。该单位用现金支付运杂费800元。

该单位应编制财务会计分录为：

借：资产处置费用   12 000
 贷：库存物品   12 000

按简易计税的增值税为：

$[4000÷(1+3\%)]×3\%=116.5$（元）

借：银行存款 4 000
　　贷：库存现金 800
　　　　应交增值税 116.5
　　　　应缴财政款 3 083.5

③领用低值易耗品、包装物。

采用一次转销法摊销低值易耗品、包装物的，在首次领用时将其账面余额一次性摊销计入有关成本费用，采用五五摊销法摊销低值易耗品、包装物的，首次领用时，将其账面余额的50%摊销计入有关成本费用，只做财务会计分录。无须做预算会计分录：

借：有关科目
　　贷：库存物品

采用五五摊销法使用完时，将剩余的账面余额转销计入有关成本费用，只做财务会计分录，无须做预算会计分录：

借：有关科目
　　贷：库存物品

④对外捐赠库存物品。

按规定报经批准对外捐赠、无偿调出的存货，应当将其账面余额予以转销，对外捐赠无偿调出中发生的归属于捐出方、调出方的相关费用应当计入当期费用。

财务会计	预算会计
经批准对外捐赠的库存物品发出时：	
借：资产处置费用 　　贷：库存物品（按照库存物品账面余额） 　　　　银行存款（归属于捐出方的相关费用）	实际支付的相关费用： 借：其他支出 　　贷：资金结存

⑤置换换出库存物品。

经批准置换换出的库存物品，参照"库存物品"科目有关置换换入库存物品的规定进行账务处理。

4）库存物品清查盘点。

①盘盈的存货。单位应当定期对库存物品进行清查盘点，每年至少盘点一次。

盘盈的存货，按规定经过资产评估的，其成本按照评估价值确定；未经资产评估的，其成本按照重置成本确定。

盘盈的库存物品，其成本按照有关凭据注明的金额确定；没有相关凭据但按照规定经过资产评估的，其成本按照评估价值确定；没有相关凭据也未经过评估的，其成本按照重置成本确定。如无法采用上述方法确定盘盈的库存物品成本的，按照名义金额入账。

盘盈的存货的账务处理一般只做财务会计分录，无须做预算会计分录。盘盈的库存物品，按照上述方法确定入账成本。

借：库存物品
　　贷：待处理财产损溢

按照规定报经批准后处理时，对于盘盈的流动资产：

借：待处理财产损溢
　　贷：业务活动费用

如属于以前年度取得的，按照前期差错处理。

借：待处理财产损溢
　　贷：以前年度盈余调整

②盘亏、毁损或者报废的存货。对于发生的存货毁损，应当将存货账面余额转销计入当期费用，并将毁损存货处置收入扣除相关处置税费后的差额按规定做应缴款项处理（差额为净收益时）或计当期费用（差额为净损失时）。

盘亏、毁损或者报废的库存物品，按照待处理库存物品的账面余额：

借：待处理财产损溢
　　贷：库存物品

属于增值税一般纳税人的单位，若因非正常原因导致库存物品盘亏或毁损，还应当将与该库存物品相关的增值税进项税额转出，按照其增值税进项税额：

借：待处理财产损溢
　　贷：应交税费——应交增值税（进项税额转出）

存货盘亏造成的损失，按规定报经批准后应当计入当期费用。报经批准予以处理：

借：资产处置费用
　　贷：待处理财产损溢——待处理财产价值

处理毁损、报废实物资产过程中取得的残值或残值变价收入、保险理赔和过失人赔偿等：

借：库存现金
　　银行存款
　　库存物品
　　其他应收款
　　贷：待处理财产损溢——处理净收入

处理毁损、报废实物资产过程中发生的相关费用：

借：待处理财产损溢——处理净收入
　　贷：库存现金
　　　　银行存款

处理收支结清，如果处理收入大于相关费用的，按照处理收入减去相关费用后的净收入：

借：待处理财产损溢——处理净收入
　　贷：应缴财政款

处理收入小于相关费用的，按照相关费用减去处理收入后的净支出：

借：资产处置费用
　　贷：待处理财产损溢——处理净收入

【情景3-14】某单位为一般纳税人。2021年年末对C专用材料进行清查盘点，盘点结果为实存数量1 030千克，账存数量1 070千克，加权平均法下的C专用材料单位成本为每千克10元，购入时确认了可抵扣的进项税额。

该单位应编制财务会计分录为：

借：待处理财产损溢——待处理财产价值 452
　　贷：库存物品——C专用材料　　400
　　　　应交税费——应交增值税（进项税额转出）　52

报经批准予以处置时：

借：资产处置费用　　452
　　贷：待处理财产损溢——待处理财产价值 452

（4）加工物品。

单位加工物品主要有两种方式：自制和委托加工。行政单位主要采取委托加工方式。

1）委托加工存货的成本构成。

委托加工的存货成本包括委托加工前存货成本、委托加工的成本（如委托加工费按规定应计入委托加工存货成本的相关税费等）以及使存货达到目前场所和状态所发生的归属于存货成本的其他支出。

2）委托加工存货的账务处理。

财务会计	预算会计
A. 发给外单位加工的材料等，按照其实际成本：	
借：加工物品——委托加工物品 　　贷：库存物品	
B. 支付加工费、运输费等费用，按照实际支付的金额：	
借：加工物品——委托加工物品 　　贷：财政拨款收入 　　　　零余额账户用款额度 　　　　银行存款	借：行政支出等 　　贷：财政拨款预算收入 　　　　资金结存
C. 委托加工完成的材料等验收入库，按照加工前发出材料的成本和加工、运输成本等：	
借：库存物品 　　贷：加工物品——委托加工物品	

【情景3-15】某行政单位为小规模纳税人，委托A公司代为加工一批专用物品。发给A公司的材料成本为100 000元，负担的运输费1 000元用银行存款支付。加工费用为20 000元，通过单位零余额账户付清（不考虑其他相关税费）。

A. 该单位应编制财务会计分录为：

a. 发出材料：

借：加工物品——委托加工物品　　100 000

贷：库存物品　　　　　　　100 000

b. 支付的运费及加工费：

借：加工物品——委托加工物品　21 000
　　贷：零余额账户用款额度　20 000
　　　　银行存款　　　　　　1 000

借：库存物品　　　　　　　121 000
　　贷：加工物品——委托加工物品　121 000

B. 该单位应编制预算会计分录为：

支付的运费及加工费：

借：行政支出　　　　　　　21 000
　　贷：资金结存　　　　　　21 000

4. 待摊费用

（1）账户设置。

单位应设置"待摊费用"科目核算单位已经支付，但应当由本期和以后各期分别负担的分摊期在1年以内（含1年）的各项费用，如预付航空保险费、预付租金等。科目期末借方余额反映单位各种已支付但尚未摊销的分摊期在1年以内（含1年）的费用。

该科目应当按照待摊费用种类进行明细核算。

（2）账务处理。

财务会计	预算会计
A. 发生待摊费用时，按照实际预付的金额：	
借：待摊费用 　　贷：财政拨款收入 　　　　零余额账户用款额度 　　　　银行存款	借：行政支出 　　贷：财政拨款预算收入 　　　　资金结存
B. 待摊费用应当在其受益期限内分期平均摊销（比如，预付航空保险费应在保险期的有效期内分期平均摊销，预付租金应在租赁期内分期平均摊销，并计入当期费用）：	
借：业务活动费用 　　贷：待摊费用	——
C. 如某项待摊费用已经不能使单位受益，应当将其摊余金额一次全部转入当期费用：	
借：业务活动费用 　　贷：待摊费用	——

【情景3-16】2022年1月4日，某单位使用零余额账户预付了半年的电话及网络流量费，共计6 000元。

A. 该单位应编制财务会计分录为：

a. 2019年1月4日：

借：待摊费用　　　　　　　6 000
　　贷：零余额账户用款额度　6 000

b. 月末，按月分摊计入当期费用：

借：业务活动费用　　　　　1 000
　　贷：待摊费用　　　　　　1 000

B. 该单位应编制预算会计分录为：

借：行政支出　　　　　　　6 000
　　贷：资金结存　　　　　　6 000

3.1.2　行政单位的非流动资产

1. 固定资产

固定资产是指单位为满足自身开展业务活动或其他活动需要而控制的，使用年限超过1年（不含1年），单位价值在规定标准以上，并在使用过程中基本保持原有物质形态的资产，一般包括房屋及构筑物、专用设备、通用设备等。

单位价值虽未达到规定标准，但是使用年限超过1年（不含1年）的大批同类物资，如图书、家具、用具、装具等，应当确认为固定资产。

（1）取得固定资产。

固定资产的取得包括外购、建造、融资租入、接受捐赠、无偿调入和置换等方式。

固定资产在取得时应当按照成本进行初始计量，取得方式不同，固定资产初始入账价值的确定方式也不相同。

1）购入的固定资产。

财务会计	预算会计
借：固定资产 　　贷：财政拨款收入 　　　　零余额账户用款额度 　　　　银行存款 　　　　应付账款	借：行政支出等 　　贷：财政拨款预算收入 　　　　资金结存

购入不需安装的固定资产并验收合格。

【情景3-17】某单位为一般纳税人，购入一台不需要安装的办公设备，该设备的增值税不能抵扣。取得的增值税专用发票上注明的设备价款为60 000元，增值税进项税额7 800元，发生运输费1 000元，款项全部采用财政直接支付方式，通过财政零余额账户付清（不考虑其他相关税费）。

A. 该单位应编制财务会计分录为：

借：固定资产　　　　　　　　　68 800
　　贷：财政拨款收入　　　　　　68 800

B. 该单位应编制预算会计分录为：

借：行政支出　　　　　　　　　68 800
　　贷：财政拨款预算收入　　　　68 800

购入需要安装的固定资产，应当先通过"在建工程"科目核算，安装完毕交付使用时，再转入本科目核算。

财务会计	预算会计
借：固定资产 　　贷：在建工程	—

【情景3-18】华腾公司购入一台需要安装的用于本单位业务活动的专用设备，取得的增值税专用发票上注明的设备价款为100 000元，增值税进项税额为13 000元，发生运输费2 000元，上述款项全部采用财政授权支付。另用银行存款支付安装调试费10 000元，用现金支付专业人员服务费4 000元。该设备的增值税已认证允许可抵扣。

A. 该单位应编制财务会计分录为：

借：在建工程　　　　　　　　　102 000
　　应交税费——应交增值税（进项税额）
　　　　　　　　　　　　　　　　13 000
　　贷：零余额账户用款额度　　115 000

支付安装调试费和专业人员服务费时，则：

借：在建工程　　　　　　　　　14 000
　　贷：银行存款　　　　　　　　10 000
　　　　库存现金　　　　　　　　4 000

完工固定资产成本=102 000＋14 000=242 000（元）

借：固定资产　　　　　　　　　242 000
　　贷：在建工程　　　　　　　　242 000

B. 该单位应编制预算会计分录为：

借：行政支出　　　　　　　　　115 000
　　贷：资金结存　　　　　　　　115 000

支付安装调试费和专业人员服务费时，则：

借：行政支出　　　　　　　　　14 000
　　贷：资金结存　　　　　　　　14 000

2）购入固定资产扣留质量保证金。

①取得固定资产。

财务会计	预算会计
借：固定资产 　　在建工程 　　贷：财政拨款收入 　　　　零余额账户用款额度 　　　　银行存款 　　　　应付账款（不含质量保证金的应付额） 　　　　其他应付款（扣留期≤1年的质量保证金额） 　　　　长期应付款（扣留期＞1年的质量保证金额）	按实际支付的金额： 借：行政支出等 　　贷：财政拨款预算收入 　　　　资金结存

②质保期满，支付质量保证金。

财务会计	预算会计
借：其他应付款 　　长期应付款 　　　贷：财政拨款收入 　　　　　零余额账户用款额度 　　　　　银行存款	按实际支付的金额： 借：行政支出等 　　贷：财政拨款预算收入 　　　　资金结存

【情景3-19】某单位购入一台不需要安装的办公设备，取得的增值税专用发票上注明的设备价款为100 000元，增值税进项税额为13 000元，发生运输费5 000元。通过财政零余额账户支付了60 000元。发票金额包含需扣留的质量保证金，金额为价款的40%，合同约定，保证金待设备正常运行2个月后再通过财政零余额账户支付。该设备的增值税不能抵扣。

A. 该单位应编制财务会计分录为：

a. 支付需扣留的质量保证金外的款项：

借：固定资产　　　　　　　　118 000
　　贷：财政拨款收入　　　　　60 000
　　　　应付账款　　　　　　　18 000
　　　　其他应付款　　　　　　40 000

b. 设备正常运行2个月后：

借：其他应付款　　　　　　　 40 000
　　贷：财政拨款收入　　　　　40 000

B. 该单位应编制预算会计分录为：

a. 支付需扣留的质量保证金外的款项：

借：行政支出　　　　　　　　60 000
　　贷：财政拨款预算收入　　　60 000

b. 设备正常运行2个月后：

借：行政支出　　　　　　　　40 000
　　贷：财政拨款预算收入　　　40 000

3）自行建造的固定资产。

①成本构成。

自行建造的固定资产，其成本包括该项资产至交付使用前所发生的全部必要支出。

已交付使用但尚未办理竣工决算手续的固定资产，按照估计价值入账；待办理竣工决算后，再按照实际成本调整原来的暂估价值。

②工程物资的账务处理。

购入为工程准备的物资，其成本包括工程用材料、设备等。

财务会计	预算会计
借：工程物资 　　贷：财政拨款收入 　　　　零余额账户用款额度 　　　　银行存款 　　　　应付账款	按实际支付的金额： 借：行政支出等 　　贷：财政拨款预算收入 　　　　资金结存
A. 领用工程物资，按照物资成本：	
借：在建工程 　　贷：工程物资	—
B. 工程完工后，将领出的剩余物资退库时：	
借：工程物资 　　贷：在建工程	—
C. 工程完工后，将剩余的工程物资转作本单位存货等时：	
按照物资成本： 借：库存物品 　　贷：工程物资	—

【情景3-20】某单位自行建造一座仓库用于存放开展业务活动必需的存货，为此购入并耗用工程材料一批，价款为 400 000 元，支付的增值税进项税额为 52 000 元，款项以银行存款支付。按照现行增值税制度规定，该工程材料的进项税额不得抵扣。

A. 该单位应编制财务会计分录为：

借：工程物资　　　　　　　　　　452 000
　　贷：行政支出　　　　　　　　452 000

B. 该单位应编制预算会计分录为：

借：银行存款　　　　　　　　　　452 000
　　贷：资金结存　　　　　　　　452 000

③建筑安装工程投资的账务处理。

将固定资产等资产转入改建、扩建等时，将固定资产等资产的账面价值转入在建工程。

财务会计	预算会计
借：在建工程——建筑安装工程投资 　　固定资产累计折旧 　　贷：固定资产	—

固定资产等资产改建、扩建过程中涉及替换（或拆除）原资产的某些组成部位的，按照被替换（或拆除）部分的账面价值，编制如下会计分录。

财务会计	预算会计
借：待处理财产损溢 　　贷：在建工程——建筑安装工程投资	—

单位对于发包建筑安装工程，根据建筑安装工程价款结算账单与施工企业结算工程价款时，编制如下会计分录。

财务会计	预算会计
A. 发包工程预付工程款：	
借：预付账款——预付工程款 　　贷：财政拨款收入 　　　　零余额账户用款额度 　　　　银行存款等	按实际预付的金额： 借：行政支出等 　　贷：财政拨款预算收入 　　　　资金结存
B. 按照进度结算工程款：	
借：在建工程——建筑安装工程投资（按照应承付的 　　工程价款） 　　贷：财政拨款收入 　　　　零余额账户用款额度 　　　　银行存款等 　　　　预付账款（按照预付工程款余额） 　　　　应付账款（应付的金额）	按实际补付的金额： 借：行政支出等 　　贷：财政拨款预算收入 　　　　资金结存

购入为工程准备的物资，其成本包括工程用材料、设备等。

财务会计	预算会计
借：在建工程——建筑安装工程投资 　　贷：工程物资 　　　　零余额账户用款额度 　　　　银行存款 　　　　应付职工薪酬	按实际补付的金额： 借：行政支出等 　　贷：财政拨款预算收入 　　　　资金结存

工程竣工，办妥竣工验收交接手续交付使用时，按照建筑工程成本（含应分摊的待摊投资），编制如下会计分录。

财务会计	预算会计
借：固定资产 　　贷：在建工程——建筑安装工程投资	—

【情景3-21】（承【情景3-20】）该单位除领用上述全部工程物资外，还领用库存材料一批，材料成本为30 000元。计提建设期间，发生工程人员薪酬74 000元。

该单位应编制财务会计分录为：

a. 领用工程物资时，按照物资成本：

借：在建工程——建筑安装工程投资
　　　　　　　　　　　　　　　　482 000
　　贷：工程物资　　　　　　　　452 000
　　　　库存物品　　　　　　　　 30 000

b. 计提建设期间发生工程人员薪酬：

借：在建工程——建筑安装工程投资

　　贷：应付职工薪酬　　　　　　74 000
　　　　　　　　　　　　　　　　74 000

c. 工程完工交付使用时：

借：固定资产　　　　　　　　　 556 000
　　贷：在建工程——建筑安装工程投资
　　　　　　　　　　　　　　　 556 000

4）设备投资的账务处理。

"设备投资"明细科目核算单位发生的构成建设项目实际支出的各种设备的实际成本。

购入设备时，按照购入成本，编制如下会计分录。

财务会计	预算会计
借：在建工程——设备投资 　　贷：工程物资 　　　　财政拨款收入 　　　　零余额账户用款额度 　　　　银行存款	按实际支付金额： 借：行政支出等 　　贷：财政拨款预算收入 　　　　资金结存
A. 设备安装完毕，办妥竣工验收交接手续交付使用：	
借：固定资产 　　贷：在建工程——设备投资 　　　　　　　　——建筑安装工程投资——安装工程	—
B. 将不需要安装的设备和达到固定资产标准的工具、器具交付使用：	
借：固定资产 　　　库存物品 　　贷：在建工程——设备投资	—

【情景3-22】某单位经批准，委托A公司建造一专用设备用于开展专业检测。建造合同规定，合同总价款100 000元，按完工进度分两次支付工程款。完工程度为40%时，支付60 000元，全部完工检验合格后再支付40 000元。4个月后，工程完工交付使用。合同款项全部通过财政直接支付方式结清。

A. 该单位应编制财务会计分录为：

a. 完工程度为40%时：

借：在建工程——设备投资　　　　60 000

　　贷：财政拨款收入　　　　　　60 000

b. 全部完工时：

借：在建工程——设备投资　　　　40 000

　　贷：财政拨款收入　　　　　　40 000

c. 工程完工交付使用时：

借：固定资产　　　　　　　　　100 000

　　贷：在建工程——设备投资　 100 000

B. 该单位应编制预算会计分录为：

a. 完工程度为40%时：

借：行政支出　　　　　　　　　 60 000

贷：财政拨款预算收入　　　　　60 000	5）待摊投资的账务处理。
b. 全部完工时：	"待摊投资"明细科目核算单位发生的构成建
借：行政支出　　　　　　　　　40 000	设项目实际支出的、按照规定应当分摊计入有关
贷：财政拨款预算收入　　　40 000	工程成本和设备成本的各项间接费用和税费支出。

财务会计	预算会计
A. 单位发生的构成待摊投资的各类费用：	
借：在建工程——待摊投资 　　贷：财政拨款收入 　　　　零余额账户用款额度 　　　　银行存款 　　　　其他应交税费 　　　　固定资产累计折旧 　　　　无形资产累计摊销	按实际支付的金额： 借：行政支出等 　　贷：财政拨款预算收入 　　　　资金结存
B. 对于建设过程中试生产、设备调试等产生的收入：	
借：银行存款（取得的收入金额） 　　贷：在建工程——待摊投资（应当冲减建设工程成本的部分） 　　　　应缴财政款（纳入预算管理的差额） 　　　　其他收入（不纳入预算管理的差额）	借：资金结存 　　贷：其他预算收入
C. 由于自然灾害、管理不善等原因造成的单项工程或单位工程报废或毁损，扣除残料价值和过失人或保险公司等赔款后的净损失，报经批准后计入继续施工的工程成本的：	
借：在建工程——待摊投资（差额） 　　　银行存款（收到的残料变价收入、过失人或保险公司赔款等） 　　　其他应收款（应收的过失人或保险公司赔款等） 　　贷：在建工程——建筑安装工程投资（报废或毁损的工程成本）	—
D. 工程交付使用时，按照合理的分配方法分配待摊投资：	
借：在建工程——建筑安装工程投资 　　　　　　——设备投资 　　贷：在建工程——待摊投资	—

6）其他投资的账务处理。

财务会计	预算会计
A. 单位为建设工程发生的房屋购置支出，基本畜禽、林木等的购置、饲养、培育支出，办公生活用家具、器具购置支出，软件研发和不能计入设备投资的软件购置等支出：	
借：在建工程——其他投资 　　贷：财政拨款收入 　　　　零余额账户用款额度 　　　　银行存款	借：行政支出等 　　贷：财政拨款预算收入 　　　　资金结存
B. 工程完成将形成的房屋、基本畜禽、林木等各种财产以及无形资产交付使用：	

借：固定资产
　　无形资产
　　　贷：在建工程——其他投资

7）待核销基建支出。

财务会计	预算会计
A. 建设项目发生的江河清障、航道清淤、飞播造林、补助群众造林、水土保持、城市绿化等不能形成资产的各类待核销基建支出：	
借：在建工程——待核销基建支出 　　　贷：财政拨款收入 　　　　　零余额账户用款额度 　　　　　银行存款	借：行政支出等 　　　贷：财政拨款预算收入 　　　　　资金结存
B. 取消的建设项目发生的可行性研究费，按照实际发生金额：	
借：在建工程——待核销基建支出 　　　贷：在建工程——待摊投资	—
C. 由于自然灾害等原因发生的建设项目整体报废所形成的净损失，报经批准后转入待核销基建支出：	
借：在建工程——待核销基建支出（项目整体报废净损失） 　　银行存款（回收的残料变价收入、保险公司赔款等） 　　其他应收款（应收的残料变价收入、保险公司赔款等） 　　　贷：在建工程——建筑安装工程投资（报废的工程成本）	—
D. 建设项目竣工验收交付使用时，对发生的待核销基建支出进行冲销：	
借：资产处置费用 　　　贷：在建工程——待核销基建支出	—

8）基建转出投资的账务处理。

为建设项目配套而建成的、产权不归属本单位的专用设施的实际成本。本明细科目应按照转出投资的类别进行明细核算。

财务会计	预算会计
借：在建工程——基建转出投资 　　　贷：在建工程——建筑安装工程投资	—

9）已交付使用但尚未办理竣工决算手续的账务处理。

已交付使用但尚未办理竣工决算的固定资产，按照估计价值入账；待办理竣工决算后，再按照实际成本调整原来的暂估价值。

（2）接受捐赠。

接受捐赠相关内容，参见本书第51页"③接受捐赠的存货"部分内容。

如受赠的是旧的固定资产，在确定其初始入账成本时，应当考虑该项资产的新旧程度。

财务会计	预算会计
A. 接受捐赠的固定资产： 借：固定资产（确定的不需安装的固定资产成本） 　　在建工程（确定的需要安装的固定资产成本） 　贷：零余额账户用款额度（财政授权支付的相关税费） 　　　银行存款（银行存款支付的相关税费） 　　　捐赠收入（按照其差额）	借：其他支出等 　贷：资金结存
B. 接受捐赠的固定资产按照名义金额入账的： 借：固定资产 　　在建工程 　贷：捐赠收入	—
C. 发生的相关税费、运输费等： 借：其他费用 　贷：零余额账户用款额度 　　　银行存款	借：其他支出等 　贷：资金结存

（3）无偿调入。

无偿调入的固定资产，其成本按照调出方账面价值加上相关税费、运输费等确定。

财务会计	预算会计
借：固定资产（确定的不需安装的固定资产成本） 　　在建工程（确定的需要安装的固定资产成本） 　贷：零余额账户用款额度（财政授权支付的相关税费） 　　　银行存款（银行存款支付的相关税费） 　　　无偿调拨净资产（按照其差额）	借：其他支出等 　贷：资金结存

（4）固定资产的折旧。

1）账户设置。为核算固定资产折旧业务，行政事业单位应设置"固定资产累计折旧"总账科目。

2）业务处理。按照应计提折旧金额，编制如下会计分录。

财务会计	预算会计
借：业务活动费用 　　加工物品 　　在建工程 　贷：固定资产累计折旧	—

【情景3-23】某单位自行建造的简易用房于2022年3月21日完工交付使用，成本为60 000元，预计使用4年。按规定，单位应对该厂房采用年限平均法计提折旧。

　　借：业务活动费用　　　　　　　　　1 250
　　　贷：固定资产累计折旧　　　　　　　　1 250

（5）固定资产的后续支出。

固定资产的后续支出按照支出是否符合固定资产的确认条件区分为符合固定资产确认条件的后续支出和不符合固定资产确认条件的后续支出两类：符合固定资产确认条件的后续支出，如为增加固定资产使用效能或延长其使用年限而发生的改建、扩建等后续支出；不符合固定资产确认条件的后续支出，如为保证固定资产正常使用而发生的日常维修等支出。

对于符合固定资产确认条件的后续支出，应当调整增加固定资产的成本数额。

财务会计	预算会计
A. 当固定资产转入改建、扩建时，将固定资产的账面价值转入在建工程：	
借：在建工程 　　固定资产累计折旧 　贷：固定资产	—
B. 为增加固定资产使用效能或延长其使用年限而发生的改建、扩建等后续支出：	
借：在建工程 　贷：财政拨款收入 　　零余额账户用款额度 　　银行存款	借：行政支出等 　贷：资金结存
C. 改建、扩建等完成交付使用时，按照在建工程成本：	
借：固定资产 　贷：在建工程	—

【情景3-24】（承【情景3-23】）该单位按规定对该固定资产按年限平均法计提折旧，预计折旧年限5年。交付使用2年后，将该设备转入修缮，修缮工程委托B公司负责，修缮价款一共28 000元，通过财政授权支付方式结清。拆除的部件原价15 000元。1个月后，修缮完成。

A. 该单位应编制财务会计分录为：

a. 每月计提折旧时：

借：业务活动费用　　　　　　　2 500
　贷：累计折旧　　　　　　　　　2 500

b. 使用2年后，将该设备转入修缮时，累计折旧＝2 500×24＝60 000（元）：

借：在建工程——设备投资　　　90 000
　　固定资产累计折旧　　　　60 000
　贷：固定资产　　　　　　　　150 000

c. 支付修缮价款时：

借：在建工程——设备投资　　　28 000
　贷：零余额账户用款额度　　　28 000

d. 拆除部件账面价值为：

15 000－60 000×15 000÷150 000＝9 000（元）

借：待处理财产损溢　　　　　　9 000
　贷：在建工程——设备投资　　　9 000

e. 修缮完工，固定资产成本＝90 000＋28 000－9 000＝109 000（元）：

借：固定资产　　　　　　　　　109 000
　贷：在建工程——设备投资　　109 000

B. 该单位应编制预算会计分录为：

借：行政支出　　　　　　　　　28 000
　贷：资金结存　　　　　　　　28 000

对于不符合固定资产确认条件的后续支出，应当计入当期费用。

财务会计	预算会计
借：业务活动费用 　贷：财政拨款收入 　　零余额账户用款额度 　　银行存款	借：行政支出等 　贷：财政拨款预算收入 　　资金结存

（6）固定资产的处置。

按照规定报经批准处置固定资产，应当分别出售或转让固定资产、对外捐赠固定资产、无偿调出固定资产、置换换出固定资产等情况做出相应的处理。

1）报经批准出售、转让固定资产。应当将固定资产账面价值转销计入当期费用，并将处置收入扣除相关处置税费后的差额按规定做应缴款项处理（差额为净收益时）或计入当期费用（差额为净损失时）。

财务会计	预算会计
借：资产处置费用 　　固定资产累计折旧 　贷：固定资产	——

同时：

财务会计	预算会计
借：银行存款（收到的价款） 　　资产处置费用（差额为净损失） 　贷：银行存款（处置过程中发生的相关费用） 　　　应缴财政款（差额为净收益）	——

【情景3-25】某单位将某项闲置的办公用设备出售，该设备原价为160 000元，累计折旧130 000元，处置收到银行存款收入25 000元，用现金支付处置费用500元。

该单位应编制财务会计分录为：

a. 转入处置时：

借：资产处置费用　　　　　　　　30 000
　　固定资产累计折旧　　　　　　130 000
　贷：固定资产　　　　　　　　　160 000

b. 转让固定资产的净损益时：

借：银行存款　　　　　　　　　　25 000
　贷：库存现金　　　　　　　　　　　500
　　　应缴国库款　　　　　　　　24 500

2）报经批准对外捐赠固定资产。应当将固定资产的账面价值予以转销，对外捐赠过程中发生的归属于捐出方的相关费用之和转入"资产处置费用"科目。

财务会计	预算会计
借：资产处置费用 　　固定资产累计折旧 　贷：固定资产 　　　银行存款（支付的归属于捐出方的相关税费）	借：其他支出等 　贷：资金结存

3）报经批准无偿调出固定资产。应当将固定资产的账面价值予以转销。

财务会计	预算会计
借：固定资产累计折旧 　　无偿调拨净资产 　贷：固定资产	——

同时，无偿调出发生的归属于调出方的相关税费：

财务会计	预算会计
借：资产处置费用 　贷：银行存款	借：其他支出等 　贷：资金结存

4）报经批准置换换出固定资产，参照"库存物品"中置换换入库存物品的规定进行账务处理。

（7）盘点清查固定资产。

单位应当定期对固定资产进行清查盘点，每年至少盘点一次。对于发生的固定资产盘盈、盘亏或毁损、报废，应当先记入"待处理财产损溢"科目，按照规定报经批准后及时进行后续账务处理。

1）盘盈的固定资产，其成本按照有关凭据注明的金额确定；没有相关凭据，但按照规定经过资产评估的，其成本按照评估价值确定；没有相关凭据，也未经过评估的，其成本按照重置成本确定；如无法采用上述方法确定盘盈固定资产成本的，按照名义金额（人民币1元）入账。

按照确定的入账成本，编制如下会计分录。

财务会计	预算会计
借：固定资产 　　贷：待处理财产损溢	—
报经批准后，如属于本年度取得的，按照当年新取得相关资产进行账务处理；如属于以前年度取得的，按照前期差错处理。	

财务会计	预算会计
借：待处理财产损溢 　　贷：以前年度盈余调整	—

【情景3-26】某单位年终对固定资产清查发现盘盈的固定资产，无法确定同类或类似固定资产的市场价值，应按名义金额入账。

该单位应编制财务会计分录为：

借：固定资产　　　　　　　　　　1
　　贷：待处理财产损溢　　　　　　1

2）盘亏、毁损或者报废的固定资产，按照待处理固定资产的账面价值转入"待处理财产损溢"科目，盘亏造成损失的，按规定报经批准后应当计入当期费用。

财务会计	预算会计
借：待处理财产损溢——待处理财产价值 　　固定资产累计折旧 　　贷：固定资产	—
报经批准处理。	

财务会计	预算会计
借：资产处置费用 　　贷：待处理财产损溢——待处理财产价值	—

在处理毁损、报废实物资产过程中取得的残值或残值变价收入、保险理赔和过失人赔偿、处理收支结清，参见本书第54页"②盘亏、毁损或者报废的存货"部分的财务会计和预算会计处理。

【情景3-27】某单位年终对固定资产进行清查，发现了一项盘亏的固定资产。该固定资产原价为35 000元，累计折旧22 500元。发现时，现金支付处置费700元。报经批准后，予以核销。

该单位应编制财务会计分录为：

借：待处理财产损溢——待处理财产价值
　　　　　　　　　　　　　　　12 500
　　固定资产累计折旧　　　　　22 500
　　贷：固定资产　　　　　　　35 000
借：待处理财产损溢——处理净收入　700
　　贷：库存现金　　　　　　　　　700
借：资产处置费用　　　　　　　13 200
　　贷：待处理财产损溢——处理净收入　700
　　　　　　　　　　——待处理财产价值 12 500

2. 无形资产

（1）无形资产的概念和核算科目设置。

无形资产是指单位控制的没有实物形态的可辨认非货币性资产，如专利权、商标权、著作权、土地使用权、非专利技术等。

单位应设置"无形资产"科目核算单位无形资产的原值。科目期末借方余额反映单位无形资产的成本。

该科目应按照无形资产的类别、项目等进行明细核算。

非大批量购入的、单价小于1000元的无形资产，可以于购买的当期将其成本直接计入当期费用。

（2）账务处理。

无形资产在取得时，应当按照成本进行初始计量。

1）外购的无形资产，按照确定的无形资产成本，编制如下会计分录。

财务会计	预算会计
借：无形资产 　　贷：财政拨款收入 　　　　零余额账户用款额度 　　　　银行存款 　　　　应付账款	借：行政支出、事业支出 　　贷：财政拨款预算收入 　　　　资金结存

【情景3-28】某单位从甲公司购入一项专利权，协议约定价款105 000元，先以财政直接支付方式结清专利权价款75 000元，30 000元尚未支付。另以银行存款支付相关税费2 200元和有关专业服务费用2 500元。

A. 该单位应编制财务会计分录为：

借：无形资产　　　　　　　　　109 700
　　贷：财政拨款收入　　　　　　　75 000
　　　　应付账款　　　　　　　　　30 000
　　　　银行存款　　　　　　　　　 4 700

B. 该单位应编制预算会计分录为：

借：行政支出　　　　　　　　　 79 700
　　贷：财政拨款预算收入　　　　　75 000
　　　　资金结存　　　　　　　　　 4 700

2）委托软件公司开发软件，视同外购无形资产进行处理。

①合同中约定预付开发费用：

财务会计	预算会计
借：预付账款 　　贷：财政拨款收入 　　　　零余额账户用款额度 　　　　银行存款	借：行政支出、事业支出 　　贷：财政拨款预算收入 　　　　资金结存

②软件开发完成交付使用并支付剩余或全部软件开发费用：

财务会计	预算会计
借：无形资产 　　贷：预付账款 　　　　财政拨款收入 　　　　零余额账户用款额度 　　　　银行存款	借：行政支出、事业支出 　　贷：财政拨款预算收入 　　　　资金结存

③自行研究开发形成的无形资产，按照研究开发项目进入开发阶段后至达到预定用途前所发生的支出总额核算。

A. 研究阶段的支出：

财务会计	预算会计
a. 按照从事研究及其辅助活动人员计提的薪酬，研究活动领用的库存物品，发生的与研究活动相关的管理费、间接费和其他各项费用：	
借：研发支出——研究支出 　　贷：应付职工薪酬 　　　　库存物品 　　　　财政拨款收入 　　　　零余额账户用款额度 　　　　固定资产累计折旧 　　　　银行存款	借：行政支出、事业支出 　　贷：财政拨款预算收入 　　　　资金结存
b. 期（月）末，应当将"研发支出——研究支出"科目归集的研究阶段的支出金额转入当期费用：	
借：业务活动费用 　　贷：研发支出——研究支出	—

B. 开发阶段的支出：

财务会计	预算会计
a. 按照从事开发及其辅助活动人员计提的薪酬，开发活动领用的库存物品，发生的与开发活动相关的管理费、间接费和其他各项费用：	
借：研发支出——开发支出 　　贷：应付职工薪酬 　　　　库存物品 　　　　财政拨款收入 　　　　零余额账户用款额度 　　　　固定资产累计折旧 　　　　银行存款	借：行政支出、事业支出 　　贷：财政拨款预算收入 　　　　资金结存
b. 自行研究开发项目完成，达到预定用途形成无形资产的：	
借：无形资产 　　贷：研发支出——开发支出（归集的开发阶段的 　　　　支出金额）	—
c. 单位应于每年年度终了评价研究开发项目是否能达到预定用途。如无法最终完成开发项目并形成无形资产的，应当将已发生的开发支出金额全部转入当期费用：	
借：业务活动费用 　　贷：研发支出——开发支出	—

C. 自行研究开发项目已申请取得无形资产。自行研究开发项目尚未进入开发阶段，或者确定无法区分研究阶段支出和开发阶段支出，但按照法律程序已申请取得无形资产的：

财务会计	预算会计
a. 按照依法取得时发生的注册费、聘请律师费等费用：	
借：无形资产 　　贷：财政拨款收入 　　　　零余额账户用款额度 　　　　银行存款	借：行政支出、事业支出 　　贷：财政拨款预算收入 　　　　资金结存
b. 按照依法取得前所发生的研究开发支出：	
借：业务活动费用 　　贷：研发支出	—

【情景3-29】某事业单位自行开展研究开发活动。在研究阶段，计提从事研究活动人员的薪酬共计 50 000 元。当年末，将发生的研究阶段支出合计 685 000 元转入业务活动费用。次年初，经论证和批准，相应研发活动进入开发阶段。在开发阶段，计提从事开发活动人员的薪酬共计 75 000 元。半年后，开发项目完成，形成一项无形资产，开发成本合计为 555 000 元。

该单位应编制财务会计分录为：

a. 计提从事研究活动人员的薪酬时：
借：研发支出——研究支出　　50 000
　　贷：应付职工薪酬　　　　　50 000

b. 结转研究阶段支出时：

借：业务活动费用　　　　　　685 000
　　贷：研发支出——研究支出　685 000

c. 计提从事开发活动人员的薪酬时：
借：研发支出——开发支出　　75 000
　　贷：应付职工薪酬　　　　　75 000

d. 开发项目完成并形成一项无形资产时：
借：无形资产　　　　　　　　555 000
　　贷：研发支出——开发支出　555 000

3）接受捐赠的无形资产，其成本按照有关凭据注明的金额加上相关税费确定；没有相关凭据可供取得，但按规定经过资产评估的，其成本按照评估价值加上相关税费确定；没有相关凭据可供取得，也未经资产评估的，其成本比照同类或类似资产的市场价格加上相关税费确定；没有相关凭据且未经资产评估，同类或类似资产的市场价格也无法可靠取得的，按照名义金额入账，相关税费计入当期费用。

确定接受捐赠无形资产的初始入账成本时，应当考虑该项资产尚可为单位带来服务潜力或经济利益的能力。

财务会计	预算会计
借：无形资产（确认的无形资产成本） 　　贷：零余额账户用款额度（财政授权支付的相关税费） 　　　　银行存款（银行存款支付的相关税费） 　　　　捐赠收入（差额）	借：其他支出 　　贷：资金结存

4）无偿调入的无形资产，其成本按照调出方账面价值加上相关税费确定。

财务会计	预算会计
借：无形资产（确定的无形资产成本） 　　贷：零余额账户用款额度（财政授权支付的相关税费） 　　　　银行存款（银行存款支付的相关税费） 　　　　无偿调拨净资产（差额）	借：其他支出 　　贷：资金结存

5）置换取得的无形资产，参照"库存物品"科目中置换取得库存物品的相关规定进行账务处理。无形资产取得时涉及增值税业务的，相关账务处理参见"应交增值税"科目。

6）无形资产的后续支出。

无形资产的后续支出按照是否符合无形资产的确认条件区分为符合无形资产确认条件的后续支出和不符合无形资产确认条件的后续支出两类。

①符合无形资产确认条件的后续支出：

财务会计	预算会计
A. 为增加无形资产的使用效能而对其进行升级改造或扩展其功能时，如需暂时对无形资产进行摊销的，应转销无形资产的账面价值： 借：在建工程 　　无形资产累计摊销 　　贷：无形资产	—
B. 无形资产后续支出符合无形资产确认条件的，按照支出的金额： 借：无形资产（无须暂停摊销的） 　　在建工程（需暂停摊销的） 　　贷：财政拨款收入 　　　　零余额账户用款额度 　　　　银行存款	借：行政支出、事业支出 　　贷：财政拨款预算收入 　　　　资金结存
C. 暂停摊销的无形资产升级改造或扩展功能等完成交付使用时，按照在建工程成本： 借：无形资产 　　贷：在建工程	—

②不符合无形资产确认条件的后续支出，包括为保证无形资产正常使用发生的日常维护等支出。

财务会计	预算会计
借：业务活动费用 　　贷：财政拨款收入 　　　　零余额账户用款额度 　　　　银行存款	借：行政支出、事业支出 　　贷：财政拨款预算收入 　　　　资金结存

7）无形资产的摊销。

财务会计	预算会计
借：业务活动费用 　　加工物品 　　在建工程 　　贷：无形资产累计摊销	—

【情景3-30】某行政单位对一项无形资产进行摊销，该无形资产为单位履职活动中使用的无形资产，摊销金额6 000元计入单位业务活动费用。

该单位应编制财务会计分录为：

财务会计	预算会计
	借：业务活动费用　　　　　　6 000 　　贷：无形资产累计摊销　　　6 000

8）无形资产的处置。按照规定报经批准处置的无形资产，应当分别按照以下情况处理：

财务会计	预算会计
A. 报经批准出售、转让无形资产，应将被出售、转让无形资产的账面价值转入当期费用，并将处置收入大于相关处置税费后的差额按规定计入当期收入或者做应缴款项处理，将处置收入小于相关处置税费后的差额计入当期费用：	
借：资产处置费用 　　无形资产累计摊销 　　贷：无形资产	—
同时： 借：银行存款（收到的价款） 　　贷：银行存款（支付的价款） 　　　　应缴财政款（按照规定应上缴转让净收入的） 　　　　其他收入（按照规定将转让收入纳入本单位预算）	如转让收入按照规定纳入本单位预算： 借：资金结存 　　贷：其他预算收入
B. 报经批准对外捐赠无形资产，应转销无形资产的账面价值，对外捐赠中发生的归属于捐出方的相关费用应当计入当期费用：	
借：无形资产累计摊销 　　资产处置费用（处置净损失差额） 　　贷：无形资产 　　　　银行存款（发生的归属于捐出方的相关费用）	借：其他支出 　　贷：资金结存
C. 报经批准无偿调出无形资产，应当将无形资产的账面价值予以转销，无偿调出中发生的归属于调出方的相关费用应当计入当期费用：	
借：无形资产累计摊销（无形资产累计摊销） 　　无偿调拨净资产（差额） 　　贷：无形资产（无形资产账面余额）	—
同时，按照无偿调出过程中发生的归属于调出方的相关费用： 借：资产处置费用 　　贷：银行存款	归属于调出方的相关费用： 借：其他支出 　　贷：资金结存

报经批准置换换出无形资产，参照"库存物品"科目中置换换入库存物品的规定进行账务处理。

无形资产预期不能为单位带来服务潜力或经济利益，按照规定报经批准核销时，将待核销无形资产的账面价值计入当期费用。

财务会计	预算会计
借：资产处置费用 　　无形资产累计摊销 　　贷：无形资产	—

无形资产处置时涉及增值税业务的，相关账务处理参见"应交增值税"科目。

（3）清查盘点无形资产。单位应当定期对无形资产进行清查盘点，每年至少盘点一次。单位资产清查盘点过程中发现的无形资产盘盈、盘亏等，参照"固定资产"科目相关规定进行账务处理。

3. 公共基础设施

（1）公共基础设施的确认。

1）定义、特征及内容。

公共基础设施是指政府会计主体为满足社会公共需求而控制的，同时具有以下特征的有形资产：

①属于一个有形资产系统或网络的组成部分。

②具有特定用途。

③一般不可移动。

公共基础设施主要包括市政基础设施（如城市道路、桥梁、隧道、公交场站、路灯、广场、公园绿地、室外公共健身器材以及环卫、排水、供水、供电、供气、供热、污水处理、垃圾处理系统等）、交通基础设施（如公路、航道、港口等）、水利基础设施（如坝、堤防、水闸、泵站、渠道等）和其他公共基础设施。

下列项目不属于公共基础设施：

①独立于公共基础设施、不构成公共基础设施使用不可缺少组成部分的管理维护用房屋建筑物、设备、车辆等，属于固定资产。

②属于文物文化资产的公共基础设施。

③采用政府和社会资本合作模式（即PPP模式）形成的公共基础设施。

2）负责确认的会计主体。

①公共基础设施，应当由按规定对其负有管理维护职责的政府会计主体予以确认。

②多个政府会计主体共同管理维护的公共基础设施，应当由对该资产负有主要管理维护职责或者承担后续主要支出责任的政府会计主体予以确认。

③分为多个组成部分并由不同政府会计主体分别管理维护的公共基础设施，应当由各个政府会计主体分别对其负责管理维护的公共基础设施的相应部分予以确认。

④负有管理维护公共基础设施职责的政府会计主体通过政府购买服务方式委托企业或其他会计主体代为管理维护公共基础设施的，该公共基础设施应当由委托方予以确认。

3）确认条件。

公共基础设施同时满足下列条件的，应予以确认：

①与该公共基础设施相关的服务潜力很可能实现或者经济利益很可能流入政府会计主体。

②该公共基础设施的成本或者价值能够可靠地计量。

4）确认方式。

①政府会计主体应当根据公共基础设施提供公共产品或服务的性质或功能特征对其进行分类确认。

②公共基础设施的各组成部分具有不同使用年限或者以不同方式提供公共产品或服务，适用不同折旧率或折旧方法且可以分别确定各自原价的，应当分别将各组成部分确认为该类公共基础设施的一个单项公共基础设施。

③政府会计主体在购建公共基础设施时，能够分清购建成本中的构筑物部分与土地使用权部分的，应当将其中的构筑物部分和土地使用权部分分别确认为公共基础设施；不能分清购建成本中的构筑物部分与土地使用权部分的，应当整体确认为公共基础设施。

5）确认时间。

通常情况下，对于自建或外购的公共基础设施，政府会计主体应当在该项公共基础设施验收合格并交付使用时确认；对于无偿调入、接受捐赠的公共基础设施，政府会计主体应当在开始承担该项公共基础设施管理维护职责时确认。

（2）账户设置。

1）公共基础设施。

单位应设置"公共基础设施"科目核算单位控制的公共基础设施的原值。科目期末借方余额反映公共基础设施的原值。

该科目应当按照公共基础设施的类别、项目等进行明细核算。

单位应当根据行业主管部门对公共基础设施的分类规定，制定适合于本单位管理的公共基础设施目录、分类方法，作为进行公共基础设施核算的依据。

2）公共基础设施累计折旧（摊销）。

单位应设置"公共基础设施累计折旧（摊销）"科目核算单位计提的公共基础设施累计折旧和累计摊销，本科目期末贷方余额反映单位提取的公共基础设施折旧和摊销的累计数。

该科目应当按照所对应公共基础设施的明细分类进行明细核算。

（3）账务处理。

1）取得公共基础设施。

公共基础设施在取得时应当按照成本进行初始计量。

①自行建造的公共基础设施，其成本包括完成批准的建设内容所发生的全部必要支出，包括建筑安装工程投资支出、设备投资支出、待摊投资支出和其他投资支出。

完工交付使用时，按照在建工程的成本：

借：公共基础设施
　　贷：在建工程

为建造公共基础设施借入的专门借款的利息，属于建设期间发生的，计入该公共基础设施在建工程成本；不属于建设期间发生的，计入当期费用。

已交付使用但尚未办理竣工决算手续的公共基础设施，应当按照估计价值入账，待办理竣工决算后再按照实际成本调整原来的暂估价值。

②接受其他单位无偿调入的公共基础设施，其成本按照该项公共基础设施在调出方的账面价值加上归属于调入方的相关费用确定。

财务会计	预算会计
A. 确定的公共基础设施成本与发生的归属于调入方的相关费用的差额计入无偿调拨净资产：	
借：公共基础设施 　　贷：财政拨款收入 　　　　零余额账户用款额度 　　　　银行存款 　　　　无偿调拨净资产	支付的归属于调入方的相关费用： 借：其他支出 　　贷：财政拨款预算收入 　　　　资金结存
B. 无偿调入的公共基础设施成本无法可靠取得的，按照发生的相关税费、运输费等金额：	
借：其他费用 　　贷：财政拨款收入 　　　　零余额账户用款额度 　　　　银行存款	支付的归属于调入方的相关费用： 借：其他支出 　　贷：财政拨款预算收入 　　　　资金结存

【情景3-31】2019年1月3日，某单位经批准无偿调入一小广场。该广场账面余额为6 000 000元，已累计折旧500 000元。调入过程中，该单位通过单位零余额账户支付过户费等共计30 000元。

A. 该单位应编制财务会计分录为：

借：公共基础设施　　　　　　5 530 000
　　贷：财政拨款收入　　　　　　30 000
　　　　无偿调拨净资产　　　　5 500 000

B. 该单位应编制预算会计分录为：

借：其他支出　　　　　　　　　30 000
　　贷：资金结存　　　　　　　　30 000

③接受捐赠的公共基础设施，其成本按照有关凭据注明的金额加上相关费用确定；没有相关凭据可供取得，但按规定经过资产评估的，其成本按照评估价值加上相关费用确定；没有相关凭据可供取得，也未经资产评估的，其成本比照同类或类似资产的市场价格加上相关费用确定。

如受赠的是旧的公共基础设施，在确定其初始入账成本时应当考虑该项资产的新旧程度。

财务会计	预算会计
A. 将确定的公共基础设施成本与发生的归属于受捐方的相关费用的差额确认为捐赠收入：	
借：公共基础设施 　　贷：财政拨款收入 　　　　零余额账户用款额度 　　　　银行存款 　　　　捐赠收入	支付的归属于受捐赠方的相关费用： 借：其他支出 　　贷：财政拨款预算收入 　　　　资金结存
B. 接受捐赠的公共基础设施成本无法可靠取得的：	
借：其他费用 　　贷：财政拨款收入 　　　　零余额账户用款额度 　　　　银行存款	支付的归属于受赠方的相关费用： 借：其他支出 　　贷：财政拨款预算收入 　　　　资金结存

④外购的公共基设施，其成本包括购买价款、相关税费以及公共基础设施交付使用所发生的可归属于该项资产的运输费、装卸费、安装费和专业人员服务费等。

财务会计	预算会计
按照确定的成本： 借：公共基础设施 　　贷：财政拨款收入 　　　　零余额账户用款额度 　　　　银行存款	支付的金额： 借：行政支出 　　贷：财政拨款预算收入 　　　　资金结存

⑤对于成本无法可靠取得的公共基础设施，单位应当设置备查簿进行登记，待成本能够确定后，按照规定及时入账。

⑥对于包括不同组成部分的公共基础设施，其有总成本、没有单项组成部分成本的，政府会计主体可以按照各单项组成部分同类或类似资产的成本或市场价格比例对总成本进行分配，分别确定公共基础设施中各单项组成部分的成本。

2）公共基础设施的折旧。

①折旧范围。政府会计主体应当对公共基础设施计提折旧，但政府会计主体持续进行良好的维护使得其性能得到永久维持的公共基础设施和确认为公共基础设施的单独计价入账的土地使用权除外。

②折旧应考虑的因素。公共基础设施应计提的折旧总额为其成本，计提公共基础设施折旧时不考虑预计净残值。

政府会计主体应当对暂估入账的公共基础设施计提折旧，实际成本确定后不需调整已计提的折旧额。

政府会计主体应当根据公共基础设施的性质和使用情况，合理确定公共基础设施的折旧年限。政府会计主体确定公共基础设施折旧年限，应当考虑下列因素：a. 设计使用年或设计基准期；b. 预计实现服务潜力或提供经济利益的期限；c. 预计有形损耗和无形损耗；d. 法律或者类似规定对资产使用的限制。

公共基础设施的折旧年限一经确定，不得随意变更，但处于改建、扩建等建造活动期间的公共基础设施，应当暂停计提折旧的除外。

对于政府会计主体接受无偿调入、捐赠的公共基础设施，应当考虑该项资产的新旧程度，按照其尚可使用的年限计提折旧。

③折旧方法。政府会计主体一般应当采用年限平均法或者工作量法计提公共基础设施折旧。

在确定公共基础设施的折旧方法时，应当考虑与公共基础设施相关的服务潜力或经济利益的预期实现方式。

公共基础设施折旧方法一经确定，不得随意变更。

④折旧期间。公共基础设施应当按月计提折旧，并计入当期费用。

当月增加的公共基础设施，当月开始计提折旧；当月减少的公共基础设施，当月不再计提折旧。

⑤折旧暂停、终止及变更。处于改建、扩建等建造活动期间的公共基础设施，应当暂停计提折旧。

因改建、扩建等原因而延长公共基础设施使用年限的，应当按照重新确定的公共基础设施的成本和重新确定的折旧年限计算折旧额，无须调整原已计提的折旧额。

公共基础设施提足折旧后，无论能否继续使用，均不再计提折旧；已提足折旧的公共基础设施，可以继续使用的，应当继续使用，并规范实物管理。

提前报废的公共基础设施，不再补提折旧。

对于确认为公共基础设施的单独计价入账的土地使用权，应当按规定进行摊销。

⑥会计处理。按月计提公共基础设施折旧时，按照应计提的折旧额：

借：业务活动费用
　　贷：公共基础设施累计折旧（摊销）

按月对确认为公共基础设施的单独计价入账的土地使用权进行摊销时，按照应计提的摊销额，只做财务会计分录，无须做预算会计分录。

借：业务活动费用
　　贷：公共基础设施累计折旧（摊销）

【情景3-32】（续【情景3-31】）假设该无偿调入的小广场尚可使用的年限预计为20年。

该单位应编制财务会计分录为：

1月应计提折旧 =5 530 000÷（20×12）
　　　　　　　=23 041.7（元）

借：业务活动费用　　　　　　　　23 041.7
　　贷：公共基础设施累计折旧（摊销）
　　　　　　　　　　　　　　　　23 041.7

3）与公共基础设施有关的后续支出。

在原有公共基础设施基础上进行改建、扩建等建造活动后的公共基础设施，其成本按照原公共基础设施账面价值加上改建、扩建等建造活动发生的支出，再扣除公共基础设施被替换部分的账面价值后的金额确定。

财务会计	预算会计
A. 将公共基础设施转入改建、扩建时，将公共基础设施的账面价值结转至在建工程：	
借：在建工程 　　公共基础设施累计折旧（摊销） 　　贷：公共基础设施	—
B. 符合公共基础设施确认条件的后续支出，应当计入公共基础设施成本。通常情况下，为增加公共基础设施使用效能或延长其使用年限而发生的改建、扩建等后续支出，应当计入公共基础设施成本：	
借：在建工程 　　贷：财政拨款收入 　　　　零余额账户用款额度 　　　　银行存款	按实际支付的金额： 借：行政支出 　　贷：财政拨款预算收入 　　　　资金结存
改建、扩建完成，竣工验收交付使用时，按工程成本： 借：公共基础设施 　　贷：在建工程	—
C. 不符合公共基础设施确认条件的后续支出，应当计入当期费用（如为保证公共基础设施正常使用发生的日常维修、养护等后续支出等）：	
借：业务活动费用 　　贷：财政拨款收入 　　　　零余额账户用款额度 　　　　银行存款	按实际支付的金额： 借：行政支出 　　贷：财政拨款预算收入 　　　　资金结存

【情景3-33】 某单位按规定对某公共基础设施按年限平均法计提折旧。该公共基础设施原值为1 000万元，预计使用20年，已使用并折旧2年。现因故障，需对该基础设施进行修缮扩建。修缮工程委托A公司负责，修缮价款一共200万元。通过财政直接支付方式结清。1个月后，修缮扩建完成。修缮扩建后，该公共基础设施可再延长使用年限4年。

A. 该单位应编制财务会计分录为：

a. 将公共基础设施转入，修缮扩建时：

累计折旧额 =10 000 000÷20×2=1 000 000（元）

借：在建工程　　　　　　　　　9 000 000
　　公共基础设施累计折旧（摊销）1 000 000
　　贷：公共基础设施　　　　　10 000 000

b. 修缮扩建增加了公共基础设施的使用年限，应当计入公共基础设施成本：

借：在建工程　　　　　　　　　2 000 000
　　贷：财政拨款收入　　　　　2 000 000

c. 公共基础设施改建、扩建完成，竣工验收交付使用时：

借：公共基础设施　　　　　　　11 000 000
　　贷：在建工程　　　　　　　11 000 000

d. 修缮后折旧：

修缮后年折旧 =11 000 000÷（18+4）=500 000（元）

修缮后月折旧 =500 000÷12=41 667（元）

借：业务活动费用　　　　　　　　41 667
　　贷：公共基础设施累计折旧（摊销）
　　　　　　　　　　　　　　　　41 667

B. 该单位应编制预算会计分录为：

修缮扩建增加了公共基础设施的使用年限，应当计入公共基础设施成本：

借：行政支出　　　　　　　　　2 000 000

贷：财政拨款预算收入　　　　2 000 000

（4）处置公共基础设施。

按照规定报经批准处置公共基础设施，分别按以下情况处理：

财务会计	预算会计
A. 报经批准对外捐赠公共基础设施，应将公共基础设施的账面价值加上捐赠过程中发生的归属于捐出方的相关费用之和计入资产处置费用：	
借：公共基础设施累计折旧（摊销） 　　资产处置费用 　　贷：公共基础设施 　　　　银行存款	支付的归属于捐出方的相关费用： 借：其他支出 　　贷：资金结存
B. 报经批准无偿调出公共基础设施，应将公共基础设施的账面价值转入无偿调拨净资产，同时，确认无偿调出过程中发生的归属于调出方的相关费用：	
借：公共基础设施累计折旧（摊销） 　　无偿调拨净资产 　　贷：公共基础设施 借：资产处置费用 　　贷：银行存款	支付的调出方的相关费用： 借：其他支出 　　贷：资金结存

【情景3-34】某单位经批准无偿调出某一公共基础设施。该基础设施账面余额为3 000 000元，已累计摊销60 000元，调出过程中用银行存款支付过户费等共计170 000元。

A. 该单位应编制财务会计分录为：

借：公共基础设施累计折旧（摊销）　　60 000
　　无偿调拨净资产　　　　　　　　2 940 000
　　贷：公共基础设施　　　　　　　3 000 000

同时，发生的归属于调出方的相关费用：

借：资产处置费用　　　　　　　　　170 000
　　贷：银行存款　　　　　　　　　170 000

B. 该单位应编制预算会计分录为：

借：其他支出　　　　　　　　　　　170 000
　　贷：资金结存　　　　　　　　　170 000

（5）清查盘点公共基础设施。

单位应当定期对公共基础设施进行清查盘点。对于发生的公共基础设施盘盈、盘亏、毁损或报废，应当先记入"待处理财产损溢"科目，按照规定报经批准后及时进行后续账务处理。

1）盘盈的公共基础设施，其成本按照有关凭据注明的金额确定；没有相关凭据，但按照规定经过资产评估的，其成本按照评估价值确定；没有相关凭据，也未经过评估的，其成本按照重置成本确定。盘盈的公共基础设施成本无法可靠取得的，单位应当设置备查簿进行登记，待成本确定后按照规定及时入账。

盘盈的公共基础设施，按照确定的入账成本，只做财务会计分录，无须做预算会计分录。

借：公共基础设施
　　贷：待处理财产损溢

2）盘亏、毁损或报废的公共基础设施，在报经批准后将公共基础设施账面价值予以转销，并将报废、毁损过程中取得的残值变价收入扣除相关费用后的差额按规定做应缴款项处理（差额为净收益时）或计入当期费用（差额为净损失时）。具体参照"固定资产盘亏、毁损报废"部分的会计处理，只做财务会计分录，无须做预算会计分录。

借：待处理财产损溢
　　公共基础设施累计折旧（摊销）
　　贷：公共基础设施

4. 政府储备物资

（1）政府储备物资的确认。

1）定义及范围。

政府储备物资是指政府会计主体为满足实施国家安全与发展战略、进行抗灾救灾、应对公共突发事件等特定公共需求而控制的，同时具有下列特征的有形资产：

①在应对可能发生的特定事件或情形时动用。

②其购入、存储保管、更新（轮换）、动用等由政府及相关部门发布专门管理制度规范。

政府储备物资包括战略及能源物资、抢险抗灾救灾物资、农产品、医药物资和其他重要商品物资，通常情况下由政府会计主体委托承储单位存储。

2）非政府储备物资的确认。

下列不属于政府储备物资：

①企业以及纳入企业财务管理体系的事业单位接受政府委托收储并按企业会计准则核算的储备物资。

②政府会计主体的存货。

3）负责确认的会计主体。

通常情况下，符合后续确认条件的政府储备物资，应当由按规定对其负有行政管理职责的政府会计主体予以确认。

行政管理职责主要指负责提出或拟定收储计划、更新（轮换）计划、动用方案等。

相关行政管理职责由不同政府会计主体行使的政府储备物资，由负责提出收储计划的政府会计主体予以确认。

对政府储备物资不负有行政管理职责但接受委托具体负责执行其存储保管等工作的政府会计主体，应当将受托代储的政府储备物资作为受托代理资产核算。

4）确认条件。

政府储备物资同时满足下列条件的，应当予以确认：

①与该政府储备物资相关的服务潜力很可能实现或者经济利益很可能流入政府会计主体。

②该政府储备物资的成本或者价值能够可靠地计量。

（2）账户设置。

单位应设置"政府储备物资"科目核算单位控制的政府储备物资的成本。科目期末借方余额反映政府储备物资的成本。

该科目应当按照政府储备物资的种类、品种、存放地点等进行明细核算。单位根据需要，可在本科目下设置"在库""发出"等明细科目进行明细核算。

对政府储备物资不负有行政管理职责但接受委托具体负责执行其存储保管等工作的单位，其受托代储的政府储备物资应当通过"受托代理资产"科目核算，不通过"政府储备物资"科目核算。

（3）账务处理。

1）取得政府储备物资。

政府储备物资取得时，应当按照其成本入账，但下列各项不计入政府储备物资成本：仓储费用；日常维护费用；不能归属于使政府储备物资达到目前场所和状态所发生的其他支出。

①购入的政府储备物资，其成本包括购买价款和政府会计主体承担的相关税费、运输费、装卸费、保险费、检测费以及使政府储备物资达到目前场所和状态所发生的归属于政府储备物资成本的其他支出。

财务会计	预算会计
验收入库时，按照确定的成本： 借：政府储备物资 　　贷：财政拨款收入 　　　　零余额账户用款额度 　　　　银行存款	按实际支付额： 借：行政支出 　　贷：财政拨款预算收入 　　　　资金结存

②涉及委托加工政府储备物资业务的，委托加工的政府储备物资，其成本包括委托加工前物料成本、委托加工的成本（如委托加工费以及按规定应计入委托加工政府储备物资成本的相关税费等）以及政府会计主体承担的使政府储备物资达到目前场所和状态所发生的归属于政府储备物资成本的其他支出。

相关账务处理参照"加工物品"科目。

③受捐赠的政府储备物资，其成本按照有关凭据注明的金额加上政府会计主体承担的相关税费、运输费等确定；没有相关凭据可供取得，但按规定经过资产评估的，其成本按照评估价值加上政府会计主体承担的相关税费、运输费等确定；没有相关凭据可供取得，也未经资产评估的，其成本比照同类或类似资产的市场价格加上政府会计主体承担的相关税费、运输费等确定。

财务会计	预算会计
验收入库，将确定的政府储备物资成本与单位承担的相关税费、运输费等的差额计入捐赠收入：	
借：政府储备物资 　　贷：财政拨款收入 　　　　零余额账户用款额度 　　　　银行存款 　　　　捐赠收入	支付的归属于捐赠方的相关费用： 借：其他支出 　　贷：财政拨款预算收入 　　　　资金结存

④接受无偿调入的政府储备物资验收入库，其成本按照调出方账面价值加上归属于政府会计主体的相关税费、运输费等确定。

财务会计	预算会计
应将确定的政府储备物资成本与单位承担的相关税费、运输费等的差额计入无偿调拨净资产：	
借：政府储备物资 　　贷：财政拨款收入 　　　　零余额账户用款额度 　　　　银行存款 　　　　无偿调拨净资产	支付的归属于调入方的相关费用： 借：其他支出 　　贷：财政拨款预算收入 　　　　资金结存

2）发出政府储备物资。

政府会计主体应当根据实际情况采用先进先出法、加权平均法或者个别计价法确定政府储备物资发出的成本。计价方法一经确定，不得随意变更。

对于性质和用途相似的政府储备物资，政府会计主体应当采用相同的成本计价方法确定发出物资的成本。

对于不能替代使用的政府储备物资、为特定项目专门购入或加工的政府储备物资，政府会计主体通常应采用个别计价法确定发出物资的成本。

政府储备物资发出时，分别按以下情况处理：

①因动用而发出无须收回的政府储备物资的，应当在发出物资时将其账面余额予以转销，计入当期费用，只做财务会计分录，无须做预算会计分录。

借：业务活动费用
　　贷：政府储备物资

②因动用而发出需要收回或者预期可能收回政府储备物资的，政府会计主体应当在按规定的质量验收标准收回物资时，将未收回物资的账面余额予以转销，计入当期费用，只做财务会计分录，无须做预算会计分录。

借：政府储备物资——发出
　　贷：政府储备物资——在库

按照规定的质量验收标准收回物资时：

借：政府储备物资——在库（收回物资的原账面余额）
　　业务活动费用（未收回物资的原账面余额）
　　贷：政府储备物资——发出（发出时登记在"发出"明细科目中的余额）

【情景3-35】某单位经批准发出需要收回的政府储备物资。该政府储备物资账面余额为560 000元。按照规定的质量验收标准收回物资时，尚有40 000元无法收回。

该单位应编制财务会计分录为：

借：政府储备物资——发出　　560 000
　　贷：政府储备物资——在库　　560 000

按照规定的质量验收标准收回物资时：

借：政府储备物资——在库　　520 000
　　业务活动费用　　　　　　 40 000
　　贷：政府储备物资——发出　　560 000

③因行政管理主体变动等原因而将政府储备物资调拨给其他主体的，政府会计主体应当在发出物资时将其账面余额予以转销，只做财务会计分录，无须做预算会计分录。

借：无偿调拨净资产
　　贷：政府储备物资

④对外销售政府储备物资并按照规定将销售净收入上缴财政的，发出物资时，按照发出物资

的账面余额，只做财务会计分录，无须做预算会计分录。

　　借：资产处置费用
　　　　贷：政府储备物资

取得销售价款时，按照规定销售收入扣除相关税费后上缴财政的：

　　借：银行存款（实际收到的款项金额）
　　　　贷：银行存款（发生的相关税费）
　　　　　　应缴财政款（销售价款大于所承担的相关税费后的差额）

【情景3-36】某单位经批准对外销售政府储备物资。该政府储备物资账面余额为1 120 000元，实现销售收入为1 400 000元，增值税182 000元。用银行存款支付运杂费5 000元。该销售收入需上缴财政。

该单位应编制财务会计分录为：

　　借：资产处置费用　　　　　1 120 000
　　　　贷：政府储备物资　　　　1 120 000

取得销售价款时：

　　借：银行存款　　　　　　　1 582 000
　　　　贷：银行存款　　　　　　　　5 000
　　　　　　应交税费——应交增值税（销项税额）
　　　　　　　　　　　　　　　　182 000
　　　　　　应缴财政款　　　　　1 395 000

3）清查盘点政府储备物资。

应当定期对政府储备物资进行清查盘点，每年至少盘点一次。对于发生的政府储备物资盘盈、盘亏或者报废、毁损，应当先记入"待处理财产损溢"科目，按照规定报经批准后及时进行后续账务处理。

①盘盈的政府储备物资，其成本按照有关凭据注明的金额确定；没有相关凭据，但按规定经过资产评估的，其成本按照评估价值确定；没有相关凭据，也未经资产评估的，其成本按照重置成本确定。

按照确定的入账成本，只做财务会计分录，无须做预算会计分录。

　　借：政府储备物资
　　　　贷：待处理财产损溢

②盘亏或者毁损、报废的政府储备物资，按照待处理政府储备物资的账面余额，只做财务会计分录，无须做预算会计分录。

　　借：待处理财产损溢
　　　　贷：政府储备物资

政府储备物资报废、毁损的，政府会计主体应当按规定报经批准后将报废、毁损的政府储备物资的账面余额予以转销，确认应收款项（确定追究相关赔偿责任的）或计入当期费用（因储存年限到期报废或非人为因素致使报废、毁损的）。

　　借：其他应收款
　　　　资产处置费用
　　　　贷：待处理财产损溢

同时，将报废、毁损过程中取得的残值变价收入扣除政府会计主体承担的相关费用后的差额按规定做应缴款项处理（差额为净收益时）或计入当期费用（差额为净损失时）。

　　借：银行存款
　　　　资产处置费用（差额为净损失时）
　　　　贷：银行存款
　　　　　　应缴财政款（差额为净收益时）

政府储备物资盘亏的，政府会计主体应当按规定报经批准后将盘亏的政府储备物资的账面余额予以转销，确定追究相关赔偿责任的，确认应收款项；属于正常耗费或不可抗力因素造成的，计入当期费用。

　　借：其他应收款
　　　　资产处置费用
　　　　贷：待处理财产损溢

5. 文物文化资产

文物文化资产是指用于展览、教育或研究等目的的历史文物、艺术品以及其他具有文化或历史价值并做长期或永久保存的典藏等。科目期末借方余额反映文物文化资产的成本。

（1）账户设置。

单位应设置"文物文化资产"科目核算单位为满足社会公共需求而控制的文物文化资产的成本。

科目应当按照文物文化资产的类别、项目等进行明细核算。

单位为满足自身开展业务活动或其他活动需

要而控制的文物和陈列品，应当通过"固定资产"科目核算，不通过本科目核算。

（2）账务处理。

1）取得文物文化资产。

文物文化资产在取得时，应当按照其成本入账。

①外购的文物文化资产，其成本包括购买价款、相关税费以及可归属于该项资产达到预定用途前所发生的其他支出（如运输费、安装费、装卸费等）。

财务会计	预算会计
借：文物文化资产 　　贷：财政拨款收入 　　　　零余额账户用款额度 　　　　银行存款	借：行政支出、事业支出 　　贷：财政拨款预算收入 　　　　资金结存

②接受其他单位无偿调入的文物文化资产，其成本按照该项资产在调出方的账面价值加上归属于调入方的相关费用确定。

财务会计	预算会计
A. 应将正确的政府储备物资成本与单位承担的相关税费、运输费等的差额计入无偿调拨净资产：	
借：文物文化资产 　　贷：零余额账户用款额度 　　　　银行存款 　　　　无偿调拨净资产	借：其他支出 　　贷：财政拨款预算收入 　　　　资金结存
B. 无偿调入的文物文化资产成本无法可靠取得的，按发生的归属于调入方的相关费用：	
借：其他费用 　　贷：财政拨款预算收入 　　　　零余额账户用款额度 　　　　银行存款	借：其他支出 　　贷：财政拨款预算收入 　　　　资金结存

③接受捐赠的文物文化资产，其成本按照有关凭据注明的金额加上相关费用确定；没有相关凭据可供取得，但按照规定经过资产评估的，其成本按照评估价值加上相关费用确定；没有相关凭据可供取得，也未经评估的，其成本比照同类或类似资产的市场价格加上相关费用确定。

财务会计	预算会计
A. 验收入库，将确定的文物文化资产成本与单位承担的相关税费、运输费等的差额计入捐赠收入：	
借：文物文化资产 　　贷：财政拨款收入 　　　　零余额账户用款额度 　　　　银行存款 　　　　捐赠收入	借：其他支出 　　贷：财政拨款预算收入 　　　　资金结存
B. 接受捐赠的文物文化资产成本无法可靠取得的，按照发生的相关税费等金额：	
借：其他费用 　　贷：财政拨款收入 　　　　零余额账户用款额度 　　　　银行存款	借：其他支出 　　贷：财政拨款预算收入 　　　　资金结存

【情景3-37】某单位接收社会个人捐赠的文物一件。经评估，该文物价值为150 000元。该事业单位用银行存款补偿捐赠者5 000元。

A. 该单位应编制财务会计分录为：

借：文物文化资产　　　　　　155 000
　　贷：银行存款　　　　　　　　5 000
　　　　捐赠收入　　　　　　　150 000

B. 该单位应编制预算会计分录为：

借：其他支出　　　　　　　　5 000
　　贷：资金结存　　　　　　　5 000

④对于成本无法可靠取得的文物文化资产，单位应当设置备查簿进行登记，待成本能够可靠确定后按照规定及时入账。

2）文物文化资产的后续支出。

与文物文化资产有关的后续支出，参照"公共基础设施"后续支出的相关规定进行处理。

3）文物文化资产的处置。

按照规定报经批准处置文物文化资产，应当分别按对外捐赠文物文化资产、无偿调出文物文化资产等情况进行处理。

①报经批准对外捐赠文物文化资产。

按照被处置文物文化资产账面余额和捐赠过程中发生的归属捐赠方的相关费用的合计数，计入当期费用。

财务会计	预算会计
借：资产处置费用 　　贷：文物文化资产 　　　　银行存款	归属于捐出方的相关费用： 借：其他支出 　　贷：资金结存

【情景3-38】某单位对外捐赠艺术品一件。该艺术品的账面余额为100 000元。该单位用银行存款支付运杂费500元。

A. 该单位应编制财务会计分录为：

借：资产处置费用　　　　100 500
　　贷：文物文化资产　　　　100 000
　　　　银行存款　　　　　　　　500

B. 该单位应编制预算会计分录为：

借：其他支出　　　　　　　500
　　贷：资金结存　　　　　　500

②报经批准无偿调出文物文化资产。

A. 按照被处置文物文化资产账面余额：

财务会计	预算会计
借：无偿调拨净资产 　　贷：文物文化资产	—

B. 发生的归属于调出方的相关费用：

财务会计	预算会计
借：资产处置费用 　　贷：银行存款	借：其他支出 　　贷：资金结存

4）清查盘点文物文化资产。

单位应当定期对文物文化资产进行清查盘点，每年至少盘点一次。对于发生的文物文化资产盘盈、盘亏、毁损或报废等，参照"公共基础设施"科目相关规定进行账务处理。

6. 保障性住房

保障性住房是指政府为中低收入住房困难家庭所提供的限定标准、限定价格或租金的住房，一般由廉租住房、经济适用住房、保障性租赁住房、定向安置房等构成。这种类型的住房有别于完全由市场形成价格的商品房。

（1）账户设置。

1）保障性住房。

单位应设置"保障性住房"科目核算单位为满足社会公共需求而控制的保障性住房的原值。科目期末借方余额反映保障性住房的原值。

该科目应当按照保障性住房的类别、项目等进行明细核算。

2）保障性住房累计折旧。

单位应设置"保障性住房累计折旧"科目核算单位计提的保障性住房的累计折旧。该科目应当按照所对应保障性住房的类别进行明细核算。科目期末贷方余额反映单位计提的保障性住房折旧累计数。

（2）账务处理。

1）保障性住房在取得时，应当按其成本入账。

①外购的保障性住房，其成本包括购买价款、相关税费以及可归属于该项资产达到预定用途前所发生的其他支出。

财务会计	预算会计
借：保障性住房 　　贷：财政拨款收入 　　　　零余额账户用款额度 　　　　银行存款	借：行政支出、事业支出 　　贷：财政拨款预算收入 　　　　资金结存

②自行建造的保障性住房交付使用时，按照在建工程成本：

财务会计	预算会计
借：保障性住房 　　贷：在建工程	—

③已交付使用但尚未办理竣工决算手续的保障性住房，按照估计价值入账，待办理竣工决算后再按照实际成本调整原来的暂估价值。

④接受其他单位无偿调入的保障性住房，其成本按照该项资产在调出方的账面价值加上归属于调入方的相关费用确定。

⑤接受捐赠、融资租赁取得的保障性住房，参照"固定资产"科目相关规定进行处理。

2）保障性住房的后续支出。保障性住房的后续支出，参照固定资产后续支出的相关规定进行处理。

3）保障性住房的出租。按照规定出租保障性住房并将出租收入上缴同级财政，按照收取的租金金额，编制如下会计分录。

财务会计	预算会计
借：银行存款 　　贷：应缴财政款	—

4）保障性住房的折旧。行政事业单位应当参照《政府会计准则第3号——固定资产》及其应用指南的相关规定，按月对其控制的保障性住房计提折旧。

为核算保障性住房折旧业务，行政事业单位应设置"保障性住房累计折旧"总账科目。

按月计提保障性住房折旧时，按照应计提的折旧额，编制如下会计分录。

财务会计	预算会计
借：业务活动费用 　　贷：保障性住房累计折旧	—

【情景3-39】某行政单位对控制的一幢保障性住房计提折旧75 000元。

该单位应编制财务会计分录为：

借：业务活动费用　　　　　　　　75 000
　　贷：保障性住房累计折旧　　　　75 000

5）保障性住房的处置。行政事业单位按照规定报经批准处置保障性住房，应当分别无偿调出保障性住房、出售保障性住房等情况处理。

报经批准无偿调出保障性住房，应将保障性住房的账面价值转入无偿调拨净资产。同时，将无偿调出过程中发生的归属于调出方的相关费用确认为当期费用。

报经批准出售保障性住房，将被出售保障性住房的账面价值转入当期费用。

6）清查盘点保障性住房。单位应当定期对保障性住房进行清查盘点。对于发生的保障性住房盘盈、盘亏、毁损或报废等，参照"固定资产"科目相关规定进行账务处理。

任务 3.2　行政单位的负债

3.2.1　行政单位的流动负债

1. 其他应交税费

行政单位的其他税费一般涉及个人所得税（个人所得税已在应付职工薪酬部分全面介绍），而城市维护建设税、教育费附加、地方教育附加、车船税、房产税、城镇土地使用税在事业单位更为常见。

2. 应缴财政款

（1）账户设置。

单位应设置"应缴财政款"科目核算单位取得或应收的按照规定应当上缴财政的款项。科目期末贷方余额反映单位应当上缴财政但尚未缴纳的款项。年终清缴后，科目一般应无余额。

该科目应当按照应缴财政款项的类别进行明细核算。

（2）账务处理。

1）单位取得或应收按照规定应缴财政的款项时，只做财务会计分录。

借：银行存款
　　应收账款
　贷：应缴财政款

2）单位处置资产取得的应上缴财政的处置净收入的账务处理（参见处置存货、处置固定资产、处置无形资产等相应部分），只做财务会计分录。

3）单位上缴应缴财政的款项时，按照实际上缴的金额，只做财务会计分录。

借：应缴财政款
　贷：银行存款

3. 应付职工薪酬

应付职工薪酬是指政府会计主体为获得职工（含长期聘用人员）提供的服务而给予各种形式的报酬，或因辞退等原因而给予职工补偿所形成的负债。职工薪酬包括工资、津贴补贴、奖金、社会保险费等。

（1）账户设置。

为核算应付职工薪酬业务，行政事业单位应设置"应付职工薪酬"总账科目。

（2）账务处理。

1）计提职工薪酬。计算确认当期应付职工薪酬，含单位为职工计算缴纳的医疗保险费、养老保险费、社会保险费、住房公积金和职业年金。

①计提从事专业及其辅助活动人员的职工薪酬，只做财务会计分录。

借：业务活动费用
　贷：应付职工薪酬

②计提应由在建工程、加工物品、自行研发无形资产负担的职工薪酬，分以下几种情况处理，只做财务会计分录。

A. 应由自制物品负担的职工薪酬，计入自制物品成本。

B. 应由工程项目负担的职工薪酬，比照有关借款费用的处理原则计入工程成本或当期费用。

C. 应由自行研发项目负担的职工薪酬，在研究阶段发生的，计入当期费用；在开发阶段发生并且最终形成无形资产的，计入无形资产成本。

借：在建工程
　　加工物品
　　研发支出
　贷：应付职工薪酬

2）向职工支付工资、津贴等薪酬。

财务会计	预算会计
按照实际支付的金额： 借：应付职工薪酬 　　贷：财政拨款收入 　　　　零余额账户用款额度 　　　　银行存款	借：事业支出、行政支出 　　贷：财政拨款预算收入 　　　　资金结存

3）按照税法规定代扣职工个人所得税。

财务会计	预算会计
按照实际代扣的金额： 借：应付职工薪酬——基本工资 　　贷：其他应交税费——应交个人所得税	—

①从应付职工薪酬中代扣为职工垫付的水电费、房租等费用时，按照实际扣除的金额，编制如下会计分录。

财务会计	预算会计
借：应付职工薪酬——基本工资 　　贷：其他应收款	—

②从应付职工薪酬中代扣社会保险费和住房公积金，按照代扣的金额，编制如下会计分录。

财务会计	预算会计
借：应付职工薪酬——基本工资 　　贷：应付职工薪酬——社会保险费 　　　　　　　　　　——住房公积金	—

4）按照国家有关规定缴纳职工社会保险费和住房公积金。

财务会计	预算会计
按照实际支付的金额： 借：应付职工薪酬——社会保险费 　　　　　　　　　　——住房公积金 　　贷：财政拨款收入 　　　　零余额账户用款额度 　　　　银行存款	借：事业支出、行政支出 　　贷：财政拨款预算收入 　　　　资金结存

5）从应付职工薪酬中支付的其他款项。

财务会计	预算会计
借：应付职工薪酬 　　贷：零余额账户用款额度 　　　　银行存款	借：事业支出、行政支出 　　贷：财政拨款预算收入 　　　　资金结存

【情景3-40】某单位计提本月职工薪酬130 000元，其中，从事专业及其辅助活动人员的职工薪酬10 000元，包含按国家规定为职工缴纳社会保险费、住房公积金12 000元。按税法规定计算应代扣代缴的个人所得税金额2 000元，从应付职工薪酬中缴纳职工负担的社会保险费4 000元、住房公积金6 000元。全部采用财政直接支付方式予以支付。

A. 该单位应编制财务会计分录为：

a. 计提时：

借：业务活动费用　　　　　　　　　130 000
　　贷：应付职工薪酬　　　　　　　　130 000

b. 应代扣代缴的个人所得税：

借：应付职工薪酬——基本工资　　2 000
　　贷：其他应交税费——应交个人所得税
　　　　　　　　　　　　　　　　2 000

c. 从应付职工薪酬中缴纳职工负担的社会保险费、住房公积金：

借：应付职工薪酬——基本工资　10 000
　　贷：其他应交税费——社会保险费　4 000
　　　　　　　　　　——住房公积金　6 000

d. 支付时：

借：应付职工薪酬　　　　　118 000
　　贷：财政拨款收入　　　　118 000

B. 该单位应编制预算会计分录为：

借：行政支出、事业支出　　118 000
　　贷：财政拨款预算收入　　118 000

4. 应付账款

应付账款是指政府会计主体取得资产、接受劳务、开展工程建设等而形成的负债。

（1）账户设置。

为核算应付账款业务，行政事业单位应设置"应付账款"总账科目。

（2）账务处理。

财务会计	预算会计
A. 收到所购材料、物资、设备或服务以及确认完成工程进度但尚未付款时，根据发票及账单等有关凭证，按照应付未付款项的金额：	
借：库存物品 　　固定资产 　　在建工程 　　贷：应付账款	—
B. 偿付应付账款时，按照实际支付的金额：	
借：应付账款 　　贷：财政拨款收入 　　　　零余额账户用款额度 　　　　银行存款	借：事业支出、行政支出 　　贷：财政拨款预算收入 　　　　资金结存
C. 无法偿付或债权人豁免偿还的应付账款，应当按照规定报经批准后进行账务处理。经批准核销时：	
借：应付账款 　　贷：其他收入	—
D. 核销的应付账款，应在备查簿中保留登记。	
E. 涉及增值税业务的，相关账务处理参见"应交增值税"科目。	

【情景3-41】某单位为一般纳税人，开展业务活动需要购入一批专用材料，增值税专用发票注明价款80 000元，增值税10 400元，材料已验收入库，款项未付。1个月后，款项通过财政直接支付方式支付。

A. 该单位应编制财务会计分录为：

a. 购买材料时：

借：库存物品　　　　　　　90 400
　　贷：应付账款　　　　　　90 400

b. 1个月后支付时：

借：应付账款　　　　　　　90 400
　　贷：财政拨款收入　　　　90 400

B. 该单位应编制预算会计分录为：

借：行政支出　　　　　　　90 400
　　贷：资金结存　　　　　　90 400

5. 应付政府补贴款

（1）账户设置。

应付政府补贴款是指负责发放政府补贴的行政单位按照规定应当支付给政府补贴接受者的各种政府补贴款。

为核算应付政府补贴款业务，行政单位应设置"应付政府补贴款"总账科目。

（2）账务处理。

财务会计	预算会计
A. 发生应付政府补贴时，按照依规定计算确定的应付政府补贴金额：	
借：业务活动费用 　　贷：应付政府补贴款	—
B. 支付应付政府补贴款时，按照支付金额：	
借：应付政府补贴款 　　贷：零余额账户用款额度 　　　　银行存款	借：行政支出 　　贷：财政拨款预算收入 　　　　资金结存

【情景3-42】某单位按照规定计算出应付政府补贴款为5 200元，通过财政授权支付。

A. 该单位应编制财务会计分录为：

a. 应付政府补贴：

借：业务活动费用　　　　　　　5 200
　　贷：应付政府补贴款　　　　　5 200

b. 支付时：

借：应付政府补贴款　　　　　　5 200
　　贷：零余额账户用款额度　　　5 200

B. 该单位应编制预算会计分录为：

借：行政支出　　　　　　　　　5 200
　　贷：资金结存　　　　　　　　5 200

6. 其他应付款

其他应付款是指单位除应交增值税、其他应交税费、应缴财政款、应付职工薪酬、应付票据、应付账款、应付政府补贴款、应付利息、预收账款以外，其他各项偿还期限在1年内（含1年）的应付及暂收款项，如收取的押金、存入保证金、已经报销但尚未偿还银行的本单位公务卡欠款等。

（1）账户设置。

为核算其他应付款业务，行政事业单位应设置"其他应付款"总账科目。

（2）账务处理。

1）发生或支付（或退回）其他应付及暂收款项时：

财务会计	预算会计
A. 收到款项时：	
借：银行存款 　　贷：其他应付款	—
B. 支付（或退回）其他应付及暂收款项时：	
借：其他应付款 　　贷：银行存款	—
C. 将暂收款项转为收入时：	
借：其他应付款 　　贷：其他收入	借：资金结存 　　贷：其他预算收入

【情景3-43】某事业单位在开展业务活动时将包装物借给A公司，并收取押金2 000元现金。

1个月后，因包装物被意外毁损，无法归还，押金冲抵包装物损失。

A. 该单位应编制财务会计分录为：

a. 收取押金时：

借：库存现金　　　　　　　　　2 000
　　贷：其他应付款　　　　　　　2 000

b. 押金冲抵包装物损失时：

借：其他应付款　　　　　　　　2 000
　　贷：事业收入　　　　　　　　2 000

B. 该单位应编制预算会计分录为：

借：资金结存　　　　　　　　　2 000
　　贷：事业预算收入　　　　　　2 000

2）收到同级政府财政部门预拨的下期预算款和没有纳入预算的暂付款项时：

财务会计	预算会计
A. 按照实际收到的金额：	
借：银行存款 　　贷：其他应付款	—
B. 待到下一预算期或批准纳入预算：	
借：其他应付款 　　贷：财政拨款收入	借：资金结存 　　贷：财政拨款预算收入等
C. 采用实拨资金方式通过本单位转拨给下属单位的财政拨款，按照实际收到的金额：	
借：银行存款 　　贷：其他应付款	—
D. 向下属单位转拨财政拨款时，按照转拨的金额：	
借：其他应付款 　　贷：银行存款	—

【情景3-44】某单位2021年12月25日收到同级财政部门预拨的2022年预算款6 000 000元。

A. 该单位应编制财务会计分录为：

a. 2021年12月25日，收到款项：

借：银行存款　　　　　　6 000 000
　　贷：其他应付款　　　　6 000 000

b. 2022年1月，批准纳入预算：

借：其他应付款　　　　　6 000 000
　　贷：财政拨款收入　　　6 000 000

B. 该单位应编制预算会计分录为：

借：资金结存　　　　　　6 000 000
　　贷：财政拨款预算收入　6 000 000

3）本单位公务卡持卡人报销时：

财务会计	预算会计
A. 按照审核报销的金额：	
借：业务活动费用 　　贷：其他应付款	—
B. 偿还公务卡欠款：	
借：其他应付款 　　贷：零余额账户用款额度	借：行政支出 　　贷：资金结存

4）涉及质保金形成其他应付款的，相关账务处理参见"固定资产"科目。

5）无法偿付或债权人豁免偿还的其他应付款项，应当按照规定报经批准后进行账务处理。

经批准核销时：

财务会计	预算会计
借：其他应付款 　　贷：其他收入	—

7. 预提费用

（1）账户设置。

单位应设置"预提费用"科目核算单位预先提取的已经发生但尚未支付的费用，如预提租金费用等。科目贷方余额反映单位已预提但尚未支付的各项费用。

（2）账务处理。

按期预提租金等费用时，应编制如下会计分录。

财务会计	预算会计
A. 按照预提的金额：	
借：业务活动费用 贷：预提费用	——
B. 实际支付款项时，按照支付金额：	

借：预提费用
    贷：零余额账户用款额度
        银行存款
	借：行政支出
	    贷：资金结存

【情景3-45】某单位2021年12月31日按规定预提2022年度报纸杂志费15 000元。	借：业务活动费用 15 000 贷：预提费用 15 000

3.2.2 行政单位的非流动负债

行政单位的非流动负债包括长期应付款、预计负债、受托代理负债等。

1. 长期应付款

（1）账户设置。

单位应设置"长期应付款"科目核算单位发生的偿还期限超过1年（不含1年）的应付款项，如以融资租赁方式取得固定资产应付的租赁费等。科目期末贷方余额反映单位尚未支付的长期应付款金额。

该科目应当按照长期应付款的类别以及债权人进行明细核算。

（2）账务处理。

财务会计	预算会计
A. 发生长期应付款时：	

借：固定资产
    在建工程
    贷：长期应付款
	——

B. 支付长期应付款时，按实际支付的金额：	

借：长期应付款
    贷：财政拨款收入
        零余额账户用款额度
        银行存款
	借：行政支出
	    贷：财政拨款预算收入
	        资金结存

C. 无法偿付或债权人豁免偿还的长期应付款，应当按照规定报经批准后进行账务处理。经批准核销时：	
借：长期应付款 贷：其他收入	——
D. 核销的长期应付款，应在备查簿中保留登记。	
E. 涉及增值税业务的，相关账务处理参见"应交增值税"科目。	
F. 涉及质保金形成长期应付款的，相关账务处理参见"固定资产"科目。	

【情景3-46】某单位融资租入办公用房。租赁合同确定的租赁价款为500 000元，每季度负债支付20 000元。另用银行存款支付相关税费20 000元，租赁保险费10 000元。

A. 该单位应编制财务会计分录为：
固定资产成本=500 000+20 000+10 000=530 000（元）
借：固定资产   530 000
    贷：长期应付款   500 000

　　　　银行存款　　　　　　　　　　30 000
定期支付租金时：
借：长期应付款　　　　　　　　　20 000
　　贷：银行存款　　　　　　　　　　20 000
B. 该单位应编制预算会计分录为：
借：行政支出　　　　　　　　　　50 000
　　贷：资金结存　　　　　　　　　　50 000
定期支付租金时：
借：行政支出　　　　　　　　　　20 000
　　贷：资金结存　　　　　　　　　　20 000

2. 预计负债

（1）确认与计量。

1）确认。

或有事项是指由过去的经济业务或者事项形成的，其结果须由某些未来事项的发生或不发生才能决定的不确定事项。未来事项是否发生，不在政府会计主体控制范围内。

常见的或有事项主要包括：未决诉讼或未决仲裁、对外国政府或国际经济组织的贷款担保、承诺（补贴、代偿）、自然灾害或公共事件的救助等。

政府会计主体应当将与或有事项相关且满足负债定义及确认条件的现时义务确认为预计负债。

不应当将下列与或有事项相关的义务确认为负债，但应当按照规定对该类义务进行披露：

①过去的经济业务或者事项形成的潜在义务，其存在须通过未来不确定事项的发生或不发生予以证实，未来事项是否发生不在政府会计主体控制范围内。潜在义务是指结果取决于不确定未来事项的可能义务。

②过去的经济业务或者事项形成的现时义务，履行该义务不太可能导致经济资源流出政府会计主体，或者该义务的金额不能可靠地计量。

2）计量。

预计负债应当按照履行相关现时义务所需支出的最佳估计数进行初始计量。

所需支出存在一个连续范围，且该范围内各种结果发生的可能性是相同的，最佳估计数应当按照该范围内的中间值确定。

在其他情形下，最佳估计数应当分别按下列情况确定：

①或有事项涉及单个项目的，按照最可能发生金额确定。

②或有事项涉及多个项目的，按照各种可能结果及相关概率计算确定。

政府会计主体在确定最佳估计数时，一般应当综合考虑与或有事项有关的风险、不确定性等因素。

政府会计主体清偿预计负债所需支出预期全部或部分由第三方补偿的，补偿金额只有在基本确定能够收到时才能作为资产单独确认。确认的补偿金额不应当超过预计负债的账面余额。

政府会计主体应当在报告日对预计负债的账面余额进行复核。有确凿证据表明该账面余额不能真实反映当前最佳估计数的，应当按照当前最佳估计数对该账面余额进行调整。履行该预计负债的相关义务不太可能导致经济资源流出政府会计主体时，应当将该预计负债的账面余额予以转销。

（2）账户设置。

单位应设置"预计负债"科目核算单位对因或有事项所产生的现时义务而确认的负债，如对未决诉讼等确认的负债。科目期末贷方余额反映单位已确认但尚未支付的预计负债金额。

该科目应当按照预计负债的项目进行明细核算。

（3）账务处理。

财务会计	预算会计
A. 确认预计负债时，按照预计的金额：	
借：业务活动费用 　　其他费用 　　贷：预计负债	—
B. 实际偿付预计负债时，按照偿付的金额：	

续表

财务会计	预算会计
借：预计负债 　　贷：银行存款 　　　　零余额账户用款额度	借：其他支出 　　贷：资金结存
C. 根据确凿证据需要对已确认的预计负债账面余额进行调整的：	
a. 按照调整增加的金额：	
借：有关科目 　　贷：预计负债	—
b. 按照调整减少的金额：	
借：预计负债 　　贷：有关科目	—

3. 受托代理负债

（1）账户设置。

单位应设置"受托代理负债"科目核算单位接受委托取得受托代理资产时形成的负债。科目期末贷方余额反映单位尚未交付或发出受托代理资产形成的受托代理负债金额。

（2）账务处理。

参见"库存现金""银行存款""受托代理资产"等科目相应部分内容。

任务 3.3 行政单位的净资产及预算结余

3.3.1 行政单位的净资产

1. 本期盈余

（1）账户设置。

单位应设置"本期盈余"科目核算单位本期各项收入、费用相抵后的余额。科目期末贷方余额反映单位自年初至当期期末累计实现的盈余。科目期末借方余额反映单位自年初至当期期末累计发生的亏损。年末结账后，科目应无余额。

（2）账务处理。

1）期末，将各类科目的本期发生额转入本期盈余。

借：财政拨款收入

　　非同级财政拨款收入

　　捐赠收入

　　利息收入

　　租金收入

　　其他收入

　　贷：本期盈余

【情景3-47】2021年12月31日，某行政单位全部财务会计收入科目12月贷方发生额合计："财政拨款收入"为 25 000 000 元，"非同级财政拨款收入"为 300 000 元，"捐赠收入"为 20 000 元，"利息收入"为10 000元，"租金收入"为

20 000 元,"其他收入"为 500 000 元。

该单位应编制财务会计分录为：

借：财政拨款收入　　　　　25 000 000
　　非同级财政拨款收入　　　　300 000
　　捐赠收入　　　　　　　　　 20 000
　　利息收入　　　　　　　　　 10 000
　　租金收入　　　　　　　　　 20 000
　　其他收入　　　　　　　　　500 000
　　贷：本期盈余　　　　　　25 850 000

2）将各类费用科目本期发生额转入本期盈余。

借：本期盈余
　　贷：业务活动费用
　　　　资产处置费用
　　　　其他费用

【情景3-48】2021年12月31日，某行政单位全部财务会计费用科目12月借方发生额合计："业务活动费用"为 19 500 000 元，"资产处置费用"为 560 000 元，"其他费用"为 540 000 元。

该单位应编制财务会计分录为：

借：本期盈余　　　　　　　20 600 000
　　贷：业务活动费用　　　19 500 000
　　　　资产处置费用　　　　560 000
　　　　其他费用　　　　　　540 000

2. 本年盈余分配

（1）账户设置。

单位应设置"本年盈余分配"科目核算单位本年度盈余分配的情况和结果。年末结账后，本科目应无余额。

（2）账务处理。

1）年末，将"本期盈余"科目余额转入"本年盈余分配"科目。

借或贷：本期盈余
　　贷或借：本年盈余分配

2）年末，将"本年盈余分配"科目余额转入累计盈余。

借或贷：本年盈余分配
　　贷或借：累计盈余

【情景3-49】（续【情景3-47】及【情景3-48】）除【情景3-47】及【情景3-48】所给本期盈余资料外，2021年1—11月"本期盈余"科目贷方发生额合计金额为 5 000 000 元。

该单位应编制财务会计分录为：

借：本期盈余　　　　　　　10 250 000
　　贷：本年盈余分配　　　10 250 000

3. 以前年度盈余调整

（1）账户设置。

单位应设置"以前年度盈余调整"科目核算单位本年度发生的调整以前年度盈余的事项，包括本年度发生的重要前期差错更正涉及调整以前年度盈余的事项。科目结转后应无余额。

（2）账务处理。

财务会计	预算会计
A. 调整增加以前年度收入：	
按照调整增加额度： 借：有关资产或负债科目 　　贷：以前年度盈余调整	按实际收到的金额： 借：资金结存 　　贷：财政拨款结转——年初余额调整 　　　　财政拨款结余——年初余额调整 　　　　非财政拨款结转——年初余额调整 　　　　非财政拨款结余——年初余额调整
B. 调整减少以前年度收入的，财务会计与预算会计均做相反的会计分录。	
C. 调整增加以前年度费用：	

财务会计	预算会计
按照调整增加额度： 借：以前年度盈余调整 　　贷：有关资产或负债科目	按实际收到的金额： 借：财政拨款结转——年初余额调整 　　财政拨款结余——年初余额调整 　　非财政拨款结转——年初余额调整 　　非财政拨款结余——年初余额调整 　　贷：资金结存
D. 调整减少以前年度费用的，财务会计与预算会计均做相反的会计分录。	
E. 盘盈的各种非流动资产，报经批准后处理： 借：待处理财产损溢 　　贷：以前年度盈余调整	—
F. 经上述调整后，应将本科目的余额转入累计盈余： 借或贷：累计盈余 　　贷或借：以前年度盈余调整	—

【情景3-50】 2022年5月18日，某行政单位发现本单位于2021年11月20日为开展业务活动领用的库存物品成本共计5 000元，2021年11月20日记账时登记为500元，业务活动费用和存货均少记了4 500元。

该单位应编制财务会计分录为：

　　借：以前年度盈余调整　　　　　　4 500
　　　　贷：库存商品　　　　　　　　4 500

4. 无偿调拨净资产

（1）账户设置。

单位应设置"无偿调拨净资产"科目核算单位无偿调入或调出非现金资产所引起的净资产变动金额。

（2）账务处理。

1）按照规定取得无偿调入的存货、固定资产、无形资产、公共基础设施、政府储备物资、文物文化资产、保障性住房等（账务处理方法参见任务3.1和任务3.2中的相应内容）。

2）按照规定经批准无偿调出存货、固定资产、无形资产、公共基础设施、政府储备物资、文物文化资产、保障性住房等（账务处理方法参见任务3.1和任务3.2中的相应内容）。

3）年末，将科目余额转入累计盈余，只做财务会计分录。

　　借或贷：无偿调拨净资产
　　　　贷或借：累计盈余

5. 累计盈余

（1）账户设置。

单位应设置"累计盈余"科目核算单位历年实现的盈余扣除盈余分配后滚存的金额，以及因无偿调入调出资产产生的净资产变动额。

科目期末余额反映单位未分配盈余（或未弥补亏损）以及无偿调拨净资产变动的累计数。

按照规定上缴、缴回、单位间调剂结转结余资金产生的净资产变动额，以及对以前年度盈余的调整金额，也通过该科目核算。

（2）账务处理。

1）年末，将"本年盈余分配""无偿调拨净资产""以前年度盈余调整"科目的余额转入累计盈余，只做财务会计分录。

　　借或贷：本年盈余分配
　　　　　　无偿调拨净资产
　　　　　　以前年度盈余调整
　　　　贷或借：累计盈余

【情景3-51】（续【情景3-49】和【情景3-50】）按照前述情景中所给"本年盈余分配"及"以前年度盈余调整"金额，此外，该单位"无偿调拨净资产"本年贷方发生额为120 000元。

该单位应编制财务会计分录为：

　　借：本年盈余分配　　　　　10 250 000
　　　　无偿调拨净资产　　　　　　120 000
　　　　贷：累计盈余　　　　　10 365 500
　　　　　　以前年度盈余调整　　　　4 500

2）按照规定上缴财政拨款结余、缴回非财政拨款结转资金、向其他单位调出财政拨款结转资金时，应编制如下会计分录。

财务会计	预算会计
A. 按照实际上缴、缴回、调出金额：	
借：累计盈余 　　贷：财政应返还额度 　　　　零余额账户用款额度 　　　　银行存款	参照"财政拨款结转""财政拨款结余""非财政拨款结转"等科目进行账务处理
B. 按照规定从其他单位调入财政拨款结转资金时，按照实际调入金额：	
借：零余额账户用款额度 　　银行存款 　　贷：累计盈余	借：资金结存——零余额账户用款额度 　　　　　　——货币资金 　　贷：财政拨款结转——归集调入

【情景3-52】某行政单位按规定通过单位零余额账户上缴完工项目结余资金150 000元。

该单位应编制财务会计分录为：

借：累计盈余　　　　　　　　　　150 000
　　贷：零余额账户用款额度　　　　150 000

3.3.2 行政单位的预算结余

1. 资金结存

（1）账户设置。

单位应设置"资金结存"科目核算单位纳入部门预算管理的资金的流入、流出、调整和滚存等情况。

"资金结存"科目应当设置下列明细科目：

1）"零余额账户用款额度"科目：核算实行国库集中支付的单位根据财政部门批复的用款计划收到和支用的零余额账户用款额度。年末结转后，该明细科目应无余额。

2）"货币资金"科目：核算单位以库存现金、银行存款、其他货币资金形态存在的资金。该明细科目年末借方余额反映单位尚未使用的货币资金。

3）"财政应返还额度"科目：核算实行国库集中支付的单位可以使用的以前年度财政直接支付资金额度和财政应返还的财政授权支付资金额度。该明细科目下可设置"财政直接支付""财政授权支付"两个明细科目进行明细核算。

"财政应返还额度"明细科目"年末借方余额"反映单位应收财政返还的资金额度。

（2）账务处理。

财务会计	预算会计
A. 取得预算收入时：	
a. 单位根据代理银行转来的财政授权支付额度到账通知书，按照通知书中的授权支付额度：	
借：零余额账户用款额度 　　贷：财政拨款收入	借：资金结存（零余额账户用款额度） 　　贷：财政拨款预算收入
b. 国库集中支付以外的其他支付方式取得预算收入时，按照实际收到的金额：	
借：银行存款 　　贷：财政拨款收入	借：资金结存（货币资金） 　　贷：财政拨款预算收入
B. 发生预算支出时：	
借：业务活动费用 　　库存物品 　　固定资产等 　　贷：财政应返还额度 　　　　零余额账户用款额度 　　　　银行存款 　　　　库存现金	借：行政支出等 　　贷：货币结存——财政应返还额度 　　　　　　　——零余额账户用款额度 　　　　　　　——货币资金

续表

财务会计	预算会计
C. 预算结转结余调整：	
a. 按照规定上缴财政拨款结转结余资金或注销财政拨款结转结余额度的：	
借：累计盈余 　　贷：财政应返还额度 　　　　零余额账户用款额度 　　　　银行存款	借：财政拨款结转——归集上缴 　　财政拨款结余——归集上缴 　　贷：资金结存——财政应返还额度 　　　　　　——零余额账户用款额度 　　　　　　——货币资金
b. 按照规定缴回非财政拨款结转资金的：	
借：累计盈余 　　贷：银行存款	借：非财政拨款结转——缴回资金 　　贷：资金结存——货币资金
c. 收到调入的财政拨款结转资金的：	
借：财政应返还额度 　　零余额账户用款额度 　　银行存款 　　贷：累计盈余	借：资金结存——财政应返还额度 　　　　　　——零余额账户用款额度 　　　　　　——货币资金 　　贷：财政拨款结转——归集调入
d. 年末确认未下达的财政用款额度：	
借：财政应返还额度——财政直接支付 　　　　　　　　——财政授权支付 　　贷：财政拨款收入	借：资金结存——财政应返还额度 　　贷：财政拨款预算收入
e. 年末注销、下年初恢复零余额账户用款额度或收到上年末未下达的零余额账户用款额度：	
借：财政应返还额度——财政授权支付 　　贷：零余额账户用款额度 借：零余额账户用款额度 　　贷：财政应返还额度——财政授权支付	借：资金结存——财政应返还额度 　　贷：资金结存——零余额账户用款额度 借：资金结存——零余额账户用款额度 　　贷：资金结存——财政应返还额度

因购货退回、发生差错更正等退回国库直接支付、授权支付款项，或者收回货币资金的，做以下会计处理：

财务会计	预算会计
A. 属于本年度的：	
借：财政拨款收入 　　零余额账户用款额度 　　银行存款等 　　贷：业务活动费用 　　　　库存物品等	借：财政拨款预算收入 　　资金结存——零余额账户用款额度 　　　　　　——货币资金 　　贷：行政支出、事业支出
B. 属于以前年度的：	
借：财政应返还额度 　　零余额账户用款额度 　　银行存款等 　　贷：以前年度盈余调整	借：资金结存——财政应返还额度 　　　　　　——零余额账户用款额度 　　　　　　——货币资金 　　贷：财政拨款结转——年初余额调整 　　　　财政拨款结余——年初余额调整 　　　　非财政拨款结转——年初余额调整 　　　　非财政拨款结余——年初余额调整

【情景3-53】2022年5月26日，某行政单位发现本单位于2022年4月20日为开展业务活动所举办的会议费用多付了6 000元，按规定应予以收回。5月28日，退回的会议费已收存单位银行存款账户。

A. 该单位应编制财务会计分录为：

借：银行存款　　　　　　　　　　6 000
　　贷：业务活动费用　　　　　　　6 000

B. 该单位应编制预算会计分录为：

借：资金结存——货币资金　　　　6 000
　　贷：行政支出　　　　　　　　　6 000

2. 财政拨款结转

（1）账户设置。

单位应设置"财政拨款结转"科目核算单位取得的同级财政拨款结转资金的调整、结转和滚存情况。科目年末贷方余额反映单位滚存的财政拨款结转资金数额。

该科目应当设置三类二级明细科目，如表3-1所示。

表 3-1　财政拨款结转的二级明细科目

二级明细科目	核算内容	年末结账后有无余额
与会计差错更正、以前年度支出收回相关的二级明细科目：		
年初余额调整	因发生会计差错更正、以前年度支出收回等原因，需要调整财政拨款结转的金额	无
与财政拨款调拨业务相关的二级明细科目：		
归集调入	按照规定从其他单位调入财政拨款结转资金时，实际调增的额度数额或调入的资金数额	无
归集调出	按照规定向其他单位调出财政拨款结转资金时，实际调减的额度数额或调出的资金数额	无
归集上缴	按照规定上缴财政拨款结转资金时，实际核销的额度数额或上缴的资金数额	无
单位内部调剂	经财政部门批准对财政拨款结余资金改变用途，调整用于本单位其他未完成项目等的调整金额	无
与年末财政拨款结转业务相关的二级明细科目：		
本年收支结转	单位本年度财政拨款收支相抵后的余额	无
累计结转	单位滚存的财政拨款结转资金	年末贷方余额反映单位财政拨款滚存的结转资金数额

其中，"累计结转"的明细科目：

累计结转 —— 基本支出结转 —— 人员经费

　　　　　　　　　　　　—— 日常公用经费

　　　　　　—— 项目支出结转 —— ×× 项目

同时，还应按《分类科目》中"支出功能分类科目"的相关科目进行明细核算。

有一般公共预算财政拨款、政府性基金预算财政拨款等两种或两种以上财政拨款的，还应当在本科目下按照财政拨款的种类进行明细核算。

（2）账务处理。

1）因会计差错更正、购货退回、预付款项收回等发生以前年度调整事项：

财务会计	预算会计
A. 调整增加相关资产：	
借：零余额账户用款额度 　　银行存款等 　贷：以前年度盈余调整	借：资金结存 —— 零余额账户用款额度 　　　　　　—— 货币资金 　贷：财政拨款结转 —— 年初余额调整
B. 因会计差错更正调整减少相关资产：	
借：以前年度盈余调整 　贷：零余额账户用款额度 　　　银行存款等	借：财政拨款结转 —— 年初余额调整 　贷：资金结存 —— 零余额账户用款额度 　　　　　　—— 货币资金等

【情景3-54】2022年3月20日，某行政单位发现本单位于2022年2月20日为开展业务活动所举办的会议费少付了10 000元，按规定应予以补付。3月28日，补付的会议费已通过单位零余额账户支付。

A. 该单位应编制财务会计分录为：

借：以前年度盈余调整　　　　　　10 000
　贷：零余额账户用款额度　　　　　　10 000

B. 该单位应编制预算会计分录为：

借：财政拨款结转——年初余额调整 10 000
　　贷：资金结存——零余额账户用款额度
　　　　　　　　　　　　　　　　10 000

2）按照规定从其他单位调入财政拨款结转资金的，按照实际调增的额度数额或调入的资金数额，编制如下会计分录：

财务会计	预算会计
按调入的金额： 借：财政应返还额度 　　零余额账户用款额度 　　银行存款 　贷：累计盈余	借：资金结存——财政应返还额度 　　　　　　——零余额账户用款额度 　　　　　　——货币资金 　贷：财政拨款结转——归集调入

调出以及上缴或注销的账务处理与上述操作相反。同时，"财政拨款结转"科目的明细科目分别改为"归集调出"和"归集上缴"

【情景3-55】某行政单位经批准增加日常办公经费，增加的经费按规定应从其他单位的财政拨款结余资金中调入。月末，财政向该单位下达新增的授权支付用款额度 600 000 元。

A. 该单位应编制财务会计分录为：

借：零余额账户用款额度　　　600 000
　　贷：财政拨款收入　　　　　600 000

B. 该单位应编制预算会计分录为：

借：资金结存——财政应返还额度 600 000
　　贷：财政拨款结转——归集调入 600 000

经财政部门批准对财政拨款结余资金改变用途，调整用于本单位基本支出或其他未完成项目支出的，按照批准调剂的金额，只做预算会计分录：

财务会计	预算会计
—	借：财政拨款结余——单位内部调剂 　贷：财政拨款结转——单位内部调剂

【情景3-56】经财政部门批准，某行政单位将财政拨款结余转为财政拨款结转，用于其他未完成项目，调整金额为 400 000 元。

该单位应编制预算会计分录为：

借：财政拨款结余——单位内部调剂 400 000
　　贷：财政拨款结转——单位内部调剂
　　　　　　　　　　　　　　　　400 000

3）与年末财政拨款结转和结余业务相关的账务处理。

年末，将财政拨款预算收入本年发生额转入"财政拨款结转"科目，只做预算会计分录：

财务会计	预算会计
—	借：财政拨款预算收入 　贷：财政拨款结转——本年收支结转

将各项支出中财政拨款支出本年发生额转入"财政拨款结转"科目，只做预算会计分录。

财务会计	预算会计
—	借：财政拨款结转——本年收支结转 　贷：行政支出——财政拨款支出 　　　其他支出——财政拨款支出

年末冲销"财政拨款结转"的有关明细科目余额。结转后，科目除"累计结转"明细科目外，其他明细科目应无余额，只做预算会计分录。

财务会计	预算会计
—	借或贷：财政拨款结转 —— 本年收支结转 　　　　　　　　　　 —— 年初余额调整 　　　　　　　　　　 —— 归集调入 　　　　　　　　　　 —— 归集调出 　　　　　　　　　　 —— 归集上缴 　　　　　　　　　　 —— 单位内部调剂 贷或借：财政拨款结转 —— 累计结转

年末完成上述结转后，应当对财政拨款结转各明细项目执行情况进行分析，按照有关规定将符合财政拨款结余性质的项目余额转入财政拨款结余，只做预算会计分录。

财务会计	预算会计
—	借：财政拨款结转 —— 累计结转 贷：财政拨款结余 —— 结转转入

3. 财政拨款结余

（1）账户设置。

单位应设置"财政拨款结余"科目核算单位取得的同级财政拨款项目支出结余资金的调整、结转和滚存情况。科目年末贷方余额反映单位滚存的财政拨款结余资金数额。

该科目应当设置三类二级明细科目，如表3-2所示。

表3-2　财政拨款结余的二级明细科目

二级明细科目	核算内容	年末结账后有无余额
与会计差错更正、以前年度支出收回相关的二级明细科目：		
年初余额调整	因发生会计差错更正、以前年度支出收回等原因，需要调整财政拨款结转的金额	无
与财政拨款结余资金调整业务相关的二级明细科目：		
归集上缴	按照规定上缴财政拨款结余资金时，实际核销的额度数额或上缴的资金数额	无
单位内部调剂	经财政部门批准对财政拨款结余资金改变用途，调整用于本单位其他未完成项目等的调整金额	无
与年末财政拨款结转业务相关的二级明细科目：		
结转转入	单位按照规定转入财政拨款结余的财政拨款结转资金	无
累计结余	单位滚存的财政拨款结余资金 同时，还应按《分类科目》中"支出功能分类科目"的相关科目进行明细核算。有一般公共预算财政拨款、政府性基金预算财政拨款等两种或两种以上财政拨款的，还应当在本科目下按照财政拨款的种类进行明细核算。	年末贷方余额反映单位财政拨款滚存的结余资金数额

（2）账务处理。

1）因购货退回、会计差错更正等发生以前年度调整事项：

财务会计	预算会计
A. 调整增加相关资产： 借：零余额账户用款额度 　　银行存款等 　　贷：以前年度盈余调整	借：资金结存 —— 零余额账户用款额度 　　　　　　 —— 货币资金等 　贷：财政拨款结余 —— 年初余额调整
B. 因会计差错更正调整减少相关资产： 借：以前年度盈余调整 　　贷：零余额账户用款额度 　　　　银行存款等	借：财政拨款结余 —— 年初余额调整 　贷：资金结存 —— 零余额账户用款额度 　　　　　　 —— 货币资金等

项目 3 行政单位的资产、负债、净资产与预算结余

【情景 3-57】某行政单位内部审计发现，上年度 A 项目结余资金 70 000 元误按 50 000 元上缴，差错的 20 000 元已通过单位零余额账户上缴并更正。

A. 该单位应编制财务会计分录为：

借：以前年度盈余调整　　　　　　20 000
　　贷：零余额账户用款额度　　　　　20 000

B. 该单位应编制预算会计分录为：

财务会计	预算会计
—	借：财政拨款结余——年初余额调整 20 000 　　贷：资金结存——零余额账户用款额度 20 000

2）单位内部调剂财政拨款结余资金。

经财政部门批准对财政拨款资金改变资金用途，调整用于本单位基本支出或其他未完成项目支出的，按照批准调剂的金额，编制如下会计分录：

【情景 3-58】某行政单位批准将本单位完成甲项目结余资金 600 000 元调整用于未完成的乙项目支出。

该单位编制预算会计分录为：

借：财政拨款结余——单位内部调剂 600 000
　　贷：财政拨款结转——单位内部调剂 600 000

3）按照规定上缴财政拨款结余资金或注销财政拨款结余资金额度的，按照实际上缴资金数额或注销的资金额度数额，编制如下会计分录：

财务会计	预算会计
借：累计盈余 　　贷：财政应返还额度 　　　　零余额账户用款额度 　　　　银行存款	借：财政拨款结余——归集上缴 　　贷：资金结存——财政应返还额度 　　　　　　——零余额账户用款额度 　　　　　　——货币资金

【情景 3-59】某行政单位按规定削减办公经费，削减的办公经费按照规定将核销未使用的零余额账户用款额度 500 000 元。

A. 该单位应编制预算会计分录为：

借：零余额账户用款额度　　　　500 000
　　贷：财政应返还额度　　　　　500 000

B. 该单位应编制财务会计分录为：

借：财政拨款结余——归集上缴　500 000
　　贷：资金结存——财政应返还额度 500 000

4）年末，对财政拨款结转各明细项目执行情况进行分析，按照有关规定将符合财政拨款结余性质的项目余额转入财政拨款结余。

财务会计	预算会计
—	借：财政拨款结转——累计结转 　　贷：财政拨款结余——结转转入

【情景 3-60】年终，某行政单位参照有关规定对财政拨款结转的丙项目执行情况进行分析后，确认其贷方余额 80 000 元符合财政拨款结余资金性质。

该单位应编制预算会计分录为：

借：财政拨款结转——累计结转　80 000
　　贷：财政拨款结余——结转转入　80 000

5）年末冲销有关明细科目余额，将"财政拨款结余"的明细科目结转后，除"累计结余"明细科目外，其他明细科目应无余额。

财务会计	预算会计
—	借：财政拨款结余——年初余额调整（该明细科目为贷方余额时） 　　　　　　——结转转入 　贷：财政拨款结余——累计结余 借：财政拨款结余——累计结余 　贷：财政拨款结余——年初余额调整（该明细科目为借方余额时） 　　　　　　——归集上缴 　　　　　　——单位内部调剂

4. 非财政拨款结转

（1）账户设置。

单位应设置"非财政拨款结转"科目核算单位除财政拨款收支以外各非同级财政拨款专项资金的调整、结转和滚存情况。科目年末贷方余额反映单位滚存的非同级财政拨款专项结转资金数额。

"非财政拨款结转"科目应当设置下列明细科目：

1）"年初余额调整"：本明细账户核算因发生会计差错更正、以前年度支出收回等原因，需要调整非财政拨款结转的资金。年末结账后，本明细账户应无余额。

2）"缴回资金"：本明细账户核算按照规定缴回非财政拨款结转资金时，实际缴回的资金数额。年末结账后，本明细账户应无余额。

3）"项目间接费用或管理费"：本明细账户核算单位取得的科研项目预算收入中，按照规定计提项目间接费用或管理费的数额。年末结账后，本明细账户应无余额。

4）"本年收支结转"：本明细账户核算单位本年度非同级财政拨款专项收支相抵后的余额。年末结账后，本明细账户应无余额。

5）"累计结转"：本明细账户核算单位滚存的非同级财政拨款专项结转资金。本明细账户年末贷方余额反映单位非同级财政拨款滚存的专项结转资金数额。

（2）账务处理。

财务会计	预算会计
A. 因会计差错更正收到或支出同级财政拨款货币资金：	
a. 因会计差错更正调整增加相关资产：	
借：银行存款等 　贷：以前年度盈余调整	借：资金结存——货币资金等 　贷：非财政拨款结转——年初余额调整
b. 因会计差错更正调整减少相关资产：	
借：以前年度盈余调整 　贷：银行存款等	借：非财政拨款结转——年初余额调整 　贷：资金结存——货币资金等
B. 按照规定缴回非财政拨款结转资金的，按照实际缴回资金数额：	
借：累计盈余 　贷：银行存款等	借：非财政拨款结转——缴回资金 　贷：资金结存——货币资金

1）年末，将非同级财政拨款预算收入、其他预算收入本年发生额中的专项资金收入转入"非财政拨款结转"科目：

财务会计	预算会计
—	借：非同级财政拨款预算收入——专项资金收入 　　　其他预算收入——专项资金收入 　贷：非财政拨款结转——本年收支结转

将行政支出和其他支出本年度发生额中的非财政拨款专项资金支出转入"非财政拨款结转"科目:

财务会计	预算会计
—	借:财政拨款结转——本年收支结转 　贷:行政支出——非财政专项资金支出 　　　其他支出——非财政专项资金支出

【情景3-61】年终,某行政单位有关预算收支科目结转前余额如表3-3所示:

表3-3　某行政单位有关预算收支科目结转前余额表(1)

单位:元

会计科目	借方余额	贷方余额
非同级财政拨款预算收入——专项资金收入		200 000
其他预算收入——专项资金收入		400 000
行政支出——非财政专项资金支出	300 000	
其他支出——非财政专项资金支出	200 000	

该单位应编制预算会计分录为:

借:非同级财政拨款预算收入
　　——专项资金收入　　　200 000
　其他预算收入——专项资金收入 400 000
　贷:非财政拨款结转——本年收支结转
　　　　　　　　　　　　　600 000
借:非财政拨款结转——本年收支结转
　　　　　　　　　　　　　500 000
　贷:行政支出——非财政专项资金支出
　　　　　　　　　　　　　300 000
　　　其他支出——非财政专项资金支出
　　　　　　　　　　　　　200 000

2)年末冲销非财政拨款结转有关明细科目余额,结转后,除"累计结转"明细科目外,其他明细科目应无余额。

财务会计	预算会计
—	借:非财政拨款结转——年初余额调整(该明细科目为贷方余额时) 　　　　　　　　——本年收支结转(该明细科目为贷方余额时) 　贷:非财政拨款结转——累计结转 借:非财政拨款结转——累计结转 　贷:非财政拨款结转——年初余额调整(该明细科目为借方余额时) 　　　　　　　　——缴回资金 　　　　　　　　——项目间接费用或管理费 　　　　　　　　——本年收支结转(该明细科目为借方余额时)

【情景3-62】年终,某行政单位结清"非财政拨款结转"科目的"本年收支结转"明细科目贷方发生额500 000元,"缴回资金"明细科目借方发生额100 000元,"年初余额调整"明细科目贷方发生额350 000元。

该单位应编制预算会计分录为:

借:非财政拨款结转——本年收支结转
　　　　　　　　　　　　　500 000
　　　　　　　——年初余额调整
　　　　　　　　　　　　　350 000
　贷:非财政拨款结转——缴回资金
　　　　　　　　　　　　　100 000
　　　　　　　　——累计结转
　　　　　　　　　　　　　750 000

3)年末完成上述结转后,应当对非财政拨款专项结转资金各项项目情况进行分析,将留归本单位使用的非财政专款专项(项目已完成)剩余资金转入非财政拨款结余。

财务会计	预算会计
—	借：非财政拨款结转 —— 累计结转 　　贷：非财政拨款结余 —— 结转转入

5. 非财政拨款结余

（1）账户设置。

本账户核算单位历年滚存的非限定用途的非同级财政拨款结余资金，主要为非财政拨款结余扣除结余分配后滚存的金额。本账户应当设置下列明细账户：

1）"年初余额调整"：本明细账户核算因发生会计差错更正、以前年度支出收回等原因，需要调整非财政拨款结余的资金。年末结账后，本明细账户应无余额。

2）"项目间接费用或管理费"：本明细账户核算单位取得的科研项目预算收入中，按照规定计提的项目间接费用或管理费数额。年末结账后，本明细账户应无余额。

3）"结转转入"：本明细账户核算按照规定留归单位使用，由单位统筹调配，纳入单位非财政拨款结余的非同级财政拨款专项剩余资金。年末结账后，本明细账户应无余额。

4）"累计结余"：本明细账户核算单位历年滚存的非同级财政拨款、非专项结余资金。本明细账户年末贷方余额反映单位非同级财政拨款滚存的非专项结余资金数额。

（2）账务处理。

1）因会计差错更正收到或支出非同级财政拨款货币资金，属于非财政拨款结余资金的，按照收到或支出的金额，编制如下会计分录：

财务会计	预算会计
借或贷：银行存款等 　　贷或借：以前年度盈余调整	借或贷：资金结存 —— 货币资金 　　贷或借：非财政拨款结余 —— 年初余额调整

2）年末，将留归本单位使用的非财政拨款专项（项目已完成）剩余资金转入本科目。

财务会计	预算会计
—	借：非财政拨款结转 —— 累计结转 　　贷：非财政拨款结余 —— 结转转入

3）年末冲销非财政拨款结余有关明细科目余额，结转后，除"累计结余"明细科目外，其他明细科目应无余额，只做预算会计分录。

财务会计	预算会计
—	借或贷：非财政拨款结余 —— 年初余额调整 　　　　　　　　　　　—— 项目间接费用或管理费 　　　　　　　　　　　—— 结转转入 　　贷或借：非财政拨款结余 —— 累计结余

4）年末，行政单位将"其他结余"科目余额转入非财政拨款结余，只编制预算会计分录。

财务会计	预算会计
—	借或贷：非财政拨款结余 —— 累计结余 　　贷或借：其他结余

6. 其他结余

（1）账户设置。

单位应设置"其他结余"科目核算单位本年度除财政拨款收支和非同级财政专项资金收支以外各项收支相抵后的余额。年末结账后，科目应无余额。

(2) 账务处理。

下列情况只做预算会计分录。

1) 年末,将非同级财政拨款预算收入和其他预算收入本年发生额中的非专项资金收入本年发生额转入"其他结余"科目。

财务会计	预算会计
—	借：非同级财政拨款预算收入——非专项资金收入 　　其他预算收入——非专项资金收入 　贷：其他结余

将行政支出和其他支出本年发生额中的非同级财政、非专项资金支出的本年发生额转入"其他结余"科目。

财务会计	预算会计
—	借：其他结余 　贷：行政支出——非同级财政、非专项资金支出 　　其他支出——非同级财政、非专项资金支出

2) 年末,完成上述结转后,行政单位将"其他结余"科目余额转入"非财政拨款结余——累计结余"科目。

财务会计	预算会计
—	借：其他结余 　贷：非财政拨款结余——累计结余

【情景3-63】年终,行政单位有关预算收支科目结转前余额如表3-4示。

表3-4 某行政单位有关预算收支科目结转前余额表（2）

单位：元

会计科目	借方余额	贷方余额
财政拨款预算收入——基本支出拨款——人员经费		86 100 000
——公用经费		60 000 000
——项目支出拨款——A项目		4 050 000
非同级财政拨款预算收入——专项资金收入		2 100 000
——非专项资金收入		650 000
其他预算收入——专项资金收入		1 000 000
——非专项资金收入		400 000
行政支出——财政拨款支出——基本支出——人员经费	87 000 000	
——公用经费支出	70 000 000	
——项目支出——A项目	460 000	
——非财政专项资金支出	420 000	
——其他资金支出	570 000	
其他支出——财政拨款支出	720 000	
——非财政专项资金支出	660 000	
——其他资金支出	200 000	

该单位应编制预算会计分录为：

借：财政拨款预算收入——基本支出拨款
　　——人员经费　　　　　86 100 000
　　——公用经费　　　　　60 000 000
　　——项目支出拨款——A项目　4 050 000
　　非同级财政拨款预算收入
　　——专项资金收入　　　2 100 000
　　——非专项资金收入　　　650 000
　　其他预算收入——专项资金收入
　　　　　　　　　　　　　1 000 000
　　——非专项资金收入　　　400 000
　贷：财政拨款结转——本年收支结转
　　　　　　　　　　　　　150 150 000
　　非财政拨款结转——本年收支结转

	3 100 000	其他支出——财政拨款支出	720 000
其他结余	1 050 000	——非财政专项资金支出	660 000
借：财政拨款结转——本年收支结转		——其他资金支出	200 000
	158 180 000	借：财政拨款结转——累计结转	8 030 000
非财政拨款结转——本年收支结转		贷：财政拨款结转——本年收支结转	
	1 080 000		8 030 000
其他结余	770 000	借：非财政拨款结转——本年收支结转	
贷：行政支出			2 020 000
——财政拨款支出——基本支出		贷：非财政拨款结转——累计结转	
——人员经费	87 000 000		2 020 000
——公用经费支出	70 000 000	借：其他结余	280 000
——项目支出——A项目	460 000	贷：非财政拨款结余——累计结余	
——非财政专项资金支出	420 000		280 000
——其他资金支出	570 000		

项目小结

本项目主要介绍了行政单位的资产、行政单位的负债、行政单位的净资产及预算结余。其中：

行政单位的资产主要包括行政单位的流动资产和行政单位的非流动资产。

行政单位的负债主要包括行政单位的流动负债和行政单位的非流动负债。

行政单位的净资产及预算结余主要包括行政单位的净资产和行政单位的预算结余。

思考与练习

一、单项选择题

1.（　　）指实行国库集中支付的行政单位应收财政返还的资金额度。

A. 财政应返还额度

B. 预付账款

C. 零余额账户用款额度
D. 其他应收款

2. 下列选项中，不属于行政单位存货的是（　）。

A. 材料　　　　　B. 包装物
C. 低值易耗品　　D. 收储土地

3. 下列选项中，不属于行政单位公共基础设施的是（　）。

A. 城市交通设施　B. 公共照明
C. 健身设施　　　D. 交通工具

4. 下列选项中，不属于行政单位流动负债的是（　）。

A. 长期应付款　　B. 应交增值税
C. 其他应交税费　D. 应付职工薪酬

5. 下列选项中，不属于资金结存下设置的明细科目是（　）。

A. 零余额账户用款额度
B. 货币资金
C. 经营结余
D. 财政应返还额度

二、多项选择题

1. 下列选项中，属于行政单位流动资产的有（　）。

A. 货币资金　　　B. 存货
C. 待摊费用　　　D. 应收预付款

2. 下列选项中，属于货币资金的有（　）。

A. 库存现金
B. 银行存款
C. 零余额账户用款额度
D. 其他货币资金

3. 行政单位固定资产包括（　）。

A. 图书　　　　　B. 家具
C. 专用设备　　　D. 办公用房

4. 下列选项中，属于行政单位的无形资产的有（　）。

A. 自创商誉　　　B. 专利权
C. 商标权　　　　D. 著作权

5. 政府储备物资包括（　）。

A. 战略及能源物资　B. 抢险抗灾救灾物资
C. 农产品　　　　　D. 医药物资

三、判断题

1. 文物文化资产在取得时，应当按照其成本入账。（　）

2. 银行存款是指单位存入银行或其他金融机构的各种存款。（　）

3. 零余额账户用款额度是行政事业单位零余额账户的用款额度，具有与人民币存款相同的支付结算功能。（　）

4. 单位应当定期对固定资产进行清查盘点，每年至少盘点一次。（　）

5. 应付政府补贴款是指负责发放政府补贴的行政单位，按照规定应当支付给政府补贴接受者的各种政府补贴款。（　）

四、简答题

1. 什么是应付职工薪酬？

2. 什么是预提费用？

项目 4　事业单位的收入、费用与支出

知识目标

◎ 理解事业单位的财务会计收入与预算会计收入

◎ 掌握预算会计收入和事业单位的费用与支出

技能目标

◎ 掌握经营费用与经营支出

◎ 理解投资支出和债务还本支出

案例导入

某事业单位发生以下经济业务：

（1）以财政直接支付方式支付职工工资 60 000 元，购入各种材料 7 000 元入库管理，购置办公设备一台，价款 90 000 元。

（2）接到《授权支付到账通知书》，本期用款计划 50 000 元，以授权支付方式支付办公费 45 000 元。

（3）从零余额账户提取现金 1 500 元，支付日常办公费用 1 000 元。

案例思考

根据上述资料，编制会计分录。

本章导语

事业单位的费用是指行政事业单位在履行职责或开展业务活动中耗费的经济资源。本项目阐述了事业单位的收入、费用与支出的基本知识。

任务 4.1 事业单位的财务会计收入与预算会计收入

4.1.1 事业单位收入概述

其按来源分为财政补助收入、上级补助收入、事业收入、经营收入、附属单位缴款、其他收入和基本建设拨款收入等。以事业单位整体为主体，其取得的全部非偿还性资金都称为事业单位收入。

（1）与传统的经费收入相比，事业单位收入是"大口径"收入，不仅包括与经费收入对应的财政补助收入，而且也包括非财政补助收入的其他各项收入，反映了事业单位获取非偿还性资金的能力。

（2）与企业的收入相比，事业单位收入范围更为广泛。企业必须将所有者投入的资金（包括初始投入和后续投入）与这些资金运动产生的资金流入区分，以便正确计算资金的收益情况，因此所有者投入资金的增加直接增加所有者权益，不能作为企业收入；事业单位资金供应者不要求资金上的回报，因此没有必要区分投入资金与资金运动产生的资金流入。资金供给者无偿供给的资金、社会捐赠的资金以及事业单位运用资金产生的事业收入和经营收入都是事业单位的收入。

4.1.2 财政拨款收入与财政拨款预算收入

项目 2 之《2.1.2 财政拨款收入与财政拨款预算收入》已经对财政直接支付、财政授权支付、其他方式、因差错更正或购货退回等发生国库集中支付款项退回以及期末结转的财政拨款收入和财政预算收入的账务处理进行了比较全面的介绍，此处仅补充未涉及的单位管理费用的账务处理。

根据收到的《财政直接支付入账通知书》及相关原始凭证，按照通知书中的用于单位管理费用的直接支付入账金额，编制如下会计分录。

财政拨款收入	财政拨款预算收入
借：单位管理费用 　　贷：财政拨款收入	借：事业支出 　　贷：财政拨款预算收入

【情景 4-1】某市某事业单位为开展管理活动发生外部人员含税劳务费 12 000 元，其中应代扣代缴个人所得税为 3 000 元。2022 年 5 月 16 日，该事业单位收到财政部门委托代理银行转来的财政直接支付入账通知单，为其支付了 9 000 元税后费用。

A. 该单位应编制财务会计分录为：

借：单位管理费用　　　　　　　　12 000

　　贷：其他应交税费——应交个人所得税
　　　　　　　　　　　　　　　　　3 000

　　　　财政拨款收入
　　　　——一般公共预算财政拨款　9 000

B. 该单位应编制预算会计分录为：

借：事业支出　　　　　　　　　　9 000

　　贷：财政拨款预算收入——基本支出
　　　　　　——日常公用经费　　　9 000

4.1.3 事业收入与事业预算收入

1. 事业收入的内容

事业单位在提供公共产品或服务的过程中，提供的部分产品或专业活动依法可以收取一定费用，这些收费不以营利为目的，而是用于弥补公共产品或服务的成本，维持专业活动的可持续运行。

事业收入的具体内容因不同行业事业单位从事的专业活动及其辅助活动不同而不同，具体包括：广播电视事业单位按规定标准收取的广告费、有线电视费、初装费、与国内外单位或机构进行节目交换取得的收入、合作拍片取得的收入、收取的节目传输收入、技术转让收入、技术服务收入；文化事业单位的演出收入、技术服务收入、委托培训收入、图书馆对外提供馆藏资料复印复制收入等；文物单位的门票收入、展览收入、文物勘探发掘收入、文物维修设计收入、文物修复与复制收入、文物咨询鉴定收入、影视拍摄收入、文物导游收入等；体育事业单位取得的竞技体育比赛收入、门票收入、出售广播电视转播权收入、广告赞助收入、体育技术服务收入等。

2. 账户设置

（1）事业收入。

事业单位应设置"事业收入"科目核算事业单位开展专业业务活动及其辅助活动实现的收入，不包括从同级政府财政部门取得的各类财政拨款。期末结转后，科目应无余额。

该科目应当按照事业收入的类别、来源等进行明细核算。

对于因开展科研及其辅助活动从非同级政府财政部门取得的经费拨款，应当在该科目下单设"非同级财政拨款"明细科目进行核算。

（2）事业预算收入。

事业单位应设置"事业预算收入"科目核算事业单位开展专业业务活动及其辅助活动取得的现金流入。年末结转后，科目应无余额。

事业单位因开展科研及其辅助活动从非同级政府财政部门取得的经费拨款，也通过该科目核算。

该科目应当按照事业预算收入类别、项目、来源和《分类科目》中"支出功能分类科目"项级科目等进行明细核算。对于因开展科研及其辅助活动从非同级政府财政部门取得的经费拨款，应当在该科目下单设"非同级财政拨款"明细科目进行明细核算；事业预算收入中如有专项资金收入，还应按照具体项目进行明细核算。

3. 账务处理

账务处理归纳如下：

事业收入	事业预算收入
A. 采用财政专户返还方式：	
a. 实现应上缴财政专户的事业收入时，按照实际收到或应收的金额：	
借：银行存款 　　应收账款 　贷：应缴财政款	—
b. 向财政专户上缴款项时，按照实际上缴的金额：	
借：应缴财政款 　贷：银行存款	—
c. 收到从财政专户返还的事业收入时，按照实际收到的返还金额：	
借：银行存款 　贷：事业收入	借：资金结存——货币资金 　贷：事业预算收入
B. 采用预收款方式：	
a. 实际收到预收款项时，按照收到的款项金额：	
借：银行存款 　贷：预收账款	借：资金结存——货币资金 　贷：事业预算收入
b. 以合同完成进度确认事业收入时，按照基于合同完成进度计算的金额：	
借：预收账款 　贷：事业收入	—

续表

事业收入	事业预算收入
C. 采用应收款方式： a. 根据合同完成进度计算本期应收的款项： 借：应收账款 　　贷：事业收入 b. 实际收到款项时： 借：银行存款等 　　贷：应收账款	— 借：资金结存——货币资金 　　贷：事业预算收入
D. 其他方式下： 按照实际收到的金额： 借：银行存款 　　库存现金等 　　贷：事业收入	借：资金结存——货币资金 　　贷：事业预算收入
E. 期末结转： 结清本期发生额： 借：事业收入 　　贷：本期盈余	按照资金类型分别结转： 借：事业预算收入 　　贷：非财政拨款结转 　　　　——本年收支结转 　　（专项资金收入） 　　其他结余 　　（非专项资金收入）

【情景4-2】某市体育事业单位被认定为增值税小规模纳税人。2022年4月10日至15日，该单位举办篮球比赛。2019年4月12日，收到出售广播电视转播权收入1 200 000元，门票收入45 000元，款项已全额缴入财政专户开户银行。这些款项按规定实行先上缴、后按70%返还的结算体制。

A. 该单位应编制财务会计分录为：

a. 2022年4月12日：

借：银行存款　　　　　　　1 200 000

　　贷：应缴财政款　　　　　　　1 200 000

b. 上缴时：

借：应缴财政款　　　　　　1 200 000

　　贷：银行存款　　　　　　　　1 200 000

c. 收到从财政专户返还的70%金额时：

借：银行存款　　　　　　　　840 000

　　贷：事业收入　　　　　　　　　840 000

B. 该单位应编制预算会计分录为：

借：资金结存——货币资金　　840 000

　　贷：事业预算收入　　　　　　　840 000

4.1.4　上级补助收入与上级补助预算收入

1. 账户设置

（1）上级补助收入。

事业单位应设置"上级补助收入"科目核算事业单位从主管部门和上级单位取得的非财政拨款收入。期末结转后，科目应无余额。

该科目应当按照发放补助单位、补助项目等进行明细核算。

（2）上级补助预算收入。

事业单位应设置"上级补助预算收入"科目核算事业单位从主管部门和上级单位取得的非财政补助现金的流入。年末结转后，科目应无余额。

该科目应当按照发放补助单位、补助项目和《分类科目》中"支出功能分类科目"的项级科目等进行明细核算。上级补助预算收入中如有专项资金收入，还应按照具体项目进行明细核算。

2. 账务处理

账务处理归纳如下：

上级补助收入	上级补助预算收入
确认时，按应收或实收额： 借：其他应收款 　　银行存款等 　贷：上级补助收入	按照实际收到的金额： 借：资金结存——货币资金 　贷：上级补助预算收入
期末，结清本期发生额： 借：上级补助收入 　贷：本期盈余	按照资金类型分别结转： 借：上级补助预算收入 　贷：非财政拨款结转 　　——本年收支结转（专项资金） 　　其他结余（非专项资金）

【情景4-3】某市卫生局所属防疫站收到市卫生局支付的用于购买卫生检疫设备的 90 000 元。该防疫站年内发现，其在购买设备时多付了 20 000 元，责成供货方退回，退回款项上缴市卫生局。

A. 该单位应编制财务会计分录为：

a. 收到时：

借：银行存款　　　　　　　　90 000
　贷：上级补助收入　　　　　　　90 000

b. 退回时：

借：上级补助收入　　　　　　20 000
　贷：银行存款　　　　　　　　　20 000

B. 该单位应编制预算会计分录为：

a. 按照实际收到的金额：

借：资金结存——货币资金　　90 000
　贷：上级补助预算收入　　　　　90 000

b. 退回时：

借：上级补助预算收入　　　　20 000
　贷：资金结存——货币资金　　　20 000

4.1.5　附属单位上缴收入与附属单位上缴预算收入

1. 账户设置

（1）附属单位上缴收入。

事业单位应设置"附属单位上缴收入"科目核算事业单位取得的附属独立核算单位按照有关规定上缴的收入。期末结转后，科目应无余额。

该科目应当按照附属单位、缴款项目等进行明细核算。

（2）附属单位上缴预算收入。

事业单位应设置"附属单位上缴预算收入"科目核算事业单位取得附属独立核算单位根据有关规定上缴的现金流入。期末结转后，科目应无余额。

该科目应当按照附属单位、缴款项目和《分类科目》中"支出功能分类科目"的项级科目等进行明细核算。附属单位上缴预算收入中如有专项资金收入，还应按照具体项目进行明细核算。

2. 账务处理

账务处理归纳如下：

附属单位上缴收入	附属单位上缴预算收入
确认时，按应收或实收额： 借：其他应收款 　　银行存款等 　贷：附属单位上缴收入	按照实际收到的金额： 借：资金结存——货币资金 　贷：附属单位上缴预算收入
期末，结清本期发生额： 借：附属单位上缴收入 　贷：本期盈余	按照资金类别分别结转： 借：附属单位上缴预算收入 　贷：非财政拨款结转 　　——本年收支结转（专项资金） 　　其他结余（非专项资金）

【情景4-4】某市博物馆收到主管部门拨入补助资金1 500 000元,其中,专项资金870 000元专门用于文物修复,630 000元用于补助人员经费,收到附属A单位上缴一笔款项55 000元,已存入银行。

A. 该单位应编制财务会计分录为:

收到时:

借:银行存款　　　　　　　　　1 555 000
　　贷:上级补助收入　　　　　　1 500 000
　　　　附属单位上缴收入　　　　　55 000

B. 该单位应编制预算会计分录为:

按照实际收到的金额:

借:资金结存——货币资金　　　1 555 000
　　贷:上级补助预算收入　　　　1 500 000
　　　　附属单位上缴预算收入　　　55 000

4.1.6　经营收入与经营预算收入

1. 账户设置

(1)经营收入。

事业单位应设置"经营收入"科目核算事业单位在专业业务活动及辅助活动之外开展非独立核算经营活动取得的收入。期末结转后,科目应无余额。

该科目应当按照经营活动类别、项目和收入来源等进行明细核算。

(2)经营预算收入。

事业单位应设置"经营预算收入"科目核算事业单位在专业业务活动及其辅助活动之外开展非独立核算经营活动取得的现金流入。期末结转后,科目应无余额。

该科目应当按照经营活动类别、项目、《分类科目》中"支出功能分类科目"的项级科目等进行明细核算。

2. 账务处理

账务处理归纳如下:

经营收入	经营预算收入
确认时,按应收或实收额: 借:银行存款 　　应收账款 　　其他应收款等 　　贷:经营收入	按照实际收到的金额: 借:资金结存——货币资金 　　贷:经营预算收入
期末,结清本期发生额: 借:经营收入 　　贷:本期盈余	期末,结清本期发生额: 借:经营预算收入 　　贷:经营结余

【情景4-5】某事业单位被认定为小规模纳税人。2022年2月,该事业单位非独立核算的内部复印室交来服务现金收入2 000元,内部招待所报来住宿、餐饮等收入90 000元,款项未收。2月末,"经营收入"科目贷方发生额为111 000元。"经营预算收入"科目贷方发生额为28 000元。

A. 该单位应编制财务会计分录为:

a. 确认时:

借:库存现金　　　　　　　　　　　2 000
　　应收账款　　　　　　　　　　　90 000
　　贷:经营收入　　　　　　　　89 320.34
　　　　本期盈余　　　　　　　　2 679.66

b. 月末:

借:经营收入　　　　　　　　　　111 000
　　贷:本期盈余　　　　　　　　111 000

B. 该单位应编制预算会计分录为:

按照实际收到的金额:

借:资金结存——货币资金　　　　　2 000
　　贷:经营预算收入　　　　　　　2 000

月末不结转,年末结转。

4.1.7 短、长期借款与债务预算收入

1. 账户设置

事业单位应设置"债务预算收入"科目核算事业单位按照规定从银行和其他金融机构等借入的、纳入部门预算管理的、不以财政资金作为偿还来源的债务本金。期末结转后，科目应无余额。

该科目应当按照贷款单位、贷款种类和《政府收支分类科目》中"支出功能分类科目"的项级科目等进行明细核算。债务预算收入中如有专项资金收入，还应按照具体项目进行明细核算。

2. 账务处理

账务处理归纳如下：

短、长期借款	债务预算收入
借入款项时： 借：银行存款 　　贷：短期借款 　　　　长期借款——本金	按照实际收到的金额： 借：资金结存——货币资金 　　贷：债务预算收入
—	年末，按照资金类别分别结转： 借：债务预算收入 　　贷：非财政拨款结转 　　　　——本年收支结转（专项资金） 　　　　其他结余（非专项资金）

【情景4-6】某事业单位2022年2月9日从银行借入9个月的专项借款850 000元，款项已收存银行存款账户。

A. 该单位应编制财务会计分录为：

　　借：银行存款　　　　　　　　850 000
　　　　贷：短期借款　　　　　　　　850 000

B. 该单位应编制预算会计分录为：

　　借：资金结存——货币资金　　850 000
　　　　贷：债务预算收入　　　　　　850 000

任务4.2　事业单位的费用与支出

4.2.1 事业单位费用与支出概述

1. 事业单位费用概述

费用是指行政事业单位在履行职责或开展业务活动中耗费的经济资源。由行政事业单位控制，供社会公众使用的公共基础设施、政府储备物资、文物文化资产、保障性住房等经济资源的耗费，也属于行政事业单位的费用。行政事业单位的费用按照不同的资源耗费目的和内容，包括业务活动费用、单位管理费用、经营费用、资产处置费用、上缴上级费用、对附属单位补助费用、所得税费用和其他费用等种类。费用应当按照权责发生制进行确认和计量。

2. 事业单位支出概述

预算支出是指行政事业单位在履行职责或开展业务活动中实际发生的纳入部门预算管理的现金流出。行政事业单位的预算支出按照不同的资金用途，包括行政支出、事业支出、经营支出、上缴上级支出、对附属单位补助支出、投资支出、债务还本支出和其他支出等种类。

4.2.2 业务活动费用与事业支出

1. 账户设置

（1）业务活动费用。

"业务活动费用"科目的设置可参照本书项目2之《2.2.3 业务活动费用与行政支出》。

（2）事业支出。

事业单位应设置"事业支出"科目核算事业单位开展专业业务活动及其辅助活动实际发生的各项现金流出。

单位发生教育、科研、医疗、行政管理、后勤保障等活动的，可在该科目下设置相应的明细科目进行核算，或单设"7201 教育支出""7202 科研支出""7203 医疗支出""7204 行政管理支出""7205 后勤保障支出"等一级会计科目进行核算。

该科目应当分别按照"财政拨款支出""非财政专项资金支出""其他资金支出""基本支出"和"项目支出"等进行明细核算，并按照《分类科目》中"支出功能分类科目"的项级科目进行明细核算；"基本支出"和"项目支出"明细科目下应当按照《分类科目》中"部门预算支出经济分类科目"的款级科目进行明细核算，同时在"项目支出"明细科目下按照具体项目进行明细核算。

有一般公共预算财政拨款、政府性基金预算财政拨款等两种或两种以上财政拨款的事业单位，还应当在"财政拨款支出"明细科目下按照财政拨款的种类进行明细核算。

对于预付款项，可通过"事业支出"科目下设置"待处理"明细科目进行明细核算，待确认具体支出项目后再转入"事业支出"科目下相关明细科目。年末结账前，应将"待处理"明细科目余额全部转入"事业支出"科目下相关明细科目。

2. 账务处理

事业单位"业务活动费用"科目核算内容中，除了提取专用基金并计入费用这一业务是事业单位特有的业务外，其他人员薪酬、外部人员劳务费、购买资产或支付在建工程款、领用库存物资或政府储备物资、折旧或摊销、其他税金及费用、购货退回、差错更正及期末结转业务的核算方法均与本书项目2之2.2.3对业务活动费用的账务处理相同。因此，此处仅补充"提取专用基金并计入费用"这一业务的核算。

以按照规定从收入中按照一定比例提取基金并计入费用业务为例，事业单位财务会计的分录为：

借：业务活动费用
　　贷：专用基金

由于不涉及资金收付，事业单位不做预算会计分录。

【情景4-7】某市某事业单位2021年12月31日按规定以当年事业收入 1 200 000 为基数，按10%计提专用基金并计入费用。

该事业单位应编制财务会计分录为：

借：业务活动费用　　　　　　　　120 000
　　贷：专用基金　　　　　　　　　　120 000

4.2.3 单位管理费用与事业支出

1. 账户设置

事业单位"单位管理费用"科目核算事业单位本级行政及后勤管理部门开展管理活动发生的各项费用，包括单位行政及后勤管理部门发生的人员经费、公用经费、资产折旧（摊销）等费用，以及由单位统一负担的离退休人员经费、工会经费、诉讼费、中介费等。期末结转后，科目应无余额。

该科目应当按照项目、费用类别、支付对象等进行明细核算。

为了满足成本核算需要，该科目下还可按照"工资福利费用""商品和服务费用""对个人和家庭的补助费用""固定资产折旧费""无形资产摊销费"等成本项目设置明细科目，归集能够直接计入单位管理活动或采用一定方法计算后计入单位管理活动的费用。

2. 账务处理

（1）管理活动人员的职工薪酬。

单位管理费用	事业支出
计提时，按照计算的金额： 借：单位管理费用 　　贷：应付职工薪酬	—
实际支付给职工并代扣个人所得税时： 借：应付职工薪酬 　　贷：财政拨款收入 　　　　零余额账户用款额度 　　　　银行存款等 　　　　其他应交税费 　　　　——应交个人所得税	按照支付给个人部分： 借：事业支出 　　贷：财政拨款预算收入 　　　　资金结存
实际缴纳税款时： 借：其他应交税费 　　　　——应交个人所得税 　　贷：银行存款 　　　　零余额账户用款额度等	按照实际缴纳额： 借：事业支出 　　贷：资金结存等

【情景4-8】2022年5月底，某事业单位计提5月税前工资总额650 000元，其中，单位行政部门基本工资340 000元，津贴补贴160 000元，离休费100 000元，退休费50 000元。6月10日，该单位收到代理银行转来的财政直接支付到账通知，支付了5月的工薪600 000元及代扣的个人所得税50 000元；同时，又收到代理银行转来的财政授权支付通知单，支付了5月份的个人所得税50 000元。

A. 该单位应编制财务会计分录为：

a. 5月底计提：

借：单位管理费用　　　　　　　　650 000
　　贷：应付职工薪酬　　　　　　　650 000

b. 6月10日支付薪酬及代扣个人所得税：

借：应付职工薪酬　　　　　　　　650 000
　　贷：财政拨款收入　　　　　　　600 000
　　　　其他应交税费
　　　　——应交个人所得税　　　　 50 000

c. 代缴纳个人所得税：

借：其他应交税费
　　　　——应交个人所得税　　　　 50 000
　　贷：零余额账户用款额度　　　　 50 000

B. 该单位应编制预算会计分录为：

6月10日：

借：事业支出——财政拨款支出
　　——基本支出——基本工资　　　340 000
　　——津贴补贴　　　　　　　　　160 000
　　——离休费　　　　　　　　　　100 000
　　——退休费　　　　　　　　　　 50 000
　　贷：财政拨款预算收入　　　　　600 000
　　　　资金结存——货币资金　　　 50 000

（2）为开展管理活动发生的外部人员劳务费。

单位管理费用	事业支出
计提时，按照计算的金额： 借：单位管理费用 　　贷：其他应付款	—
实际支付给外部人员并代扣个人所得税时： 借：其他应付款 　　贷：财政拨款收入 　　　　零余额账户用款额度 　　　　银行存款等 　　　　其他应交税费 　　　　——应交个人所得税	按照支付给个人部分： 借：事业支出 　　贷：财政拨款预算收入 　　　　资金结存
实际缴纳税款时： 借：其他应交税费 　　——应交个人所得税 　　贷：银行存款 　　　　零余额账户用款额度等	按照实际缴纳额： 借：事业支出 　　贷：资金结存等

【情景4-9】某事业单位为开展办公自动化管理，聘请了某专家进行为期2天的信息化培训。2022年5月26日，计提应付该专家个人所得税前劳务费25 000元。6月5日，收到代理银行转来的财政授权支付到账通知单，为该单位支付了专家劳务费20 000元及5 000元代扣代缴个人所得税额。

A. 该单位应编制财务会计分录为：

a. 2022年5月26日计提时：

借：单位管理费用　　　　　　　25 000
　　贷：其他应付款　　　　　　　　25 000

b. 6月5日：

借：其他应付款　　　　　　　　25 000
　　贷：其他应交税费
　　　　——应交个人所得税　　　　5 000
　　　　零余额账户用款额度　　　20 000

B. 该单位应编制预算会计分录为：

借：事业支出——财政拨款支出
　　——基本支出——劳务费　　　25 000
　　贷：资金结存——货币资金　　　25 000

（3）开展管理活动发生的预付款项及暂付款项。

单位管理费用	事业支出
预付款项时： 借：预付账款 　　贷：财政拨款收入 　　　　零余额账户用款额度 　　　　银行存款等	借：事业支出 　　贷：财政拨款预算收入 　　　　资金结存
结算时： 借：单位管理费用 　　贷：预付账款 　　　　财政拨款收入 　　　　零余额账户用款额度 　　　　银行存款等	按补付金额： 借：事业支出 　　贷：财政拨款预算收入 　　　　资金结存
支付暂付款项时： 借：其他应收款 　　贷：银行存款等	—
结算或报销暂付款： 借：单位管理费用 　　贷：其他应收款	借：事业支出 　　贷：资金结存等

【情景4-10】某事业单位为开展管理活动于2022年4月11日通过银行存款预付随买随用的办公用品购置款1 200元。4月15日收到办公用品，成本5 200元，通过银行存款结算付清余款4 000元。

A. 该单位应编制财务会计分录为：

a. 2022年4月11日：

借：预付账款　　　　　　　　　1 200
　　贷：银行存款　　　　　　　　　1 200

b. 4月15日，补付余款：

借：单位管理费用　　　　　　　5 200
　　贷：预付账款　　　　　　　　　1 200
　　　　银行存款　　　　　　　　　4 000

B. 该单位应编制预算会计分录为：

a. 2022年4月11日：

借：事业支出——其他资金支出
　　　　　——基本支出——办公费　1 200
　　贷：资金结存——货币资金　　　1 200

b. 4月15日，补付余款：

借：事业支出——其他资金支出
　　　　　——基本支出——办公费　4 000
　　贷：资金结存——货币资金　　　4 000

（4）开展管理活动内部领用库存物品。

按照领用物品实际成本，只做财务会计分录：

借：单位管理费用
　　贷：库存物品

（5）开展管理活动购买资产或支付在建工程款。

单位管理费用	事业支出
按照实际支付或应付的价款： 借：库存物品 　　固定资产 　　无形资产 　　在建工程等 　　贷：财政拨款收入 　　　　零余额账户用款额度 　　　　银行存款 　　　　应付账款等	按照实际支付价款： 借：事业支出 　　贷：财政拨款预算收入 　　　　资金结存

【情景4-11】某事业单位为开展管理活动批量购买办公用品。2022年3月11日收到办公用品，成本60 000元，3月17日通过银行存款结算付清60 000元。3月31日，该批办公用品已被本级行政管理部门领用12 000元。

A. 该单位应编制财务会计分录为：

a. 2022年3月11日：

借：库存物品　　　　　　　　　60 000
　　贷：应付账款　　　　　　　　　60 000

b. 3月17日，支付贷款：

借：应付账款　　　　　　　　　60 000
　　贷：银行存款　　　　　　　　　60 000

c. 3月31日：

借：单位管理费用　　　　　　　12 000
　　贷：库存物品　　　　　　　　　12 000

B. 该单位应编制预算会计分录为：

2022年3月17日：

借：事业支出——其他资金支出
　　　　　——基本支出——办公费　60 000
　　贷：资金结存——货币资金　　　60 000

（6）为开展管理活动所使用固定资产、无形资产计提的折旧、摊销，按照应提折旧、摊销额编制会计分录。

借：单位管理费用
　　贷：固定资产累计折旧
　　　　无形资产累计摊销

此时只做财务会计分录，无须做预算会计分录。

（7）为开展管理活动发生城市维护建设税、教育费附加、地方教育附加、车船税、房产税、城镇土地使用税等。

单位管理费用	事业支出
按照计算确定应缴纳的金额： 借：单位管理费用 　　贷：其他应交税费	—
实际缴纳时： 借：其他应交税费 　　贷：银行存款等	借：事业支出 　　贷：资金结存

（8）为开展管理活动发生的其他各项费用。

单位管理费用	事业支出
借：单位管理费用 　　贷：财政拨款收入 　　　　零余额账户用款额度 　　　　银行存款 　　　　应付账款等	按照实际支付的金额： 借：事业支出 　　贷：财政拨款预算收入 　　　　资金结存

【情景4-12】某事业单位为开展管理活动所使用的固定资产2022年6月11日折旧额为35 000元；为开展管理活动而发生城市维护建设税、教育费附加、地方教育附加、车船税、房产税合计27 000元；6月30日，通过财政直接支付的为开展管理活动的水电费为6 000元，通过单位零余额账户支付了27 000元税金及附加。

A. 该单位应编制财务会计分录为：

a. 2022年6月11日：

借：单位管理费用　　　　　　　62 000
　　贷：固定资产累计折旧　　　　35 000
　　　　其他应交税费　　　　　　27 000

b. 6月30日，支付水电费及税款：

借：其他应交税费　　　　　　　27 000
　　单位管理费用　　　　　　　　6 000
　　贷：财政拨款收入　　　　　　6 000
　　　　零余额账户用款额度　　27 000

B. 该单位应编制预算会计分录为：

借：事业支出　　　　　　　　　33 000
　　贷：财政拨款预算收入　　　　6 000
　　　　资金结存　　　　　　　27 000

（9）发生当年购货退回等业务。

单位管理费用	事业支出
当年发生的： 借：财政拨款收入 　　零余额账户用款额度 　　银行存款 　　应收账款等 　　贷：库存物品 　　　　单位管理费用等	借：财政拨款预算收入 　　资金结存 　　贷：事业支出

【情景4-13】某事业单位2022年4月12日将2022年3月购买的不符合合同规格的库存物品45 000元退回供货单位。供货单位已经将退货款退回，并收存银行存款账户。

A. 该事业单位应编制财务会计分录为：

4月12日：

借：银行存款　　　　　　　　　45 000
　　贷：库存物品　　　　　　　45 000

B. 该事业单位应编制预算会计分录为：

借：资金结存　　　　　　　　　45 000
　　贷：事业支出　　　　　　　45 000

（10）期末或年末，结清费用及支出科目。

单位管理费用	事业支出
期末： 借：本期盈余 　　贷：单位管理费用	年末： 借：财政拨款结转——本年收支结转（财政拨款支出） 　　非财政拨款结转——本年收支结转（非财政专项资金支出） 　　其他结余（非财政、非专项资金支出） 　　贷：事业支出

【情景4-14】某事业单位2022年末有关费用支出科目余额如下：

业务活动费用——工资福利费用　　3 000 000
　　　　　　——商品和服务费用　　2 000 000

```
              ——对个人和家庭的补助费用    5 000                    ——对个人和家庭的补助费用  5 000
              ——固定资产折旧费           90 000                    ——固定资产折旧费          90 000
              ——无形资产摊销费           90 000                    ——无形资产摊销费          90 000
          单位管理费用——工资福利费      500 000               单位管理费用
              ——商品和服务费用          700 000                    ——工资福利费              500 000
              ——对个人和家庭的补助费用    8 000                    ——商品和服务费用          700 000
              ——固定资产折旧费           70 000                    ——对个人和家庭的补助费用 8 000
              ——无形资产摊销费           30 000                    ——固定资产折旧费          70 000
          事业支出——财政拨款支出                                   ——无形资产摊销费          30 000
              ——政府性基金预算财政拨款                       B. 该单位应编制预算会计分录为：
                  ——项目支出           360 000              借：财政拨款结转——本年收支结转 6 960 000
              ——一般公共预算财政拨款                             非财政拨款结转——本年收支结转 50 000
                  ——基本支出          6 600 000                 其他结余                       20 000
              ——非财政专项资金支出——项目支出              贷：事业支出——财政拨款支出
                                        50 000                    ——政府性基金预算财政拨款
              ——其他资金支出            20 000                        ——项目支出            360 000
      A. 该单位应编制财务会计分录为：                             ——一般公共预算财政拨款
      借：本期盈余                      6 493 000                     ——基本支出           6 600 000
          贷：业务活动费用                                       ——非财政专项资金支出
              ——工资福利费用         3 000 000                       ——项目支出             50 000
              ——商品和服务费用       2 000 000                   ——其他资金支出             20 000
```

4.2.4 经营费用与经营支出

1. 账户设置

（1）经营费用。

事业单位"经营费用"科目核算事业单位在专业业务活动及其辅助活动之外开展非独立核算经营活动发生的各项费用。期末结转后，科目应无余额。

该科目应当按照经营活动类别、项目、支付对象等进行明细核算。

为了满足成本核算需要，该科目下还可按"工资福利费用""商品和服务费用""对个人和家庭的补助费用""固定资产折旧费""无形资产摊销费"等成本项目设置明细科目，归集能够直接计入单位经营活动或采用一定方法计算后计入单位经营活动的费用。

（2）经营支出。

事业单位"经营支出"科目核算事业单位在专业业务活动及其辅助活动之外开展非独立核算经营活动实际发生的各项现金流出。

该科目应当按照经营活动类别、项目和《分类科目》中"支出功能分类科目"的项级科目和"部门预算支出经济分类科目"的款级科目等进行明细核算。

对于预付款项，可通过在"经营支出"科目下设置"待处理"明细科目进行明细核算，待确认具体支出项目后再转入"经营支出"科目下相关明细科目。年末结账前，再将"经营支出"科目和"待处理"明细科目余额全部转入"经营支出"科目下的相关明细科目。

2. 账务处理

经营费用	经营支出
A. 为经营活动人员计提的薪酬：	
a. 计提时，按照计算的金额： 借：经营费用 　　贷：应付职工薪酬	—
b. 实际支付给职工并代扣个人所得税时： 借：应付职工薪酬 　　贷：银行存款等 　　　　其他应交税费——应交个人所得税	按照支付给个人部分： 借：经营支出 　　贷：资金结存——货币资金
c. 实际缴纳税款时： 借：其他应交税费——应交个人所得税 　　贷：银行存款	按照实际缴纳额： 借：经营支出 　　贷：资金结存——货币资金
B. 为开展经营活动购买资产或支付在建工程款：	
按照实际支付或应付的价款： 借：库存物品 　　固定资产 　　无形资产 　　在建工程等 　　贷：银行存款 　　　　应付账款等	按照实际支付价款： 借：经营支出 　　贷：资金结存——货币资金
C. 开展经营活动领用或发出库存物品：	
按照实际成本： 借：经营费用 　　贷：库存物品	—
D. 开展经营活动发生预付款时：	
a. 预付款项时： 借：预付账款 　　贷：银行存款等	借：经营支出 　　贷：资金结存——货币资金
b. 结算时： 借：经营费用 　　贷：预付账款 　　　　银行存款等	按补付金额： 借：经营支出 　　贷：资金结存——货币资金
E. 为经营活动所使用固定资产、无形资产，按照应提折旧、摊销额：	
借：经营费用 　　贷：固定资产累计折旧 　　　　无形资产累计摊销	—
F. 开展经营活动发生城市维护建设税、教育费附加、地方教育附加、车船税、房产税、城镇土地使用税等：	
a. 按照计算确定应缴纳的金额： 借：经营费用 　　贷：其他应交税费	—
b. 实际缴纳时： 借：其他应交税费 　　贷：银行存款等	借：经营支出 　　贷：资金结存——货币资金
G. 发生与经营活动相关的其他各项费用时：	
借：经营费用 　　贷：银行存款 　　　　应付账款等	按照实际支付的金额： 借：经营支出 　　贷：资金结存——货币资金
H. 按照预算收入的一定比例计提专用基金并列入费用：	
借：经营费用 　　贷：专用基金	—

续表

经营费用	经营支出
I. 发生当年购货退回等业务：	
当年发生的购货退回： 借：银行存款 　　应收账款等 　　贷：库存物品 　　　　经营费用等	按照实际收到的退款金额： 借：资金结存 —— 货币资金 　　贷：经营支出
J. 期末或年末：	
期末： 借：本期盈余 　　贷：经营费用	年末： 借：经营结余 　　贷：经营支出

【情景4-15】某事业单位2022年5月计提非独立核算经营活动人员工资薪酬36 000元。该单位将自产产品对外销售，售价120 000元，增值税税率为13%，货款未收。城市维护建设税税率7%和教育费附加率3%。产品已发运，该产品的实际成本60 000元。以银行存款支付本月非独立核算经营活动水费10 000元。5月末，经营收入贷方余额220 000元。经营费用借方余额190 000元。经营预算收入贷方余额195 000元，经营支出借方余额152 000元。该事业单位为一般纳税人。

A. 该事业单位应编制财务会计分录为：

a. 计提工资薪酬：
借：经营费用　　　　　　　　　　36 000
　　贷：应付职工薪酬　　　　　　　36 000

b. 销售自产产品：
借：应收账款　　　　　　　　　135 600
　　贷：经营收入　　　　　　　　120 000
　　　　应交增值税
　　　　—— 应交税费（销项税额）　15 600

c. 发运产品、城建税、教育费附加、支付本月水费：

借：经营费用　　　　　　　　　　71 560
　　贷：库存物品　　　　　　　　　60 000
　　　　其他应交税费
　　　　　—— 应交城建税　　　　　1 092
　　　　　—— 教育费附加　　　　　　468
　　　　银行存款　　　　　　　　10 000

d. 2022年5月月末：
借：经营收入　　　　　　　　　220 000
　　贷：本期盈余　　　　　　　　220 000
借：本期盈余　　　　　　　　　190 000
　　贷：经营费用　　　　　　　　190 000

B. 该事业单位应编制预算会计分录为：

a. 支付2022年5月水费：
借：经营支出　　　　　　　　　10 000
　　贷：银行存款　　　　　　　　10 000

b. 2022年年末：
借：经营预算收入　　　　　　　195 000
　　贷：经营结余　　　　　　　　195 000
借：经营结余　　　　　　　　　152 000
　　贷：经营支出　　　　　　　　152 000

4.2.5　资产处置费用、其他费用与其他支出

1. 账户设置

（1）资产处置费用。

事业单位的"资产处置费用"科目核算内容、明细科目设置方法，可参见本书项目2之《2.2.4 资产处置费用、其他费用与其他支出》。

（2）其他费用。

事业单位的"其他费用"科目核算单位发生的除业务活动费用、单位管理费用、经营费用、

资产处置费用、上缴上级费用、附属单位补助费用、所得税费用以外的各项费用,包括利息费用、坏账损失、罚没支出、现金资产捐赠支出以及相关税费、运输费等。

与行政单位相比,被排除在核算范围外的还有单位管理费用、经营费用、上缴上级费用、附属单位补助费用、所得税费用,但包括行政单位没有的坏账损失。

(3) 其他支出。

事业单位应设置"其他支出"科目核算单位除事业支出、经营支出、上缴上级支出、对附属单位补助支出、投资支出、债务还本支出以外的各项现金流出,包括利息支出、对外捐赠现金支出、现金盘亏损失、接受捐赠(调入)和对外捐赠(调出)非现金资产发生的税费支出、资产置换过程中发生的相关税费支出、罚没支出等。

该科目应当按照其他支出的类别,按"财政拨款支出""非财政专项资金支出"和"其他资金支出",以及《分类科目》中"支出功能分类科目"的项级科目和"部门预算支出经济分类科目"的款级科目等进行明细核算。其他支出中如有专项资金支出,还应按照具体项目进行明细核算。

有一般公共预算财政拨款、政府性基金预算财政拨款等两种或两种以上财政拨款的事业单位,还应当在"财政拨款支出"明细科目下按照财政拨款的种类进行明细核算。

单位发生利息支出、捐赠支出等其他支出金额较大或业务较多的,可单独设置"7902 利息支出""7903 捐赠支出"等科目。

2. 账务处理

(1) 资产处置费用。

资产处置费用的账务处理,可参见本书项目 2 之《2.2.4 资产处置费用、其他费用与其他支出》中的相应内容。

(2) 其他费用与其他支出。

事业单位的下列业务账务处理与行政单位相同:①现金资产对外捐赠;②单位接受捐赠(或无偿调入)以名义金额计量的资产以及成本无法可靠取得的公共基础设施、文物文化资产等发生的相关税费、运输费等;③罚没支出;④其他相关税费、运输费等;⑤发生的与受托代理资产相关的税费、运输费、保管费等;⑥期末/年末结转。具体可参照本书项目 2 之《2.2.4 资产处置费用、其他费用与其他支出》中的相应内容。

此处需补充介绍的是利息费用和坏账损失。

1) 利息费用。

其他费用	其他支出
A. 计提利息:	

借:在建工程
  其他费用
  贷:应付利息
    长期借款 —— 应计利息
	—

B. 支付利息:	

借:应付利息
  长期借款 —— 应计利息
  贷:财政拨款收入
    零余额账户用款额度
    银行存款
	按实际支付金额:
	借:其他支出
	  贷:资金结存

【情景4-16】某事业单位 2022 年 5 月 31 日计提本月长期借款利息 7 000 元,该借款为到期还本,按年付息。计提 5 月份短期借款利息 5 000 元。偿还到期的短期借款本金 1 100 000 元,利息 100 000 元,其中,利息已计提并列支的费用为 85 000 元。

A. 该事业单位应编制财务会计分录为:

a. 计提利息时:

借:其他费用   12 000
  贷:应付利息   12 000

b. 偿还到期的短期借款本息：
借：短期借款　　　　　　1 100 000
　　应付利息　　　　　　　 85 000
　　其他费用　　　　　　　 15 000
　　贷：银行存款　　　　　1 200 000
B. 该事业单位应编制预算会计分录为：
按实际支付金额：
借：债务还本支出　　　　1 100 000
　　其他支出　　　　　　　100 000
　　贷：资金结存　　　　　1 200 000
2）坏账损失。
①按照规定对应收账款和其他应收款计提坏账准备，只做财务会计分录：
借：其他费用
　　贷：坏账准备
②冲减多提的坏账准备时，只做财务会计分录：
借：坏账准备
　　贷：其他费用

【情景4-17】某事业单位6月30日首次计提坏账准备36 000元。
该事业单位应编制财务会计分录为：
计提坏账准备：
借：其他费用　　　　　　　　　 36 000
　　贷：坏账准备　　　　　　　 36 000

4.2.6　上缴上级费用与上缴上级支出

1. 账户设置

（1）上缴上级费用。

事业单位"上缴上级费用"科目核算事业单位按照财政部门和主管部门的规定上缴上级单位款项发生的费用。期末结转后，科目应无余额。

该科目应当按照收缴款项单位、缴款项目等进行明细核算。

（2）上缴上级支出。

事业单位"上缴上级支出"科目核算事业单位按照财政部门和主管部门的规定上缴上级单位款项发生的现金流出。年末结转后，科目应无余额。

该科目应当按照收缴款项单位、缴款项目和《分类科目》中"支出功能分类科目"的项级科目和"部门预算支出经济分类科目"的款级科目等进行明细核算。

2. 账务处理

上缴上级费用	上缴上级支出
按照规定计算出应当上缴的金额： 借：上缴上级费用 　　贷：其他应付款等 实际上缴时： 借：其他应付款 　　贷：银行存款等	按实际上缴金额： 借：上缴上级支出 　　贷：资金结存——货币资金
期末结转： 借：本期盈余 　　贷：上缴上级费用	年末结转： 借：其他结余 　　贷：上缴上级支出

4.2.7　对附属单位补助费用与对附属单位补助支出

1. 账户设置

（1）对附属单位补助费用。

事业单位"对附属单位补助费用"科目核算事业单位用财政拨款收入之外的收入对附属单位补助发生的费用。年末结转后，科目应无余额。

该科目应当按照接受补助单位、补助项目等进行明细核算。

(2) 对附属单位补助支出。

事业单位"对附属单位补助支出"科目核算事业单位用财政拨款预算收入之外的收入对附属单位补助发生的现金流出。年末结转后,科目应无余额。

该科目应当按照接受补助单位、补助项目和《分类科目》中"支出功能分类科目"的项级科目和"部门预算支出经济分类科目"的款级科目等进行明细核算。

2. 账务处理

对附属单位补助费用	对附属单位补助支出
按照规定计算出应当补助的金额: 借:对附属单位补助费用 　　贷:其他应付款等 实际补助时: 借:其他应付款 　　贷:银行存款等	按实际补助金额: 借:对附属单位补助支出 　　贷:资金结存——货币资金
期末结转: 借:本期盈余 　　贷:对附属单位补助费用	年末结转: 借:其他结余 　　贷:对附属单位补助支出

【情景4-18】某事业单位根据本单位实现的纯收入,按财政规定的定额上缴上级甲单位60 000元。根据核定的预算,通过开户银行向所属乙单位拨付6月补助支出350 000元。其中,基本支出经费合计150 000元,包括工资福利支出90 000元,商品和服务支出60 000元;项目支出经费合计200 000元,其中,专项业务项目支出40 000元,其他资本性支出160 000元。用自有资金一次性拨给附属丙单位基本支出补助60 000元,该补助只能用于日常公用经费开支,不得用于人员经费开支。6月末,结转上述余额。

A. 该事业单位应编制财务会计分录为:

借:上缴上级费用——甲单位　　　　60 000
　　对附属单位补助费用
　　　——乙单位　　　　　　　　350 000
　　　——丙单位　　　　　　　　 60 000
　　贷:银行存款　　　　　　　　470 000
借:本期盈余　　　　　　　　　 470 000
　　贷:上缴上级费用——甲单位　　60 000
　　　对附属单位补助费用
　　　　——乙单位　　　　　　　350 000
　　　　——丙单位　　　　　　　 60 000

B. 该事业单位应编制预算会计分录为:

借:上缴上级支出——甲单位　　　　60 000
　　对附属单位补助支出
　　　——乙单位——基本支出——工资福利
　　支出　　　　　　　　　　　　90 000
　　　——商品和服务支出　　　　 60 000
　　　——项目支出——专项业务支出40 000
　　　——其他资本性支出　　　　160 000
　　　——丙单位——基本支出——日常公用
　　经费　　　　　　　　　　　　60 000
　　贷:银行存款　　　　　　　　470 000
借:其他结余　　　　　　　　　 470 000
　　贷:上缴上级支出——甲单位　　60 000
　　　对附属单位补助支出
　　　　——乙单位——基本支出——工资
　　福利支出　　　　　　　　　　90 000
　　　　——商品和服务支出　　　 60 000
　　　　——项目支出——专项业务支出40 000
　　　　——其他资本性支出　　　160 000
　　　　——丙单位——基本支出
　　　　——日常公用经费　　　　 60 000

4.2.8 所得税费用、投资支出和债务还本支出

1. 所得税费用

(1) 账户设置。

事业单位"所得税费用"科目核算有企业所得税缴纳义务的事业单位按规定缴纳企业所得税所形成的费用。年末结转后,科目应无余额。

(2) 账务处理。

所得税费用	非财政拨款结余
按照规定计算出应当上缴的金额： 借：所得税费用 　　贷：其他应交税费——单位应交所得税 实际缴纳时： 借：其他应交税费——单位应交所得税 　　贷：银行存款等	按实际上缴金额： 借：非财政拨款结余——累计结余 　　贷：资金结存——货币资金
期末结存： 借：本期盈余 　　贷：所得税费用	

【情景4-19】某事业单位2022年6月30日按规定计算应交的企业所得税为85 000元，7月5日缴纳了85 000元。2022年6月的"所得税费用"借方发生额合计为85 000元。

A. 该事业单位应编制财务会计分录为：

a. 6月30日按照规定计算出应当上缴的金额：
借：所得税费用　　　　　　　　85 000
　　贷：其他应交税费
　　　　　——单位应交所得税　　85 000

b. 7月5日实际缴纳时：
借：其他应交税费
　　——单位应交所得税　　　　85 000
　　贷：银行存款等　　　　　　85 000

c. 2022年6月末：
借：本期盈余　　　　　　　　　85 000
　　贷：所得税费用　　　　　　85 000

B. 该事业单位应编制预算会计分录为：

按实际上缴金额：
借：非财政拨款结余——累计结余　85 000
　　贷：资金结存——货币资金　　85 000

2. 投资支出

(1) 账户设置。

事业单位"投资支出"科目核算事业单位以货币资金对外投资发生的现金流出。年末结转后，科目应无余额。

该科目应当按照投资类型、投资对象和《分类科目》中"支出功能分类科目"的项级科目和"部门预算支出经济分类科目"的款级科目等进行明细核算。

(2) 账务处理。

短期投资/长期股权投资/长期债券投资	投资支出
A. 以货币资金对外投资时： 借：短期投资 　　长期股权投资 　　长期债券投资 　　贷：银行存款	借：投资支出 　　贷：资金结存——货币资金
B. 出售、对外转让或到期收回本年度以货币资金取得的对外投资：	
a. 实际取得价款大于投资成本的： 借：银行存款等 　　贷：短期投资 　　　　长期股权投资 　　　　长期债券投资 　　　　应收利息 　　　　投资收益	借：资金结存——货币资金 　　贷：投资支出（投资成本） 　　　　投资预算收益
b. 实际取得价款小于投资成本的： 借：银行存款等 　　投资收益 　　贷：短期投资 　　　　长期股权投资 　　　　长期债券投资 　　　　应收利息	借：资金结存——货币资金 　　投资预算收益 　　贷：投资支出（投资成本）
C. 年末结转： —	借：其他结余 　　贷：投资支出

【情景4-20】某事业单位2022年6月30日用银行存款82 000元购买国债；8月25日，该单位转让了该笔国债，收到银行存款共计88 000元。2022年6月份的"所得税费用"借方发生额合计为84 000元。

A. 该事业单位应编制财务会计分录为：

借：短期投资　　　　　　　　82 000
　　贷：银行存款　　　　　　　　82 000
借：银行存款　　　　　　　　88 000
　　贷：短期投资　　　　　　　　82 000
　　　　投资收益　　　　　　　　6 000

B. 该事业单位应编制预算会计分录为：

借：投资支出　　　　　　　　82 000
　　贷：资金结存——货币资金　　82 000

借：资金结存——货币资金　　88 000
　　贷：投资支出　　　　　　　　82 000
　　　　投资预算收益　　　　　　6 000

3. 债务还本支出

(1) 账户设置。

事业单位"债务还本支出"科目核算事业单位偿还自身承担的纳入预算管理的从金融机构举借的债务本金的现金流出。年末结转后，科目应无余额。

该科目应当按照贷款单位、贷款种类、《分类科目》中"支出功能分类科目"的项级科目和"部门预算支出经济分类科目"的款级科目等进行明细核算。

(2) 账务处理。

短期借款/长期借款	财政拨款结余
A. 归还借款本金： 借：短期借款 　　长期借款 　　贷：银行存款	借：债务还本支出 　　贷：资金结存——货币资金
B. 年末结转： —	借：其他结余 　　贷：债务还本支出

【情景4-21】2022年2月28日，某事业单位用银行借款120 000元购买国债，该笔借款期限为6个月，年利率为6%。8月31日，借款到期，用银行存款还清。

A. 该事业单位应编制财务会计分录为：

a. 2022年2月28日用借入借款：

借：银行存款　　　　　　　　120 000
　　贷：短期借款　　　　　　　　120 000

b. 2月末至8月末每月计提利息：

借：其他费用　　　　　　　　600
　　贷：应付利息　　　　　　　　600

c. 8月31日，借款到期，用银行存款还清：

借：短期借款　　　　　　　　120 000
　　应付利息　　　　　　　　　3 600
　　其他费用　　　　　　　　　600
　　贷：银行存款　　　　　　　　124 200

B. 该事业单位应编制预算会计分录为：

a. 2022年2月28日用借入借款：

借：资金结存——货币资金　　120 000
　　贷：债务预算收入　　　　　　120 000

b. 8月31日，借款到期，用银行存款还清：

借：债务还本支出　　　　　　120 000
　　其他支出　　　　　　　　　4 200
　　贷：资金结存
　　　　——货币资金投资支出　　124 200

项目小结

本项目介绍了事业单位的财务会计收入与预算会计收入和事业单位的费用与支出。其中：

事业单位的财务会计收入与预算会计收入主要包括事业单位收入概述，财政拨款收入与财政拨款预算收入，事业收入与事业预算收入，上级补助收入与上级补助预算收入，附属单位上缴收入与附属单位上缴预算收入，经营收入与经营预算收入，短、长期借款与债务预算收入。

事业单位的费用与支出主要包括事业单位费用与支出概述，业务活动费用与事业支出，单位管理费用与事业支出，经营费用与经营支出，资产处置费用，其他费用与其他支出，上缴上级费用与上缴上级支出，对附属单位补助费用与对附属单位补助支出，所得税费用、投资支出和债务还本支出。

思考与练习

一、单项选择题

1. 事业收入是指事业单位开展（　　）所取得的收入。
   A. 专业业务活动
   B. 生产经营活动
   C. 辅助活动
   D. 专业业务活动及辅助活动

2. 下列关于对于上级补助预算收入的表述，错误的是（　　）。
   A. "上级补助预算收入"科目核算事业单位取得附属独立核算单位根据有关规定上缴的现金流入
   B. 应当按照发放补助单位、补助项目、《政府收支分类科目》中"支出功能分类科目"的项级科目等进行明细核算
   C. "上级补助预算收入"科目核算事业单位从主管部门和上级单位取得的非财政补助现金流入
   D. 事业单位应当设置"上级补助预算收入"科目

3. "附属单位上缴收入"科目核算的是（　　）。
   A. 事业单位内部设立的、实行独立核算的下级单位按照有关规定上缴的收入
   B. 事业单位内部设立的、实行非独立核算的下级单位按照有关规定上缴的收入
   C. 事业单位外部设立的、实行独立核算的下级单位按照有关规定上缴的收入
   D. 事业单位外部设立的、实行非独立核算的下级单位按照有关规定上缴的收入

4. （　　）是核算事业单位开展专业业务活动及其辅助活动实际发生的各项现金流出。
   A. 单位管理费用
   B. 事业支出
   C. 业务活动费用
   D. 经营费用

5. 下列各项中，属于事业单位经营支出的是（　　）。
   A. 开展专业业务活动发生的工资支出
   B. 对附属单位补助支出
   C. 非独立核算经营活动发生的工资支出
   D. 上缴上级支出

二、多项选择题

1. 下列属于事业收入的有（　　）。
   A. 技术服务收入
   B. 文物单位的门票收入
   C. 委托培训收入
   D. 文物修复与复制收入

2. 下列关于对于附属单位上缴预算收入的表述，正确的有（　　）。
   A. 本科目应当按照附属单位、缴款项目、《政府收支分类科目》中"支出功能分类科目"的项级科目等进行明细核算
   B. 该科目是事业单位的专有收入
   C. 附属单位上缴预算收入中如有专项资金收入，还应按照具体项目进行明细核算
   D. 该科目核算事业单位从主管部门和上级单位取得的非财政补助现金流入

3. 属于事业单位的费用包括（　　）。
   A. 上缴上级费用
   B. 对附属单位补助费用
   C. 所得税费用
   D. 经营费用

4. 下列有关上缴上级支出的表述中，正确的有（　　）。
   A. 对于上缴上级支出，事业单位应当设置"上缴上级支出"科目
   B. "上缴上级支出"科目核算事业单位在专业业务活动及其辅助活动之外开展非独立核算经营活动实际发生的各项现金流出
   C. "上缴上级支出"科目应当按照收缴款项单位、缴款项目、《政府收支分类科目》中"支出功能分类科目"的项级科目和"部门预算支出经济分类科目"的款级科目等进行明细核算
   D. 本科目年末结转后，应无余额

5. 下列对于对附属单位补助费用与对附属单位补助支出的表述中，正确的有（　　）。
   A. 事业单位"对附属单位补助费用"科目核算事业单位用财政拨款收入之外的收入对附属单位补助发生的费用
   B. 事业单位"对附属单位补助支出"科目核算事业单位用财政拨款预算收入之外的收入对附属单位补助发生的现金流出
   C. "对附属单位补助支出"科目应当按照接受补助单位、补助项目、《政府收支分类科目》中"支出功能分类科目"的项级科目和"部门预算支出经济分类科目"的款级科目等进行明细核算
   D. 本科目年末结转后，应无余额

三、判断题

1. 事业单位应设置"经营收入"科目核算事业单位在专业业务活动及辅助活动之外开展非独立核算经营活动取得的收入。（　　）

2. 债务预算收入中如有专项资金收入，还应按照具体项目进行明细核算。（　　）

3. 事业单位应设置"经营预算收入"科目核算事业单位在专业业务活动及其辅助活动之外开展非独立核算经营活动取得的现金流入。（　　）

4. 事业单位"债务还本支出"科目核算事业单位以货币资金对外投资发生的现金流出。（　　）

5. 事业单位"所得税费用"科目核算有企业所得税缴纳义务的事业单位按规定缴纳企业所得税所形成的费用。（　　）

四、简答题

1. 简述事业单位投资支出的账务处理。

2. 简述经营收入与经营预算收入的区别。

项目 5　行政事业单位会计报表

知识目标

◎ 理解民间非营利组织的科目体系
◎ 掌握民间非营利组织收入与费用的会计核算
◎ 理解民间非营利组织资产的账务处理

技能目标

◎ 掌握限定性资产和非限定性资产的账务处理
◎ 了解民间非营利组织的基本特征

案例导入

某民间非营利组织 2021 年年初"限定性净资产"科目余额为 300 万元。2021 年余额如下:"捐赠收入——限定性收入"700 万元、"政府补助收入——限定性收入"100 万元。

案例思考

如果不考虑其他因素,2021 年年末,该民间非营利组织积存的限定性净资产是多少?

本章导语

事业单位财务报表的种类和内容反映的不仅是行政单位的财务状况,还是对上级财政部门的重要基础资料及事业单位财务报表分析的研究,可以有效提高我们对事业单位行政经费的使用情况监督,有利于事业单位财务状况的公开、透明。

任务 5.1 行政事业单位会计报表概述

5.1.1 行政事业单位会计报表体系

行政事业单位的会计报表是反映行政事业单位一定时期财务状况和预算执行结果的总结性书面文件,包括财务报表和预算会计报表,如表 5-1 所示。

财务报表由会计报表及其附注构成。会计报表一般包括资产负债表、收入费用表和净资产变动表。单位可根据实际情况自行选择编制现金流量表。

预算会计报表至少包括预算收入支出表、预算结转结余变动表和财政拨款预算收入支出表。

表 5-1　行政事业单位会计报表体系

类别	编号	报表名称	编制期
财务报表	会财政 01 表	资产负债表	月度、年度
	会财政 02 表	收入费用表	月度、年度
	会财政 03 表	净资产变动表	年度
	会财政 04 表	现金流量表	年度
		附注	年度
预算会计报表	会政预 01 表	预算收入支出表	年度
	会政预 02 表	预算结转结余变动表	年度
	会政预 03 表	财政拨款预算收入支出表	年度

5.1.2 财务报表和预算会计报表的编制要求

单位应当按照下列规定编制财务报表和预算会计报表:

(1)财务报表的编制主要以权责发生制为基础,以单位财务会计核算生成的数据为准;预算会计报表的编制主要以收付实现制为基础,以单位预算会计核算生成的数据为准。

(2)单位应当至少按照年度编制财务报表和预算会计报表。

(3)单位应当根据《政府会计制度——行政事业单位会计科目和报表》规定编制真实、完整的财务报表和预算会计报表,不得违反本制度规定随意改变财务报表和预算会计报表的编制基础、编制依据、编制原则和方法,不得随意改变制度规定的财务报表和预算会计报表有关数据的会计口径。

(4)财务报表和预算会计报表应当根据登记完整、核对无误的账簿记录和其他有关资料编制,做到数字真实、计算准确、内容完整、编报及时。

(5)财务报表和预算会计报表应当由单位负责人和主管会计工作的负责人、会计机构负责人(会计主管人员)签名并盖章。

任务 5.2 行政事业单位的财务报表

5.2.1 资产负债表

1. 资产负债表概述

资产负债表是反映行政事业单位在某一特定日期全部资产、负债和净资产情况的报表。

资产负债表应当按照资产、负债和净资产分类分项列示，如表 5-2 所示。

表 5-2　资产负债表

会财政 01 表

编制单位：　　　　　　　　　　　　年　月　日　　　　　　　　　　　　单位：元

资产	期末余额	年初余额	负债和净资产	期末余额	年初余额
流动资产：			流动负债：		
货币资金			短期借款		
短期投资			应交增值税		
财政应返还额度			其他应交税费		
应收票据			应缴财政款		
应收账款净额			应付职工薪酬		
预付账款			应付票据		
应收股利			应付账款		
应收利息			应付政府补贴款		
其他应收款净额			应付利息		
存货			预收账款		
待摊费用			其他应付款		
一年内到期的非流动资产			预提费用		
其他流动资产			一年内到期的非流动负债		
流动资产合计			其他流动负债		
非流动资产：			流动负债合计		
长期股权投资			非流动负债：		

续表

资产	期末余额	年初余额	负债和净资产	期末余额	年初余额
长期债券投资			长期借款		
固定资产原值			长期应付款		
减：固定资产累计折旧			预计负债		
固定资产净值			其他非流动负债		
工程物资			非流动负债合计		
在建工程			受托代理负债		
无形资产原值			负债合计		
减：无形资产累计摊销					
无形资产净值					
研发支出					
公共基础设施原值					
减：公共基础设施累计折旧（摊销）					
公共基础设施净值			净资产：		
政府储备物资			累计盈余		
文物文化资产			其中：财政项目盈余		
保障性住房原值			医疗盈余		
减：保障性住房累计折旧			科技盈余		
保障性住房净值			新旧转换盈余		
长期待摊费用			专用基金		
待处理财产损溢			权益法调整		
其他非流动资产			无偿调拨净资产*		
非流动资产合计			本期盈余*		
受托代理资产			净资产合计		
资产总计			负债和净资产总计		

注："*"标识项目为月报项目，年报中不需要列示。

2. 资产负债表的编制

（1）"年初余额"栏内各项目的填列。

资产负债表"年初余额"栏内各项数字，应当根据上年末资产负债表"期末余额"栏内数字填列。

如果本年度资产负债表规定的项目的名称和内容同上年度不一致，应当对上年年末资产负债表项目的名称和数字按照本年度的规定进行调整，将调整后数字填入本表"年初余额"栏内。

如果本年度单位发生了因前期差错更正、会计政策变更等原因而调整以前年度盈余的事项，还应当对"年初余额"栏中的有关项目金额进行相应调整。

(2)"期末余额"栏内各项目的填列。

资产负债表"期末余额"各项目的填列方法可归纳为如下几种情况：

1）根据相关总账科目的期末余额直接填列。

①直接填列的资产项目：短期投资、财政应返还额度、应收票据、预付账款、应收股利、应收利息、待摊费用、长期股权投资、固定资产原值、固定资产累计折旧、工程物资、在建工程、无形资产原值、无形资产累计摊销、研发支出、公共基础设施原值、公共基础设施累计折旧（摊销）、政府储备物资、文物文化资产、保障性住房原值、保障性住房累计折旧、长期待摊费用、待处理财产损溢（贷方余额以"-"号填列）。

②直接填列的负债项目：短期借款、应交增值税（借方余额以"-"号填列），其他应交税费（借方余额以"-"号填列）、应缴财政款、应付职工薪酬、应付票据、应付账款、应付政府补贴款、应付利息、预收账款、其他应付款、预提费用、预计负债、受托代理负债。

③直接填列的净资产项目：累计盈余、专用基金、权益法调整（借方余额以"-"号填列）、无偿调拨净资产（借方余额则以"-"号填列）、本期盈余（借方余额则以"-"号填列）。

2）根据相关科目的期末余额合计填列。

①"货币资金"项目，应当根据"库存现金""银行存款""零余额账户用款额度""其他货币资金"科目的期末余额的合计数填列；若单位存在通过"库存现金""银行存款"科目核算的受托代理资产，还应当按照前述合计数扣减"库存现金""银行存款"科目下"受托代理资产"明细科目的期末余额后的金额填列。

②"存货"项目，应当根据"在途物品""库存物品""加工物品"科目的期末余额的合计数填列。

③"其他流动资产"项目，应当根据有关科目期末余额的合计数填列。

④"其他非流动资产"项目，应当根据有关科目的期末余额合计数填列。

⑤"受托代理资产"项目，应当根据"受托代理资产"科目的期末余额与"库存现金""银行存款"科目下"受托代理资产"明细科目的期末余额的合计数填列。

⑥"其他流动负债"项目，应当根据有关科目的期末余额的合计数填列。

⑦"其他非流动负债"项目，应当根据有关科目的期末余额合计数填列。

【情景5-1】某事业单位2021年12月31日有关财务会计科目余额如表5-3所示。

表5-3　某事业单位2021年12月31日有关财务会计科目余额表

会计科目	借方余额	贷方余额
库存现金	2 000	
银行存款	130 000	
其他货币资金	45 000	
应收票据	90 000	
在途物品	330 000	
库存物品	240 000	
加工物品	150 000	
固定资产	7 800 000	
应缴财政款		339 000
应交增值税	60 000	
应付职工薪酬		57 000
财政拨款结转		900 000
专用基金		7 960 000

该事业单位年末资产负债表项目应填列的金额分别为：

货币资金	177 000
应收票据	90 000
存货	720 000
固定资产原值	7 800 000
应缴财政款	339 000
应交增值税	60 000
应付职工薪酬	57 000
财政拨款结转	900 000
专用基金	7 960 000

3）根据相关科目的期末余额之差填列。

① "应收账款净额"项目，应当根据"应收账款"科目的期末余额，减去"坏账准备"科目中对应收账款计提的坏账准备的期末余额后的金额填列。

② "其他应收款净额"项目，应当根据"其他应收款"科目的期末余额减去"坏账准备"科目中对其他应收款计提的坏账准备的期末余额后的金额填列。

③ "固定资产净值"项目，应当根据"固定资产"科目期末余额减去"固定资产累计折旧"科目期末余额后的金额填列。

④ "无形资产净值"项目应当根据"无形资产"科目期末余额减去"无形资产累计摊销"科目期末余额后的金额填列。

⑤ "公共基础设施净值"项目，应当根据"公共基础设施"科目期末余额减去"公共基础设施累计折旧（摊销）"科目期末余额后的金额填列。

⑥ "保障性住房净值"项目，应当根据"保障性住房"科目期末余额减去"保障性住房累计折旧"科目期末余额后的金额填列。

⑦ "长期债券投资"项目，应当根据"长期债券投资"科目的期末余额减去其中将于1年内（含1年）到期的长期债券投资余额后的金额填列。

⑧ "长期借款"项目，应当根据"长期借款"科目的期末余额减去其中将于1年内（含1年）到期的长期借款余额后的金额填列。

⑨ "长期应付款"项目，应当根据"长期应付款"科目的期末余额减去其中将于1年内（含1年）到期的长期应付款余额后的金额填列。

【情景5-2】某行政单位2021年6月30日有关财务会计科目余额如表5-4所示。

表5-4　某行政单位2021年6月30日有关财务会计科目余额表

会计科目	借方余额	贷方余额
银行存款	6 300 000	
其中：受托代理存款	137 000	
受托代理资产	660 000	
固定资产	5 400 000	
固定资产累计折旧		780 000
公共基础设施	88 800 000	
公共基础设施累计折旧（摊销）		960 000
公共基础设施净值		
应付政府补贴款		1 500 000
无偿调拨净资产		65 000 000
本期盈余		2 550 000

该行政单位6月末资产负债表项目应填列的金额分别为：

银行存款	6 163 000
受托代理资产	797 000
固定资产原值	5 400 000
固定资产累计折旧	780 000
固定资产净值	4 620 000
公共基础设施原值	88 800 000

公共基础设施累计折旧（摊销）	960 000
公共基础设施净值	87 840 000
应付政府补贴款	1 500 000
无偿调拨净资产	65 000 000
本期盈余	2 550 000

4) 根据明细科目余额分析填列。

① "一年内到期的非流动资产"项目，应当根据"长期债券投资"等科目的明细科目的期末余额分析填列。

② "一年内到期的非流动负债"项目，应当根据"长期应付款""长期借款"等科目的明细科目的期末余额分析填列。

【情景5-3】以下是某事业单位2021年12月31日有关科目的余额：

"长期债券投资"科目的借方余额为3 000 000元，其中将于1年内（含1年）到期的长期债券投资为1 500 000元。

"长期借款"科目年末贷方余额为2 400 000元，其中将于1年内（含1年）到期的长期借款为900 000元，且无其他长期负债。

"累计盈余"科目贷方余额为3 200 000元。

"权益法调整"科目借方余额为110 000元。

该事业单位年末资产负债表项目应填列的金额分别为：

一年内到期的非流动资产	1 500 000
长期债券投资	1 500 000
一年内到期的非流动负债	900 000
长期借款	1 500 000
累计盈余	3 200 000
权益法调整	-110 000

5) 根据报表项目合计填列。

① "流动资产合计"项目，应当根据资产负债表中"货币资金""短期投资""财政应返还额度""应收票据""应收账款净额""预付账款""应收股利""应收利息""其他应收款净额""存货""待摊费用""一年内到期的非流动资产""其他流动资产"项目金额的合计数填列。

② "非流动资产合计"项目应当根据资产负债表中"长期股权投资""长期债券投资""固定资产净值""工程物资""在建工程""无形资产净值""研发支出""公共基础设施净值""政府储备物资""文物文化资产""保障性住房净值""长期待摊费用""待处理财产损溢""其他非流动资产"项目金额的合计数填列。

③ "资产总计"项目，应当根据资产负债表中"流动资产合计""非流动资产合计""受托代理资产"项目金额的合计数填列。

④ "流动负债合计"项目，应当根据资产负债表中"短期借款""应交增值税""其他应交税费""应缴财政款""应付职工薪酬""应付票据""应付账款""应付政府补贴款""应付利息""预收账款""其他应付款""预提费用""一年内到期的非流动负债""其他流动负债"项目金额的合计数填列。

⑤ "非流动负债合计"项目，应当根据资产负债表中"长期借款""长期应付款""预计负债""其他非流动负债"项目金额的合计数填列。

⑥ "负债合计"项目，应当根据资产负债表中"流动负债合计""非流动负债合计""受托代理负债"项目金额的合计数填列。

⑦ "净资产合计"项目，应当根据资产负债表中"累计盈余""专用基金""权益法调整"以及"无偿调拨净资产"（月度报表）、"本期盈余"（月度报表）项目金额的合计数填列。

⑧ "负债和净资产总计"项目，应当按照资产负债表中"负债合计""净资产合计"项目金额的合计数填列。

5.2.2 收入费用表

1. 收入费用表的格式

收入费用表是反映行政事业单位在某一会计期间内发生的收入、费用及当期盈余情况的报表。收入费用表应当按照收入、费用的构成情况分项列示，其格式如表5-5所示。

表 5-5　收入费用表

会财政 02 表

编制单位：　　　　　　　　　　　年　月　日　　　　　　　　　　　单位：元

项目	本月数	本年累计数
一、本期收入		
（一）财政拨款收入		
其中：政府性基金收入		
（二）事业收入		
（三）上级补助收入		
（四）附属单位上缴收入		
（五）经营收入		
（六）非同级财政拨款收入		
（七）投资收益		
（八）捐赠收入		
（九）利息收入		
（十）租金收入		
（十一）其他收入		
二、本期费用		
（一）业务活动费用		
（二）单位管理费用		
（三）经营费用		
（四）资产处置费用		
（五）上缴上级费用		
（六）对附属单位补助费用		
（七）所得税费用		
（八）其他费用		
三、本期盈余		

2. 收入费用表的具体内容

（1）月报中的"本月数"栏及"本年累计数"的具体内容。

"本月数"栏反映各项目的本月实际发生数。

"本年累计数"栏反映各项目自年初至报告期期末的累计实际发生数。

（2）年报中的"本年数"栏及"上年数"栏的具体内容。

编制年度收入费用表时，应当将"本月数"栏改为"本年数"栏，反映本年度各项目的实际发生数。

编制年度收入费用表时，应当将"本年累计数"栏改为"上年数"栏，反映上年度各项目的实际发生数

（3）各项目的具体内容。

1）本期收入。"本期收入"项目，反映单位本期收入总额。其中：

①"财政拨款收入"项目，反映单位本期从同级政府财政部门取得的各类财政拨款。

而"政府性基金收入"项目，反映单位本期取得的财政拨款收入中属于政府性基金预算款的金额。

②"事业收入"项目，反映事业单位本期开展专业业务活动及其辅助活动实现的收入。

③"上级补助收入"项目，反映事业单位本期从主管部门和上级单位收到或应收的非财政拨款收入。

④"附属单位上缴收入"项目，反映事业单位本期收到或应收的独立核算的附属单位按照有关规定上缴的收入。

⑤"经营收入"项目，反映事业单位本期在专业业务活动及其辅助活动之外开展非独立核算经营活动实现的收入。

⑥"非同级财政拨款收入"项目，反映单位本期从非同级政府财政部门取得的财政拨款，不包括事业单位因开展科研及其辅助活动从非同级财政部门取得的经费拨款。

⑦"投资收益"项目，反映事业单位本期股权投资和债券投资所实现的收益或发生的损失。

⑧"捐赠收入"项目，反映单位本期接受捐赠取得的收入。

⑨"利息收入"项目，反映单位本期取得的银行存款利息收入。

⑩"租金收入"项目，反映单位本期经批准利用国有资产出租取得并按规定纳入本单位预算管理的租金收入。

⑪"其他收入"项目，反映单位本期取得的除以上收入项目外的其他收入的总额。

2）本期费用。"本期费用"项目，反映单位本期费用总额。其中：

①"业务活动费用"项目，反映单位本期为实现其职能目标，依法履职或开展专业业务活动及其辅助活动所发生的各项费用。

②"单位管理费用"项目，反映事业单位本期本级行政及后勤管理部门开展管理活动发生的各项费用，以及由单位统一负担的离退休人员经费、工会经费、诉讼费、中介费等。

③"经营费用"项目，反映事业单位本期在专业业务活动及其辅助活动之外开展非独立核算经营活动发生的各项费用。

④"资产处置费用"项目，反映单位本期经批准处置资产时转销的资产价值以及在处置过程中发生的相关费用或者处置收入小于处置费用形成的净支出。

⑤"上缴上级费用"项目，反映事业单位按照规定上缴上级单位款项发生的费用。

⑥"对附属单位补助费用"项目，反映事业单位用财政拨款收入之外的收入对附属单位补助发生的费用。

⑦"所得税费用"项目，反映有企业所得税缴纳义务的事业单位本期计算应缴纳的企业所得税。

⑧"其他费用"项目，反映单位本期发生的除以上费用项目外的其他费用的总额。

3）本期盈余。"本期盈余"项目，反映单位本期收入扣除费用后的净额。

3. 收入费用表的填列

（1）"上年数"栏的填列。

"上年数"栏应当根据上年年度收入费用表中"本年数"栏内所列数字填列。

如果本年度收入费用表规定的项目的名称和内容同上年度不一致，应当对上年度收入费用表项目的名称和数字按照本年度的规定进行调整，将调整后的金额填入本年度收入费用表的"上年数"栏内。

如果本年度单位发生了因前期差错更正、会计政策变更等原因而调整以前年度盈余的事项，还应当对年度收入费用表中"上年数"栏中的有关项目金额进行相应调整。

（2）各项目的填列方法。

收入费用表中各项目的填列可归纳为以下4种方法：

1）根据项目金额的合计数填列。这类项目有：本期收入和本期费用。

①"本期收入"项目应当根据收入费用表中"财政拨款收入""事业收入""上级补助收入""附属单位上缴收入""经营收入""非同级财政拨款收入""投资收益""捐赠收入""利息收入""租金收入""其他收入"项目金额的合计数填列。

② "本期费用"项目应当根据收入费用表中"业务活动费用""单位管理费用""经营费用""资产处置费用""上缴上级费用""对附属单位补助费用""所得税费用"和"其他费用项目"金额的合计数填列。

2）根据相关科目的本期发生额填列。

①这类收入项目有：财政拨款收入、事业收入、上级补助收入、附属单位上缴收入、经营收入、非同级财政拨款收入、投资收益（如为投资净损失，以"-"号填列）和捐赠收入、利息收入、租金收入、其他收入。

②这类费用项目有：业务活动费用、单位管理费用、经营费用、资产处置费用、上缴上级费用、对附属单位补助费用、所得税费用、其他费用。

3）根据明细科目发生额填列。"政府性基金收入"项目，应当根据"财政拨款收入"相关明细科目的本期发生额填列。

4）根据项目金额差别填列。这类项目主要为"本期盈余"项目，应当根据本表中"本期收入"项目金额减去"本期费用"项目金额后的金额填列；如为负数，以"-"号填列。

【情景5-4】某行政单位2021年12月31日有关科目余额如表5-6所示。

表5-6 科目余额表

科目	借方余额（元）	贷方余额（元）
财政拨款收入		30 000 000
非同级财政拨款收入		6 000 000
捐赠收入		30 000
利息收入		20 000
租金收入		70 000
其他收入		15 000
业务活动费用		40 000 000
资产处置费用		90 000
其他费用		80 000

该行政单位应编制的收入费用表如表5-7所示。

表5-7 收入费用表

会财政02表

编制单位： 2021年12月31日 单位：元

项目	本年数	上年数
一、本期收入	36 135 000	
（一）财政拨款收入	30 000 000	
其中：政府性基金收入		
（二）事业收入		
（三）上级补助收入		
（四）附属单位上缴收入		
（五）经营收入		
（六）非同级财政拨款收入	6 000 000	
（七）投资收益		

续表

项目	本年数	上年数
（八）捐赠收入	30 000	
（九）利息收入	20 000	
（十）租金收入	70 000	
（十一）其他收入	15 000	
二、本期费用	40 170 000	
（一）业务活动费用	40 000 000	
（二）单位管理费用		
（三）经营费用		
（四）资产处置费用	90 000	
（五）上缴上级费用		
（六）对附属单位补助费用		
（七）所得税费用		
（八）其他费用	80 000	
三、本期盈余	-4 035 000	

5.2.3 净资产变动表

1. 净资产变动表的格式

净资产变动表是反映单位在某一会计年度内净资产项目的变动情况的报表。

净资产变动表按影响净资产变动的因素列示，格式如表5-8所示。

表5-8 净资产变动表

会财政03表

编制单位：　　　　　　　　　　　　　年　　　　　　　　　　　　　单位：元

项目	本年数				上年数			
	累计盈余	专用基金	权益法调整	净资产合计	累计盈余	专用基金	权益法调整	净资产合计
一、上年年末余额								
二、以前年度盈余调整（减少以"-"号填列）			—				—	
三、本年年初余额								
四、本年变动金额（减少以"-"号填列）								
（一）本年盈余			—				—	

续表

项目	本年数				上年数			
	累计盈余	专用基金	权益法调整	净资产合计	累计盈余	专用基金	权益法调整	净资产合计
（二）无偿调拨净资产		—	—			—	—	
（三）归集调整预算结转结余		—	—			—	—	
（四）提取或设置专用基金			—				—	
其中：从预算收入中提取	—		—		—		—	
从预算结余中提取			—				—	
设置的专用基金	—		—		—		—	
（五）使用专用基金	—		—		—		—	
（六）权益法调整	—	—			—	—		
五、本年年末余额								

注："—"标识单元格无须填列。

2. 净资产变动表的具体内容

（1）"本年数"栏和"上年数"栏的具体内容。

1）"本年数"栏反映本年度各项目的实际变动数。

2）"上年数"栏反映上年度各项目的实际变动数。

（2）"本年数"栏各项目的具体内容。

1）"上年年末余额"行，反映单位净资产各项目上年年末的余额。

2）"以前年度盈余调整"行，反映单位本年度调整以前年度盈余的事项对累计盈余进行调整的金额。

3）"本年年初余额"行，反映经过以前年度盈余调整后，单位净资产各项目的本年年初余额。

4）"本年变动金额"行，反映单位净资产各项目本年变动总金额。

① "本年盈余"行，反映单位本年发生的收入、费用对净资产的影响。

② "无偿调拨净资产"行，反映单位本年无偿调入、调出非现金资产事项对净资产的影响。

③ "归集调整预算结转结余"行反映单位本年财政拨款结转结余资金归集调入、归集上缴或调出，以及非财政拨款结转资金缴回对净资产的影响。

④ "提取或设置专用基金"行反映单位本年提取或设置专用基金对净资产的影响。

A. "从预算收入中提取"行，反映单位本年从预算收入中提取专用基金对净资产的影响。

B. "从预算结余中提取"行，反映单位本年根据有关规定从本年度非财政拨款结余或经营结余中提取专用基金对净资产的影响。

C. "设置的专用基金"行，反映单位本年根据有关规定设置的其他专用基金对净资产的影响。

⑤ "使用专用基金"行，反映单位本年按规定使用专用基金对净资产的影响。

⑥ "权益法调整"行，反映单位本年按照被投资单位除净损益和利润分配以外的所得。

5）"本年年末余额"行，反映单位本年各净资产项目的年末余额。

3. 净资产变动表的填列

（1）"上年数"栏的填列。

"上年数"栏反映上年度各项目的实际变动数，应当根据上年度净资产变动表中"本年数"栏内所列数字填列。

如果上年度净资产变动表规定的项目的名称和内容与本年度不一致,应对上年度净资产变动表项目的名称和数字按照本年度的规定进行调整,将调整后金额填入本年度净资产变动表"上年数"栏内。

(2)"本年数"栏各项目的填列方法。

1)"上年年末余额"行,应当根据"累计盈余""专用基金"和"权益法调整"科目上年年末余额填列。

2)"以前年度盈余调整"行,应当根据本年度"以前年度盈余调整"科目转入"累计盈余"科目的金额填列;如调整减少累计盈余,以"-"号填列。

3)"本年年初余额"行的"累计盈余""专用基金"和"权益法调整"项目应当根据其各自在"上年年末余额"和"以前年度盈余调整"行对应项目金额的合计数填列。

【情景 5-5】某行政单位 2021 年 12 月 31 日"累计盈余"贷方余额为 338 000 元,2021 年度"以前年度盈余调整"科目转入"累计盈余"科目借方的金额为 60 000 元。

该行政单位应填列的净资产变动表项目为:

"上年年末余额"行的"累计盈余"项目:338 000。

"以前年度盈余调整"行的"累计盈余"项目:-60 000。

"本年年初余额"行的"累计盈余"项目:278 000。

4)"本年变动金额"行的"累计盈余""专用基金"和"权益法调整"项目应当根据其各自在"本年盈余""无偿调拨净资产""归集调整预算结转结余""提取或设置专用基金""使用专用基金"和"权益法调整"行对应项目金额的合计数填列。

① "本年盈余"行的"累计盈余"项目应当根据年末由"本期盈余"科目转入"本年盈余分配"科目的金额填列;如转入时借记"本年盈余分配"科目,则以"-"号填列。

② "无偿调拨净资产"行的"累计盈余"项目应当根据年末由"无偿调拨净资产"科目转入"累计盈余"科目的金额填列;如转入时借记"累计盈余"科目,则以"-"号填列。

③ "归集调整预算结转结余"行的"累计盈余"项目应当根据"累计盈余"科目明细账记录分析填列;如归集调整减少预算结转结余,则以"-"号填列。

④ "提取或设置专用基金"行的"累计盈余"项目应当根据"从预算结余中提取"行"累计盈余"项目的金额填列。"专用基金"项目应当根据"从预算收入中提取""从预算结余中提取"和"设置的专用基金"行"专用基金"项目金额的合计数填列。

A. "从预算收入中提取"行的"专用基金"项目应当通过对"专用基金"科目明细账记录的分析,根据本年按有关规定从预算收入中提取基金的金额填列。

B. "从预算结余中提取"行的"累计盈余"和"专用基金"项目应当通过对"专用基金"科目明细账记录的分析,根据本年按有关规定从本年度非财政拨款结余或经营结余中提取专用基金的金额填列;本行"累计盈余"项目以"-"号填列。

C. "设置的专用基金"行的"专用基金"项目应当通过对"专用基金"科目明细账记录的分析,根据本年按有关规定设置的其他专用基金的金额填列。

⑤ "使用专用基金"行的"累计盈余""专用基金"项目应当通过对"专用基金"科目明细账记录的分析,根据本年按规定使用专用基金的金额填列;本行"专用基金"项目以"-"号填列。

⑥ "权益法调整"行的"权益法调整"项目应当根据"权益法调整"科目本年发生额填列;若本年净发生额为借方,则以"-"号填列。

【情景 5-6】某事业单位 2021 年 12 月 31 日"本期盈余"科目转入"本年盈余分配"科目的金额为 1 458 000 元,由"无偿调拨净资产"科目转入"累计盈余"科目的金额为 748 000 元,"累计盈余"科目中按照规定上缴财政拨款结转结余资金为 300 000 元,缴回非财政拨款结转资金为 55 000 元。从预算收入中提取的专用基金为 613 000 元,从预算结余中提取的专用基金为 724 000 元,设置的专用基金为 200 000 元,使用的专用基金为 471 000 元。

该事业单位应填列的净资产变动表项目如表 5-9 所示。

表 5-9 净资产变动表（节选）

项目	本年数			
	累计盈余	专用基金	权益法调整	净资产合计
……	……	……		
四、本年变动金额（减少以"-"号填列）	2 104 000	1 066 000		
（一）本年盈余	1 458 000	—	—	
（二）无偿调拨净资产	748 000	—	—	
（三）归集调整预算结转结余	-355 000	—	—	
（四）提取或设置专用基金	724 000	1 537 000		
其中：从预算收入中提取	—	613 000		
从预算结余中提取	724 000	724 000		
设置的专用基金	—	200 000		
（五）使用专用基金	-471 000	-471 000		
（六）权益法调整	—	—		
……	……	……		

5）"本年年末余额"行的"累计盈余""专用基金"和"权益法调整"项目应当根据其各自在"本年年初余额"和"本年变动金额"行对应项目金额的合计数填列。

6）各行"净资产合计"项目，应当根据所在行"累计盈余""专用基金"和"权益法调整"项目金额的合计数填列。

5.2.4 现金流量表

1. 现金流量表概述

现金流量表是反映单位在某一会计年度内现金流入和流出的信息的报表。

现金流量表中的现金，是指行政事业单位的库存现金以及其他可以随时用于支付的款项，包括库存现金、可以随时用于支付的银行存款、其他货币资金、零余额账户用款额度、财政应返还额度，以及通过财政直接支付方式支付的款项。

现金流量是指上述现金的流入和流出。

现金流量表应当按照日常活动、投资活动、筹资活动的现金流量分别反映。

2. 现金流量表的编制

单位可根据实际情况自行选择是否编制现金流量表。

单位应当采用直接法编制现金流量表。

(1)"上年金额"栏的填列方法。

"上年金额"栏应当根据上年现金流量表中"本年金额"栏内所列数字填列。

(2)"本年金额"栏各项目填列方法。

"本年金额"栏各项目的填列方法可归纳为以下3种:

1)根据科目及其所属明细科目的记录分析填列。

①日常活动产生的现金流量包括:

A."财政基本支出拨款收到的现金"项目,应当根据"零余额账户用款额度""财政拨款收入""银行存款"等科目及其所属明细科目的记录分析填列。

B."财政非资本性项目拨款收到的现金"项目,应当根据"银行存款""零余额账户用款额度""财政拨款收入"等科目及其所属明细科目的记录分析填列。

C."事业活动收到的除财政拨款以外的现金"项目,应当根据"库存现金""银行存款""其他货币资金""应收账款""应收票据""预收账款""事业收入"等科目及其所属明细科目的记录分析填列。

D."收到的其他与日常活动有关的现金"项目,应当根据"库存现金""银行存款""其他货币资金""上级补助收入""附属单位上缴收入""经营收入""非同级财政拨款收入""捐赠收入""利息收入""租金收入""其他收入"等科目及其所属明细科目的记录分析填列。

E."购买商品、接受劳务支付的现金"项目,应当根据"库存现金""银行存款""财政拨款收入""零余额账户用款额度""预付账款""在途物品""库存物品""应付账款""应付票据""业务活动费用""单位管理费用""经营费用"等科目及其所属明细科目的记录分析填列。

F."支付给职工以及为职工支付的现金"项目,应当根据"库存现金""银行存款""零余额账户用款额度""财政拨款收入""应付职工薪酬""业务活动费用""单位管理费用""经营费用"等科目及其所属明细科目的记录分析填列。

G."支付的各项税费"项目,应当根据"库存现金""银行存款""零余额账户用款额度""应交增值税""其他应交税费""业务活动费用""单位管理费用""经营费用""所得税费用"等科目及其所属明细科目的记录分析填列。

H."支付的其他与日常活动有关的现金"项目,应当根据"库存现金""银行存款""零余额账户用款额度""财政拨款收入""其他应付款""业务活动费用""单位管理费用""经营费用""其他费用"等科目及其所属明细科目的记录分析填列。

②投资活动产生的现金流量包括:

A."收回投资收到的现金"项目,应该根据"库存现金""银行存款""短期投资""长期股权投资""长期债券投资"等科目的记录分析填列。

B."取得投资收益收到的现金"项目,应当根据"库存现金""银行存款""应收股利""应收利息""投资收益"等科目的记录分析填列。

C."处置固定资产、无形资产、公共基础设施等收回的现金净额"项目,应当根据"库存现金""银行存款""待处理财产损溢"等科目的记录分析填列。

D."收到的其他与投资活动有关的现金"项目,应当根据"库存现金""银行存款"等有关科目的记录分析填列。

E."购建固定资产、无形资产、公共基础设施等支付的现金"项目,应当根据"库存现金""银行存款""固定资产""工程物资""在建工程""无形资产""研发支出""公共基础设施""保障性住房"等科目的记录分析填列。

F."对外投资支付的现金"项目,应当根据"库存现金""银行存款""短期投资""长期股权投资""长期债券投资"等科目的记录分析填列。

G."上缴处置固定资产、无形资产、公共基础设施等净收入支付的现金"项目,应当根据"库存现金""银行存款""应缴财政款"等科目的记录分析填列。

H."支付的其他与投资活动有关的现金"项目,应当根据"库存现金""银行存款"等有关科目的记录分析填列。

③筹资活动产生的现金流量包括:

A."财政资本性项目拨款收到的现金"项目,应当根据"银行存款""零余额账户用款额度""财政拨款收入"等科目及其所属明细科目的记录分析填列。

B. "取得借款收到的现金"项目，应当根据"库存现金""银行存款""短期借款""长期借款"等科目记录分析填列。

C. "收到的其他与筹资活动有关的现金"项目，应当根据"库存现金""银行存款"等有关科目的记录分析填列。

D. "偿还借款支付的现金"项目，应当根据"库存现金""银行存款""短期借款""长期借款"等科目的记录分析填列。

E. "偿付利息支付的现金"项目，应当根据"库存现金""银行存款""应付利息""长期借款"等科目的记录分析填列。

F. "支付的其他与筹资活动有关的现金"项目，应当根据"库存现金""银行存款""长期应付款"等科目的记录分析填列。

【情景5-7】某地区某行政单位通过分析"零余额账户用款额度""财政拨款收入""银行存款"等科目及其所属明细科目的记录发现，2021年收到的资金中，用于单位基本支出的资金为33 500 000元，用于自行建造办公用房的资金为8 800 000元，用于其他非资本性项目资金为450 000元，收到的利息收入为36 000元，省财政拨款收入为800 000元。

该行政单位应填列的现金流量表项目为：
财政基本支出拨款收到的现金　　33 500 000
财政非资本性项目拨款收到的现金　　450 000
收到的其他与日常活动有关的现金　　836 000
财政资本性项目拨款收到的现金　　8 800 000

G. "汇率变动对现金的影响额"项目，应根据外币现金的账户分析填列。

2）根据现金流量表中相关项目合计填列。

① "日常活动的现金流入小计"项目，应当根据现金流量表中"财政基本支出拨款收到的现金""财政非资本性项目拨款收到的现金""事业活动收到的除财政拨款以外的现金""收到的其他与日常活动有关的现金"项目金额的合计数填列。

② "日常活动的现金流出小计"项目，应当根据现金流量表中"购买商品接受劳务支付的现金""支付给职工以及为职工支付的现金""支付的各项税费""支付的其他与日常活动有关的现金"项目金额的合计数填列。

③ "投资活动的现金流入小计"项目，应当根据现金流量表中"收回投资收到的现金""取得投资收益收到的现金""处置固定资产、无形资产、公共基础设施等收回的现金净额""收到的其他与投资活动有关的现金"项目金额的合计数填列。

④ "投资活动的现金流出小计"项目，应当根据现金流量表中"购建固定资产、无形资产、公共基础设施等支付的现金""对外投资支付的现金""上缴处置固定资产、无形资产、公共基础设施等净收入支付的现金""支付的其他与投资活动有关的现金"项目金额的合计数填列。

⑤ "筹资活动的现金流入小计"项目，应当根据现金流量表中"财政资本性项目拨款收到的现金""取得借款收到的现金""收到的其他与筹资活动有关的现金"项目金额的合计数填列。

⑥ "筹资活动的现金流出小计"项目，应当根据现金流量表中"偿还借款支付的现金""偿付利息支付的现金""支付的其他与筹资活动有关的现金"项目金额的合计数填列。

⑦ "现金净增加额"项目，应当根据现金流量表中"日常活动产生的现金流量净额""投资活动产生的现金流量净额""筹资活动产生的现金流量净额"和"汇率变动对现金的影响额"项目金额的合计数填列；如为负数，以"－"号填列。

3）根据表中相关项目之差填列。

① "日常活动产生的现金流量净额"项目，应当按照现金流量表中"日常活动的现金流入小计"项目金额减去"日常活动的现金流出小计"项目金额后的金额填列；如为负数，以"－"号填列。

② "投资活动产生的现金流量净额"项目，应当按照"投资活动的现金流入小计"项目金额减去"投资活动的现金流出小计"项目金额后的金额填列；如为负数，以"－"号填列。

③ "筹资活动产生的现金流量净额"项目，应当按照"筹资活动的现金流入小计"项目金额减去"筹资活动的现金流出小计"金额后的金额填列；如为负数，以"－"号填列。

5.2.5 财务报表附注

财务报表附注是对在会计报表中列示的项目所做的进一步说明，以及对未能在会计报表中列示项目的说明，是财务报表的重要组成部分。

凡对报表使用者的决策有重要影响的会计信息，不论本制度是否有明确规定，单位均应当充分披露。

财务报表附注主要包括下列内容。

（1）单位的基本情况。

单位应当简要披露其基本情况，包括单位的主要职能、主要业务活动、所在地、预算管理关系等。

（2）会计报表编制基础。

（3）遵循政府会计准则、制度的声明。

（4）重要会计政策和会计估计。

单位应当采用与其业务特点相适应的具体会计政策，并充分披露报告期内采用的重要会计政策和会计估计，主要包括以下内容：

1）会计期间。

2）记账本位币，外币折算汇率。

3）坏账准备的计提方法。

4）存货类别、发出存货的计价方法、存货的盘存制度，以及低值易耗品和包装物的摊销方法。

5）长期股权投资的核算方法。

6）固定资产分类、折旧方法、折旧年限和年折旧率；融资租入固定资产的计价和折旧方法。

7）无形资产的计价方法；使用寿命有限的无形资产，其使用寿命估计情况；使用寿命不确定的无形资产，其使用寿命不确定的判断依据；单位内部研究开发项目划分研究阶段和开发阶段的具体标准。

8）公共基础设施的分类、折旧（摊销）方法、折旧（摊销）年限，以及其确定依据。

9）政府储备物资分类，以及确定其发出成本所采用的方法。

10）保障性住房的分类、折旧方法、折旧年限。

11）其他重要的会计政策和会计估计。

12）本期发生重要会计政策和会计估计变更的，变更的内容和原因、受其重要影响的报表项目名称和金额、相关审批程序，以及会计估计变更开始适用的时点。

上述 12 项具有规定格式，以固定资产披露的规定格式为例，其格式如表 5-10 所示。

表 5-10　固定资产披露的规定格式

项目	年初余额	本期增加额	本期减少额	期末余额
一、原值合计				
其中：房屋及构筑物				
通用设备				
专用设备				
文物和陈列品				
图书、档案				
家具、用具、装具及动植物				
二、累计折旧合计				
其中：房屋及构筑物				
通用设备				
专用设备				
家具、用具、装具				
三、账面价值合计				
其中：房屋及构筑物				
通用设备				
专用设备				

续表

项目	年初余额	本期增加额	本期减少额	期末余额
文物和陈列品				
图书、档案				
家具、用具、装具及动植物				

（5）会计报表重要项目说明。

单位应当按照资产负债表和收入费用表项目列示顺序，采用文字和数据描述相结合的方式披露重要项目的明细信息。报表重要项目的明细金额合计，应当与报表项目金额相衔接。报表重要项目说明应包括但不限于下列内容：

1）货币资金；
2）应收账款；
3）存货；
4）长期投资；
5）固定资产；
6）在建工程；
7）无形资产；
8）公共基础设施；
9）政府储备物资；
10）受托代理资产；
11）应付账款；
12）其他流动负债；
13）长期借款；
14）事业收入；
15）非同级财政拨款收入；
16）其他收入；
17）业务活动费用；
18）其他费用；
19）本期费用（按照经济分类）。

（6）本年盈余与预算结余的差异情况说明。

单位应当按照重要性原则，对本年度发生的各类影响收入（预算收入）和费用（预算支出）的业务进行适度归并和分析，披露将年度预算收入支出表中"本年预算支出差额"调节为年度收入费用表中"本期盈余"的信息。

有关披露格式如表 5-11 所示。

表 5-11　披露格式

项目	金额
一、本年预算结余（本年预算收支差额）	
二、差异调节	
（一）重要事项的差异	
加：1. 当期确认为收入但没有确认为预算收入	
（1）应收款项、预收账款确认的收入	
（2）接受非货币性资产捐赠确认的收入	
2. 当期确认为预算支出但没有确认为费用	
（1）支付应付款项、预付账款的支出	
（2）为取得存货、政府储备物资等计入物资成本的支出	
（3）为购建固定资产等的资本性支出	
（4）偿还借款本息支出	
减：1. 当期确认为预算收入但没有确认为收入	
（1）收到应收款项、预收账款确认的预算收入	
（2）取得借款确认的预算收入	
2. 当期确认为费用但没有确认为预算支出	
（1）发出存货、政府储备物资等确认的费用	
（2）计提的折旧费用和摊销费用	
（3）确认的资产处置费用（处置资产价值）	
（4）应付款项、预付账款确认的费用	
（二）其他事项差异	
三、本年盈余（本年收入与费用的差额）	

(7) 其他重要事项说明。

1) 资产负债表日存在的重要"或有事项"说明。没有重要或有事项的，也应说明。

2) 以名义金额计量的资产名称、数量等情况，以及以名义金额计量理由的说明。

3) 通过债务资金形成的固定资产、公共基础设施、保障性住房等资产的账面价值、使用情况、收益情况及与此相关的债务偿还情况等说明。

4) 重要资产置换、无偿调入（出）、捐入（出）、报废、重大毁损等情况的说明。

5) 事业单位将单位内部独立核算单位的会计信息纳入本单位财务报表情况的说明。

6) 政府会计具体准则中要求附注披露的其他内容。

7) 有助于理解和分析单位财务报表需要说明的其他事项。

任务 5.3　行政事业单位的预算会计报表

5.3.1　预算收入支出表

1. 预算收入支出表的格式

预算收入支出表反映单位在某一会计年度内各项预算收入、预算支出和预算收支差额的情况。其格式如表 5-12 所示。

表 5-12　预算收入支出表

会政预 01 表

编制单位：　　　　　　　　　　　　　　年　　　　　　　　　　　　　　单位：元

项目	本年数	上年数
一、本年预算收入		
（一）财政拨款预算收入		
其中：政府性基金收入		
（二）事业预算收入		
（三）上级补助预算收入		
（四）附属单位上缴预算收入		
（五）经营预算收入		
（六）债务预算收入		
（七）非同级财政拨款预算收入		
（八）投资预算收益		

续表

项目	本年数	上年数
（九）其他预算收入		
其中：利息预算收入		
捐赠预算收入		
租金预算收入		
二、本年预算支出		
（一）行政支出		
（二）事业支出		
（三）经营支出		
（四）上缴上级支出		
（五）对附属单位补助支出		
（六）投资支出		
（七）债务还本支出		
（八）其他支出		
其中：利息支出		
捐赠支出		
三、本年预算收支差额		

2. 预算收入支出表的具体内容

(1)"本年数"栏与"上年数"栏的具体内容。

1)"本年数"栏反映各项目的本年实际发生数。

2)"上年数"栏反映各项目上年度的实际发生数。

(2)"本年数"栏各项目的具体内容。

1) 本年预算收入。"本年预算收入"项目，反映单位本年预算收入总额。其中：

①"财政拨款预算收入"项目，反映单位本年从同级政府财政部门取得的各类财政拨款。

而"政府性基金收入"项目，反映单位本年取得的财政拨款收入中属于政府性基金预算拨款的金额。

②"事业预算收入"项目，反映事业单位本年开展专业业务活动及其辅助活动取得的预算收入。

③"上级补助预算收入"项目，反映事业单位本年从主管部门和上级单位取得的非财政补助预算收入。

④"附属单位上缴预算收入"项目，反映事业单位本年收到的独立核算的附属单位按照有关规定上缴的预算收入。

⑤"经营预算收入"项目，反映事业单位本年在专业业务活动及其辅助活动之外开展非独立核算经营活动取得的预算收入。

⑥"债务预算收入"项目，反映事业单位本年按照规定从金融机构等借入的、纳入部门预算管理的债务预算收入。

⑦"非同级财政拨款预算收入"项目，反映单位本年从非同级政府财政部门取得的财政拨款。

⑧"投资预算收益"项目，反映事业单位本年取得的按规定纳入单位预算管理的投资收益。

⑨"其他预算收入"项目，反映单位本年取得的除上述收入以外的纳入单位预算管理的各项预算收入。

A."利息预算收入"项目，反映单位本年取得的利息预算收入。

B."捐赠预算收入"项目，反映单位本年取得的捐赠预算收入。

C."租金预算收入"项目，反映单位本年取得的租金预算收入。

2）本年预算支出。"本年预算支出"项目，反映单位本年预算支出总额。

①"行政支出"项目，反映行政单位本年履行职责实际发生的支出。

②"事业支出"项目，反映事业单位本年开展专业业务活动及其辅助活动发生的支出。

③"经营支出"项目，反映事业单位本年在专业业务活动及其辅助活动之外开展非独立核算经营活动发生的支出。

④"上缴上级支出"项目，反映事业单位本年按照财政部门和主管部门的规定上缴上级单位的支出。

⑤"对附属单位补助支出"项目，反映事业单位本年用财政拨款收入之外的收入对附属单位补助发生的支出。

⑥"投资支出"项目，反映事业单位本年以货币资金对外投资发生的支出。

⑦"债务还本支出"项目，反映事业单位本年偿还自身承担的纳入预算管理的从金融机构举借的债务本金的支出。

⑧"其他支出"项目，反映单位本年除以上支出以外的各项支出。其中：

A."利息支出"项目，反映单位本年发生的利息支出。

B."捐赠支出"项目，反映单位本年发生的捐赠支出。

3）本年预算收支差额。"本年预算收支差额"项目，反映单位本年各项预算收支相抵后的差额。

3. 预算收入支出表的填列

（1）"上年数"栏的填列。

应当根据上年度预算收入支出表中"本年数"栏内所列数字填列。

如果本年度预算收入支出表规定的项目名称和内容同上年度不一致，应当对上年度预算收入支出表项目的名称和数字按照本年度的规定进行调整，将调整后金额填入本年度预算收入支出表的"上年数"栏。

（2）"本年数"栏各项目的填列方法。

预算收入支出表"本年数"栏各项目的填列方法可归纳为如下4种：

1）根据对应科目的本年发生额填列。

①这类收入项目包括：财政拨款预算收入、事业预算收入、上级补助预算收入、附属单位上缴预算收入、经营预算收入、债务预算收入、非同级财政拨款预算收入、投资预算收益、其他预算收入、捐赠预算收入、租金预算收入。

②这类支出项目包括：行政支出、事业支出、经营支出、上缴上级支出、对附属单位补助支出、投资支出、债务还本支出、其他支出、利息支出（单设"利息支出"科目的）、捐赠支出（单设"捐赠支出"科目的）。

2）根据相关明细科目的本年发生额填列。

①"政府性基金收入"项目，应当根据"财政拨款预算收入"相关明细科目的本年发生额填列。

②"利息支出"项目（未单设"利息支出"科目的），应当根据"其他支出"科目明细账记录分析填列。

③"捐赠支出"项目（未单设"捐赠支出"科目的），应当根据"其他支出"科目明细账记录分析填列。

3）根据表中相关项目金额的合计数填列。

①"本年预算收入"项目，应当根据预算收入支出表中"财政拨款预算收入""事业预算收入""上级补助预算收入""附属单位上缴预算收入""经营预算收入""债务预算收入""非同级财政拨款预算收入""投资预算收益""其他预算收入"项目金额的合计数填列。

②"本年预算支出"项目，应当根据预算收入支出表中"行政支出""事业支出""经营支出""上缴上级支出""对附属单位补助支出""投资支出""债务还本支出"和"其他支出"项目金额的合计数填列。

4）根据表中相关项目金额的差额填列。

"本年预算收支差额"项目，应当根据表中"本期预算收入"项目金额减去"本期预算支出"项目金额后的金额填列；如相减后金额为负数，以"-"号填列。

【情景5-8】某事业单位2021年度全部预算收

支科目"财政拨款预算收入——一般公共预算财政拨款""财政拨款预算收入——政府性基金预算财政拨款""事业预算收入""上级补助预算收入""经营预算收入""其他预算收入——利息收入"的本年发生额分别为 6 700 000 元、540 000 元、400 000 元、1 372 000 元、240 000 元、600 000 元；"事业支出""对附属单位补助支出""经营支出""债务还本支出"和"其他支出——利息支出"本年发生额分别为 6 390 000 元、52 000 元、446 000 元、2 680 000 元和 71 800 元。

该事业单位应编制预算收入支出表本年数栏各项目如表 5-13 所示。

表 5-13 预算收入支出表

编制单位：　　　　　　　　　　　　2021 年　　　　　　　　　　　　会政预 01 表
　　　　　　　　　　　　　　　　　　　　　　　　　　　　　　　　　　　单位：元

项目	本年数	上年数
一、本年预算收入	9 852 000	
（一）财政拨款预算收入	7 240 000	
其中：政府性基金收入	540 000	
（二）事业预算收入	400 000	
（三）上级补助预算收入	1 372 000	
（四）附属单位上缴预算收入		
（五）经营预算收入	240 000	
（六）债务预算收入		
（七）非同级财政拨款预算收入		
（八）投资预算收益		
（九）其他预算收入	600 000	
其中：利息预算收入	600 000	
捐赠预算收入		
租金预算收入		
二、本年预算支出	9 639 800	
（一）行政支出	—	
（二）事业支出	6 390 000	
（三）经营支出	446 000	
（四）上缴上级支出		
（五）对附属单位补助支出	52 000	
（六）投资支出		
（七）债务还本支出	2 680 000	
（八）其他支出	71 800	
其中：利息支出	71 800	
捐赠支出		
三、本年预算收支差额	212 200	

5.3.2 预算结转结余变动表

1. 预算结转结余变动表的格式

预算结转结余变动表反映单位在某一会计年度内预算结转结余的变动情况，其格式如表 5-14 所示。

表 5-14　预算结转结余变动表

会政预 02 表

编制单位：　　　　　　　　　　　年　　　　　　　　　　　单位：元

项目	本年数	上年数
一、年初预算结转结余		
（一）财政拨款结转结余		
（二）其他资金结转结余		
二、年初余额调整（减少以"-"号填列）		
（一）财政拨款结转结余		
（二）其他资金结转结余		
三、本年变动金额（减少"-"号填列）		
（一）财政拨款结转结余		
1. 本年收支差额		
2. 归集调入		
3. 归集上缴或调出		
（二）其他资金结转结余		
1. 本年收支差额		
2. 缴回资金		
3. 使用专用结余		
4. 支付所得税		
四、年末预算结转结余		
（一）财政拨款结转结余		
1. 财政拨款结转		
2. 财政拨款结余		
（二）其他资金结转结余		
1. 非财政拨款结转		
2. 非财政拨款结余		
3. 专用结余		
4. 经营结余（如有余额，以"-"）号填列		

2. 预算结转结余变动表的具体内容

（1）"本年数"栏与"上年数"栏的具体内容。

1）"本年数"栏反映各项目的本年实际发生数。

2）"上年数"栏反映各项目的上年实际发生数。

（2）"本年数"栏各项目的具体内容。

1）"年初预算结转结余"项目，反映单位本年预算结转结余的年初余额。其中：

① "财政拨款结转结余"项目，反映单位本

年财政拨款结转结余资金的年初余额。

②"其他资金结转结余"项目，反映单位本年其他资金结转结余的年初余额。

2)"年初余额调整"项目，反映单位本年预算结转结余年初余额调整的金额，其中：

①"财政拨款结转结余"项目，反映单位本年财政拨款结转结余资金的年初余额调整金额。

②"其他资金结转结余"项目，反映单位本年其他资金结转结余的年初余额调整金额。

3)"本年变动金额"项目，反映单位本年预算结转结余变动的金额。其中：

①"财政拨款结转结余"项目，反映单位本年财政拨款结转结余资金的变动。

A."本年收支差额"项目，反映单位本年财政拨款资金收支相抵后的差额。

B."归集调入"项目，反映单位本年按照规定从其他单位归集调入的财政拨款结转资金。

C."归集上缴或调出"项目，反映单位本年度按照规定上缴的财政拨款结转结余资金及按照规定向其他单位调出的财政拨款结转资金。

②"其他资金结转结余"项目，反映单位本年其他资金结转结余的变动。

A."本年收支差额"项目，反映单位本年除财政拨款外的其他资金收支相抵后的差额。

B."缴回资金"项目，反映单位本年按照规定缴回的非财政拨款结转资金。

C."使用专用结余"项目，反映本年事业单位根据规定使用从非财政拨款结余或经营结余中提取的专用基金的金额。

D."支付所得税"项目，反映有企业所得税缴纳义务的事业单位本年实际缴纳的企业所得税金额。

4)"年末预算结转结余"项目，反映单位本年预算结转结余的年末余额。

①"财政拨款结转结余"项目，反映单位本年财政拨款结转结余的年末余额，包括"财政拨款结转"和"财政拨款结余"。

②"其他资金结转结余"项目包括"非财政拨款结转""非财政拨款结余""专用结余"和"经营结余"。

3. 预算结转结余变动表的填列

(1)"本年数"栏与"上年数"栏的填列。

"上年数"栏应当根据上年度预算结转结余变动表中"本年数"栏内所列数字填列。

如果本年度预算结转结余变动表规定的项目名称和内容同上年度不一致，应当对上年度预算结转结余变动表项目的名称和数字按照本年度的规定进行调整，将调整后金额填入本年度预算结转结余变动表的"上年数"栏。

(2)"本年数"栏各项目的填列方法。

1)"年初预算结转结余"项目，应当根据本项目下"财政拨款结转结余""其他资金结转结余"项目金额的合计数填列。其中：

①"财政拨款结转结余"项目，应当根据"财政拨款结转"和"财政拨款结余"科目本年年初余额合计数填列。

②"其他资金结转结余"项目，应当根据"非财政拨款结转""非财政拨款结余""专用结余"和"经营结余"科目本年初余额的合计数填列。

2)"年初余额调整"项目，应当根据本项目下"财政拨款结转结余"和"其他资金结转结余"项目金额的合计数填列。其中：

①"财政拨款结转结余"项目，应当根据"财政拨款结转""财政拨款结余"科目下"年初余额调整"明细科目的本年发生额的合计数填列；如调整减少年初财政拨款结转结余，以"-"号填列。

②"其他资金结转结余"项目，应当根据"非财政拨款结转"和"非财政拨款结余"科目下"年初余额调整"明细科目的本年发生额的合计数填列，如调整减少年初其他资金结转结余，以"-"号填列。

3)"本年变动金额"项目，应当根据本项目下"财政拨款结转结余"和"其他资金结转结余"项目金额的合计数填列。其中：

①"财政拨款结转结余"项目，应当根据本项目下"本年收支差额""归集调入"和"归集上缴或调出"项目金额的合计数填列，包括：

A."本年收支差额"项目，应当根据"财政拨款结转"科目下"本年收支结转"明细科目本年转入的预算收入与预算支出的差额填列；差额为负数的，以"-"号填列。

B."归集调入"项目，应当根据"财政拨款结转"科目下"归集调入"明细科目的本年发生额填列。

C."归集上缴或调出"项目，应当根据"财政拨款结转""财政拨款结余"科目下"归集上缴"明细科目，以及"财政拨款结转"科目下"归集调出"明细科目本年发生额的合计数填列；差额为负数的，以"-"号填列。

② "其他资金结转结余"项目，应当根据本项目下"本年收支差额""缴回资金""使用专用结余"和"支付所得税"项目金额的合计数填列，包括：

A."本年收支差额"项目，应当根据"非财政拨款结转"科目下"本年收支结转"明细科目、"其他结余"科目、"经营结余"科目本年转入的预算收入与预算支出差额的合计数填列；如为负数，以"-"号填列。

B."缴回资金"项目，应当根据"非财政拨款结转"科目下"缴回资金"明细科目本年发生额的合计数填列；如为负数，以"-"号填列。

C."使用专用结余"项目，应当根据"专用结余"科目明细账中本年使用专用结余业务的发生额填列；如为负数，以"-"号填列。

D."支付所得税"项目，应当根据"非财政拨款结余"明细账中本年实际缴纳企业所得税业务的发生额填列；如为负数，以"-"号填列。

4)"年末预算结转结余"项目，应当根据本项目下"财政拨款结转结余"和"其他资金结转结余"项目金额的合计数填列。其中：

①"财政拨款结转结余"项目，应当根据本项目下"财政拨款结转"和"财政拨款结余"项目金额的合计数填列。

该项目下的"财政拨款结转"和"财政拨款结余"项目，应当分别根据"财政拨款结转"和"财政拨款结余"科目的本年年末余额填列。

②"其他资金结转结余"项目，应当根据本项目下"非财政拨款结转""非财政拨款结余""专用结余"和"经营结余"项目金额的合计数填列。

该项目下的"非财政拨款结转""非财政拨款结余""专用结余"和"经营结余"项目，应当分别根据"非财政拨款结转""非财政拨款结余""专用结余"和"经营结余"科目的本年年末余额填列。

【情景5-9】某事业单位2019年12月31日部分科目金额如表5-15所示：

表5-15　某事业单位2019年12月31日部分科目金额

总账科目	明细科目	年初余额	借方发生额合计	贷方发生额合计
财政拨款结转	年初余额调整			35 000
	归集调入			33 000
	归集调出		18 000	
	归集上缴		42 000	
	本年收支结转		1 000 000	1 200 000
	累计结转	2 000 000		
财政拨款结余	年初余额调整		15 000	
	归集上缴		11 000	
	累计结余	37 000		
非财政拨款结转	年初余额调整		27 000	
	缴回资金		37 000	
	本年收支结转		800 000	355 000
	累计结转	130 000		
非财政拨款结余	年初余额调整			25 000
	累计结余	40 000		
其他结余			71 000	60 000
经营结余		13 000	50 000	63 000
专用结余		50 000	70 000	

另外，专用结余借方发生额中，2019 年使用金额为 58 000 元，实际缴纳企业所得税金额为 31 600 元。

该事业单位应编制预算结转结余变动表本年数栏各项目如表 5-16 所示。

表 5-16　预算结转结余变动表

会政预 02 表

编制单位：　　　　　　　　　　　　　　　　　年　　　　　　　　　　　　　　　　　单位：元

项目	本年数	上年数
一、年初预算结转结余	470 000	
（一）财政拨款结转结余	237 000	
（二）其他资金结转结余	233 000	
二、年初余额调整（减少以"-"号填列）	18 000	
（一）财政拨款结转结余	20 000	
（二）其他资金结转结余	-2 000	
三、本年变动金额（减少以"-"号填列）	482 400	
（一）财政拨款结转结余	162 000	
1. 本年收支差额	200 000	
2. 归集调入	33 000	
3. 归集上缴或调出	-71 000	
（二）其他货币资金结转结余	320 400	
1. 本年收支差额	447 000	
2. 缴回资金	-37 000	
3. 使用专用结余	-58 000	
4. 支付所得税	-31 600	

5.3.3　财政拨款预算收入支出表

1. 财政拨款预算收入支出表的格式

财政拨款预算收入支出表是反映单位本年财政拨款预算资金收入、支出及相关变动的具体情况的报表，其格式如表 5-17 所示。

表 5-17　财政拨款预算收入支出表

会政预 03 表

编制单位：　　　　　　　　　　　　　　　　　年　　　　　　　　　　　　　　　　　单位：元

项目	年初财政拨款结转结余		调整年初财政拨款结转结余	本年归集调入	本年归集上缴或调出	单位内部调剂		本年财政拨款收入	本年财政拨款支出	年末财政拨款结转结余	
	结转	结余				结转	结余			结转	结余
一、一般公共预算财政拨款											
（一）基本支出											
1. 人员经费											
2. 日常公用经费											

续表

项目	年初财政拨款结转结余		调整年初财政拨款结转结余	本年归集调入	本年归集上缴或调出	单位内部调剂		本年财政拨款收入	本年财政拨款支出	年末财政拨款结转结余	
	结转	结余				结转	结余			结转	结余
（二）项目支出											
1.××项目											
2.××项目											
……											
二、政府性基金预算财政拨款											
（一）基本支出											
1.人员经费											
2.日常公用经费											
（二）项目支出											
1.××项目											
2.××项目											
总计											

2. 财政拨款预算收入支出表的具体内容

（1）"项目"栏的具体内容。

财政拨款预算收入支出表的"项目"栏反映单位用于基本支出和项目支出的不同种类的财政拨款。

（2）各栏及其对应项目的具体内容。

1）"年初财政拨款结转结余"栏中各项目，反映单位年初各项财政拨款结转结余的金额。

2）"调整年初财政拨款结转结余"栏中各项目，反映单位对年初财政拨款结转结余的调整金额。

3）"本年归集调入"栏中各项目，反映单位本年按规定从其他单位调入的财政拨款结转资金金额。

4）"本年归集上缴或调出"栏中各项目，反映单位本年按规定实际上缴的财政拨款结转结余资金，及按照规定向其他单位调出的财政拨款结转资金金额。

5）"单位内部调剂"栏中各项目，反映单位本年财政拨款结转结余资金在单位内部不同项目等之间的调剂金额。

6）"本年财政拨款收入"栏中各项目，反映单位本年从同级财政部门取得的各类财政预算拨款金额。

7）"本年财政拨款支出"栏中各项目，反映单位本年发生的财政拨款支出金额。

8）"年末财政拨款结转结余"栏中各项目，反映单位年末财政拨款结转结余的金额。

3. 财政拨款预算收入支出表的填列

（1）"项目"栏内各项目的设置方法。

"项目"栏内的各项目，应当根据单位取得的财政拨款种类分项设置。其中"项目支出"项目下，根据每个项目设置。单位取得除一般公共财政预算拨款和政府性基金预算拨款以外的其他财政拨款的，应当按照财政拨款种类增加相应的资金项目及其明细项目。

（2）各栏及其对应项目的填列方法。

1）"年初财政拨款结转结余"栏中各项目，应当根据"财政拨款结转""财政拨款结余"及其明细科目的年初余额填列。本栏中各项目的数额应当与上年度财政拨款预算收入支出表中"年末财政拨款结转结余"栏中各项目的数额相等。

2）"调整年初财政拨款结转结余"栏中各项目，应当根据"财政拨款结转""财政拨款结余"科目下"年初余额调整"明细科目及其所属明细科目的本年发生额填列；如调整减少年初财政拨款结转结余，以"-"号填列。

3）"本年归集调入"栏中各项目，应当根据

"财政拨款结转"科目下"归集调入"明细科目及其所属明细科目的本年发生额填列。

4)"本年归集上缴或调出"栏中各项目,应当根据"财政拨款结转""财政拨款结余"科目下"归集上缴"科目和"财政拨款结转"科目下"归集调出"明细科目,及其所属明细科目的本年发生额填列;如为负数,以"-"号填列。

5)"单位内部调剂"栏中各项目,应当根据"财政拨款结转"和"财政拨款结余"科目下的"单位内部调剂"明细科目及其所属明细科目的本年发生额填列;对单位内部调剂减少的财政拨款结余金额,以"-"号填列。

6)"本年财政拨款收入"栏中各项目,应当根据"财政拨款预算收入"科目及其所属明细科目的本年发生额填列。

7)"本年财政拨款支出"栏中各项目,应当根据"行政支出""事业支出"等科目及其所属明细科目本年发生额中的财政拨款支出数的合计数填列。

8)"年末财政拨款结转结余"栏中各项目,应当根据"财政拨款结转""财政拨款结余"科目及其所属明细科目的年末余额填列。

项目小结

本项目主要介绍了行政事业单位会计报表概述、行政事业单位的财务报表、行政事业单位的预算会计报表。其中:

行政事业单位会计报表概述包括行政事业单位会计报表体系、财务报表和预算会计报表的编制要求。

行政事业单位的财务报表包括资产负债表、收入费用表、净资产变动表、现金流量表、财务报表附注。

行政事业单位的预算会计报表包括预算收入支出表、预算结转结余变动表、财政拨款预算收入支出表。

思考与练习

一、单项选择题

1. 下列有关财务报表和预算会计报表的编制要求说法正确的是( )。

A. 财务报表不包括附注

B. 单位应当至少按照季度编制财务报表和预算会计报表

C. 财务报表的编制主要以权责发生制为基础

D. 预算会计报表的编制主要以权责发生制为基础

2. 资产负债表是反映行政事业单位在某一特定日期（ ）的报表。

A. 全部资产、负债和净资产情况

B. 收支情况

C. 预算执行情况

D. 专项资金情况

3. 下列关于净资产变动表填列的表述中，错误的是（ ）。

A. "上年年末余额"行，反映单位净资产各项目上年年末的余额

B. "本年年初余额"行，反映经过以前年度盈余调整后，单位净资产各项目的本年年初余额

C. "无偿调拨净资产"行，反映单位本年无偿调入、调出非现金资产事项对净资产的影响

D. "设置的专用基金"行，反映单位本年按规定使用专用基金对净资产的影响

4. 下列关于财务报表附注的表述不正确的是（ ）。

A. 附注中包括财务报表重要项目的说明

B. 对未能在财务报表列示的项目，在附注中说明

C. 如果没有需要披露的重大事项，企业不必编制附注

D. 附注中包括会计政策和会计估计变更以及差错更正的说明

5. 下列关于财政拨款预算收入支出表的表述中，不正确的是（ ）。

A. 财政拨款预算收入支出表的"项目"栏反映单位用于基本支出和项目支出的不同种类的财政拨款

B. "本年归集调入"栏中各项目，反映单位本年按规定从其他单位调入的财政拨款结转资金金额

C. "年初财政拨款结转结余"栏中各项目，反映单位年初各项财政拨款结转结余的金额

D. "本年归集上缴或调出"栏中各项目，反映单位本年按规定从其他单位调入的财政拨款结转资金金额

二、多项选择题

1. 行政事业单位的会计报表一般包括（ ）。

A. 资产负债表　　　B. 利润表

C. 收入费用表　　　D. 净资产变动表

2. 预算会计报表一般包括（ ）。

A. 预算收入支出表

B. 预算结转结余变动表

C. 财政拨款预算收入支出表

D. 现金流量表

3. 下列选项中，根据相关总账科目的期末余额直接填列的有（ ）。

A. 短期投资　　　B. 应收票据

C. 预付账款　　　D. 财政应返还额度

4. 下列关于现金流量表的编制，说法正确的有（ ）。

A. "上年金额"栏应当根据上年现金流量表中"本年金额"栏内所列数字填列

B. "财政基本支出拨款收到的现金"项目，应当根据"零余额账户用款额度""财政拨款收入""银行存款"等科目及其所属明细科目的记录分析填列

C. "收回投资收到的现金"项目，应该根据"库存现金""银行存款""短期投资""长期股权投资""长期债券投资"等科目的记录分析填列

D. "财政资本性项目拨款收到的现金"项目，应当根据"银行存款""零余额账户用款额度""财政拨款收入"等科目及其所属明细科目的记录分析填列

5. 下列选项中，关于预算收入支出表的具体内容说法正确的有（ ）。

A. "财政拨款预算收入"项目，反映单位本年从同级政府财政部门取得的各类财政拨款

B. "事业预算收入"项目，反映事业单位本年开展专业业务活动及其辅助活动取得的预算收入

C. "附属单位上缴预算收入"项目，反映事业单位本年收到的独立核算的附属单位按照有关规定上缴的预算收入

D. "经营预算收入"项目，反映事业单位本年在专业业务活动及其辅助活动之外开展非独立核算经营活动取得的预算收入

三、判断题

1. 现金流量表是反映单位在某一会计年度内现金流入和流出的信息的报表。（　　）

2. 预算结转结余变动表反映单位在某一会计年度内各项预算收入、预算支出和预算收支差额的情况。（　　）

3. 财务报表附注是对在会计报表中列示的项目所做的进一步说明，以及对未能在会计报表中列示项目的说明，是财务报表的重要组成部分。（　　）

4. 净资产变动表是反映单位在某一会计年度内净资产项目的变动情况的报表。（　　）

5. 收入费用表是反映行政事业单位在某一会计期间内发生的收入、费用及当期盈余情况的报表。（　　）

四、简答题

1. 简述收入费用表的编制。

2. 简述预算结转结余变动表的编制。

项目 6　总会计的收入与支出

知识目标

◎ 理解总会计的核算目标与职责

◎ 掌握总会计的会计要素

技能目标

◎ 理解总会计核算基础方法和文字

◎ 掌握总会计科目设置规定与内容

案例导入

根据财政收支快报统计，2015 年，辽宁省一般公共预算收入 2 125.6 亿元，完成年度预算的 65.3%，下降 33.4%，加上中央财政各项补助收入 1 910.7 亿元、调入资金 449.6 亿元、地方政府债券收入 1 709.1 亿元、调入预算稳定调节基金 272.2 亿元、上年结余收入 470.6 亿元，总收入合计为 6 937.8 亿元。辽宁省一般公共预算支出 4 617.8 亿元，下降 9.1%。加上上解中央财政支出 79.2 亿元、援助其他地区支出 0.02 亿元、债务还本支出 1 330.3 亿元、安排预算稳定调节基金 341.1 亿元、调出资金 31.2 亿元、结转下年支出 538.2 亿元，总支出合计为 6 937.8 亿元。

案例思考

辽宁省总会计如何确认、计量和报告这些收入、支出及其形成的资产、负债、净资产？

本章导语

《财政总会计制度》适用于中央，省、自治区、直辖市等各级政府财政部门总会计。总会计是各级政府财政核算、反映、监督一般公共预算资金、政府性基金预算资金、国有资本经营预算资金、社会保险基金预算资金以及财政专户管理资金、专用基金和代管资金等与资金有关的经济活动或事项的专业会计。

任务 6.1 总会计的概念

6.1.1 什么是总会计

总会计是各级政府财政核算、反映、监督一般公共预算资金、政府性基金预算资金、国有资本经营预算资金、社会保险基金预算资金以及财政专户管理资金、专用基金和代管资金等与资金有关的经济活动或事项的专业会计。社会保险基金预算资金会计核算不适用本制度，由财政部另行规定。

6.1.2 总会计的核算目标

总会计的核算目标是向会计信息使用者提供政府财政预算执行情况、财务状况、运行情况和现金流量等会计信息，反映政府财政受托责任履行情况。

总会计的会计信息使用者包括人民代表大会、政府及其有关部门、政府财政部门自身和其他会计信息使用者。

6.1.3 总会计的职责

总会计的职责主要包括以下几个方面。

（1）进行会计核算。办理政府财政各项预算收支、资产负债以及财政运行的会计核算工作，反映政府财政预算执行情况、财务状况、运行情况和现金流量等。

（2）严格财政资金收付调度管理。组织办理财政资金的收付、调拨，在确保资金安全性、规范性、流动性前提下，合理调度管理资金，提高资金使用效益。

（3）规范账户管理。加强对国库单一账户、财政专户、零余额账户和预算单位银行账户等的管理。

（4）实行会计监督，参与预算管理和财务管理。通过会计核算和反映，进行预算执行情况、财务状况、运行情况和现金流量情况分析，并对财政、部门及其所属单位的预算执行和财务管理情况实行会计监督。

（5）协调预算收入征收部门、国家金库、国库集中收付代理银行、财政专户开户银行和其他有关部门之间的业务关系。

（6）组织本地区财政总决算、部门决算、政府财务报告编审和汇总工作。

（7）组织和指导下级财政总会计工作。

任务 6.2　总会计的核算

6.2.1　总会计核算的依据和人员

1. 总会计核算的依据

总会计应当根据政府会计准则（包括基本准则和具体准则）规定的原则和本制度的要求，对其发生的各项经济业务或事项进行会计核算。

2. 总会计核算的人员

各级政府财政部门应当根据工作需要，配备一定数量的专职会计人员，负责总会计工作，并保持相对稳定。

6.2.2　总会计核算的前提

1. 会计主体

总会计核算的会计主体是本级政府，而不是本级政府的财政部门。因为总会计核算会计的收入和支出是本级政府的职权范围，财政部门只能代表本级政府执行预算，扮演经办人的角色。

2. 持续运行

持续运行是假设财政总会计的会计核算应当以本级政府财政业务活动持续正常地进行下去作为组织正常会计确认、计量和报告的基本前提。

3. 会计分期

会计分期是假设本级政府的业务活动运行时间被人为地划分为前后相连、间隔相等的时间阶段，以便分阶段结算账目，编制会计报表。

会计期间至少分为年度和月度。会计年度、月度等会计期间的起讫日期采用公历日期。年度终了后，可根据工作特殊需要，设置一定期限的上年决算清理期。

总会计应当划分会计期间，分期结算账目，按规定编制会计报表和报告。

4. 货币计量

总会计应当以人民币作为记账本位币，以元为金额单位，元以下记至角、分。发生外币业务，在登记外币金额的同时，一般应当按照业务发生当日中国人民银行公布的汇率中间价，将有关外币金额折算为人民币金额记账。

期末，各种以外币计价或结算的资产负债项目，应当按照期末中国人民银行公布的汇率中间价进行折算，因汇率变动产生的差额记入有关费用和支出科目。

6.2.3　总会计核算基础、方法和文字

1. 总会计核算基础

总会计应当具备财务会计与预算会计双重功能，实现财务会计与预算会计适度区分并相互衔接，全面清晰反映政府财政财务信息和预算执行信息。

财务会计实行权责发生制。预算会计实行收付实现制，国家法律法规等另有规定的，依照其规定。

对于纳入预算管理的财政资金收支业务，在

采用预算会计核算的同时应当进行财务会计核算；对于不同预算类型资金间的调入调出、待发国债等业务，仅需进行预算会计核算；对于其他业务，仅需进行财务会计核算。

2. 总会计核算的方法和文字

（1）总会计核算的方法。总会计应当采用借贷记账法记账。

（2）总会计核算的文字。总会计的会计记录应当使用中文，少数民族地区可以同时使用本民族文字。

任务 6.3 总会计的会计要素

6.3.1 资产

1. 资产的概念

总会计核算的资产，是指政府财政占有或控制的，能以货币计量的经济资源。总会计核算的资产，应当按照取得或发生时实际金额进行计量。

2. 资产的分类

总会计核算的资产按照流动性，分为流动资产和非流动资产。

（1）流动资产。流动资产是指预计在1年内（含1年）耗用或者可以变现的资产，具体包括财政存款、国库现金管理资产、有价证券、应收非税收入、应收股利、应收及暂付款项、借出款项、预拨经费、在途款、应收转贷款等。

（2）非流动资产。非流动资产是指流动资产以外的资产，主要有股权投资等。

6.3.2 负债

1. 负债的概念

总会计核算的负债，是指政府财政承担的，能以货币计量、需以资产偿付的债务。总会计核算的负债，应当按照承担的有关义务金额或实际发生金额进行计量。

2. 负债的分类

总会计核算的负债按照流动性，分为流动负债和非流动负债。

（1）流动负债。流动负债是指预计在1年内（含1年）偿还的负债，具体包括应付短期政府债券、应付国库集中支付结余、应付及暂收款项、应付代管资金、应付利息、借入款项、应付转贷款、其他负债等。

（2）非流动负债。非流动负债是指流动负债以外的负债，主要包括应付长期政府债券等。

6.3.3 净资产

总会计核算的净资产是指本级政府财政总会计核算的资产扣除负债后的净额。

总会计核算的净资产包括累计盈余、本期盈余、预算稳定调节基金、预算周转金、权益法调整、以前年度盈余调整等。

6.3.4 收入和费用

1. 收入

总会计核算的收入包括税收收入、非税收入、投资收益、转移性收入、其他收入、财政专户管理资金收入和专用基金收入等。总会计核算的收入，应当按照开具票据金额或实际取得金额进行计量。

2. 费用

总会计核算的费用包括政府机关商品和服务拨款费用、政府机关工资福利拨款费用、对事业单位补助拨款费用、对企业补助拨款费用、对个人和家庭补助拨款费用、对社会保障基金补助拨款费用、资本性拨款费用、其他拨款费用、财务费用、转移性费用、其他费用、财政专户管理资金支出、专用基金支出等。

总会计核算的费用，应当按照承担支付义务金额或实际发生金额进行计量。

6.3.5 预算会计要素

1. 预算收入

总会计核算的预算收入包括一般公共预算收入、政府性基金预算收入、国有资本经营预算收入、财政专户管理资金收入、专用基金收入、转移性预算收入、动用预算稳定调节基金、债务预算收入、债务转贷预算收入和待处理收入等。

预算收入一般在实际取得时予以确认，以实际取得的金额计量。

2. 预算支出

总会计核算的预算支出包括一般公共预算支出、政府性基金预算支出、国有资本经营预算支出、财政专户管理资金支出、专用基金支出、转移性预算支出、安排预算稳定调节基金、债务还本预算支出、债务转贷预算支出和待处理支出等。

预算支出一般在实际发生时予以确认，以实际发生的金额计量。

3. 预算结余

预算结余是指预算年度内政府预算收入扣除预算支出后的余额，以及历年滚存的库款和专户资金余额。

总会计核算的预算结余包括一般公共预算结转结余、政府性基金预算结转结余、国有资本经营预算结转结余、财政专户管理资金结余、专用基金结余、预算稳定调节基金、预算周转金和资金结存等。

任务 6.4　总会计科目

6.4.1　总会计科目设置规定

总会计应当按照下列规定运用会计科目。

（1）总会计应当对有关法律、法规允许进行的经济活动，按照《财政总会计制度》的规定使用会计科目进行核算；不得以《财政总会计制度》规定的会计科目及使用说明作为进行有关经济活动的依据。

（2）总会计应当按照《财政总会计制度》的规定设置和使用会计科目，不需使用的总账科目可以不使用；在不影响会计处理和编报会计报表的前提下，各级总会计可以根据实际情况在本套科目体系下自行增设下级明细科目。

（3）总会计应当执行《财政总会计制度》统一规定的会计科目编号，不得随意打乱　重编，以便于填制会计凭证、登记账簿、查阅账目，实行会计信息化管理。

（4）总会计在填制会计凭证、登记会计账簿时，应同时填列会计科目的名称及编号。

（5）总会计设置明细科目或进行明细核算，除遵循《财政总会计制度》规定外，还应当满足政府财政预算管理和财务管理的需要。

6.4.2　总会计科目内容

总会计适用的会计科目如下。

序号	科目编号	会计科目名称
一、财务会计科目		
（一）资产类		
1	1001	国库存款
2	1002	其他财政存款
3	1003	国库现金管理资产
	100301	商业银行定期存款
	100399	其他国库现金管理资产
4	1011	有价证券
5	1021	应收非税收入
6	1022	应收股利
7	1031	借出款项
8	1032	与下级往来
9	1033	预拨经费
10	1034	在途款
11	1035	其他应收款
12	1041	应收地方政府债券转贷款
	104101	应收本金
	104102	应收利息
13	1042	应收主权外债转贷款
	104201	应收本金
	104202	应收利息

续表

序号	科目编号	会计科目名称
14	1061	股权投资
	106101	国际金融组织股权投资
	106102	政府投资基金股权投资
	106103	企业股权投资
(二) 负债类		
15	2001	应付短期政府债券
	200101	应付国债
	200102	应付地方政府一般债券
	200103	应付地方政府专项债券
16	2011	应付国库集中支付结余
17	2012	与上级往来
18	2013	其他应付款
19	2014	应付代管资金
20	2015	应付利息
	201501	应付国债利息
	201502	应付地方政府债券利息
	201503	应付地方政府主权外债利息
21	2021	应付长期政府债券
	202101	应付国债
	202102	应付地方政府一般债券
	202103	应付地方政府专项债券
22	2022	借入款项
23	2031	应付地方政府债券转贷款
	203101	应付本金
	203102	应付利息
24	2032	应付主权外债转贷款
	203201	应付本金
	203202	应付利息
25	2041	其他负债
(三) 净资产类		
26	3001	累计盈余
	300101	预算管理资金累计盈余
	300102	财政专户管理资金累计盈余
	300103	专用基金累计盈余
27	3011	本期盈余
	301101	预算管理资金本期盈余
	301102	财政专户管理资金本期盈余
	301103	专用基金本期盈余
28	3021	预算稳定调节基金
29	3022	预算周转金
30	3041	权益法调整
31	3051	以前年度盈余调整
	305101	预算管理资金以前年度盈余调整
	305102	财政专户管理资金以前年度盈余调整
	305103	专用基金以前年度盈余调整

续表

序号	科目编号	会计科目名称
（四）收入类		
32	4001	税收收入
33	4002	非税收入
34	4011	投资收益
35	4021	补助收入
36	4022	上解收入
37	4023	地区间援助收入
38	4031	其他收入
39	4041	财政专户管理资金收入
40	4042	专用基金收入
（五）费用类		
41	5001	政府机关商品和服务拨款费用
42	5002	政府机关工资福利拨款费用
43	5003	对事业单位补助拨款费用
44	5004	对企业补助拨款费用
45	5005	对个人和家庭补助拨款费用
46	5006	对社会保障基金补助拨款费用
47	5007	资本性拨款费用
48	5008	其他拨款费用
49	5011	财务费用
	501101	利息费用
	501102	债务发行兑付费用
	501103	汇兑损益
50	5021	补助费用
51	5022	上解费用
52	5023	地区间援助费用
53	5031	其他费用
54	5041	财政专户管理资金支出
55	5042	专用基金支出
二、预算会计科目		
（一）预算收入类		
56	6001	一般公共预算收入
57	6002	政府性基金预算收入
58	6003	国有资本经营预算收入
59	6005	财政专户管理资金收入
60	6007	专用基金收入
61	6011	补助预算收入
	601101	一般公共预算补助收入
	601102	政府性基金预算补助收入
	601103	国有资本经营预算补助收入
	601111	上级调拨
62	6012	上解预算收入
	601201	一般公共预算上解收入
	601202	政府性基金预算上解收入
	601203	国有资本经营预算上解收入

续表

序号	科目编号	会计科目名称
63	6013	地区间援助预算收入
64	6021	调入预算资金
	602101	一般公共预算调入资金
	602102	政府性基金预算调入资金
65	6031	动用预算稳定调节基金
66	6041	债务预算收入
	604101	国债收入
	604102	一般债务收入
	604103	专项债务收入
67	6042	债务转贷预算收入
	604201	一般债务转贷收入
	604202	专项债务转贷收入
68	6051	待处理收入
	605101	库款资金待处理收入
	605102	专户资金待处理收入

（二）预算支出类

序号	科目编号	会计科目名称
69	7001	一般公共预算支出
70	7002	政府性基金预算支出
71	7003	国有资本经营预算支出
72	7005	财政专户管理资金支出
73	7007	专用基金支出
74	7011	补助预算支出
	701101	一般公共预算补助支出
	701102	政府性基金预算补助支出
	701103	国有资本经营预算补助支出
	701111	调拨下级
75	7012	上解预算支出
	701201	一般公共预算上解支出
	701202	政府性基金预算上解支出
	701203	国有资本经营预算上解支出
76	7013	地区间援助预算支出
77	7021	调出预算资金
	702101	一般公共预算调出资金
	702102	政府性基金预算调出资金
	702103	国有资本经营预算调出资金
78	7031	安排预算稳定调节基金
79	7041	债务还本预算支出
	704101	国债还本支出
	704102	一般债务还本支出
	704103	专项债务还本支出
80	7042	债务转贷预算支出
	704201	一般债务转贷支出
	704202	专项债务转贷支出
81	7051	待处理支出

续表

序号	科目编号	会计科目名称
（三）预算结余类		
82	8001	一般公共预算结转结余
83	8002	政府性基金预算结转结余
84	8003	国有资本经营预算结转结余
85	8005	财政专户管理资金结余
86	8007	专用基金结余
87	8031	预算稳定调节基金
88	8033	预算周转金
89	8041	资金结存
	804101	库款资金结存
	804102	专户资金结存
	804103	在途资金结存
	804104	集中支付结余结存
	804105	上下级调拨结存
	804106	待发国债结存
	804107	零余额账户结存
	804108	已结报支出
	804109	待处理结存

项目小结

本项目介绍了总会计的概念、总会计的核算、总会计的会计要素与总会计科目。

总会计的概念包括什么是总会计、总会计的核算目标与总会计的职责。

总会计的核算包括总会计核算的依据和人员、总会计核算的前提，总会计核算基础、方法和文字。

总会计的会计要素包括资产，负债，净资产，收入和费用，预算会计要素。

总会计科目包括总会计科目设置规定与总会计科目内容。

思考与练习

一、单项选择题

1. 总会计核算的会计主体是（　　）。
   A. 政府单位　　　　　B. 各级政府
   C. 财政部门　　　　　D. 各级人大
2. 总会计核算的净资产是指（　　）。
   A. 资产与负债的差额　B. 收入与支出的差额
   C. 预算周转金　　　　D. 资金基金
3. 预算会计要素包括（　　）。
   A. 2个　　　　　　　B. 3个
   C. 4个　　　　　　　D. 5个
4. 总会计科目共分为（　　）。
   A. 三类　　　　　　　B. 四类
   C. 五类　　　　　　　D. 六类
5. 下列各项中，属于政府预算会计要素的是（　　）。
   A. 净资产　　　　　　B. 预算结余
   C. 费用　　　　　　　D. 收入

二、多项选择题

1. 政府预算会计要素是（　　）。
   A. 预算收入　　　　　B. 预算支出
   C. 预算结余　　　　　D. 预算资产
2. 总会计核算的前提包括（　　）。
   A. 会计主体　　　　　B. 持续运行
   C. 会计分期　　　　　D. 货币计量
3. 总会计核算的收入包括（　　）。
   A. 税收收入　　　　　B. 非税收入
   C. 投资收益　　　　　D. 专用基金收入
4. 总会计核算的预算收入包括（　　）。
   A. 一般预算收入　　　B. 基金预算收入
   C. 专用基金收入　　　D. 资金调拨收入
5. 总会计核算的净资产包括（　　）。
   A. 累计盈余　　　　　B. 本期盈余
   C. 预算稳定调节基金　D. 预算周转金

三、判断题

1. 总会计核算的收入内容与政府收入内容完全相同。（　　）
2. 总会计核算的资产按照流动性，分为流动资产和非流动资产。（　　）
3. 预算结余是指预算年度内政府预算收入扣除预算支出后的余额，以及历年滚存的库款和专户资金余额。（　　）
4. 总会计核算的费用，应当按照承担支付义务金额或实际发生金额进行计量。（　　）
5. 总会计应当执行《财政总会计制度》统一规定的会计科目编号，可以随意打乱重编，以便于填制会计凭证、登记账簿、查阅账目，实行会计信息化管理。（　　）

四、简答题

1. 简述总会计的职责。
2. 总会计核算的前提包括哪些？

项目 7　总会计的资产、负债及净资产

知识目标

◎ 理解总会计的资产的概念

◎ 理解总会计的资产、负债的分类

技能目标

◎ 掌握总会计的资产、负债及净资产的内容

◎ 掌握财政业务活动中的债权债务的账务处理

案例导入

某财政部门以财政直接支付的方式,通过财政零余额账户存款账户支付有关预算单位的属于一般预算支出的工资支出 400 000 元。总会计经与中国人民银行财政直接支付划款凭证核对无误后,以国库存款账户与财政零余额账户存款账户进行清算,支付上述工资支出。

案例思考

根据上述资料,编制会计分录。

本章导语

总会计的资产,是指政府财政占有或控制的,能以货币计量的经济资源。

总会计的负债,是指政府财政承担的,能以货币计量、需以资产偿付的债务。

总会计的净资产,是指政府财政资产减去负债的差额。

任务 7.1　总会计的资产

7.1.1　财政存款

1. 财政存款的概念

财政存款是指政府财政部门代表政府管理的国库存款、国库现金管理存款以及其他财政存款等。财政存款的支配权属于同级政府财政部门，并由总会计负责管理，统一在国库或选定的银行开立存款账户，统一收付，不得透支，不得提取现金。

2. 财政存款的账户管理制度

（1）国库单一账户制度。政府的财政存款实行国库单一账户制度管理。所谓国库单一账户制度，简单地说，是指将政府所有财政资金，包括存放在国库的财政资金和存放在财政专户的其他财政资金，集中在国库或国库指定的代理银行开设账户，所有财政收入直接缴入这一账户，所有财政支出直接通过这一账户进行拨付的财政资金管理制度。

实行国库单一账户制度，从收入方面来讲，意味着所有财政收入将直接缴入国库，而不通过有关部门或单位设置的收入过渡账户；从支出方面来讲，意味着财政资金将在实际使用时从国库账户直接划入供货商或劳务提供者账户，而不通过有关部门或单位设置的支出过渡账户。实行国库单一账户制度，对于从根本上解决由于财政资金分散管理形成的财政资金使用效率和效益不高、财政宏观调控能力不强等问题，具有重要的现实意义。

（2）国库单一账户体系。在国库单一账户制度下，为加强财政存款的管理，财政部门设置一系列专门的银行账户，形成一个完整的以国库存款账户为核心的国库单一账户体系。目前，国库单一账户体系由财政部开设的银行账户、财政部门为预算单位开设的银行账户以及特设银行账户组成。

财政部门开设的银行账户有以下几种。

1）国库存款账户。国库存款账户在中国人民银行开设，为国库单一账户，用于记录、核算和反映纳入财政预算管理的财政收入与支出，并用于与财政部门在商业银行开设的财政部门零余额账户以及财政部门为预算单位在商业银行开设的预算单位零余额账户进行清算，实现支付。

2）财政部门零余额账户。财政部门零余额账户也简称"财政零余额账户"，在商业银行开设，用于财政直接支付以及与国库单一账户进行清算。财政部门零余额账户为过渡性质的账户。代理银行在根据财政部门开具的支付指令向有关货品或劳务供应者支付款项，并按日向国库单一账户申请清算后，财政部门零余额账户的余额即为零，因此，被称为"财政部门零余额账户"。

3）财政专户。财政专户为财政部门为预算单位开设的银行账户。财政专户在商业银行开设，用于记录、核算和反映实行财政专户管理的资金收入与支出，并用于财政专户管理资金的日常收支清算。

4）预算单位零余额账户。预算单位零余额账户是财政部门为预算单位在商业银行开设的零余额账户。预算单位零余额账户用于财政授权支付以及与国库单一账户进行清算。该账户为过渡性质的账户，是预算单位的一个授权支付用款额度。代理银行在根据预算单位开具的支付指令向有关货品或劳务供应者支付款项，并按日向国库单一账户申请清算后，预算单位零余额账户的余额即为零，因此被称为"预算单位零余额账户"。

5）财政汇缴零余额账户。财政汇缴零余额账户也可简称为"财政汇缴专户"，是财政部门为预算单位在商业银行开设的零余额账户。财政汇缴零余额账户用于反映预算单位作为执收单位收取的应当汇缴财政国库或财政专户的财政资金收入。由于执收单位收取的相关收费等财政资金收入应当在汇总缴入财政汇缴零余额账户后的当日即转入国库存款账户或财政专户,财政汇缴零余额账户每日汇缴后的余额为零,因此被称为"财政汇缴零余额账户"。设置财政汇缴零余额账户的目的是方便执收单位收取相应的财政资金,并及时将收取的款项汇总缴入国库存款账户或财政专户,纳入财政部门的管理范围。

6) 特设银行账户。特设银行账户是指经国务院和省级人民政府批准或授权财政部门开设的特殊过渡性专户。特设银行账户用于记录、核算和反映预算单位的特殊专项支出活动,并用于与国库单一账户进行清算。一般情况下,特设银行账户为实存资金账户。

根据相关规定,财政部门零余额账户和预算单位零余额账户的用款额度具有与人民币存款相同的支付结算功能。财政部门零余额账户可以办理转账等支付结算业务,但不得提取现金。预算单位零余额账户可以办理转账、汇兑、委托收款和提取现金等支付结算业务。

3. 财政存款的核算

财政存款的内容主要包括国库存款、国库现金管理存款和其他财政存款。为核算财政存款业务,财政总会计应设置"国库存款""国库现金管理存款""其他财政存款"三个总账科目。

(1) 国库存款的核算。国库存款是指政府财政存放在国库单一账户的款项。为核算国库存款业务,财政总会计应设置"国库存款"总账科目。"国库存款"科目借方登记国库存款的增加数,贷方登记国库存款的减少数,期末借方余额反映政府财政国库存款的结存数。

【情景7-1】北京市财政收到中国人民银行国库报来的预算收入日报表等凭证,当日收到一般公共预算本级收入430 000元。

该市财政总会计应编制会计分录为:

借:国库存款 430 000

贷:税收收入——上缴增值税 430 000

国库存款增加的业务主要有财政总会计收到本级财政预算收入、上级财政补助收入、国库存款利息收入等。

【情景7-2】北京市财政总会计收到财政国库支付执行机构报来的预算支出结算清单,财政国库支付执行机构以财政直接支付的方式,通过财政零余额账户支付有关预算单位的属于一般公共预算本级支出的款项共计132 000元。财政总会计经与中国人民银行报来的财政直接支付申请划款凭证及其他有关凭证核对无误。

该市财政总会计应编制会计分录为:

借:政府机关商品和

服务拨款费用等 132 000

贷:国库存款 132 000

国库存款减少的业务主要有财政总会计办理库款拨付、对下级财政补助支出等。

我国现行预算法规定,各级国库库款的支配权属于本级政府财政部门。除法律、行政法规另有规定外,未经本级政府财政部门同意,任何部门、单位和个人都无权冻结、动用国库库款或者以其他方式支配已入国库的库款。

(2) 国库现金管理资产的核算。国库现金管理资产是指政府财政实行国库现金管理业务存放在商业银行的款项。

为核算国库现金管理资产业务,财政总会计应设置"国库现金管理资产"总账科目。该科目借方登记国库现金管理存款的增加数,贷方登记国库现金管理存款的减少数,期末借方余额反映政府财政实行国库现金管理业务持有的存款。

"国库现金管理资产"科目应按照业务种类设置"商业银行定期存款""其他国库现金管理资产"明细科目,并可根据管理需要进行明细核算。

国库现金管理资产的主要账务处理如下。

1) 商业银行定期存款。

①根据国库现金管理有关规定开展商业银行定期存款时,将国库存款转存商业银行,按照存入商业银行的金额,借记本科目,贷记"国库存款"科目。

②商业银行定期存款收回国库时,按照实际

收回的金额，借记"国库存款"科目，按照原存入商业银行的存款本金金额，贷记本科目，按照其差额，贷记"非税收入"科目。

2）其他国库现金管理业务可根据管理条件和管理需要，参照商业银行定期存款的账务处理。

【情景7-3】 某省总会计根据国库现金管理的有关规定，将库款350 000元转存商业银行。转存期满后，国库现金管理存款收回国库，实际收到金额885 000元。

该省总会计应编制会计分录为：

a. 将库款转存商业银行时：

借：国库现金管理资产　　　　350 000
　　贷：国库存款　　　　　　　　350 000

b. 将国库现金管理资产收回国库时：

借：国库存款　　　　　　　　885 000
　　贷：国库现金管理资产　　　　885 000

国库现金管理是指在确保国库现金安全和资金支付需要的前提下，为提高财政资金使用效益，运用金融工具有效运作库款的管理活动。国库现金管理应当遵循安全性、流动性、收益性相统一的原则，即在确保财政资金安全、财政支出支付流动性需求的基础上，实现财政资金的保值和增值。

国库现金管理与国库存款计付利息的方法相关。按照现行国库存款计付利息的相关方法，国库存款计付利息利率按现行中国人民银行规定的单位活期存款利率计付。因此，国库存款的利息远低于商业银行定期存款的利息。

（3）其他财政存款的核算。其他财政存款是指政府财政未列入"国库存款""国库现金管理存款"科目反映的各项存款，包括未设国库的乡镇财政在专业银行的预算资金存款、由财政部指定存入专业银行的专用基金存款、经批准开设的特设账户存款、未纳入预算并实行财政专户管理的资金存款等。

为核算其他财政存款业务，总会计应设置"其他财政存款"总账科目。"其他财政存款"总账科目借方登记其他财政存款的增加数，贷方登记其他财政存款的减少数，期末借方余额反映政府财政持有的其他财政存款。

"其他财政存款"总账科目应按照存款资金的性质和存款银行等进行明细核算。

其他财政存款的主要账务处理如下。

1）财政专户收到款项时，按照实际收到的金额，借记本科目，贷记有关科目。

2）其他财政存款产生的利息收入，除规定作为专户资金收入外，其他利息收入都应缴入国库。

取得其他财政存款利息收入时，按照实际获得的利息金额，根据以下情况分别处理。

①按规定作为专户资金收入的，借记本科目，贷记"应付代管资金"或有关收入科目。

②按规定应缴入国库的，借记本科目，贷记"其他应付款"科目。将其他财政存款利息收入缴入国库时，借记"其他应付款"科目，贷记本科目；同时，借记"国库存款"科目，贷记"非税收入"科目。

3）其他财政存款减少时，按照实际支付的金额，借记有关科目，贷记本科目。

【情景7-4】 某市财政收到按规定实行财政专户管理的教育收费共计360 000元。同日，通过财政专户向有关教育单位拨付教育收费共计160 000元。

该市财政总会计应编制会计分录为：

a. 收到财政专户管理资金时：

借：其他财政存款　　　　　　360 000
　　贷：财政专户管理资金收入　　360 000

b. 拨付财政专户管理资金时：

借：政府机关商品和
　　服务拨款费用　　　　　　160 000
　　贷：其他财政存款　　　　　　160 000

目前，纳入财政专户管理的资金主要是教育收费。财政部门对教育单位拨付教育收费可以是实拨资金，也可以是集中支付，或财政专户直接支付。纳入财政专户管理的资金，一旦纳入财政预算管理、需要缴入财政国库的，应当及时将相应资金从其他财政存款账户转入国库存款账户，并做出相应的会计转账处理。

7.1.2 有价证券

有价证券是指政府财政按照有关规定取得并持有的政府债券。政府财政既可以采用发行政府债券的方式筹集财政资金，也可以采用购买政府债券的方式对财政资金进行管理。

为核算有价证券业务，总会计应设置"有价证券"总账科目。"有价证券"总账科目借方登记有价证券的增加数，贷方登记有价证券的减少数，期末借方余额反映政府财政持有的有价证券金额。

【情景 7-5】 某市财政用暂时闲置的一般公共预算结余资金 105 000 元购买政府债券。3 个月之后，将购买的政府债券转让，收到款项合计 105 400 元。

该市财政总会计应编制会计分录为：

a. 购买政府债券时：

借：有价证券　　　　　　　　　105 000
　　贷：国库存款　　　　　　　　105 000

b. 转让政府债券时：

借：国库存款　　　　　　　　　105 400
　　贷：有价证券　　　　　　　　105 000
　　　　投资收益　　　　　　　　　　400

财政部门使用财政预算结余资金购买有价证券并获得相应的利息收入，是财政部门对国库现金进行管理的一种方法。目前，财政国库现金管理的方法还有短期、定期转存商业银行账户，以取得相应的商业银行存款利息收入。财政国库现金管理应在确保财政国库支付需要的前提下，实现财政国库余额最小化和投资收益最大化的目标。

7.1.3 在途款

1. 在途款的概念

总会计的在途款，是指在规定的决算清理期与库款报解整理期内收到的应属于上年度收入与收回上年度不应列支的款项。其中，决算清理期一般是指预算年度结束之后，从 1 月 1 日起至 7 日止，共 7 天。库款报解整理期是指年度终了后，各级国库可根据本地实际情况，设置 1~10 天的库款报解整理期。国库经收处于 12 月 31 日以前所收款项，应在库款报解整理期内划缴国库，国库应按要求列入当年决算。

2. 账户设置

总会计应设置"在途款"科目，核算决算清理期和库款报解整理期内发生的，需要通过该科目过渡处理的，属于上年度收入、支出等业务的资金数。"在途款"科目期末借方余额反映政府财政持有的在途款。

3. 账务处理

（1）决算清理期和库款报解整理期内收到属于上年度收入时，在上年度账务中做如下分录。

借：在途款
　　贷：有关收入

（2）收回属于上年度拨款或支出时，在上年度账务中做如下分录。

借：在途款
　　贷：预拨经费或有关支出

（3）冲转在途款时，在本年度账务中做如下分录。

借：国库存款
　　贷：在途款

【情景 7-6】 年终清理期，某省财政清理出 260 000 元的税收收入未收；当年 10 月，有一笔 450 000 元政府机关商品和服务拨款费用属于错支，并通知有关单位。

该省财政总会计应编制会计分录为：

a. 在预算年度的收入账户中：

借：在途款　　　　　　　　　　260 000
　　贷：税收收入　　　　　　　　260 000

b. 对于错支的政府机关商品和服务拨款费用支出，先登记"在途款"账户，并冲销当年基金预算支出：

借：在途款　　　　　　　　　　　　450 000
　　贷：政府机关商品和服务拨款费用 450 000

c. 款项收到时：

借：国库存款　　　　　　　　　　710 000
　　贷：在途款　　　　　　　　　　710 000

7.1.4 预拨经费

1. 财政预算的"两上两下"程序

一上：各部门按照年度部门预算编制要求，根据本部门发展规划、年度工作目标和重点，编制本部门年度预算建议计划报送财政部门，同时报送人员、资产等基础数据和项目支出安排依据等情况。

一下：财政部门审核各部门报送的年度预算建议计划，综合考虑财力可能，汇总平衡形成部门预算初步方案，在法定时间内下达各部门预算控制数。

二上：各部门在财政部门下达的部门预算控制数以内，汇总编报本部门及所属单位年度预算草案，在规定时间内报送财政部门。

二下：财政部门对各部门报送的年度预算草案进行审核汇总，形成年度预算草案，在报同级政府、党委审议通过后，报经同级人大常委会审议，提交同级人民代表大会审议，在同级人民代表大会审议批准后于法定时间内将部门预算批复到各部门。

2. 预拨经费概念

预拨经费是指政府财政在年度预算执行中预拨出应在以后各月列支以及会计年度终了前根据"二上"预算预拨出的下年度预算资金。预拨经费（不含预拨下年度预算资金）应在年终前转列支出或清理收回。

3. 账户设置

总会计应设置"预拨经费"科目核算政府财政预拨给预算单位尚未列为预算支出的款项。"预拨经费"科目应当按照预拨经费种类、预算单位等进行明细核算。"预拨经费"科目借方余额反映政府财政年末尚未转列支出或尚待收回的预拨经费数。

4. 账务处理

（1）拨出款项时：

借：预拨经费
　　贷：国库存款

（2）转列支出或收回预拨款项时：

借：政府机关商品和服务拨款费用等
　　贷：预拨经费

【情景7-7】某县决定于2022年2月20日召开本县人民代表大会。该县财政2021年12月完成了财政预算的"一上"程序。根据"二上"一般预算，通过财政直接支付方式拨给其所属某预算单位2022年第一季度日常公用经费520 000元。2022年1月，经审核，该县财政将预拨给该预算单位的经费260 000元转作支出。

该县财政总会计应编制会计分录为：

a. 2021年12月：

借：预拨经费——某预算单位　　520 000
　　贷：国库存款　　　　　　　　520 000

b. 2022年1月：

借：政府机关商品和服务拨款费用　260 000
　　贷：预拨经费——某预算单位　260 000

7.1.5 借出款项

1. 账户设置

总会计应设置"借出款项"科目核算政府财政按照对外借款管理相关规定借给预算单位临时急需并需按期收回的款项。"借出款项"科目应当按照借款单位等进行明细核算。"借出款项"科目期末借方余额反映政府财政借给预算单位尚未收回的款项。

2. 账务处理

（1）将款项借出时，按照实际支付的金额。

借：借出款项
　　贷：国库存款

（2）收回借款时，按照实际收到的金额。

借：国库存款
　　贷：借出款项

【情景7-8】2022年5月12日，某县交通局临时急需1 250 000元修复被暴雨冲毁的部分公路，该县财政按照对外借款管理相关规定，通过国库将借款直接支付借给交通局，规定7月归还财政。

该县财政总会计应编制会计分录为：

a. 将款项借出时：

借：借出款项——交通局　　1 250 000
　　贷：国库存款　　　　　　1 250 000

b. 将收回借款时：

借：国库存款　　　　　　　1 250 000
　　贷：借出款项——交通局　1 250 000

7.1.6 财政业务活动中的债权债务

1. 财政业务活动中的债权债务的概念

政府财政业务活动中形成的债权被称为"暂付及应收款项"，包括与下级往来和其他应收款等。暂付及应收款项应当及时清理结算，不得长期挂账。

政府财政业务活动中形成的债务被称为"暂收及应付款项"，包括与上级往来和其他应付款等。暂收及应付款项应当及时清理结算。

下级往来和上级往来是指本级政府与下级、上级政府财政之间的往来结算款项。

其他应收款、其他应付款是指本级政府与下级、上级政府财政之间临时发生的其他应收、暂付、垫付款项。

2. 账户设置

（1）"与下级往来"科目。

总会计应设置"与下级往来"科目核算本级政府财政与下级政府财政的往来待结算款项。"与下级往来"科目应当按照下级政府财政、资金性质等进行明细核算。"与下级往来"科目期末借方余额反映下级政府财政欠本级政府财政的款项，期末贷方余额反映本级政府财政欠下级政府财政的款项。

（2）"与上级往来"科目。

总会计应设置"与上级往来"科目核算本级政府财政与上级政府财政的往来待结算款项。"与上级往来"科目应当按照往来款项的类别和项目等进行明细核算。"与上级往来"科目期末贷方余额反映本级政府财政欠上级政府财政的款项，借方余额反映上级政府财政欠本级政府财政的款项。

（3）"其他应收款"科目。

总会计应设置"其他应收款"科目核算政府财政临时发生的其他应收、暂付和垫付款项。项目单位拖欠外国政府和国际金融组织贷款本息与相关费用导致相关政府财政履行担保责任，代偿的贷款本息费，也通过"其他应收款"科目核算。"其他应收款"科目应当按照资金性质、债务单位等进行明细核算。"其他应收款"科目应及时清理结算。年终，原则上应无余额。

（4）"其他应付款"科目。

总会计应设置"其他应付款"科目核算政府财政临时发生的暂收、应付和收到的不明性质款项。税务机关代征入库的社会保险费、项目单位使用并承担还款责任的外国政府和国际金融组织贷款，也通过"其他应付款"科目核算。"其他应付款"科目应当按照债权单位或资金来源等进行明细核算，"其他应收款"科目期末贷方余额反映政府财政尚未结清的其他应付款项。

3. 账务处理

（1）与下级往来。

1）借给下级政府财政款项时：

借：与下级往来——××收入
　　贷：国库存款

2）体制结算中应当由下级政府财政上缴的收入数：

借：与下级往来——××收入
　　贷：上解收入

3）借款收回、转作补助支出或体制结算应当补助下级政府财政的支出：

借：国库存款
　　补助费用
　　贷：与下级往来——××收入

4）发生上解多交应当退回的，按照应当退回的金额：

借：上解收入
　　贷：与下级往来——××收入

5）发生补助多补应当退回的，按照应当退回的金额：

借：与下级往来——××收入
　　贷：补助费用

（2）与上级往来。

1）本级政府财政从上级政府财政借入款项或体制结算中发生应上缴上级政府财政款项时：

借：国库存款
　　上解费用
　　贷：与上级往来

2）本级政府财政归还借款、转作上级补助收入或体制结算中应由上级补给款项时：

借：与上级往来
　　贷：国库存款
　　　　补助收入

【情景7-9】年终，某市财政体制结算中，应补助所属A县财政款项420 000元，B县财政应上解款项930 000元，C县财政上缴性质不明款880 000元，应上缴省级财政一般预算款5 900 000元。

各级财政总会计处理为：

A. 某市总会计：

a. 年终应补助A县：

借：补助费用　　　　　　　　　　420 000
　　贷：与下级往来——A县　　　420 000

b. 应收B县上解款：

借：与下级往来——B县　　　　　930 000
　　贷：上解收入　　　　　　　　930 000

c. 收到C县上缴性质不明款：

借：国库存款　　　　　　　　　　880 000
　　贷：其他应付款　　　　　　　880 000

d. 应上缴省级财政：

借：上解费用　　　　　　　　　5 900 000
　　贷：与上级往来——一般预算 5 900 000

B. A县财政总会计，年终应收结算补助收入：

借：与上级往来　　　　　　　　　420 000
　　贷：补助收入　　　　　　　　420 000

C. B县财政总会计，年终应上解收入：

借：上解费用　　　　　　　　　　930 000
　　贷：与上级往来——一般预算　930 000

D. C县财政总会计，年终上缴性质不明款：

借：其他应付款——应上缴来源不明款
　　　　　　　　　　　　　　　　880 000
　　贷：国库存款　　　　　　　　880 000

（3）其他应收款。

1）发生其他应收款项时：

借：其他应收款
　　贷：国库存款
　　　　其他财政存款

2）收回或转作预算支出时：

借：国库存款
　　其他财政存款
　　有关费用科目
　　贷：其他应收款

【情景7-10】某市财政因其所属预算单位临时急需资金，借给下级A县政府机关商品和服务拨款费用款项525 000元；后经研究，全数转作政府机关商品和服务拨款费用。

各级财政总会计处理为：

A. 某市财政总会计：

a. 借款给 A 县：

借：其他应收款——一般预算
　　　　　　　——A 县　　　525 000
　　贷：国库存款　　　　　　525 000

b. 转为费用：

借：政府机关商品和服务拨款费用　525 000
　　贷：其他应收款——一般预算
　　　　　　　　　　——A 县　525 000

B. A 县财政总会计：

a. 收到借款：

借：国库存款　　　　　　　525 000
　　贷：其他应付款——一般预算　525 000

b. 转作收入：

借：其他应付款——一般预算　525 000
　　贷：其他收入　　　　　　525 000

3）政府财政对使用外国政府和国际金融组织贷款资金的项目单位履行担保责任。

①代偿贷款本息费时：

借：其他应收款
　　贷：国库存款
　　　　其他财政存款

②政府财政行使追索权，收回项目单位贷款本息费时：

借：国库存款
　　其他财政存款
　　贷：其他应收款

③政府财政最终未收回项目单位贷款本息费，经核准列支时：

借：一般公共预算本级支出
　　贷：其他应收款

（4）其他应付款。

1）暂存款项。

①收到暂存款项时：

借：国库存款
　　其他财政存款
　　贷：其他应付款

②将暂存款项清理退还或转作收入时：

借：其他应付款
　　贷：国库存款
　　　　其他财政存款
　　　　有关收入

2）社会保险费。

①社会保险费代征入库时：

借：国库存款
　　贷：其他应付款

②社会保险费国库缴存社保基金财政专户时：

借：其他应付款
　　贷：国库存款

3）项目单位承担还款责任的外国政府和国际金融组织贷款资金。

①收到资金时：

借：其他财政存款
　　贷：其他应付款

②付给项目单位时：

借：其他应付款
　　贷：其他财政存款

③收到项目单位偿还贷款资金时：

借：其他财政存款
　　贷：其他应付款

④将项目单位还款资金付给外国政府和国际金融组织时：

借：其他应付款
　　贷：其他财政存款

【情景 7-11】某建设机械制造厂（以下简称"机械厂"）获得亚洲银行贷款 12 000 000 元，该笔贷款专门用于省高等级公路养护设备摊铺机项目，贷款期限为 3 年，年利率为 4%，每年支付一次利息，由该机械厂还本付息，省政府承担担保责任并代理收付。若该机械厂无法按期偿还本息，则由省政府代偿贷款本息。2023 年 1 月 5 日，财政特设账户已经收到款项，于 1 月 15 日直接支付给该机械厂。假设前两年该机械厂均能如期支付利息。后因业绩欠佳，现金紧缺，2023 年 1 月 5 日，该机械厂只能偿还本金 8 000 000 元及利息 480 000 元，不足部分 4 000 000 元由政府先行代偿。2026 年 7 月 8 日，该机械厂业绩回升，现金充裕，支付了政府代偿还的 4 000 000 元。

省财政总会计处理为：

a. 2023 年 1 月 5 日，收款时：

借：其他财政存款　　　　　　12 000 000
　　贷：其他应付款——机械厂　12 000 000

b. 2023 年 1 月 15 日，付给项目单位时：

借：其他应付款——机械厂　　12 000 000
　　贷：其他财政存款　　　　　12 000 000

c. 2023—2024 年每年 1 月 5 日，收到项目单位付息资金时：

借：其他财政存款　　　　　　　480 000
　　贷：其他应付款——机械厂　　480 000

转付给亚洲银行时：

借：其他应付款——机械厂　　　480 000
　　贷：其他财政存款　　　　　　480 000

d. 2026 年 1 月 5 日，收到项目单位还本付息资金时：

借：其他财政存款　　　　　　8 480 000
　　贷：其他应付款——机械厂　8 480 000

转付给亚洲银行时：

借：其他应付款——机械厂　　8 480 000
　　贷：其他财政存款　　　　　8 480 000

代机械厂偿还本金时：

借：其他应收款——机械厂　　4 000 000
　　贷：其他财政存款　　　　　4 000 000

e. 2026 年 7 月 8 日，政府财政行使追索权，收回项目单位贷款本息费时：

借：其他财政存款　　　　　　4 000 000
　　贷：其他应收款——机械厂　4 000 000

7.1.7　政府债券转贷款

1. 政府债券转贷款的概念

（1）转贷款。

转贷款是指由地方政府既作为债务人借入又作为债权人转贷给下级政府的资金，包括以下两种。①应收转贷款。应收转贷款是指政府财政将借入的资金转贷给下级政府财政的款项，包括应收地方政府债券转贷款、应收主权外债转贷款等。②应付转贷款。应付转贷款是指地方政府财政向上级政府财政借入转贷资金而形成的负债，包括应付地方政府债券转贷款和应付主权外债转贷款等。

（2）主权外债。

主权外债是指由国务院授权机构代表国家举借的、以国家信用保证对外偿还的外债。国际金融组织贷款和外国政府贷款由国家统一对外举借。未经国务院批准，任何政府机关、社会团体、事业单位不得举借外债或对外担保。

主权外债包括以下两种。

1）统借统还主权外债。统借统还主权外债是指由国家统一对外举借和偿还的主权外债。主权外债资金由财政部直接或通过金融机构转贷给国内债务人的，国内债务人应当对财政部或转贷金融机构承担偿还责任。

2）统借自还主权外债。统借自还主权外债是指由财政部代表国家统一借入，由地方财政部门、中央或地方项目单位负责偿还的外国政府贷款和国际金融组织贷款。

（3）外债转贷款。

外债转贷款是指境内单位使用的以外币承担的具有契约性偿还义务的下列外汇资金，包括：①国际金融组织转贷款和外国政府转贷款；②国际金融转租赁和国内外汇租赁；③国内银行及非银行金融机构的外汇贷款；④其他形式的转贷款。

2. 账户设置

（1）"应收地方政府债券转贷款"科目。

总会计应设置"应收地方政府债券转贷款"科目，核算本级政府财政转贷给下级政府财政的地方政府债券资金的本金及利息。"应收地方政府债券转贷款"科目借方登记增加数，贷方登记减少数，借方余额反映政府财政应收未收的地方政府债券转贷款本金及利息。

"应收地方政府债券转贷款"科目应设置"应收本金"和"应收利息"明细科目，并按照转贷对象进行明细核算，其下应根据管理规定设置"一般债券""专项债券"等明细科目。其中，"应收利息"明细科目通常应根据债务管理部门计算并提供的政府债券转贷款的应收利息情况，按期进行核算。

（2）"应收主权外债转贷款"科目。

总会计应设置"应收主权外债转贷款"科目，核算本级政府财政转贷给下级政府财政的外国政府、国际金融组织贷款等主权外债资金的本金及利息。"应收主权外债转贷款"科目借方登记增加数，贷方登记减少数，借方余额反映政府财政应收未收的主权外债转贷款本金及利息。

"应收主权外债转贷款"科目应设置"应收本金"和"应收利息"明细科目，并按照转贷对象进行明细核算。其中，"应收利息"明细科目通常应根据债务管理部门计算并提供的主权外债转贷款的应收利息情况，按期进行核算。

（3）"应付地方政府债券转贷款"科目。

总会计应设置"应付地方政府债券转贷款"科目，核算地方政府财政从上级政府财政借入地方政府债券转贷款的本金和利息。"应付地方政府债券转贷款"科目贷方登记增加数，借方登记减少数，贷方余额反映本级政府财政尚未偿还的地方政府债券转贷款本金和利息。

"应付地方政府债券转贷款"科目应设置"应付本金"和"应付利息"明细科目，其下可根据管理规定设置"地方政府一般债券""地方政府专项债券"等明细科目。其中，"应付利息"明细科目通常应根据债务管理部门计算并提供的政府债券转贷款的应付利息情况，按期进行核算。

（4）"应付主权外债转贷款"科目。

总会计应设置"应付主权外债转贷款"科目，核算本级政府财政从上级政府财政借入主权外债转贷款的本金和利息。"应付主权外债转贷款"科目贷方登记增加数，借方登记减少数，贷方余额反映本级政府财政尚未偿还的主权外债转贷款本金和利息。

"应付主权外债转贷款"科目应设置"应付本金"和"应付利息"明细科目。债务管理部门应当设置辅助明细账，主要包括应付主权外债对应的项目、期限、借入日期、实际偿还及付息情况等内容，并按期计算外债存续期应负担的利息金额。

3. 账务处理

（1）地方政府债券转贷款的主要账务处理。

1）本级政府。

①向下级政府财政转贷地方政府债券资金时：

借：应收地方政府债券转贷款（按照转贷的本金）

　　贷：国库存款、与下级往来等（按照实际拨付的金额或债务管理部门确认的转贷金额）

借或贷：有关费用（按照其差额）

②按期确认地方政府债券转贷款的应收利息时：

借：应收地方政府债券转贷款（根据债务管理部门计算确认的转贷款本期应收未收利息金额）

　　贷：财务费用——利息费用等

③收到下级政府财政偿还的地方政府债券转贷款本息时：

借：国库存款、其他财政存款等（按照收到的金额）

　　贷：应收地方政府债券转贷款

④扣缴下级政府财政应偿还的地方政府债券转贷款本息时：

借：与下级往来等（按照扣缴的金额）

　　贷：应收地方政府债券转贷款

⑤豁免下级政府财政应偿还的地方政府债券转贷款本息时：

借：补助费用、与下级往来等（根据债务管理部门转来的有关资料及有关预算文件，按照豁免金额）

　　贷：应收地方政府债券转贷款

2）下级政府。

①上级政府财政转贷地方政府债券资金时：

借：国库存款、与上级往来等（按照实际收到的金额或债务管理部门转来的相关资料）

　　贷：应付地方政府债券转贷款（按照转贷本金金额）

借或贷：有关费用（按照其差额）

②按期确认地方政府债券转贷款的应付利息时：

借：财务费用——利息费用（根据债务管理

部门计算确定的本期应付未付利息金额）

贷：应付地方政府债券转贷款

③偿还本级政府财政承担的地方政府债券转贷款本息时：

借：应付地方政府债券转贷款

贷：国库存款等

④上级政府财政扣缴地方政府债券转贷款本息时：

借：应付地方政府债券转贷款

贷：与上级往来等

⑤上级政府财政豁免转贷款本息时：

借：应付地方政府债券转贷款（根据债务管理部门转来的有关资料及有关预算文件，按照豁免金额）

贷：补助收入、与上级往来等

【情景7-12】某省2023年3月1日新增发行政府一般债券3.5亿元。其中，2.3亿元转贷给所辖A市政府，用于农村民生工程、农村基础设施、生态建设工程支出。债券期限为1年，按债券发行面值的0.1%向承销团成员支付发行费，票面利率为3.5%，到期还本付息。发行取得圆满成功，且债券期满后，A市按期支付本息。债券款项及发行费按照收支两条线管理，分别通过国库直接支付。

各级财政总会计处理为：

A. 某省政府取得债券发行收入时：

借：国库存款　　　　　　　350 000 000

贷：应付短期政府债券

——应付地方政府一般债券

350 000 000

B. 某省政府支付发行费用时：

借：财务费用　　　　　　　　　350 000

贷：国库存款　　　　　　　　　350 000

C. 某省政府财政向所辖A市政府财政转贷地方政府债券资金时，根据债务管理部门转来的相关资料，按照到期应收回的转贷款本金金额：

借：应收地方政府债券转贷款

——应收地方政府一般债券转贷款

——应收本金　　　　　　230 000 000

贷：国库存款　　　　　　　230 000 000

D. A市政府收到某省政府财政转贷的地方政府债券资金时，按照实际收到的金额：

借：国库存款　　　　　　　230 000 000

贷：应付地方政府债券转贷款

——应付本金　　　　　　230 000 000

E. 2023年12月31日，根据债务管理部门计算出的转贷款本期应计利息6 708 333元。

a. 某省政府总会计：

借：应收地方政府债券转贷款

——应收地方政府一般债券转贷款

——应收利息　　　　　　6 708 333

贷：财务费用　　　　　　　　6 708 333

b. A市政府总会计：

借：财务费用　　　　　　　　6 708 333

贷：应付地方政府债券转贷款

——应付地方政府一般债券转贷款

——应付利息　　　　　　6 708 333

F. 2024年3月1日，A市偿还本级政府财政承担的地方政府债券转贷款本金2.3亿元及利息805万元时：

借：应付地方政府债券转贷款

——应付地方政府一般债券转贷款

——应付本金　　　　　　230 000 000

——应付利息　　　　　　　8 050 000

贷：国库存款　　　　　　　238 050 000

G. 某省政府收回下级政府财政偿还的转贷款本息时，按照收回的金额：

借：国库存款　　　　　　　238 050 000

贷：应收地方政府债券转贷款

——应收地方政府一般债券转贷款

——应收本金　　　　　　230 000 000

——应收利息　　　　　　　6 708 333

财务费用　　　　　　　　　1 341 667

【情景7-13】2023年7月1日，B县从省政府财政获得65 000 000元转贷款，债券期限为2年，票面利率为3.6%，到期还本，按年付息。所有款项均通过国库直接收付。2024年7月1日，B县因财政困难，暂时无法支付首期利息，由所属州政府财政扣缴，代为上缴省政府财政。

各级总会计处理为：

A. 2023年7月1日，州总会计：

a. 扣缴 B 县政府财政的转贷款利息 2 340 000 元时，按照扣缴的金额：

借：与下级往来——B 县　　　　2 340 000
　　贷：其他应付款／其他应收款
　　　　——省财政　　　　　　　2 340 000

b. 上缴省财政时：

借：其他应付款／其他应收款
　　——省财政　　　　　　　　　2 340 000
　　贷：国库存款　　　　　　　　2 340 000

B. B 县总会计：

被上级政府财政扣缴地方政府债券转贷款利息时：

借：应付地方政府债券转贷款
　　——应付地方政府一般债券转贷款
　　——应付利息　　　　　　　　2 340 000
　　贷：与上级往来——州财政　　2 340 000

（2）主权外债转贷款主要账务处理。

1）本级政府。

①向下级政府财政转贷主权外债资金，且主权外债最终还款责任由下级政府财政承担的，应当分别按照以下情况处理。

a. 本级政府财政支付转贷资金时：

借：应收主权外债转贷款
　　贷：国库存款、其他财政存款

b. 外方或上级政府财政将贷款资金直接拨付给用款单位或供应商时：

借：应收主权外债转贷款（根据债务管理部门
　　转来的有关资料，按照实际拨付的金额）
　　贷：借入款项、应付主权外债转贷款

②按期确认主权外债转贷款的应收利息时：

借：应收主权外债转贷款（根据债务管理部门
　　计算确认的转贷款本期应收未收利息金额）
　　贷：财务费用——利息费用等

③收回下级政府财政偿还的主权外债转贷款本息时：

借：国库存款、其他财政存款等（按照收回的
　　金额）
　　贷：应收主权外债转贷款

④扣缴下级政府财政应偿还的主权外债转贷款本息时：

借：与下级往来等（按照扣缴的金额）
　　贷：应收主权外债转贷款

⑤债权人豁免下级政府财政应偿还的主权外债转贷款本息时：

借：应付主权外债转贷款、借入款项、应付利
　　息等（根据债务管理部门转来的有关资料
　　及有关预算文件，按照豁免转贷款的金额）
　　贷：应收主权外债转贷款

⑥本级政府财政豁免下级政府财政应偿还的主权外债转贷款本息时：

借：补助费用、与下级往来等（根据债务管理
　　部门转来的有关资料及有关预算文件，按
　　照豁免金额）
　　贷：应收主权外债转贷款

⑦年末，根据债务管理部门提供的应收主权外债转贷款因汇率变动产生的期末人民币余额与账面余额之间的差额资料：

借或贷：财务费用——汇兑损益
　　贷或借：应收主权外债转贷款

⑧本级政府财政首次确认以前年度转贷给下级政府财政的主权外债时：

借：应收主权外债转贷款（根据债务管理部门
　　提供的有关资料，按照转贷主权外债本息
　　余额）
　　贷：以前年度盈余调整

2）下级政府。

①收到上级政府财政转贷的主权外债资金时：

借：国库存款、其他财政存款
　　（按照实际收到的金额）
　　贷：应付主权外债转贷款
　　　　（按照实际承担的债务金额）
　　借或贷：有关费用（按照实际收到的金额和承
　　　　担的债务金额之间的差额）

②从上级政府财政借入主权外债转贷款，且由外方或上级政府财政将贷款资金直接支付给用款单位或供应商时，应根据以下情况分别处理。

a. 本级政府财政承担还款责任，贷款资金由本级政府财政同级部门使用的：

借：有关费用

（根据债务管理部门转来的有关资料）

贷：应付主权外债转贷款

b. 本级政府财政承担还款责任，贷款资金由下级政府财政同级部门使用的

借：补助费用、与下级往来等

（根据债务管理部门转来的有关资料及有关预算文件）

贷：应付主权外债转贷款

c. 下级政府财政承担还款责任，贷款资金由下级政府财政同级部门使用的：

借：应收主权外债转贷款

（根据债务管理部门转来的有关资料）

贷：应付主权外债转贷款

③按期确认主权外债转贷款的应付利息时：

借：财务费用——利息费用

（根据债务管理部门计算确认的转贷款本期应付未付利息金额）

贷：应付主权外债转贷款

④偿还主权外债转贷款的本息时：

借：应付主权外债转贷款

贷：国库存款、其他财政存款等

⑤上级政府财政扣缴借入主权外债转贷款的本息时：

借：应付主权外债转贷款

贷：与上级往来

⑥上级政府财政豁免主权外债转贷款本息时，根据以下情况分别处理：

a. 豁免本级政府财政承担偿还责任的主权外债转贷款本息时：

借：应付主权外债转贷款

（根据债务管理部门转来的有关资料及有关预算文件，按照豁免转贷款的金额）

贷：补助收入、与上级往来等

b. 豁免下级政府财政承担偿还责任的主权外债转贷款本息时：

借：应付主权外债转贷款

（根据债务管理部门转来的有关资料及有关预算文件，按照豁免转贷款的金额）

贷：应收主权外债转贷款

同时，

借：补助费用、与下级往来等

贷：补助收入、与上级往来等

⑦年末，根据债务管理部门提供的应付主权外债转贷款因汇率变动产生的期末人民币余额与账面余额之间的差额资料：

借或贷：财务费用——汇兑损益

贷或借：应付主权外债转贷款

⑧本级政府财政首次确认以前年度转贷的主权外债时：

借：以前年度盈余调整

（根据债务管理部门提供的有关资料，按照转贷主权外债本息余额）

贷：应付主权外债转贷款

【情景7-14】2023年7月1日，某省A市获得世界银行直接支付的主权外债转贷款——省农村公路提升改造示范项目贷款，折合人民币3.5亿元，款项用于人口较多、基础设施较薄弱的农村地区，实施农村公路安保工程、村级公路网化工程和县乡公路升级改造工程。款项期限5年，利率为7%，每半年支付一次利息。由该省A市政府财政承担还款付息责任，贷款资金由A市交通局按项目规定用途使用。2024年7月1日，A市按期支付第一年利息。

各级财政总会计处理为：

A. 2023年7月1日，中央财政总会计。

借：应收主权外债转贷款——应收本金

　　　　　　　　　　　350 000 000

贷：借入款项　　　　350 000 000

B. 2023年7月1日，某省财政总会计。

借：应收主权外债转贷款——应收本金

　　　　　　　　　　　350 000 000

贷：应付主权外债转贷款——应付本金

　　　　　　　　　　　350 000 000

C. 2023年7月1日，A市财政总会计。

借：其他财政存款　　350 000 000

贷：应付主权外债转贷款——应付本金

　　　　　　　　　　　350 000 000

D. 2023年12月31日，确认应计利息：

a. 中央财政总会计。

根据债务管理部门计算出转贷款的本期应收

未收利息 12 250 000 元。

借：应收主权外债转贷款——应收利息
　　　　　　　　　　　　　12 250 000
　　贷：应付主权外债转贷款——应付利息
　　　　　　　　　　　　　12 250 000

b. 某省财政总会计。

根据债务管理部门计算出转贷款的本期应收未收、应付未付利息 12 250 000 元。

借：应收主权外债转贷款——应收利息
　　　　　　　　　　　　　12 250 000
　　贷：应付主权外债转贷款——应付利息
　　　　　　　　　　　　　12 250 000

c. A 市财政总会计。

按照债务管理部门计算出的本期应付未付利息 12 250 000 元。

借：财务费用　　　　　　12 250 000
　　贷：应付主权外债转贷款——应付利息
　　　　　　　　　　　　　12 250 000

E. 2024 年 7 月 1 日，A 市偿还利息 24 500 000 元。

a. 中央财政总会计。

i 收回主权外债的利息时：

借：其他财政存款　　　　12 250 000
　　贷：应收主权外债转贷款——应收利息
　　　　　　　　　　　　　12 250 000

ii 代偿时：

借：应付主权外债转贷款——应付利息
　　　　　　　　　　　　　24 500 000
　　贷：其他财政存款　　　24 500 000

b. 省财政总会计。

i 收到款项时：

借：其他财政存款　　　　24 500 000
　　贷：应付主权外债转贷款——应付利息
　　　　　　　　　　　　　24 500 000

ii 代 A 市政府财政偿还承担的利息时：

借：应付主权外债转贷款——应付利息
　　　　　　　　　　　　　24 500 000
　　贷：其他财政存款　　　24 500 000

c. A 市财政总会计。

i 计算利息时：

借：财务费用　　　　　　24 500 000
　　贷：应付主权外债转贷款——应付利息
　　　　　　　　　　　　　24 500 000

ii 支付利息时：

借：应付主权外债转贷款——应付利息
　　　　　　　　　　　　　24 500 000
　　贷：其他财政存款　　　24 500 000

任务 7.2　总会计的负债

7.2.1　政府发行债券

政府发行债券从发行主体上可分为国债和地方政府债券，从发行时间上可分为短期政府债券和长期政府债券。

1. 账户设置

总会计设置"应付短期政府债券""应付长期政府债券"科目对发行的政府债券进行核算。

(1)"应付短期政府债券"科目。

"应付短期政府债券"科目核算政府财政以政府名义发行的期限不超过1年（含1年）的国债和地方政府债券的应付本金。其中，国债包括中央政府财政发行的国内政府债券和境外发行的主权债券等。"应付短期政府债券"科目贷方表示增加数，借方表示减少数，贷方余额反映政府财政尚未偿还的短期政府债券本金。

"应付短期政府债券"科目应设置"应付国债""应付地方政府一般债券""应付地方政府专项债券"明细科目。债务管理部门应当设置辅助明细账，主要包括政府债券金额、种类、期限、发行日、到期日、票面利率、偿还本金及付息情况等内容，并按期计算债券存续期应付利息情况。

(2)"应付长期政府债券"科目。

"应付长期政府债券"科目核算政府财政以政府名义发行的期限超过1年的国债和地方政府债券的应付本金。其中，国债包括中央政府财政发行的国内政府债券和境外发行的主权债券等。该科目贷方表示增加数，借方表示减少数，本科目期末贷方余额反映政府财政尚未偿还的长期政府债券本金。

"应付长期政府债券"科目应设置"应付国债""应付地方政府一般债券""应付地方政府专项债券"明细科目。债务管理部门应设置辅助明细账，主要包括政府债券金额、种类、期限、发行日、到期日、票面利率、实际偿还本金及付息情况等内容，并按期计算债券存续期应负担的利息金额。

2. 账务处理

（1）应付短期政府债券的主要账务处理。

应付短期政府债券的主要账务处理如下。

1）实际收到短期政府债券发行收入时：

借：国库存款（按照实际收到的金额）
　　贷：应付短期政府债券（按照短期政府债券实际发行额）
借或贷：有关费用（按照发行收入和发行额的差额）

2）中央财政发生国债随卖业务时：

借：国库存款等（按照实际收到的金额）
　　贷：应付短期政府债券或应付长期政府债券（根据国债随卖确认文件等相关债券管理资料，按照国债随卖面值）
借或贷：财务费用——利息费用（按照其差额）

3）中央财政发生国债随买业务时：

借：应付短期政府债券或应付长期政府债券（根据国债随买确认文件等相关债券管理资料，按照国债随买面值）
　　贷：国库存款等（按照实际支付的金额）
借或贷：财务费用——利息费用（按照其差额）

4）计提、支付利息时：

①计提利息时：

借：财务费用
　　贷：应付利息

②支付利息时。

借：应付利息
　　贷：国库存款

5）实际偿还本级政府财政承担的短期政府债券本金时：

借：应付短期政府债券或应付长期政府债券
　　贷：国库存款等

（2）应付长期政府债券的主要账务处理。

1）实际收到长期政府债券发行收入时：

借：国库存款、其他财政存款（按照实际收到的金额）
　　贷：应付长期政府债券（按照长期政府债券实际发行额）
借或贷：有关费用（按照发行收入和发行额的差额）

2）中央财政发生国债随卖业务时，账务处理参照"应付短期政府债券"科目国债随卖业务的账务处理。

3）中央财政发生国债随买业务时，账务处理参照"应付短期政府债券"科目中国债随买业务的账务处理。

4）计提、支付利息时，账务处理参照"应付短期政府债券"科目计提、支付利息的账务处理。

5）政府财政以定向承销方式发行长期政府债券时：

借：以前年度盈余调整、应收地方政府债券转
　　贷款等（根据债务管理部门转来的债券发
　　行文件等有关资料）
　　贷：应付长期政府债券（按照长期政府债
　　　　券实际发行额）
　　借或贷：有关费用（按照发行收入和发行额的
　　　　　　差额）
6）实际偿还长期政府债券本金时：
借：应付长期政府债券
　　贷：国库存款、其他财政存款等

【情景 7-15】为加快基础设施建设，某省政府于 2023 年 6 月 30 日发行 1 年期、利率 3.2%、面值 6 600 万元的专项债券，用于市政公共厕所建设和改造。扣除发行费用后，国库实际收到 5 950 万元。

某省财政总会计处理为：

a. 2023 年 6 月 30 日，取得收入：

借：国库存款　　　　　　　　　64 500 000
　　——一般公共预算本级支出　　1 500 000
　　贷：债务收入　　　　　　　　66 000 000

根据债券发行确认文件等相关债券管理资料，按照到期付的短期政府债券本金金额：

借：待偿债净资产——应付短期政府债券
　　　　　　　　　　　　　　　66 000 000
　　贷：应付短期政府债券　　　66 000 000

b. 2023 年 12 月 31 日，根据债务管理部门计算出的本期应付未付利息 105.6 万元：

借：待偿债净资产——应付短期政府债券
　　　　　　　　　　　　　　　1 056 000
　　贷：应付短期政府债券　　　1 056 000

c. 2024 年 6 月 30 日，实际支付本级政府财政承担的短期政府债券本金及利息：

借：债务还本支出　　　　　　　66 000 000
　　财务费用　　　　　　　　　 1 056 000
　　应付利息　　　　　　　　　 1 056 000
　　贷：国库存款　　　　　　　68 112 000

7.2.2　应付国库集中支付结余

应付国库集中支付结余是指国库集中支付中，按照财政部门批复的部门预算，当年未支而需结转下一年度支付的款项采用权责发生制列支后形成的债务。

1. 账户设置

国库集中支付结余是预算单位国库集中支付预算指标数与实际支出数的差额，是预算单位尚未使用的预算资金额度。如果预算单位经批准的可使用预算资金额度由于政策性因素或用款进度等原因在当年未支用，但需要结转下一年度支付使用。此时，总会计需要采用权责发生制基础确认一项支出，同时确认一项应付国库集中支付结余负债。预算单位按经批准的预算在第二年度实际支付使用上一年度末结转下来的国库集中支付结余资金时，总会计转销应付国库集中支付结余负债，为此设置"应付国库集中支付结余"科目。

"应付国库集中支付结余"科目核算省级以上（含省级）政府财政国库集中支付中，应列为当年费用，但年末尚未支付需结转下一年度支付的款项，本科目贷方反映当年发生的应付国库集中支付结余，借方反映支付或收回应付国库集中支付结余，贷方余额反映政府财政尚未支付的国库集中支付结余。

2. 账务处理

（1）年末，对当年发生的应付国库集中支付结余。

借：有关费用科目
　　贷：应付国库集中支付结余

（2）实际支付应付国库集中支付结余资金时：

借：应付国库集中支付结余
　　贷：国库存款

（3）收回尚未支付的应付国库集中支付结余时：

借：应付国库集中支付结余
　　贷：以前年度盈余调整等

【情景 7-16】年末，某省市场监督管理部门的工商行政管理专项任务由于工商行政管理改革的因素没有全部按计划完成，市场监督管理部门在

工商行政管理专项任务上存在尚未使用的国库集中支付结余资金 25 000 元,其资金性质为一般公共预算资金。某省财政经分析后决定,该笔资金由某省市场监督管理部门在次年继续用于改革后的相关工商行政管理专项任务。次年 3 月,某省市场监督管理部门按照经批准的单位预算,通过财政国库集中支付方式将该笔资金全部用于单位的相关工商行政管理专项任务。

该省财政总会计应编制会计分录为:

a. 年末,对当年形成的国库集中支付结余采用权责发生制列支时:

借:政府机关商品和服务拨款费用　25 000
　　贷:应付国库集中支付结余　　　25 000

b. 次年,实际支付国库集中支付结余资金时:

借:应付国库集中支付结余　25 000
　　贷:国库存款　　　　　25 000

7.2.3 应付代管资金

1. 应付代管资金的概念

应付代管资金是指政府财政代为管理的、使用权属于被代管主体的资金。

例如,乡镇财政所对乡镇政府所属单位及村级财务和资金在一个平台上统一管理、统一运行,包括预算单位资金、村级资金、保证金、工会经费等。

2. 账户设置

总会计应设置"应付代管资金"科目核算政府财政代为管理的、使用权属被代管主体的资金。"应付代管资金"科目应当根据管理需要进行相关明细核算。"应付代管资金"科目期末贷方余额反映政府财政尚未支付的代管资金。

3. 账务处理

(1) 收到代管资金时:

借:其他财政存款
　　贷:应付代管资金

(2) 支付代管资金时:

借:应付代管资金
　　贷:其他财政存款

(3) 代管资金产生的利息收入按照相关规定仍属于代管资金的:

借:其他财政存款
　　贷:应付代管资金

【情景 7-17】某县为建立健全村级各项财务管理制度,实行"村账乡代管"制度。村级收入一律使用统一的票据,所收资金及时交乡镇会计委托代理服务中心代为管理,村组发生资金支出时实行报批制度,不允许坐收坐支。同时,要求每个村组每半年至少公开一次财务信息,确保村级资金使用公开、透明。2022 年 5 月 23 日,甲村交来荒山、荒地、荒滩、山林、水面的承包费金额 7 万元。2022 年 6 月,乙村向乡镇会计委托代理服务中心报销了 2 万元。2022 年度,乡镇会计委托代理服务中心代管的甲村资金利息共计 5 500 元。

乡总会计处理为:

a. 收到甲村代管资金时:

借:其他财政存款　　　　　　70 000
　　贷:应付代管资金——甲村　70 000

b. 支付乙村代管资金时:

借:应付代管资金——乙村　20 000
　　贷:其他财政存款　　　　20 000

c. 代管资金产生的利息收入按照相关规定仍属于代管资金的:

借:其他财政存款　　　　　　5 500
　　贷:应付代管资金——甲村　5 500

7.2.4 借入款项

借入款项是指政府财政以政府名义向外国政府、国际金融组织等借入的款项,以及经国务院批准的其他方式借入的款项。

1. 账户设置

总会计设置"借入款项"科目核算借入款项。"借入款项"科目核算政府财政以政府名义向外国政府、国际金融组织等借入的款项,以及经国务院批准的其他方式借入的款项。"借入款项"科目贷方表示借入款项的增加数,借方表示借入款项的减少数,贷方余额反映本级政府财政尚未偿还的借入款项本金。

"借入款项"科目应按照债权人进行明细核算。债务管理部门应设置辅助明细账,主要包括借入款项对应的项目、期限、借入日期、实际偿还及付息情况等内容,并按期计算借款存续期应负担的利息金额。

2. 账务处理

(1) 借入主权外债的主要账务处理。

1) 本级政府财政收到借入的主权外债资金时:

借:国库存款、其他财政存款(按照实际收到的金额)

　　贷:借入款项(按照实际承担的债务金额)

借或贷:有关费用(按照实际收到的金额与承担的债务之间的差额)

2) 本级政府财政借入主权外债,且由外方或上级政府财政将贷款资金直接支付给用款单位或供应商时,应根据以下情况分别处理。

①本级政府财政承担还款责任,贷款资金由本级政府财政同级部门使用的,根据债务管理部门转来的有关资料,按照实际承担的债务金额:

借:有关费用科目

　　贷:借入款项

②本级政府财政承担还款责任,贷款资金由下级政府财政同级部门使用的,根据债务管理部门转来的有关资料及有关预算文件:

借:补助费用——与下级往来

　　贷:借入款项

③下级政府财政承担还款责任,贷款资金由下级政府财政同级部门使用的,根据债务管理部门转来的有关资料:

借:应收主权外债转贷款

　　贷:借入款项

3) 偿还主权外债本金时,按照实际支付的金额:

借:借入款项

　　贷:国库存款——其他财政存款等

4) 债权人豁免本级政府财政承担偿还责任的借入主权外债本金时,根据债务管理部门转来的有关资料按照被豁免的本金:

借:借入款项

　　贷:其他收入等

5) 债权人豁免下级政府财政承担偿还责任的借入主权外债本金时,根据债务管理部门转来的有关资料,按照被豁免的本金:

借:借入款项

　　贷:应收主权外债转贷款

(2) 年末,根据债务管理部门提供借入款项因汇率变动产生的期末人民币余额与账面余额之间的差额资料。

借或贷:财务费用——汇兑损益

　　贷或借:借入款项

(3) 其他借入款项账务处理参照借入主权外债业务的账务处理。

(4) 本级政府财政首次确认以前年度借入的主权外债时,根据债务管理部门提供的有关资料,按照借入主权外债的余额:

借:以前年度盈余调整

　　贷:借入款项

【情景 7-18】2023 年 1 月 5 日,世界银行给中国某省贷款 6 亿元。该贷款由该省还本付息,期限为 2023 年至 2027 年,贷款利率为 6%。按年付息,到期还本,均通过国库直接支付。该款项由 A 市使用,以支持 A 市智能交通示范项目和城市交通基础设施建设。2023 年 1 月 5 日,该款项由世界银行直接支付给中国某省 A 市财政国库。

A. 2023年1月5日，外方将贷款资金直接支付给A市财政国库，由该省财政承担还款责任，贷款资金由下级A市政府财政同级部门（单位）使用。该省财政部门根据贷款资金支付相关资料及预算指标文件。

借：补助支出　　　　　　　　600 000 000
　　贷：债务收入　　　　　　　　600 000 000

B. 2023年12月31日至2024年12月31日，省财政确认借入主权外债的应付利息，根据债务管理部门计算出的本期应付未付利息金额3 600万元。

C. 2024年1月5日至2025年1月5日，该省财政每次偿还承担的借入主权外债利息时，应编制如下会计分录。

借：应付利息　　　　　　　　36 000 000
　　贷：国库存款　　　　　　　　36 000 000

D. 2025年1月5日，该省财政偿还承担的借入主权外债本金时，应编制如下会计分录。

借：借入款项　　　　　　　　600 000 000
　　贷：国库存款　　　　　　　　600 000 000

7.2.5　其他负债

其他负债是指政府财政因有关政策明确要求其承担支出责任的事项而形成的应付未付款项。

1. 账户设置

"其他负债"科目核算政府财政因有关政策明确要求其承担支出责任的事项而形成的支付义务。"其他负债"科目的贷方登记增加数，借方登记减少数，贷方余额反映政府财政承担的尚未支付的其他负债余额。

"其他负债"科目可根据管理需要，按照项目等进行明细核算。

2. 账务处理

（1）政策明确由政府财政承担支出责任的其他负债，按照确定应承担的负债金额。

借：其他费用
　　贷：其他负债

（2）期末，根据债务管理部门转来的其他负债期末余额与账面余额的差额。

借或贷：其他负债
　　贷或借：其他费用

任务7.3　总会计的净资产

7.3.1　累计盈余

1. 累计盈余的概念

累计盈余是指政府财政一般公共预算资金、政府性基金预算资金、国有资本经营预算资金、财政专户管理资金、专用基金历年实现的盈余滚存的金额。

2. 账户设置

总会计应设置"累计盈余"科目核算政府财

政一般公共预算资金、政府性基金预算资金、国有资本经营预算资金、财政专户管理资金、专用基金历年实现的盈余滚存的金额。

"累计盈余"科目应设置"预算管理资金累计盈余""财政专户管理资金累计盈余""专用基金累计盈余"明细科目。"累计盈余"科目期末余额反映财政专户管理资金累计盈余的累计数。

3. 账务处理

（1）"预算管理资金累计盈余"科目的主要账务处理。

1）年终转账时，将"本期盈余——预算管理资金本期盈余"科目余额转入"预算管理资金累计盈余"科目，借记或贷记"预算管理资金本期盈余"科目，贷记或借记本科目。

2）年终转账时，将"以前年度盈余调整——预算管理资金以前年度盈余调整"科目余额转入"预算管理资金累计盈余"科目，借记或贷记"以前年度盈余调整——预算管理资金以前年度盈余调整"科目，贷记或借记本科目。

（2）"财政专户管理资金累计盈余"科目的主要账务处理。

1）年终转账时，将"本期盈余——财政专户管理资金本期盈余"科目余额转入"财政专户管理资金累计盈余"科目，借记或贷记"财政专户管理资金本期盈余"科目，贷记或借记本科目。

2）年终转账时，将"以前年度盈余调整——财政专户管理资金以前年度盈余调整"科目余额转入本科目，借记或贷记"以前年度盈余调整——财政专户管理资金以前年度盈余调整"科目，贷记或借记本科目。

3）本科目期末余额反映财政专户管理资金累计盈余的累计数。

（3）"专用基金累计盈余"科目的主要账务处理。

1）年终转账时，将"本期盈余——专用基金本期盈余"科目的余额转入本科目，借记或贷记"专用基金本期盈余"科目，贷记或借记"财政专户管理资金累计盈余"科目。

2）年终转账时，将"以前年度盈余调整——专用基金以前年度盈余调整"科目的余额转入"财政专户管理资金累计盈余"科目，借记或贷记"以前年度盈余调整——专用基金以前年度盈余调整"科目，贷记或借记"财政专户管理资金累计盈余"科目。

【情景7-19】X市京南区2023年有关账户余额如表7-1所示。

表7-1　X市京南区2023年有关账户余额表

单位：亿元

账户	余额
本期盈余	
预算管理资金本期盈余	1 361
财政专户管理资金本期盈余	817
专用基金本期盈余	621
以前年度盈余调整	
预算管理资金以前年度盈余调整	35
财政专户管理资金以前年度盈余调整	16
专用基金以前年度盈余调整	13

借：本期盈余——预算管理资金本期盈余
　　　　　　　　　　　　　84 270 000 000
　　　　——财政专户管理资金本期盈余
　　　　　　　　　　　　　27 200 000 000
　　　　——专用基金本期盈余
　　　　　　　　　　　　　 8 600 000 000
　　以前年度盈余调整——预算管理资金以前年度盈余调整——财政专户管理资金以前年度盈余调整　　　500 000 000

贷：累计盈余——预算管理资金累计盈余
　　　　　　　　　　　　　84 320 000 000
　　　　——财政专户管理资金累计盈余
　　　　　　　　　　　　　27 700 000 000
　　　　——专用基金累计盈余
　　　　　　　　　　　　　 7 300 000 000

以前年度盈余调整
——专用基金以前年度盈余调整
　　　　　　　　1 300 000 000

3）本科目期末余额反映专用基金累计盈余的累计数。

7.3.2 本期盈余

1. 本期盈余概念

本期盈余是指政府财政一般公共预算资金、政府性基金预算资金、国有资本经营预算资金、财政专户管理资金、专用基金本期各项收入、费用分别相抵后的余额。

2. 账户设置

总会计应设置"本期盈余"科目核算政府财政纳入一般公共预算、政府性基金预算、国有资本经营预算管理的资金，财政专户管理资金、专用基金本期各项收入、费用分别相抵后的余额。设置补充和动用预算稳定调节基金，设置补充预算周转金产生的盈余变动事项，也通过"本期盈余"科目核算。

"本期盈余"科目应设置"预算管理资金本期盈余""财政专户管理资金本期盈余""专用基金本期盈余"明细科目。期末结转后，"本期盈余"科目应无余额。

3. 账务处理

（1）"预算管理资金本期盈余"科目的账务处理。

1）年终转账时，将纳入一般公共预算、政府性基金预算、国有资本经营预算管理的各类收入科目本年发生额转入"预算管理资金本期盈余"科目的贷方，借记"税收收入""非税收入""投资收益""补助收入""上解收入""地区间援助收入""其他收入"科目，贷记"预算管理资金本期盈余"科目；将纳入一般公共预算、政府性基金预算、国有资本经营预算管理的各类费用科目本年发生额转入"预算管理资金本期盈余"科目的借方，借记"预算管理资金本期盈余"科目，贷记"政府机关商品和服务拨款费用""政府机关工资福利拨款费用""对事业单位补助拨款费用""对企业补助拨款费用""对个人和家庭补助拨款费用""对社会保障基金补助拨款费用""资本性拨款费用""其他拨款费用""财务费用""补助费用""上解费用""地区间援助费用""其他费用"科目。

【情景 7-20】X 市京南区 2023 年有关账户余额如表 7-2 所示。

表 7-2　X 市京南区 2023 年有关账户余额

单位：亿元

项目	借方	贷方
税收收入		1 891
非税收入		292
投资收益		89
补助收入		102
上解收入		87
地区间援助收入		23
其他收入		124
政府机关商品和服务拨款费用	912	
政府机关工资福利拨款费用	243	
对事业单位补助拨款费用	129	
对企业补助拨款费用	96	
对个人和家庭补助拨款费用	32	

续表

项目	借方	贷方
对社会保障基金补助拨款费用	49	
政府机关商品和服务拨款费用	912	
政府机关工资福利拨款费用	243	
对事业单位补助拨款费用	129	
对企业补助拨款费用	96	
对个人和家庭补助拨款费用	32	
对社会保障基金补助拨款费用	49	
资本性拨款费用	113	
其他拨款费用	13	
财务费用	0.3	
补助费用	18	
上解费用	51	
地区间援助费用	31	
其他费用	6	

借：税收入 189 100 000 000
　　非税收入 29 200 000 000
　　投资收益 8 900 000 000
　　补助收入 10 200 000 000
　　上解收入 8 700 000 000
　　地区间援助收入 2 300 000 000
　　其他收入 12 400 000 000
　贷：本期盈余——预算管理资金本期盈余
　　　　　　　　　 260 800 000 000

2）设置或补充预算稳定调节基金时，借记"预算管理资金本期盈余"科目，贷记"预算稳定调节基金"科目；动用预算稳定调节基金时，借记"预算稳定调节基金"科目，贷记"预算管理资金本期盈余"科目。

3）设置或补充预算周转金时，借记"预算管理资金本期盈余"科目，则贷记"预算周转金"科目。

4）完成上述结转后，将"预算管理资金本期盈余"科目余额转入累计盈余。如为借方余额，则贷记本科目，借记"累计盈余——预算管理资金累计盈余"科目；如为贷方余额，则借记本科目，贷记"累计盈余——预算管理资金累计盈余"科目。

5）期末结转后，"预算管理资金本期盈余"科目应无余额。

（2）"财政专户管理资金本期盈余"科目的账务处理。

1）年终转账时，将财政专户管理资金收入的本年发生额转入"财政专户管理资金本期盈余"科目的贷方，借记"财政专户管理资金收入"科目，贷记"财政专户管理资金本期盈余"科目；将财政专户管理资金支出的本年发生额转入"财政专户管理资金本期盈余"科目的借方，借记"财政专户管理资金本期盈余"科目，贷记"财政专户管理资金支出"科目。

2）完成上述结转后，将"财政专户管理资金本期盈余"科目余额转入累计盈余。借记或贷记本科目，贷记或借记"累计盈余——财政专户管理资金累计盈余"科目。

3）期末结转后，"财政专户管理资金本期盈余"科目应无余额。

（3）"专用基金本期盈余"科目的账务处理。

1）年终转账时，将专用基金收入的本年发生额转入"专用基金本期盈余"科目的贷方，借记"专用基金收入"科目，贷记"专用基金本期盈余"科目；将专用基金支出的本年发生额转入"专用基金本期盈余"科目的借方，借记本科目，贷记"专用基金支出"科目。

2）完成上述结转后，将"专用基金本期盈余"科目余额转入累计盈余。借记或贷记"专用基金本期盈余"科目，贷记或借记"累计盈余——专用基金累计盈余"科目。

3）期末结转后，"专用基金本期盈余"科目应无余额。

7.3.3 预算稳定调节基金、预算周转金和权益法调整

1. 预算稳定调节基金

（1）预算稳定调节基金概念。

预算稳定调节基金是指政府财政为保持年度间预算的衔接和稳定而设置的储备性资金。

（2）账户设置。

总会计应设置"预算稳定调节基金"科目核算本级政府财政为保持年度间预算的衔接和稳定而设置的储备性资金。"预算稳定调节基金"科目期末贷方余额反映预算稳定调节基金的累计规模。

（3）账务处理。

1）设置或补充预算稳定调节基金时，借记"本期盈余——预算管理资金本期盈余"科目，贷记本科目。

2）将预算周转金调入预算稳定调节基金时，借记"预算周转金"科目，贷记本科目。

3）动用预算稳定调节基金时，借记"预算稳定调节基金"科目，贷记"本期盈余——预算管理资金本期盈余"科目。

【情景7-21】X市京南区2023年设置预算稳定调节基金5 900 000 000元。

借：本期盈余——预算管理资金本期盈余
　　　　　　　　　　　　　5 900 000 000
　　贷：预算稳定调节基金　　5 900 000 000

2. 预算周转金

（1）预算周转金概念。

预算周转金是指政府财政为调剂预算年度内季节性收支差额，保证及时用款而设置的库款周转资金。

（2）账户设置。

总会计应设置"预算周转金"科目核算政府财政设置的用于调剂预算年度内季节性收支差额周转使用的资金。"预算周转金"科目期末贷方余额反映预算周转金的累计规模。

（3）账务处理。

1）设置或补充预算周转金时，借记"本期盈余——预算管理资金本期盈余"科目，贷记"预算周转金"科目。

【情景7-22】X市京南区2023年设置预算周转金1 300 000 000元。

借：本期盈余——预算管理资金本期盈余
　　　　　　　　　　　　　1 300 000 000
　　贷：预算周转金　　　　1 300 000 000

2）将预算周转金调入预算稳定调节基金时，借记"预算周转金"科目，贷记"预算稳定调节基金"科目。

【情景7-23】X市京南区2023年将预算周转金1 000 000 000元转为预算稳定调节基金。

借：预算周转金　　　　　　1 000 000 000
　　贷：预算稳定调节基金　1 000 000 000

3. 权益法调整

（1）权益法调整概念。

权益法调整是指政府财政按照持股比例计算应享有的被投资主体除净损益和利润分配以外的所有者权益变动的份额。

（2）账户设置。

总会计应设置"权益法调整"科目核算政府财政按照持股比例计算应享有的被投资主体除净损益和利润分配以外的所有者权益变动的份额。"权益法调整"科目应根据管理需要，按照被投资主体进行明细核算。"权益法调整"科目期末余额反映政府财政在被投资主体除净损益和利润分配以外的所有者权益变动中累计享有（或分担）的份额。

（3）账务处理。

1）被投资主体发生除净损益和利润分配以外的其他权益变动时，按照政府财政持股比例计算应享有的部分，借记或贷记"股权投资（其他权益变动）"科目，贷记或借记"权益法调整"科目。

2）处置股权投资或因企业破产清算导致股权投资减少时，按照相应的"权益法调整"账面余额，借记或贷记"权益法调整"科目，贷记或借记"股权投资（其他权益变动）"科目。

3）无偿划出股权投资时，根据股权管理部门提供的资料，按照被划出股权投资对应的"权益法调整"科目账面余额，借记或贷记"权益法调整"科目，贷记或借记"股权投资（其他权益变动）"科目；按照被划出股权投资的账面余额，借

记"其他费用"科目，贷记"股权投资（投资成本、损益调整）"科目。

4）由于管理需要，股权投资的核算由权益法改为成本法的，按照"权益法调整"科目账面余额，借记或贷记"权益法调整"科目，贷记或借记"股权投资（其他权益变动）"科目；按照权益法下"股权投资（投资成本、损益调整）"科目账面余额作为成本法下"股权投资（投资成本）"账面余额，借记"股权投资（投资成本）"科目，贷记"股权投资（投资成本、损益调整）"科目。

7.3.4 以前年度盈余调整

1. 以前年度盈余调整概念

以前年度盈余调整是指政府财政调整以前年度盈余的事项。

2. 账户设置

总会计应该设置"以前年度盈余调整"科目核算政府财政调整以前年度盈余的事项。

"以前年度盈余调整"科目应设置"预算管理资金以前年度盈余调整""财政专户管理资金以前年度盈余调整""专用基金以前年度盈余调整"明细科目。期末结转后，"以前年度盈余调整"科目应无余额。

3. 账务处理

（1）调整增加以前年度收入时，按照调整增加的金额，借记有关科目，贷记"以前年度盈余调整"科目；调整减少的，做相反会计分录。

（2）调整增加以前年度费用时，按照调整增加的金额，借记"以前年度盈余调整"科目，贷记有关科目；调整减少的，做相反会计分录。

（3）对于政府以前年度取得的资产或承担的负债，在本年初次确认时，借记有关资产科目或贷记有关负债科目，贷记或借记"以前年度盈余调整"科目。

（4）年终转账时，将本科目余额转入累计盈余，借记或贷记"累计盈余"科目，贷记或借记"以前年度盈余调整"科目。

【情景7-24】X市京南区发现漏记一项105万元的债券投资500 000 000元。

借：有价证券　　　　　　　　　500 000 000
　　贷：以前年度盈余调整
　　　　——预算管理资金以前年度盈余调整
　　　　　　　　　　　　　　　500 000 000

项目小结

本项目介绍了财政总会计的资产、财政总会计的负债、财政总会计的净资产。

财政总会计的资产主要包括财政存款、有价证券、在途款、预拨经费、借出款项、财政业务活动中的债权债务、政府债券转贷款。

财政总会计的负债主要包括政府发行债券、应付国库集中支付结余、应付代管资金、借入款项、其他负债。

财政总会计的净资产主要包括累计盈余，本期盈余，预算稳定调节基金，预算周转金和权益法调整，以前年度盈余调整。

思考与练习

一、单项选择题

1. "与下级往来"账户属于（　）类账户。
   A. 资产　　　　　　B. 负债
   C. 资产和负债双重性质　D. 净资产
2. 属于预拨经费的适用阶段是（　）。
   A. 预算编制前
   B. 预算编制后，而未经人大审批
   C. 预算编制后，已经人大审批
   D. 以上都不对
3. 属于新财政总会计制度增加的科目是（　）。
   A. "国库存款"　　B. "国库现金管理存款"
   C. "其他财政存款"　D. "以上都不对"
4. 以下属于股权投资一般采用的核算方法是（　）。
   A. 公允价值　　　　B. 成本法
   C. 权益法　　　　　D. 纳入合并报表
5. 财政总会计在计算出财政体制结算中应由上级财政补助给本级财政的款项时，应当借记（　）账户。
   A. "与上级往来"　　B. "与下级往来"
   C. "暂存款"　　　　D. "一般预算收入"

二、多项选择题

1. 财政总会计核算的资产包括（　）。
   A. 暂付及应收款项　B. 在途款
   C. 预拨经费　　　　D. 有价证券
2. 财政总会计的资产不包括（　）。
   A. 存款　　　　　　B. 银行存款
   C. 无形资产　　　　D. 应收股利
3. 财政总会计的负债类账户有（　）。
   A. 暂存款　　　　　B. 暂付款
   C. 借入款　　　　　D. 长期借款
4. 财政总会计核算的负债内容包括（　）。
   A. 按法定程序及核定的预算举借的债务
   B. 欠上级财政机关款
   C. 欠下级财政机关款
   D. 收到性质不明的款项
5. 财政总会计的净资产账户有（　）。
   A. "预算结余"　　　B. "基金预算结余"
   C. "专用基金结余"　D. "预算周转金"

三、判断题

1. 财政总会计的"暂付款"为负债类账户。（　）
2. 预拨经费是指政府财政在年度预算执行中预拨出应在以后各月列支以及会计年度终了前根据"二上"预算预拨出的下年度预算资金。（　）
3. 有价证券是指政府财政按照有关规定取得并持有的银行债券。（　）
4. 财政存款的内容主要包括国库存款和其他财政存款。（　）
5. 财政存款是指政府财政部门代表政府管理的国库存款、国库现金管理存款以及其他财政存款等。（　）

四、简答题

1. 什么是政府债券转贷款？
2. 简述政府性基金预算结转结余的概念。

项目 8　财政总会计的收入和费用

知识目标

◎ 了解总预算收入和费用的概念与类别

◎ 掌握总预算收入和费用的账户设置

技能目标

◎ 掌握进行总预算收入和费用的账务处理

案例导入

财政部《2012年上半年税收收入情况分析》报告，1—6月，国内增值税实现收入 13 432.39 亿元，国内消费税实现收入 4 202.56 亿元，进口货物增值税、消费税实现收入 7 696.60 亿元，出口货物退增值税、消费税实现 5 316.36 亿元，营业税实现收入 7 837.94 亿元，企业所得税实现收入 13 106.31 亿元，个人所得税实现收入 3 271.69 亿元，土地增值税实现收入 1 379.95 亿元，车辆购置税实现收入 1 086.67 亿元，关税实现收入 1 443.00 亿元，契税实现收入 1 391.97 亿元；《2012年6月份全国彩票销售情况》报告，1—6月，全国累计销售彩票 1 290.56 亿元，其中，福利彩票机构销售 751.96 亿元，体育彩票机构销售 538.60 亿元。

案例思考

那么，上述税收收入及彩票销售收入是否应确认为财政总会计的收入？换言之，财政总会计的收入应如何确认？

本章导语

财政总预算收入是国家为实现职能，根据法令和法规所取得的非偿还性资金，是一级财政的资金来源。其包括税收收入、非税收入、投资收益和补助收入等。

政府总预算费用是指政府财政为实现政府职能，对政府资金的分配和使用。其包括政府机关商品和服务拨款费用、政府机关工资福利拨款费用和对事业单位补助拨款费用等。

任务 8.1　总预算收入

8.1.1　税收收入

1. 税收收入的概念

税收收入是指政府财政筹集的纳入本级财政管理的税收收入。

2. 账户设置

总会计应设置"税收收入"科目核算政府财政筹集的纳入本级财政管理的税收收入。"税收收入"科目应参照《政府收支分类科目》中"税收收入"科目进行明细核算。"税收收入"科目平时贷方余额反映本级政府财政税收收入的累计数。期末结转后,"税收收入"科目应无余额。

3. 账务处理

(1) 收到款项时,根据当日收入日报表所列本级税收收入数,借记"国库存款"科目,贷记"税收收入"科目。

【情景 8-1】2023 年 4 月 3 日收到国库报来的"一般预算收入日报表",内容如下。

表 8-1　一般预算收入日报表

单位:万元

项目					金额
类	款		项		
101　税收收入	01	增值税	01	国内增值税	3 000
	04	企业所得税	04	国有电力工业所得税	1 500
	06	个人所得税	01	储蓄存款利息所得税	210

借:国库存款　　　　　　　　　47 100 000
　　贷:税收收入——增值税
　　　　——国内增值税　　　　30 000 000
　　企业所得税——国有电力工业所得税
　　　　　　　　　　　　　　　15 000 000
　　个人所得税——储蓄存款利息所得税
　　　　　　　　　　　　　　　2 100 000

(2) 年终转账时,"税收收入"科目贷方余额转入本期盈余,借记"税收收入"科目,贷记"本期盈余——预算管理资金本期盈余"科目。

8.1.2　非税收入

1. 非税收入的概念

非税收入是指政府财政筹集的纳入本级财政管理的非税收入。

2. 账户设置

总会计应设置"非税收入"科目核算政府财政筹集的纳入本级财政管理的非税收入。"非税收入"科目应参照《政府收支分类科目》中"非税收入"科目进行明细核算。"非税收入"科目平时贷方余额反映本级政府财政非税收入的累计数。期末结转后,"非税收入"科目应无余额。

3. 账务处理

（1）确认取得非税收入时。

1）按照实际收到的非税收入金额，借记"国库存款"科目，贷记"非税收入"科目。

2）全部实行非税收入电子化管理，非税收入管理部门具备条件提供已开具缴款票据、尚未缴入本级国库的非税收入数据的地区，按照本级应收的非税收入金额，借记"应收非税收入"科目，贷记"非税收入"科目。

（2）期末，非税收入管理部门应提供已列应收非税收入中确认不能缴库的金额，借记"非税收入"科目，贷记"应收非税收入"科目。

（3）年终转账时，"非税收入"科目贷方余额转入本期盈余，借记"非税收入"科目，贷记"本期盈余——预算管理资金本期盈余"科目。

【情景 8-2】2023 年 4 月 3 日收到国库报来的"一般预算收入日报表"，内容如下。

表 8-2　一般预算收入日报表

单位：万元

项目						金额
类		款		项		
103	非税收入	04	行政事业性收费收入	43	工业和信息产业行政事业性收费收入	5

借：国库存款　　　　　　　　　50 000
　　贷：非税收入——行政事业性收费收入
　　　　　　——工业和信息产业行政事业性收费收入
　　　　　　　　　　　　　　　50 000

8.1.3　投资收益

1. 投资收益的概念

投资收益是指政府持有股权投资所实现的收益或发生的损失。

2. 账户设置

总会计应设置"投资收益"科目核算政府股权投资所实现的收益或发生的损失。"投资收益"科目可根据管理需要，按照被投资主体进行明细核算。年终转账时，"投资收益"科目余额转入本期盈余，借记或贷记"投资收益"科目，贷记或借记"本期盈余——预算管理资金本期盈余"科目。期末结转后，"投资收益"科目应无余额。

3. 账务处理

（1）采用权益法核算。

1）股权投资持有期间，被投资主体实现净损益的，根据股权管理部门提供的资料，按照应享有或应分担的被投资主体实现净损益的份额，借记或贷记"股权投资（损益调整）"科目，贷记或借记"投资收益"科目。

2）处置股权投资时，根据股权管理部门提供的资料，按照处置收回的金额，借记"国库存款"科目；按照已宣告尚未领取的现金股利或利润，贷记"应收股利"科目；按照被处置股权投资的账面余额，贷记"股权投资（投资成本、损益调整）"科目；按照借贷方差额，贷记或借记"投资收益"科目。同时，按照被处置股权投资对应的"权益法调整"科目账面余额，借记或贷记"权益法调整"科目，贷记或借记"股权投资（其他权益变动）"科目。

3）企业破产清算时，按照缴入国库清算收入的金额，借记"国库存款"科目；按照破产清算股权投资的账面余额，贷记"股权投资（投资成本、损益调整）"科目；按照其差额，借记或贷记"投资收益"科目。同时，按照破产清算企业股权投资对应的"权益法调整"科目账面余额，借记或贷记"权益法调整"科目，贷记或借记"股权投资（其他权益变动）"科目。

（2）采用成本法核算。

1）股权投资持有期间，被投资主体宣告发放现金股利或利润的，根据股权管理部门提供的资料，按照应上缴政府财政的部分，借记"应收股利"科目，贷记"投资收益"科目。

2）收到现金股利或利润时，按照实际收到的金额，借记"国库存款"科目，贷记"应收股利"科目；按照实际收到金额中未宣告发放的现金股利或利润，借记"应收股利"科目，贷记"投资收益"科目。

3）处置股权投资时，按照收回的金额，借记"国库存款"科目；按照已宣告尚未领取的现金股利或利润，贷记"应收股利"科目；按照股权投资账面余额，贷记"股权投资（投资成本）"科目；按照借贷方差额，贷记或借记"投资收益"科目。

4）企业破产清算时，根据股权管理部门提供的资料，按照缴入国库清算收入的金额，借记"国库存款"科目；按照破产清算股权投资的账面余额，贷记"股权投资（投资成本）"科目，按照其差额，借记或贷记"投资收益"科目。

8.1.4 补助收入

1. 补助收入的概念

补助收入是指上级政府财政按照财政体制规定或专项需要补助给本级政府财政的款项。

2. 账户设置

总会计应设置"补助收入"科目核算上级政府财政按照财政体制规定或专项需要补助给本级政府财政的款项，包括税收返还、转移支付等。"补助收入"科目平时贷方余额反映本级政府财政取得补助收入的累计数。期末结转后，"补助收入"科目应无余额。

3. 账务处理

（1）年终与上级政府财政结算时，按照结算确认的应当由上级政府补助的收入数，借记"与上级往来"科目，贷记"补助收入"科目。退还或核减补助收入时，借记"补助收入"科目，贷记"与上级往来"科目。

（2）年终转账时，"补助收入"科目贷方余额转入本期盈余，借记"补助收入"科目，贷记"本期盈余——预算管理资金本期盈余"科目。

【情景8-3】2023年4月10日收到国库报来的"一般预算收入日报表"，内容如下。

表8-3 一般预算收入日报表

单位：万元

项目					金额
类	款		项		
110 转移性收入	01	返还性收入	02	所得税基数返还收入	500
	02	一般性转移支付收入	01	体制补助收入	300
	03	专项转移支付收入	08	社会保障和就业收入	150

借：国库存款　　　　　　　　9 500 000
　　贷：补助收入——转移性收入
　　　　　　——返还性收入　　5 000 000
　　　　　　——一般性转移支付收入
　　　　　　　　　　　　　　　3 000 000
　　　　　　——专项转移支付收入
　　　　　　　　　　　　　　　1 500 000

8.1.5 上解收入

1. 上解收入的概念

上解收入是指按照财政体制规定或专项需要由下级政府财政上交给本级政府财政的款项。

2. 账户设置

总会计应设置"上解收入"科目核算，按照财政体制规定或专项需要由下级政府财政上交给本级政府财政的款项。"上解收入"科目可根据管理需要，按照上解地区进行明细核算。"上解收入"科目平时贷方余额反映上解收入的累计数。期末结转后，"上解收入"科目应无余额。

3. 账务处理

（1）年终与下级政府财政结算时，按照结算确认的应上解金额，借记"与下级往来"科目，贷记"上解收入"科目。退还或核减上解收入时，借记"上解收入"科目，贷记"与下级往来"科目。

（2）年终转账时，"上解收入"科目贷方余额转入本期盈余，借记"上解收入"科目，贷记"本期盈余——预算管理资金本期盈余"科目。

【情景8-4】2023年5月12日西京市财政局收到本市京南区上交的非税收入205万元，同年6月12日退还23万元。

```
借：与下级往来                    2 050 000
    贷：上解收入——京南区         2 050 000
借：上解收入——京南区             230 000
    贷：与下级往来                230 000
```

8.1.6 地区间援助收入

1. 地区间援助收入的概念

地区间援助收入是指受援方政府财政收到援助方政府财政转来的可统筹使用的各类援助、捐赠等资金收入。

2. 账户设置

总会计应设置"地区间援助收入"科目核算受援方政府财政收到援助方政府财政转来的可统筹使用的各类援助、捐赠等资金收入。援助方政府已列"地区间援助费用"科目的援助、捐赠等资金，受援方通过"地区间援助收入"科目核算。"地区间援助收入"科目可根据管理需要，按照援助地区等进行明细核算。"地区间援助收入"科目平时贷方余额反映地区间援助收入的累计数。期末结转后，"地区间援助收入"科目应无余额。

3. 账务处理

（1）收到援助方政府财政转来的资金时，借记"国库存款"科目，贷记"地区间援助收入"科目。

（2）年终转账时，"地区间援助收入"科目贷方余额转入本期盈余，借记"地区间援助收入"科目，贷记"本期盈余——预算管理资金本期盈余"科目。

8.1.7 其他收入

1. 其他收入的概念

其他收入是指政府财政从其他渠道调入资金、豁免主权外债偿还责任，以及无偿取得股权投资等产生的收入。

2. 账户设置

总会计应设置"其他收入"科目核算政府财政除税收收入、非税收入、投资收益、补助收入、上解收入、地区间援助收入、财政专户管理资金收入、专用基金收入以外的各项收入，包括从其他渠道调入资金、豁免主权外债偿还责任以及无偿取得股权投资等产生的收入。"其他收入"科目可根据管理需要，按照其他收入类别等进行明细核算。"其他收入"科目平时贷方余额反映本级政府财政其他收入的累计数。期末结转后，"其他收入"科目应无余额。

3. 账务处理

（1）从其他渠道调入资金时，按照调入的金额，借记"国库存款"科目，贷记"其他收入"科目。

（2）债权人豁免政府财政承担的主权外债时，政府财政按照减少的债务金额，借记"借入款项"等科目，贷记"其他收入"科目。

（3）无偿划入股权投资时，账务处理参照"股权投资"科目使用说明中权益法和成本法下对应业务的账务处理。

（4）年终转账时，"其他收入"科目贷方余额转入本期盈余。借记"其他收入"科目，贷记"本期盈余——预算管理资金本期盈余"科目。

8.1.8 财政专户管理资金收入

1. 财政专户管理资金收入的概念

财政专户管理资金收入是指政府财政纳入财政专户管理的教育收费等资金收入。

2. 账户设置

总会计应设置"财政专户管理资金收入"科目核算政府财政纳入财政专户管理的教育收费等资金收入。"财政专户管理资金收入"科目可根据管理需要，按照预算单位等进行明细核算。"财政专户管理资金收入"科目平时贷方余额反映财政专户管理资金收入的累计数。期末结转后，"财政专户管理资金收入"科目应无余额。

3. 账务处理

（1）收到财政专户管理资金时，借记"其他财政存款"科目，贷记"财政专户管理资金收入"科目。

（2）年终转账时，本科目贷方余额转入本期盈余，借记"财政专户管理资金收入"科目，贷记"本期盈余——财政专户管理资金本期盈余"科目。

【情景8-5】2023年6月2日收到京南大学上交学费5 270万元。

借：其他财政存款　　　　　　52 700 000
　　贷：财政专户管理资金收入——教育收费　　　　　　　　　　52 700 000

8.1.9 专用基金收入

1. 专用基金收入的概念

专用基金收入是指政府财政根据法律法规等规定设立的各项专用基金（包括粮食风险基金等）取得的资金收入。

2. 账户设置

总会计应设置"专用基金收入"科目核算政府财政按照法律法规和国务院、财政部规定设置或取得的粮食风险基金等专用基金收入。"专用基金收入"科目可根据管理需要，按照专用基金的种类进行明细核算。"专用基金收入"科目平时贷方余额反映本级政府财政专用基金收入的累计数。期末结转后，"专用基金收入"科目应无余额。

3. 账务处理

（1）取得专用基金收入转入财政专户时，借记"其他财政存款"科目，贷记"专用基金收入"科目。退回取得的专用基金收入时，借记"专用基金收入"科目，或"以前年度盈余调整——专用基金以前年度盈余调整"科目，贷记"其他财政存款"科目。

（2）通过费用安排取得专用基金收入仍留存国库的，借记有关费用科目，贷记"专用基金收入"科目。

（3）年终转账时，"专用基金收入"科目贷方余额转入本期盈余，借记"专用基金收入"科目，贷记"本期盈余——专用基金本期盈余"科目。

任务 8.2 总预算费用

8.2.1 政府机关商品和服务拨款费用

1. 政府机关商品和服务拨款费用的概念

政府机关商品和服务拨款费用是指本级政府财政拨付给机关和参照公务员法管理的事业单位（以下简称"参公事业单位"）购买商品和服务的各类费用，不包括用于购置固定资产、战略性和应急性物资储备等资本性拨款费用。

2. 账户设置

总会计应设置"政府机关商品和服务拨款费用"科目核算本级政府财政拨付给机关和参公事业单位购买商品和服务的各类费用，不包括用于购置固定资产、战略性和应急性物资储备等资本性拨款费用。该科目可根据管理需要，参照《政府收支分类科目》中支出经济分类科目，按照预算单位和项目等进行明细核算。"政府机关商品和服务拨款费用"科目平时借方余额反映本级政府机关商品和服务拨款费用的累计数。期末结转后，"政府机关商品和服务拨款费用"科目应无余额。

3. 账务处理

（1）实际发生政府机关商品和服务拨款费用时，借记"政府机关商品和服务拨款费用"科目，贷记"国库存款"科目。

（2）当年政府机关商品和服务拨款费用发生退回时，按照实际收到的退回金额，借记"国库存款"科目，贷记"政府机关商品和服务拨款费用"科目。

（3）年终转账时，"政府机关商品和服务拨款费用"科目借方余额转入本期盈余，借记"本期盈余——预算管理资金本期盈余"科目，贷记"政府机关商品和服务拨款费用"科目。

【情景 8-6】收到财政国库支付执行机构报来的预算支出结算清单后，财政国库支付执行机构以财政直接支付的方式支付下列费用。

表 8-4 预算支出结算清单

单位：万元

项目						金额
类		款		项		
201	一般公共服务支出	02	政协事务	04	政协会议	589
204	公共安全支出	02	公安	03	机关服务	423
210	卫生健康支出	04	公共卫生	08	基本公共卫生服务	210
213	农林水利支出	03	水利	06	水利工程运行与维护	310

借：政府机关商品和服务拨款费用
　　——办公费——政协事务　12 220 000
　　——维护费　　　　　　　 3 100 000
　贷：国库存款　　　　　　　15 320 000

8.2.2 政府机关工资福利拨款费用

1. 政府机关工资福利拨款费用的概念

政府机关工资福利拨款费用是指本级政府财政拨付给机关和参公事业单位在职职工和编制外长期聘用人员的各类劳动报酬及为上述人员缴纳的各项

社会保险费等费用。

2. 账户设置

总会计应设置"政府机关工资福利拨款费用"科目核算本级政府财政拨付给机关和参公事业单位在职职工和编制外长期聘用人员的各类劳动报酬及为上述人员缴纳的各项社会保险费等费用。"政府机关工资福利拨款费用"科目可根据管理需要，参照《政府收支分类科目》中支出经济分类科目，按照预算单位和项目等进行明细核算。"政府机关工资福利拨款费用"科目平时借方余额反映本级政府机关工资福利拨款费用的累计数。期末结转后，"政府机关工资福利拨款费用"科目应无余额。

3. 账务处理

（1）实际发生政府机关工资福利拨款费用时，借记"政府机关工资福利拨款费用"科目，贷记"国库存款"科目。

（2）当年政府机关工资福利拨款费用发生退回时，按照实际收到的退回金额，借记"国库存款"科目，贷记"政府机关工资福利拨款费用"科目。

（3）年终转账时，"政府机关工资福利拨款费用"科目借方余额转入本期盈余，借记"本期盈余——预算管理资金本期盈余"科目，贷记"政府机关工资福利拨款费用"科目。

【情景8-7】以财政直接支付的方式支付税务局工资及社保费56万元，审计局工资及社保费43万元。

借：政府机关工资福利拨款费用
　　——税务局　　　　　　　560 000
　　——审计局　　　　　　　430 000
　贷：资金结存——库款资金结存 990 000

8.2.3 对事业单位补助拨款费用

1. 对事业单位补助拨款费用的概念

对事业单位补助拨款费用是指本级政府财政拨付的对事业单位（不含参公事业单位）的经常性补助费用，不包括对事业单位的资本性拨款费用。

2. 账户设置

总会计应设置"对事业单位补助拨款费用"科目核算本级政府财政拨付的对事业单位（不含参公事业单位）的经常性补助费用，不包括对事业单位的资本性拨款费用。"对事业单位补助拨款费用"科目可根据管理需要，参照《政府收支分类科目》中支出经济分类科目，按照预算单位和项目等进行明细核算。"对事业单位补助拨款费用"科目平时借方余额反映本级政府财政对事业单位补助拨款费用的累计数。期末结转后，"对事业单位补助拨款费用"科目应无余额。

3. 账务处理

（1）实际发生对事业单位补助拨款费用时，借记"对事业单位补助拨款费用"科目，贷记"国库存款"科目。

（2）当年对事业单位补助拨款费用发生退回时，按照实际收到的退回金额，借记"国库存款"科目，贷记"对事业单位补助拨款费用"科目。

（3）年终转账时，"对事业单位补助拨款费用"科目借方余额转入本期盈余，借记"本期盈余——预算管理资金本期盈余"科目，贷记"对事业单位补助拨款费用"科目。

8.2.4 对企业补助拨款费用

1. 对企业补助拨款费用的概念

对企业补助拨款费用是指本级政府财政拨付的对各类企业的补助费用，不包括对企业的资本金注入和资本性拨款费用。

2. 账户设置

总会计应设置"对企业补助拨款费用"科目核

算本级政府财政拨付的对各类企业的补助费用，不包括对企业的资本金注入和资本性拨款费用。"对企业补助拨款费用"科目可根据管理需要，参照《政府收支分类科目》中支出经济分类科目，按照预算单位和项目等进行明细核算。"对企业补助拨款费用"科目平时借方余额反映本级政府财政对企业补助拨款费用的累计数。期末结转后，"对企业补助拨款费用"科目应无余额。

3. 账务处理

（1）实际发生对企业补助拨款费用时，借记"对企业补助拨款费用"科目，贷记"国库存款"科目。

（2）当年对企业补助拨款费用发生退回时，按照实际收到的退回金额，借记"国库存款"科目，贷记"对企业补助拨款费用"科目。

（3）年终转账时，"对企业补助拨款费用"科目借方余额转入本期盈余，借记"本期盈余——预算管理资金本期盈余"科目，贷记"对企业补助拨款费用"科目。

8.2.5 对个人和家庭补助拨款费用

1. 对个人和家庭补助拨款费用的概念

对个人和家庭补助拨款费用是指本级政府财政拨付的对个人和家庭的补助费用。

2. 账户设置

总会计应设置"对个人和家庭补助拨款费用"科目核算本级政府财政拨付的对个人和家庭的补助费用。"对个人和家庭补助拨款费用"科目可根据管理需要，参照《政府收支分类科目》中支出经济分类科目，按照预算单位和项目等进行明细核算。"对个人和家庭补助拨款费用"科目平时借方余额反映本级政府财政对个人和家庭补助拨款费用的累计数。期末结转后，"对个人和家庭补助拨款费用"科目应无余额。

3. 账务处理

（1）实际发生对个人和家庭补助拨款费用时，借记"对个人和家庭补助拨款费用"科目，贷记"国库存款"科目。

（2）当年对个人和家庭补助拨款费用发生退回时，按照实际收到的金额，借记"国库存款"科目，贷记"对个人和家庭补助拨款费用"科目。

（3）年终转账时，"对个人和家庭补助拨款费用"科目借方余额转入本期盈余，借记"本期盈余——预算管理资金本期盈余"科目，贷记"对个人和家庭补助拨款费用"科目。

8.2.6 对社会保障基金补助拨款费用

1. 对社会保障基金补助拨款费用的概念

对社会保障基金补助拨款费用是指本级政府财政拨付的对社会保险基金的补助，以及补充全国社会保障基金的费用。

2. 账户设置

总会计应设置"对社会保障基金补助拨款费用"科目核算本级政府财政拨付的对社会保险基金的补助费用，以及补充全国社会保障基金的费用。"对社会保障基金补助拨款费用"科目可根据管理需要，参照《政府收支分类科目》中支出经济分类科目，按照预算单位和项目等进行明细核算。"对社会保障基金补助拨款费用"科目平时借方余额反映本级政府财政对社会保障基金补助拨款费用的累计数。期末结转后，"对社会保障基金补助拨款费用"科目应无余额。

3. 账务处理

（1）实际发生对社会保障基金补助拨款费用时，借记"对社会保障基金补助拨款费用"科目，贷记"国库存款"科目。

(2) 当年对社会保障基金补助拨款费用发生退回时，按照实际收到的金额，借记"国库存款"科目，贷记"对社会保障基金补助拨款费用"科目。

(3) 年终转账时，"对社会保障基金补助拨款费用"科目借方余额转入本期盈余，借记"本期盈余——预算管理资金本期盈余"科目，贷记"对社会保障基金补助拨款费用"科目。

8.2.7 资本性拨款费用

1. 资本性拨款费用的概念

资本性拨款费用是指本级政府财政拨付给行政事业单位和企业的资本性费用，不包括对企业的资本金注入。

2. 账户设置

总会计应设置"资本性拨款费用"科目核算本级政府财政拨付给行政事业单位和企业的资本性拨款费用，不包括对企业的资本金注入。"资本性拨款费用"科目可根据管理需要，参照《政府收支分类科目》中支出经济分类科目，按照预算单位和项目等进行明细核算。"资本性拨款费用"科目平时借方余额反映本级政府财政资本性拨款费用的累计数。期末结转后，"资本性拨款费用"科目应无余额。

3. 账务处理

(1) 实际发生资本性拨款费用时，借记"资本性拨款费用"科目，贷记"国库存款"科目。

(2) 当年资本性拨款费用发生退回时，按照实际退回的金额，借记"国库存款"科目，贷记"资本性拨款费用"科目。

(3) 年终转账时，"资本性拨款费用"科目借方余额转入本期盈余，借记"本期盈余——预算管理资金本期盈余"科目，贷记"资本性拨款费用"科目。

8.2.8 其他拨款费用

1. 其他拨款费用的概念

其他拨款费用是指本级政府财政拨付的经常性赠与、国家赔偿费用、对民间非营利组织和群众性自治组织补贴等费用。

2. 账户设置

总会计应设置"其他拨款费用"科目核算本级政府财政拨付的经常性赠与、国家赔偿费用、对民间非营利组织和群众性自治组织补贴等拨款费用。"其他拨款费用"科目可根据管理需要，参照《政府收支分类科目》中支出经济分类科目，按照预算单位和项目等进行明细核算。"其他拨款费用"科目平时借方余额反映本级政府财政其他拨款费用的累计数。期末结转后，"其他拨款费用"科目应无余额。

3. 账务处理

(1) 实际发生其他拨款费用时，借记"其他拨款费用"科目，贷记"国库存款"科目。

(2) 当年其他拨款费用发生退回时，按照实际收到的退回金额，借记"国库存款"科目，贷记"其他拨款费用"科目。

(3) 年终转账时，"其他拨款费用"科目借方余额转入本期盈余，借记"本期盈余——预算管理资金本期盈余"科目，贷记"其他拨款费用"科目。

8.2.9 财务费用

1. 财务费用的概念

财务费用是指本级政府财政用于偿还政府债务的利息费用，政府债务发行、兑付、登记费用，以外币计算的政府资产及债务由于汇率变化产生的汇兑损益等。

2. 账户设置

总会计应设置"财务费用"科目核算本级政府财政用于偿还政府债务的利息费用，政府债务发行、兑付、登记费用，以外币计算的政府资产及债务由于汇率变化产生的汇兑损益等。"财务费用"科目应设置"利息费用""债务发行兑付费用""汇兑损益"明细科目。"财务费用"科目平时借方余额反映本级政府财政财务费用的累计数。期末结转后，"财务费用"科目应无余额。

3. 账务处理

（1）利息费用的主要账务处理。

1）按期计提利息费用时，根据债务管理部门计算确定的本期应支付利息金额，借记"财务费用"科目，贷记"应付利息""应付地方政府债券转贷款——应付利息""应付主权外债转贷款——应付利息"等科目。

2）中央财政发生国债随卖业务时，账务处理参照"应付短期政府债券"科目使用说明中国债随卖业务的账务处理。

3）中央财政发生国债随买业务时，账务处理参照"应付短期政府债券"科目使用说明中国债随买业务的账务处理。

4）提前赎回已发行的政府债券、债权人豁免政府财政承担的主权外债应付利息时，按照减少的当年已计提应付利息金额，借记"应付利息""应付地方政府债券转贷款——应付利息""应付主权外债转贷款——应付利息"等科目，贷记"财务费用"科目。

（2）债务发行兑付费用的主要账务处理。

1）支付政府债务发行、兑付、登记款项时，按照实际支付的金额，借记"财务费用"科目，贷记"国库存款"科目。

2）收到或扣缴下级政府财政应承担的政府债务发行、兑付、登记款项时，按照实际收到或扣缴的金额，借记"国库存款""其他财政存款""与下级往来"等科目，贷记"财务费用"科目。

（3）汇兑损益的主要账务处理。

1）期末，将所有以外币计算的政府资产按期末汇率折算为人民币金额，折算后的金额小于账面余额时，按照折算差额，借记"财务费用"科目，贷记"其他财政存款""应收主权外债转贷款"等科目；折算后的金额大于账面余额时，按照折算差额，借记"其他财政存款""应收主权外债转贷款"科目，贷记"财务费用"科目。

2）期末，将所有以外币计算的借入款项、政府债券、主权外债转贷款、应付利息等政府负债按期末汇率折算为人民币金额，折算后的金额小于账面余额时，按照折算差额，借记"借入款项""应付长期政府债券""应付主权外债转贷款""应付利息"等科目，贷记"财务费用"科目；折算后的金额大于账面余额时，按照折算差额，借记"财务费用"科目，贷记"借入款项""应付长期政府债券""应付主权外债转贷款""应付利息"等科目。

（4）年终转账时，"财务费用"科目借方或贷方余额转入本期盈余，借记或贷记"本期盈余——预算管理资金本期盈余"科目，贷记或借记"财务费用"科目。

8.2.10 补助费用

1. 补助费用的概念

补助费用是指本级政府财政按财政体制规定或专项需要补助给下级政府财政的费用。

2. 账户设置

总会计应设置"补助费用"科目核算本级政府财政按财政体制规定或专项需要补助给下级政府财

政的费用,包括对下级的税收返还、一般性转移支付和专项转移支付等。"补助费用"科目可根据管理需要,按照补助地区进行明细核算。"补助费用"科目平时借方余额反映本级政府财政对下级补助费用的累计数。期末结转后,"补助费用"科目应无余额。

3. 账务处理

(1) 年终与下级政府财政结算时,按照结算确认的应当补助下级政府的费用数,借记"补助费用"科目,贷记"与下级往来"科目。退还或核减补助费用时,借记"与下级往来"科目,贷记"补助费用"科目。

(2) 专项转移支付资金实行特设专户管理的,根据有关支出管理部门下达的预算文件和拨款依据确认费用,借记"补助费用"科目或"与下级往来"科目;资金由本级政府财政拨付给下级的,贷记"其他财政存款"等科目;资金由上级政府财政直接拨付给下级的,贷记"与上级往来"或"补助收入"科目。

(3) 年终转账时,"补助费用"科目借方余额转入本期盈余,借记"本期盈余——预算管理资金本期盈余"科目,贷记"补助费用"科目。

8.2.11 上解费用

1. 上解费用的概念

上解费用是指本级政府财政按照财政体制规定或专项需要上交给上级政府财政的费用。

2. 账户设置

总会计应设置"上解费用"科目核算本级政府财政按照财政体制规定或专项需要上解给上级政府财政的款项。"上解费用"科目可根据管理需要按照项目等进行明细核算。"上解费用"科目平时借方余额反映本级政府财政上解费用的累计数。期末结转后,"上解费用"科目应无余额。

3. 账务处理

(1) 年终与上级政府财政结算时,按照结算确认的应当上解费用数,借记"上解费用"科目,贷记"与上级往来"科目。退还或核减上解费用时,借记"与上级往来"等科目,贷记"上解费用"科目。

(2) 年终转账时,"上解费用"科目借方余额转入本期盈余,借记"本期盈余——预算管理资金本期盈余"科目,贷记"上解费用"科目。

8.2.12 地区间援助费用

1. 地区间援助费用的概念

地区间援助费用是指援助方政府财政安排用于受援方政府财政统筹使用的各类援助、补偿、捐赠等费用。

2. 账户设置

总会计应设置"地区间援助费用"科目核算援助方政府财政安排用于受援方政府财政统筹使用的各类援助、补偿、捐赠等费用。"地区间援助费用"科目可根据管理需要,按照受援地区等进行明细核算。"地区间援助费用"科目平时借方余额反映地区间援助费用的累计数。期末结转后,"地区间援助费用"科目应无余额。

3. 账务处理

(1) 发生地区间援助费用时,借记"地区间援助费用"科目,贷记"国库存款"科目。

(2) 年终转账时,"地区间援助费用"科目借方余额转入本期盈余,借记"本期盈余——预算管理资金本期盈余"科目,贷记"地区间援助费用"科目。

8.2.13 其他费用

1. 其他费用的概念

其他费用是指政府财政无偿划出股权投资以及确认其他负债等产生的费用。

2. 账户设置

总会计应设置"其他费用"科目核算本级政府财政无偿划出股权投资时产生的投资损失、政府财政承担支出责任的其他负债等。"其他费用"科目可根据管理需要，按照类别进行明细核算。"其他费用"科目平时借方余额反映本级政府财政其他费用的累计数。期末结转后，"其他费用"科目应无余额。

3. 账务处理

（1）政府财政无偿划出股权投资时，根据股权管理部门提供的资料，按照被划出股权投资对应的"权益法调整"科目账面余额，借记或贷记"权益法调整"科目，贷记或借记"股权投资（其他权益变动）"科目；按照被划出股权投资的账面余额，借记"其他费用"科目，贷记"股权投资（投资成本、损益调整）"科目。

（2）政府财政承担支出责任的其他负债，按照确定应承担的负债金额，借记"其他费用"科目，贷记"其他负债"科目。

（3）无偿划出股权投资时，账务处理参照"股权投资"科目使用说明中权益法和成本法下对应业务的账务处理。

（4）年终转账时，"其他费用"科目借方余额转入本期盈余，借记"本期盈余——预算管理资金本期盈余"科目，贷记"其他费用"科目。

8.2.14 财政专户管理资金支出

1. 财政专户管理资金支出的概念

财政专户管理资金支出是指政府财政用纳入财政专户管理的教育收费等资金安排的支出。

2. 账户设置

总会计应设置"财政专户管理资金支出"科目核算政府财政用纳入财政专户管理的教育收费等资金安排的支出。"财政专户管理资金支出"科目可根据管理需要，按照预算单位等进行明细核算。"财政专户管理资金支出"科目平时借方余额反映财政专户管理资金支出的累计数。期末结转后，"财政专户管理资金支出"科目应无余额。

3. 账务处理

（1）发生财政专户管理资金支出时，借记"财政专户管理资金支出"科目，贷记"其他财政存款"等科目。

（2）当年记入的财政专户管理资金支出发生退回时，按照实际退回的金额，借记"其他财政存款"科目，贷记"财政专户管理资金支出"科目。

（3）以前年度财政专户管理资金支出发生退回时，按照实际退回的金额，借记"其他财政存款"科目，贷记"以前年度盈余调整——财政专户管理资金以前年度盈余调整"科目。

（4）年终转账时，"财政专户管理资金支出"科目借方余额转入本期盈余，借记"本期盈余——财政专户管理资金本期盈余"科目，贷记"财政专户管理资金支出"科目。

【情景8-8】2023年2月10日，西京市向本市西京大学拨付经费2 600万元，2023年12月31日退回52万元，2024年1月3日退回15万元。

（1）2023年2月10日拨付时：

借：财政专户管理资金支出

　　——西京大学　　　　　　26 000 000

　贷：其他财政存款　　　　　26 000 000

（2）2023年12月31日退回时：

借：其他财政存款　　　　　　520 000

　贷：财政专户管理资金支出

　　——西京大学　　　　　　520 000

（3）2024年1月3日退回时：

借：其他财政存款　　　　　150 000
　　贷：以前年度盈余调整
　　　　——财政专户管理资金以前年度盈余调整
　　　　　　　　　　　　　　150 000

8.2.15 专用基金支出

1. 专用基金支出的概念

专用基金支出是指政府财政用专用基金收入安排的支出。

2. 账户设置

总会计应设置"专用基金支出"科目，核算本级政府财政用专用基金收入安排的支出。

"专用基金支出"科目可根据管理需要，按照专用基金种类、预算单位等进行明细核算。"专用基金支出"科目平时借方余额反映专用基金支出的累计数。期末结转后，"专用基金支出"科目应无余额。

3. 账务处理

（1）发生专用基金支出时，借记"专用基金支出"科目，贷记"其他财政存款"等科目。

（2）当年专用基金支出发生退回时，按照实际退回的金额，借记"其他财政存款"等科目，贷记"专用基金支出"科目。

（3）以前年度专用基金支出发生退回时，按照实际退回的金额，借记"其他财政存款"等科目，贷记"以前年度盈余调整——专用基金以前年度盈余调整"科目。

（4）年终转账时，"专用基金支出"科目借方余额转入本期盈余，借记"本期盈余——专用基金本期盈余"科目，贷记"专用基金支出"科目。

项目小结

本项目介绍了我国财政总会计的收入、费用的概念、账户设置及相应的实务操作。通过本项目的学习，在理解财政总会计基本理论的基础上，掌握财政总会计收入、费用的分类及相应的账务处理。

思考与练习

一、单项选择题

1. 财政总会计核算的财政预算收入主要来源（　　）。
   A. 产品或商品销售收入
   B. 提供服务或劳务收入
   C. 资产使用收入
   D. 征收的税收收入

2. 财政总预算收入不包括（　　）。
   A. 税收收入
   B. 非税收入
   C. 地区间援助收入
   D. 债务收入

3. 下列属于专用基金收入的是（　　）。
   A. 社会保障基金　　B. 其他部门基金
   C. 粮食风险基金　　D. 文教部门基金

4. 下列关于费用的说法，错误的是（　　）。
   A. 对企业补助拨款费用是指本级政府财政拨付的对各类企业的补助费用
   B. 对个人和家庭补助拨款费用是指本级政府财政拨付的对个人和家庭的补助费用
   C. 对社会保障基金补助拨款费用是指本级政府财政拨付的对社会保险基金的补助
   D. 资本性拨款费用是指本级政府财政拨付给行政事业单位和企业的资本性费用，包括对企业的资本金注入

5. 下列关于收入的说法，错误的是（　　）。
   A. 地区间援助收入是指受援方政府财政收到援助方政府财政转来的可统筹使用的各类援助、捐赠等资金收入
   B. 上解收入是指按照财政体制规定或专项需要由下级政府财政上交给本级政府财政的款项
   C. 补助收入是指上级政府财政按照财政体制规定或专项需要补助给本级政府财政的款项
   D. 非税收入是指政府财政筹集的纳入本级财政管理的税收收入

二、多项选择题

1. 总预算收入构成包括（　　）。
   A. 税收收入　　　　B. 投资收益
   C. 补助收入　　　　D. 上解收入

2. 总预算费用构成包括（　　）。
   A. 政府机关商品和服务拨款费用
   B. 政府机关工资福利拨款费用
   C. 对事业单位补助拨款费用
   D. 对企业补助拨款费用

3. 下列关于"资本性拨款费用"说法正确的是（　　）。
   A. 期末结转后，"资本性拨款费用"科目应无余额
   B. 实际发生资本性拨款费用时，借记"资本性拨款费用"科目，贷记"国库存款"科目
   C. 当资本性拨款费用发生退回时，按照实际退回的金额，借记"国库存款"科目，贷记"资本性拨款费用"科目
   D. 资本性拨款费用不包括对企业的资本金注入

4. 关于"地区间援助费用"说法正确的是（　　）。
   A. "地区间援助费用"科目是指政府财政无偿划出股权投资以及确认其他负债等产生的费用
   B. "地区间援助费用"科目平时借方余额反映地区间援助费用的累计数
   C. 期末结转后，"地区间援助费用"科目应无余额

D. 发生地区间援助费用时，借记"地区间援助费用"科目，贷记"国库存款"科目

5. 关于"上解收入"说法正确的是（　　）。

A. "上解收入"科目是指按照财政体制规定或专项需要由下级政府财政上交给本级政府财政的款项

B. "上解收入"科目平时贷方余额反映上解收入的累计数

C. 期末结转后，"上解收入"科目应无余额

D. "上解收入"科目是指上级政府财政按照财政体制规定或专项需要补助给本级政府财政的款项

三、判断题

1. 财政总会计中所有的税收收入和非税收入均属于一般公共预算本级收入。（　　）

2. 资本性拨款费用是指本级政府财政拨付给行政事业单位和企业的资本性费用，其中包括对企业的资本金注入。（　　）

3. 财政专户管理资金支出是指政府财政用纳入财政专户管理的教育收费等资金安排的支出。（　　）

4. 上解费用是指本级政府财政按照财政体制规定或专项需要上交给上级政府财政的费用。（　　）

5. 补助费用是指本级政府财政按照财政体制规定或专项需要补助给下级政府财政的费用。（　　）

四、简答题

1. 简述专用基金收入的概述。

2. 简述总预算费用包括哪些。

项目 9 财政总会计的预算收入、预算支出和预算结余

知识目标

◎ 了解预算收入、预算支出和预算结余的概念与类别
◎ 掌握预算收入、预算支出和预算结余的账户设置

技能目标

◎ 掌握预算收入、预算支出和预算结余的账务处理

案例导入

某市财政总会计收到财政国库支付执行机构报来的预算支出结算清单。当日以财政直接支付和财政授权支付的方式,支付属于一般公共预算本级支出的共计438 100 元。具体支付情况为:

"教育支出 —— 普通教育 —— 高等教育"182 000 元,
"教育支出 —— 职业教育 —— 职业高中教育"32 500 元,
"文化体育与传媒支出 —— 文物 —— 博物馆"25 500 元,
"文化体育与传媒支出 —— 体育 —— 体育场馆"16 300 元,"文化体育与传媒支出 —— 新闻出版广播影视 —— 电视"12 000 元。

案例思考

编制该市财政会计对此项业务进行账务处理的会计分录。

本章导语

预算会计的客体或者对象,是财政性资金运动、单位预算资金的运动以及有关经营收支过程和结果。具体来说,财政总会计的核算对象主要是预算收入、预算支出和预算结余等多项财政性资金活动。

政府单位预算会计通过预算收入、预算支出和预算结余三个要素,全面反映单位预算收支执行情况。

任务 9.1　预算收入

9.1.1　一般公共预算收入

1. 一般公共预算收入的概念

一般公共预算收入是指政府财政筹集纳入本级一般公共预算管理的税收收入和非税收入。

2. 账户设置

总会计应设置"一般公共预算收入"科目核算政府财政筹集的纳入本级一般公共预算管理的税收收入和非税收入。"一般公共预算收入"科目应根据《政府收支分类科目》中"一般公共预算收入"科目进行明细核算。"一般公共预算收入"科目平时贷方余额反映本级一般公共预算收入的累计数。期末结转后，本科目应无余额。

3. 账务处理

（1）收到款项时，根据当日预算收入日报表所列一般公共预算本级收入数，借记"资金结存——库款资金结存"科目，贷记"一般公共预算收入"科目。

（2）年终转账时，"一般公共预算收入"科目贷方余额转入一般公共预算结转结余，借记"一般公共预算收入"科目，贷记"一般公共预算结转结余"科目。

【情景 9-1】承【情景 8-2】。

借：资金结存——库款资金结存　47 100 000
　贷：一般公共预算收入
　　　　——税收收入——增值税
　　　　　　　　　　　　　　　30 000 000
　　　　——企业所得税　　　　15 000 000
　　　　——个人所得税　　　　 2 100 000
　　　　——非税收入——行政事业性收费
　　　收入　　　　　　　　　　　　50 000

9.1.2　政府性基金预算收入

1. 政府性基金预算收入的概念

政府性基金预算收入是指政府财政筹集纳入本级政府性基金预算管理的非税收入。

2. 账户设置

总会计应设置"政府性基金预算收入"科目核算政府财政筹集纳入本级政府性基金预算管理的非税收入。"政府性基金预算收入"科目应根据《政府收支分类科目》中"政府性基金预算收入"科目进行明细核算。"政府性基金预算收入"科目平时贷方余额反映本级政府性基金预算收入的累计数。

3. 账务处理

（1）收到款项时，根据当日预算收入日报表所列政府性基金预算本级收入数，借记"资金结存——库款资金结存"科目，贷记"政府性基金预算收入"科目。

（2）年终转账时，"政府性基金预算收入"科目贷方余额转入政府性基金预算结转结余，借记本科目，贷记"政府性基金预算结转结余"科目。

【情景 9-2】2023 年 4 月 6 日收到国库报来的"基金预算收入日报表"，内容如下。

表 9-1　基金预算收入日报表

单位：万元

项目					金额
类		款		项	
类 103 款 01	政府性基金收入	项 48	国有土地使用权出让收入	目 01　土地出让价款收入	
		项 55	彩票公益金收入	目 01　福利彩票公益金收入	

9.1.3　国有资本经营预算收入

1. 国有资本经营预算收入的概念

国有资本经营预算收入是指政府财政筹集纳入本级国有资本经营预算管理的非税收入。

2. 账户设置

总会计应设置"国有资本经营预算收入"科目核算政府财政筹集的纳入本级国有资本经营预算管理的非税收入。"国有资本经营预算收入"科目应根据《政府收支分类科目》中"国有资本经营预算收入"科目进行明细核算。"国有资本经营预算收入"科目平时贷方余额反映本级国有资本经营预算收入的累计数。期末结转后，"国有资本经营预算收入"科目应无余额。

3. 账务处理

（1）收到款项时，根据当日预算收入日报表所列国有资本经营预算本级收入数，借记"资金结存——库款资金结存"科目，贷记"国有资本经营预算收入"科目。

（2）年终转账时，"国有资本经营预算收入"科目贷方余额转入国有资本经营预算结转结余，借记"国有资本经营预算收入"科目，贷记"国有资本经营预算结转结余"科目。

9.1.4　财政专户管理资金收入

1. 财政专户管理资金收入的概念

财政专户管理资金收入是指政府财政纳入财政专户管理的教育收费等资金收入。

2. 账户设置

总会计应设置"财政专户管理资金收入"科目核算政府财政纳入财政专户管理的教育收费等资金收入。"财政专户管理资金收入"科目应根据《政府收支分类科目》中收入分类科目进行明细核算。同时，根据管理需要，按预算单位等进行明细核算。"财政专户管理资金收入"科目平时贷方余额反映财政专户管理资金收入的累计数。期末结转后，"财政专户管理资金收入"科目应无余额。

3. 账务处理

（1）收到财政专户管理资金收入时，借记"资金结存——专户资金结存"科目，贷记"财政专户管理资金收入"科目。

（2）年终转账时，"财政专户管理资金收入"科目贷方余额转入财政专户管理资金结余，借记"财政专户管理资金收入"科目，贷记"财政专户管理资金结余"科目。

9.1.5 专用基金收入

1. 专用基金收入的概念

专用基金收入是指政府财政根据法律法规等规定设立各项专用基金（包括粮食风险基金等）取得的资金收入。

2. 账户设置

总会计应设置"专用基金收入"科目核算本级政府财政按照法律法规和国务院、财政部规定设置或取得的粮食风险基金等专用基金收入。"专用基金收入"科目应按照专用基金种类进行明细核算。"专用基金收入"科目平时贷方余额反映取得专用基金收入的累计数。期末结转后，"专用基金收入"科目应无余额。

3. 账务处理

（1）通过预算支出安排取得专用基金收入并将资金转入财政专户的，借记"资金结存——专户资金结存"科目，贷记"专用基金收入"科目；同时，借记"一般公共预算支出"等科目，贷记"资金结存——库款资金结存"等科目。退回专用基金收入时，做相反的会计分录。

（2）通过预算支出安排取得专用基金收入，资金仍留存国库的，借记"一般公共预算支出"等科目，贷记"专用基金收入"科目。

（3）年终转账时，"专用基金收入"科目贷方余额转入专用基金结余，借记"专用基金收入"科目，贷记"专用基金结余"科目。

【情景9-3】京南区财政局通过预算支出安排粮食风险基金420万元，并将资金拨入该市农发行"粮食风险基金"专户。

借：其他财政存款——农发行　　4 200 000
　　贷：专用基金收入——粮食风险基金
　　　　　　　　　　　　　　　4 200 000

9.1.6 补助预算收入

1. 补助预算收入的概念

补助预算收入是指上级政府财政按照财政体制规定或专项需要补助给本级政府财政的款项，包括返还性收入、一般性转移支付收入和专项转移支付收入等。

2. 账户设置

总会计应设置"补助预算收入"科目核算上级政府财政按照财政体制规定或专项需要补助给本级政府财政的款项，包括税收返还、一般性转移支付和专项转移支付等。"补助预算收入"科目下应设置"一般公共预算补助收入""政府性基金预算补助收入""国有资本经营预算补助收入""上级调拨"明细科目，可根据《政府收支分类科目》规定进行明细核算。其中，"一般公共预算补助收入"科目核算本级政府财政收到上级政府财政的一般公共预算转移支付收入；"政府性基金预算补助收入"科目核算本级政府财政收到上级政府财政的政府性基金转移支付收入；"国有资本经营预算补助收入"科目核算本级政府财政收到上级政府财政的国有资本经营预算转移支付收入；"上级调拨"科目核算年度执行中，本级政府财政收到暂不能明确资金类别的上级政府财政调拨资金或按年终结算应确认事项金额。"补助预算收入"科目平时贷方余额反映本级政府财政收到上级政府财政调拨资金的累计数。期末结转后，"补助预算收入"科目应无余额。

3. 账务处理

（1）年度执行中，收到上级政府财政调拨的资金时，按照实际收到的金额，借记"资金结存——库款资金结存"科目，贷记"补助预算收入——上级调拨"等科目。

专项转移支付资金实行特设专户管理的，收到资金时按照实际收到的金额，借记"资金结存——专户资金结存"科目，贷记"补助预算收入——上级调拨"科目。

有主权外债业务的财政部门，贷款资金由本级政府财政同级预算单位使用，且贷款的最终还款责任由上级政府财政承担的，本级政府财政部门收到贷款资金时，借记"资金结存——专户资金结存"科目，贷记"补助预算收入——上级调拨"科目；外方或上级政府财政将贷款资金直接支付给供应商或用款单位时，借记"一般公共预算支出"科目，贷记"补助预算收入——上级调拨"等科目；上级政府财政豁免本级政府财政主权外债，根据债务管理部门提供的有关资料和有关预算文件，借记"资金结存——上下级调拨结存"科目，贷记"补助预算收入——上级调拨"科目。

（2）根据预算管理需要，本级政府财政向上级政府财政归还资金时，按照实际转出的金额，借记"补助预算收入——上级调拨"科目，贷记"资金结存——库款资金结存"科目。

（3）年终两级财政办理结算以后，根据预算管理部门提供的结算单确认上级补助预算收入，借记"补助预算收入——上级调拨"科目，贷记"补助预算收入——一般公共预算补助收入""补助预算收入——政府性基金预算补助收入""补助预算收入——国有资本经营预算补助收入"等科目；两级财政年终结算中发生应上交上级政府财政款项时，借记"上解预算支出"等科目，贷记"补助预算收入——上级调拨"等科目。

（4）完成上述结转以后，将"补助预算收入"科目下各明细科目余额分别结转至相应的预算结余类科目，借记"补助预算收入"科目，贷记"一般公共预算结转结余""政府性基金预算结转结余""国有资本经营预算结转结余""资金结存——上下级调拨结存"等科目。

9.1.7　上解预算收入

1. 上解预算收入的概念

上解预算收入是指按照财政体制规定或专项需要由下级政府财政上交给本级政府财政的款项。

2. 账户设置

总会计应设置"预算收入"科目核算按照财政体制规定或专项需要由下级政府财政上交给本级政府财政的款项。"预算收入"科目下应按照不同资金性质设置"一般公共预算上解收入""政府性基金预算上解收入""国有资本经营预算上解收入"明细科目，并按照上解地区进行明细核算。"预算收入"科目平时贷方余额反映上解收入的累计数。期末结转后，"预算收入"科目应无余额。

3. 账务处理

（1）年终与下级政府财政结算时，根据预算管理部门提供的有关资料，按照尚未收到的上解款金额，借记"补助预算支出——调拨下级"科目，贷记"预算收入"科目。

（2）年终转账时，"预算收入"科目贷方余额应根据不同资金性质分别转入相应的结转结余科目，借记"预算收入"科目，贷记"一般公共预算结转结余""政府性基金预算结转结余""国有资本经营预算结转结余"等科目。

9.1.8　地区间援助预算收入

1. 地区间援助预算收入的概念

地区间援助预算收入是指受援方政府财政收到援助方政府财政转来的可统筹使用的各类援助、捐赠等资金收入。

2. 账户设置

总会计应设置"地区间援助预算收入"科目核算受援方政府财政收到援助方政府财政转来的可统筹使用的各类援助、捐赠等资金收入。援助方政府已列"地区间援助预算支出"的援助、捐赠等资金，受援方通过"地区间援助预算收入"科目核算。"地区间援助预算收入"科目应根据管理需要，按照援助地区等进行明细核算。"地区间援助预算收入"科目平时贷方余额反映地区间援助收入的累计数。期末结转后，"地区间援助预算收入"科目应无余额。

3. 账务处理

（1）收到援助方政府财政转来的资金时，借记"资金结存——库款资金结存"科目，贷记"地区间援助预算收入"科目。

（2）年终转账时，"地区间援助预算收入"科目贷方余额转入一般公共预算结转结余，借记"地区间援助预算收入"科目，贷记"一般公共预算结转结余"科目。

9.1.9　调入预算资金

1. 调入预算资金的概念

调入预算资金是指政府财政为平衡某类预算收支，从其他类型预算资金及其他渠道调入的资金。

2. 账户设置

总会计应设置"调入预算资金"科目核算政府财政为平衡某类预算收支、从其他类型预算资金及其他渠道调入的资金。"调入预算资金"科目下应按照不同资金性质设置"一般公共预算调入资金""政府性基金预算调入资金"明细科目。"调入预算资金"科目平时贷方余额反映调入预算资金的累计数。期末结转后，"调入预算资金"科目无余额。

3. 账务处理

（1）从其他类型预算资金及其他渠道调入一般公共预算时，按照调入或实际收到的金额，借记"调出预算资金——政府性基金预算调出资金""调出预算资金——国有资本经营预算调出资金""资金结存——库款资金结存"等科目，贷记"调入预算资金——一般公共预算调入资金"科目。

（2）从其他类型预算资金及其他渠道调入政府性基金预算时，按照调入或实际收到的资金金额，借记"资金结存——库款资金结存"等科目，贷记"调入预算资金——政府性基金预算调入资金"科目。

（3）年终转账时，"调入预算资金"科目贷方余额按明细科目分别转入相应的结转结余科目，借记"调入预算资金"科目，贷记"一般公共预算结转结余""政府性基金预算结转结余"等科目。

9.1.10　动用预算稳定调节基金

1. 动用预算稳定调节基金的概念

动用预算稳定调节基金是指政府财政为弥补一般公共预算收支缺口动用的预算稳定调节基金。

2. 账户设置

总会计应设置"动用预算稳定调节基金"科目核算政府财政为弥补本年度预算资金不足，动用的预算稳定调节基金。"动用预算稳定调节基金"科目平时贷方余额反映动用预算稳定调节基金的累计数。期末结转后，"动用预算稳定调节基金"科目应无余额。

3. 账务处理

（1）动用预算稳定调节基金时，借记"预算稳定调节基金"科目，贷记"动用预算稳定调节基金"科目。

（2）年终转账时，"动用预算稳定调节基金"科目贷方余额转入一般公共预算结转结余，借记"动用预算稳定调节基金"科目，贷记"一般公共预算结转结余"科目。

9.1.11 债务预算收入

1. 债务预算收入的概念

债务预算收入是指政府财政根据法律法规等规定，通过发行债券、向外国政府和国际金融组织借款等方式筹集的纳入预算管理的资金收入。

2. 账户设置

总会计应设置"债务预算收入"科目核算政府财政根据法律法规等规定，通过发行债券、向外国政府和国际金融组织借款等方式筹集的纳入预算管理的债务收入。"债务预算收入"科目应设置"国债收入""一般债务收入""专项债务收入"明细科目，并根据《政府收支分类科目》中"债务收入"科目进行明细核算。"债务预算收入"科目平时贷方余额反映债务预算收入的累计数。期末结转后，"债务预算收入"科目应无余额。

3. 账务处理

（1）省级以上（含省级）政府财政收到政府债券发行收入时，按照实际收到的金额，借记"资金结存——库款资金结存"科目，按照政府债券实际发行额，贷记"债务预算收入"科目，按照其差额，借记或贷记有关支出科目。

（2）中央财政发生国债随卖业务时，按照实际收到的金额，借记"资金结存——库款资金结存"科目；根据国债随卖确认文件等相关债券管理资料，按照国债随卖面值，贷记"债务预算收入"科目，按照实际收到金额与面值的差额，借记或贷记"一般公共预算支出"科目。

（3）按定向承销方式发行的政府债券，根据债务管理部门转来的债券发行文件等有关资料进行确认，由本级政府财政承担还款责任，贷款资金由本级政府财政同级部门使用的，借记"债务还本预算支出"科目，贷记"债务预算收入"科目；转贷下级政府财政的，借记"债务转贷预算支出"科目，贷记"债务预算收入"科目。

（4）政府财政向外国政府、国际金融组织等机构借款时，按照实际提款的外币金额和即期汇率折算的人民币金额，借记"资金结存——库款资金结存""资金结存——专户资金结存"等科目，贷记"债务预算收入"科目。

（5）本级政府财政借入主权外债，且由外方或上级政府财政将贷款资金直接支付给用款单位或供应商时，应根据以下情况分别处理。

1）本级政府财政承担还款责任，贷款资金由本级政府财政同级部门使用的，本级政府财政根据贷款资金支付有关资料，借记"一般公共预算支出"科目，贷记"债务预算收入"科目。

2）本级政府财政承担还款责任，贷款资金由下级政府财政同级部门使用的，本级政府财政根据贷款资金支付有关资料及预算文件，借记"补助预算支出——调拨下级"等科目，贷记"债务预算收入"科目。

3）下级政府财政承担还款责任，贷款资金由下级政府财政同级部门使用的，本级政府财政根据贷款资金支付有关资料，借记"债务转贷预算支出"科目，贷记"债务预算收入"科目。

（6）年终转账时，"债务预算收入"科目下"国债收入""一般债务收入"的贷方余额转入一般公共预算结转结余，借记"债务预算收入——国债收入""债务预算收入——一般债务收入"科目，贷记"一般公共预算结转结余"科目；"债务预算收入"科目下"专项债务收入"的贷方余额转入政府性基金预算结转结余，借记"债务预算收入——专项债务收入"科目，贷记"政府性基金预算结转结余"科目，可根据预算管理需要，按照专项债务对应的"政府性基金预算收入"科目分别转入"政府性基金预算结转结余"相应明细科目。

9.1.12 债务转贷预算收入

1. 债务转贷预算收入的概念

债务转贷预算收入是指本级政府财政收到上级政府财政转贷的债务收入。

2. 账户设置

总会计应设置"债务转贷预算收入"科目核算省级以下（不含省级）政府财政收到上级政府财政转贷的债务收入。"债务转贷预算收入"科目应设置"一般债务转贷收入""专项债务转贷收入"明细科目，并根据《政府收支分类科目》中"债务转贷收入"科目进行明细核算。"债务转贷预算收入"科目平时贷方余额反映债务转贷预算收入的累计数。期末结转后，"债务转贷预算收入"科目应无余额。

3. 账务处理

（1）省级以下（不含省级）政府财政收到地方政府债券转贷收入时，按照实际收到的金额或债务管理部门确认的金额，借记"资金结存——库款资金结存""补助预算收入——上级调拨"等科目，贷记"债务转贷预算收入"科目；实际收到的金额与债务管理部门确认的到期应偿还转贷款本金之间的差额，借记或贷记有关支出科目。

（2）实行定向承销方式转贷的地方政府债券，省级以下（不含省级）政府财政根据债务管理部门提供的有关资料进行确认，借记"债务还本预算支出"科目，贷记"债务转贷预算收入"科目。

（3）省级以下（不含省级）政府财政收到主权外债转贷收入的具体账务处理如下。

1）本级财政收到主权外债转贷资金时，借记"资金结存——库款资金结存""资金结存——专户资金结存"科目，贷记"债务转贷预算收入"科目。

2）从上级政府财政借入主权外债转贷款，且由外方或上级政府财政将贷款资金直接支付给用款单位或供应商时，应根据以下情况分别处理。

①本级政府财政承担还款责任，贷款资金由本级政府财政同级部门使用的，本级政府财政根据贷款资金支付有关资料，借记"一般公共预算支出"科目，贷记"债务转贷预算收入"科目。

②本级政府财政承担还款责任，贷款资金由下级政府财政同级部门使用的，本级政府财政根据贷款资金支付有关资料及预算文件，借记"补助预算支出——调拨下级"等科目，贷记"债务转贷预算收入"科目。

③下级政府财政承担还款责任，贷款资金由下级政府财政同级部门使用的，本级政府财政根据转贷资金支付有关资料，借记"债务转贷预算支出"科目，贷记"债务转贷预算收入"科目；下级政府财政根据贷款资金支付有关资料，借记"一般公共预算支出"科目，贷记"债务转贷预算收入"科目。

（4）年终转账时，本科目下"一般债务转贷收入"明细科目的贷方余额转入一般公共预算结转结余，借记"债务转贷预算收入"科目，贷记"一般公共预算结转结余"科目；"债务转贷预算收入"科目下"专项债务转贷收入"明细科目的贷方余额转入政府性基金预算结转结余，借记"债务转贷预算收入"科目，贷记"政府性基金预算结转结余"科目，可根据预算管理需要，按照专项债务对应的政府性基金预算收入科目分别转入"政府性基金预算结转结余"相应明细科目。

9.1.13 待处理收入

1. 待处理收入的概念

待处理收入是指本级政府财政收回的部门预算结转结余资金和转移支付结转资金。

2. 账户设置

总会计应设置"待处理收入"科目核算本级政府财政收回的结转结余资金。"待处理收入"科目下应设置"库款资金待处理收入""专户资金待处理收入"明细科目。"待处理收入"科目平时贷方余额反映待处理收入的累计数。期末结转后，"待处理收入"科目应无余额。

3. 账务处理

（1）收到收回的结转结余资金时，借记"资金结存——库款资金结存"等科目，贷记"待处理收入"科目。

（2）收回的结转结余资金，财政部门按原预算科目使用的，实际安排支出时，借记"待处理收入"科目或"资金结存——待处理结存"科目，贷记"资金结存——库款资金结存"科目。

（3）收回的结转结余资金，财政部门调整预算科目使用的，实际安排支出时，借记本科目或"资金结存——待处理结存"科目，按原结转预算科目，贷记"一般公共预算支出"等科目；同时，按实际支出预算科目，借记"一般公共预算支出"等科目，贷记"资金结存——库款资金结存"等科目。

（4）年终，"待处理收入"科目贷方余额转入资金结存，借记"待处理收入"科目，贷记"资金结存——待处理结存"科目。

任务 9.2　预算支出

9.2.1　一般公共预算支出

1. 一般公共预算支出的概念

一般公共预算支出是指政府财政管理的由本级政府安排使用的列入一般公共预算的支出。

2. 账户设置

总会计应设置"一般公共预算支出"科目核算政府财政管理的由本级政府安排使用的列入一般公共预算的支出。"一般公共预算支出"科目应根据《政府收支分类科目》中支出功能分类科目和支出经济分类科目进行明细核算。同时，可根据预算管理需要，按照预算单位和项目等进行明细核算。"一般公共预算支出"科目平时借方余额反映一般公共预算支出的累计数。期末结转后，"一般公共预算支出"科目应无余额。

3. 账务处理

（1）实际发生一般公共预算支出时，借记本科目，贷记"资金结存——库款资金结存"等科目。

（2）已支出事项发生退回时，借记"资金结存——库款资金结存"等科目，贷记"一般公共预算支出"科目。

（3）年终转账时，"一般公共预算支出"科目借方余额转入一般公共预算结转结余，借记"一般公共预算结转结余"科目，贷记"一般公共预算支出"科目。

9.2.2 政府性基金预算支出

1. 政府性基金预算支出的概念

政府性基金预算支出是指政府财政管理的由本级政府安排使用的列入政府性基金预算的支出。

2. 账户设置

总会计应设置"政府性基金预算支出"科目核算政府财政管理的由本级政府安排使用的列入政府性基金预算的支出。"政府性基金预算支出"科目应根据《政府收支分类科目》中支出功能分类科目和支出经济分类科目进行明细核算。同时,可根据预算管理需要,按照预算单位和项目等进行明细核算。"政府性基金预算支出"科目平时借方余额反映政府性基金预算支出的累计数。期末结转后,"政府性基金预算支出"科目应无余额。

3. 账务处理

(1) 实际发生政府性基金预算支出时,借记"政府性基金预算支出"科目,贷记"资金结存——库款资金结存"等科目。

(2) 已支出事项发生退回时,借记"资金结存——库款资金结存"等科目,贷记"政府性基金预算支出"科目。

(3) 年终转账时,"政府性基金预算支出"科目借方余额转入政府性基金预算结转结余,借记"政府性基金预算结转结余"科目,贷记"政府性基金预算支出"科目。

【情景9-4】(材料见【情景8-6】)。

借:一般公共预算支出——办公经费
　　　　　　　　　　——政协事务
　　　　　　　　　　　　　　2 220 000
　　公共安全支出——公安　4 230 000
　　卫生健康支出——公共卫生 2 100 000
　　农林水利支出——水利　3 100 000
　贷:资金结存——库款资金结存
　　　　　　　　　　　　　21 650 000

9.2.3 国有资本经营预算支出

1. 国有资本经营预算支出的概念

国有资本经营预算支出是指政府财政管理的由本级政府安排使用的列入国有资本经营预算的支出。

2. 账户设置

总会计应设置"国有资本经营预算支出"科目核算政府财政管理的由本级政府安排使用的列入国有资本经营预算的支出。"国有资本经营预算支出"科目应根据《政府收支分类科目》中支出功能分类科目和支出经济分类科目进行明细核算。同时,根据预算管理需要,按照预算单位和项目等进行明细核算。"国有资本经营预算支出"科目平时借方余额反映国有资本经营预算支出的累计数。期末结转后,"国有资本经营预算支出"科目应无余额。

3. 账务处理

(1) 实际发生国有资本经营预算支出时,借记"国有资本经营预算支出"科目,贷记"资金结存——库款资金结存"等科目。

(2) 已支出事项发生退回时,借记"资金结存——库款资金结存"等科目,贷记"国有资本经营预算支出"科目。

(3) 年终转账时,"国有资本经营预算支出"科目借方余额转入国有资本经营预算结转结余,借记"国有资本经营预算结转结余"科目,贷记"国有资本经营预算支出"科目。

9.2.4 财政专户管理资金支出

1. 财政专户管理资金支出的概念

财政专户管理资金支出是指政府财政用纳入财政专户管理的教育收费等资金安排的支出。

2. 账户设置

总会计应设置"财政专户管理资金支出"科目核算本级政府财政用纳入财政专户管理的教育收费等资金安排的支出。"财政专户管理资金支出"科目应根据《政府收支分类科目》中支出功能分类科目和支出经济分类科目进行明细核算。同时，可根据管理需要，按照预算单位和项目等进行明细核算。"财政专户管理资金支出"科目平时借方余额反映财政专户管理资金支出的累计数。期末结转后，"财政专户管理资金支出"科目应无余额。

3. 账务处理

（1）发生财政专户管理资金支出时，借记"财政专户管理资金支出"科目，贷记"资金结存——专户资金结存"等科目。

（2）已支出事项发生退回时，借记"资金结存——专户资金结存"等科目，贷记"财政专户管理资金支出"科目。

（3）年终转账时，本科目借方余额转入财政专户管理资金结余，借记"财政专户管理资金结余"科目，贷记"财政专户管理资金支出"科目。

【情景 9-5】（1）2023 年 2 月 10 日拨付时：

借：财政专户管理资金支出——西京大学
          26 000 000
 贷：资金结存——专户资金结存
          26 000 000

（2）2023 年 12 月 31 日退回时：

借：资金结存——专户资金结存 520 000
 贷：财政专户管理资金支出——西京大学
          520 000

（3）2024 年 1 月 3 日退回时：

借：资金结存——专户资金结存 150 000
 贷：以前年度盈余调整——财政专户管理资金以前年度盈余调整 150 000

9.2.5 专用基金支出

1. 专用基金支出的概念

专用基金支出是指政府财政用专用基金收入安排的支出。

2. 账户设置

总会计应设置"专用基金支出"科目核算政府财政专用基金收入安排的支出。"专用基金支出"科目应根据专用基金的种类设置明细科目。同时，根据预算管理需要，按预算单位等进行明细核算。"专用基金支出"科目平时借方余额反映专用基金支出的累计数。期末结转后，"专用基金支出"科目应无余额。

3. 账务处理

（1）发生专用基金支出时，借记"专用基金支出"科目，贷记"资金结存——库款资金结存""资金结存——专户资金结存"等科目。

（2）已支出事项发生退回时，借记"资金结存——库款资金结存""资金结存——专户资金结存"等科目，贷记"专用基金支出"科目。

（3）年终转账时，"专用基金支出"科目借方余额转入专用基金结余，借记"专用基金结余"科目，贷记"专用基金支出"科目。

9.2.6 补助预算支出

1. 补助预算支出的概念

补助预算支出是指本级政府财政按财政体制规定或专项需要补助给下级政府财政的款项，包括对下级的税收返还、一般性转移支付和专项转移支付等。

2. 账户设置

总会计应设置"补助预算支出"科目核算本级政府财政按照财政体制规定或专项需要补助给下级政府财政的款项，包括对下级的税收返还、一般性转移支付和专项转移支付等。"补助预算支出"科目应按照不同资金性质设置"一般公共预算补助支出""政府性基金预算补助支出""国有资本经营预算补助支出""调拨下级"明细科目。同时，可根据管理需要，按照补助地区和《政府收支分类科目》中支出功能分类科目进行明细核算。其中，"一般公共预算补助支出"科目核算本级政府财政对下级政府财政的一般性转移支付支出；"政府性基金预算补助支出"科目核算本级政府财政对下级政府财政的政府性基金预算转移支付支出；"国有资本经营预算补助支出"科目核算本级政府财政对下级政府财政的国有资本经营预算转移支付支出；"调拨下级"科目核算年度执行中，本级政府财政调拨给下级政府财政的尚未指定资金性质的资金或结算应确认事项金额。"补助预算支出"科目平时借方余额反映补助预算支出的累计数。期末结转后，"补助预算支出"科目应无余额。

3. 账务处理

（1）年度执行中，调拨资金给下级政府财政，根据实际调拨的金额借记"补助预算支出——调拨下级"等科目，贷记"资金结存——库款资金结存""资金结存——专户资金结存"科目。

（2）两级财政年终结算中应当由下级政府财政上交的款项，借记"补助预算支出——调拨下级"等科目，贷记"上解预算收入"科目。

（3）专项转移支付资金实行特设专户管理的，根据有关支出管理部门下达的预算文件和拨款依据确认支出，借记"补助预算支出——调拨下级"等科目；资金由本级政府财政拨付给下级的，贷记"资金结存——专户资金结存"等科目；资金由上级政府财政直接拨给下级的，贷记"补助预算收入——上级调拨"科目。

（4）本级政府财政借入或收到转贷的主权外债，贷款资金由下级政府财政同级部门使用，且贷款最终还款责任由本级政府财政承担的，根据债务管理部门提供的有关资料，借记"补助预算支出——调拨下级"等科目，贷记"资金结存——库款资金结存""资金结存——专户资金结存"科目；外方或上级政府财政将贷款资金直接支付给用款单位或供应商时，借记"补助预算支出——调拨下级"等科目，贷记"债务预算收入""债务转贷预算收入"等科目；本级政府财政豁免下级政府财政主权外债，根据债务管理部门提供的有关资料和有关预算文件，借记"补助预算支出——调拨下级"等科目，贷记"资金结存——上下级调拨结存"科目。

（5）根据预算管理需要，收回已调拨下级政府财政资金时，按照实际收到的金额，借记"资金结存——库款资金结存""资金结存——专户资金结存"等科目，贷记"补助预算支出——调拨下级"等科目。

（6）发生上解多交应当退回的，按照应当退回的金额，借记"上解预算收入"科目，贷记"补助预算支出——调拨下级"等科目。

（7）年终两级财政办理结算以后，根据预算管理部门提供的结算单确认补助下级预算支出，借记"补助预算支出——一般公共预算补助支出""补助预算支出——政府性基金预算补助支出""补助预算支出——国有资本经营预算补助支出"等科目，贷记"补助预算支出——调拨下级"科目。

（8）完成上述结转以后，将"补助预算支出"科目下各明细科目余额分别结转至相应的预算结余类科目。借记"资金结存——上下级调拨结存""一般公共预算结转结余""政府性基金预算结转结余""国有资本经营预算结转结余"等科目，贷记"补助预算支出"科目。

9.2.7 上解预算支出

1. 上解预算支出的概念

上解预算支出是指按照财政体制规定或专项需要由本级政府财政上交给上级政府财政的款项。

2. 账户设置

总会计应设置"上解预算支出"科目核算本级政府财政按照财政体制规定或专项需要上交给上级政府财政的款项。"上解预算支出"科目应按照不同资金性质设置"一般公共预算上解支出""政府性基金预算上解支出""国有资本经营预算上解支出"明细科目。"上解预算支出"科目平时借方余额反映上解支出的累计数。期末结转后,"上解预算支出"科目应无余额。

3. 账务处理

（1）发生上解预算支出时，借记"上解预算支出"科目，贷记"资金结存——库款资金结存""补助预算收入——上级调拨"等科目。

（2）年终与上级政府财政结算时，按照尚未支付的上解金额，借记"上解预算支出"科目，贷记"补助预算收入——上级调拨"等科目。退还或核减上解支出时，借记"资金结存——库款资金结存""补助预算收入——上级调拨"等科目，贷记"上解预算支出"科目。

（3）年终转账时，"上解预算支出"科目借方余额应根据不同资金性质分别转入相应的结转结余科目，借记"一般公共预算结转结余""政府性基金预算结转结余"等科目，贷记"上解预算支出"科目。

9.2.8 地区间援助预算支出

1. 地区间援助预算支出的概念

地区间援助预算支出是指援助方政府，财政安排用于受援方政府财政统筹使用的各类援助、捐赠等资金支出。

2. 账户设置

总会计应设置"地区间援助预算支出"科目核算援助方政府财政安排用于受援方政府财政统筹使用的各类援助、捐赠等资金支出。"地区间援助预算支出"科目应按照受援地区等进行相应明细核算。"地区间援助预算支出"科目平时借方余额反映地区间援助支出的累计数。期末结转后,"地区间援助预算支出"科目应无余额。

3. 账务处理

（1）发生地区间援助预算支出时，借记"地区间援助预算支出"科目，贷记"资金结存——库款资金结存"科目。

（2）年终转账时，"地区间援助预算支出"科目借方余额转入一般公共预算结转结余，借记"一般公共预算结转结余"科目，贷记"地区间援助预算支出"科目。

9.2.9 调出预算资金

1. 调出预算资金的概念

调出预算资金是指政府财政为平衡预算收支，在不同类型预算资金之间的调出支出。

2. 账户设置

总会计应设置"调出预算资金"科目核算政府财政为平衡预算收支，在不同类型预算资金之间的调出支出。"调出预算资金"科目应设置"一般公共预算调出资金""政府性基金预算调出资金""国有资本经营预算调出资金"明细科目。"调出预算资金"科目平时借方余额反映调出预算资金的累计数。期末结转后,"调出预算资金"科目应无余额。

3. 账务处理

(1) 从一般公共预算调出资金时,按照调出的金额,借记"调出预算资金——一般公共预算调出资金"科目,贷记"调入预算资金"有关明细科目。

(2) 从政府性基金预算调出资金时,按照调出的金额,借记"调出预算资金——政府性基金预算调出资金"科目,贷记"调入预算资金"有关明细科目。

(3) 从国有资本经营预算调出资金时,按照调出的金额,借记"调出预算资金——国有资本经营预算调出资金"科目,贷记"调入预算资金"有关明细科目。

(4) 年终转账时,"调出预算资金"科目借方余额分别转入相应的结转结余科目,借记"一般公共预算结转结余""政府性基金预算结转结余""国有资本经营预算结转结余"等科目,贷记"调出预算资金"科目。

9.2.10 安排预算稳定调节基金

1. 安排预算稳定调节基金的概念

安排预算稳定调节基金是指政府财政安排用于弥补以后年度预算资金不足的储备性资金。

2. 账户设置

总会计应设置"安排预算稳定调节基金"科目核算政府财政安排用于弥补以后年度预算资金不足的储备资金。"安排预算稳定调节基金"科目平时借方余额反映安排预算稳定调节基金的累计数。期末结转后,"安排预算稳定调节基金"科目应无余额。

3. 账务处理

(1) 安排预算稳定调节基金时,借记"安排预算稳定调节基金"科目,贷记"预算稳定调节基金"科目。

(2) 年终转账时,"安排预算稳定调节基金"科目借方余额转入一般公共预算结转结余,借记"一般公共预算结转结余"科目,贷记"安排预算稳定调节基金"科目。

9.2.11 债务还本预算支出

1. 债务还本预算支出的概念

债务还本预算支出是指政府财政偿还本级政府承担的债务本金支出。

2. 账户设置

总会计应设置"债务还本预算支出"科目核算政府财政偿还本级政府财政承担的纳入预算管理的债务本金支出。"债务还本预算支出"科目应设置"国债还本支出""一般债务还本支出""专项债务还本支出"明细科目,并根据《政府收支分类科目》中"债务还本支出"科目进行明细核算。"债务还本预算支出"科目平时借方余额反映本级政府财政债务还本预算支出的累计数。期末结转后,"债务还本预算支出"科目应无余额。

3. 账务处理

(1) 偿还本级政府财政承担的政府债券、主权外债等纳入预算管理的债务本金时,借记"债务还本预算支出"科目,贷记"资金结存——库款资金结存""资金结存——专户资金结存""补助预算收入——上级调拨"等科目。

（2）中央财政发生国债随买业务时，根据国债随买确认文件等相关债券管理资料，按照国债随买面值，借记"债务还本预算支出"科目，按照实际支付的金额，贷记"资金结存——库款资金结存"科目；按照其差额，借记或贷记"一般公共预算支出"科目。

（3）年终转账时，"债务还本预算支出"科目下"国债还本支出""一般债务还本支出"的借方余额转入一般公共预算结转结余，借记"一般公共预算结转结余"科目，贷记"债务还本预算支出——国债还本支出""债务还本预算支出——一般债务还本支出"科目；"债务还本预算支出"科目下"专项债务还本支出"的借方余额转入政府性基金预算结转结余，借记"政府性基金预算结转结余"科目，贷记"债务还本预算支出——专项债务还本支出"科目，可根据预算管理需要，按照专项债务对应的政府性基金预算支出科目分别转入"政府性基金预算结转结余"相应明细科目。

9.2.12　债务转贷预算支出

1. 债务转贷预算支出的概念

债务转贷预算支出是指本级政府财政向下级政府财政转贷的债务支出。

2. 账户设置

总会计应设置"债务转贷预算支出"科目核算本级政府财政向下级政府财政转贷的债务支出。"债务转贷预算支出"科目应设置"一般债务转贷支出""专项债务转贷支出"明细科目，并根据《政府收支分类科目》中"债务转贷支出"科目和转贷地区进行明细核算。"债务转贷预算支出"科目平时借方余额反映债务转贷支出的累计数。期末结转后，"债务转贷预算支出"科目应无余额。

3. 账务处理

（1）本级政府财政向下级政府财政转贷地方政府债券资金时，借记"债务转贷预算支出"科目，贷记"资金结存——库款资金结存""补助预算支出——调拨下级"等科目。

（2）本级政府财政向下级政府财政转贷主权外债资金，且主权外债最终还款责任由下级政府财政承担的具体账务处理如下。

1）支付转贷资金时，根据外债管理部门提交的转贷业务有关资料，借记"债务转贷预算支出"科目，贷记"资金结存——库款资金结存""资金结存——专户资金结存"科目。

2）外方或上级政府财政将贷款资金直接支付给用款单位或供应商时，根据外债管理部门提交的转贷业务有关资料，借记"债务转贷预算支出"科目，贷记"债务预算收入""债务转贷预算收入"科目。

（3）年终转账时，"债务转贷预算支出"科目下"一般债务转贷支出"明细科目的借方余额转入一般公共预算结转结余，借记"一般公共预算结转结余"科目，贷记"债务转贷预算支出——一般债务转贷支出"科目；"债务转贷预算支出"科目下"专项债务转贷支出"明细科目的借方余额转入政府性基金预算结转结余，借记"政府性基金预算结转结余"科目，贷记"债务转贷预算支出——专项债务转贷支出"科目，可根据预算管理需要，按照专项债务对应的政府性基金预算支出科目分别转入"政府性基金预算结转结余"相应明细科目。

9.2.13 待处理支出

1. 待处理支出的概念

待处理支出是指政府财政按照预拨经费管理有关规定预拨给预算单位尚未列为预算支出的款项。待处理支出（不含预拨下年度预算资金）应在年终前转列支出或清理收回。

2. 账户设置

总会计应设置"待处理支出"科目核算政府财政按照预拨经费管理有关规定预拨给预算单位尚未列为预算支出的款项。"待处理支出"科目应当按照预算单位进行明细核算。"待处理支出"科目平时借方余额反映政府财政尚未转列支出或尚待收回的待处理支出数。期末结转后，"待处理支出"科目应无余额。

3. 账务处理

（1）拨出款项时，借记"待处理支出"科目，贷记"资金结存——库款资金结存"等科目。

（2）转列预算支出时，借记"一般公共预算支出""政府性基金预算支出""国有资本经营预算支出"等科目，贷记"待处理支出"科目。

（3）收回预拨款项时，借记"资金结存——库款资金结存"等科目，贷记"待处理支出"科目。

（4）年终，"待处理支出"科目借方余额转入资金结存，借记"资金结存——待处理结存"科目，贷记"待处理支出"科目。

任务 9.3　预算结余

9.3.1 一般公共预算结转结余

1. 一般公共预算结转结余的概念

一般公共预算结转结余是指本级政府财政一般公共预算收支的执行结果。

2. 账户设置

总会计应设置"一般公共预算结转结余"科目核算本级政府财政一般公共预算收支的执行结果。"一般公共预算结转结余"科目期末贷方余额反映一般公共预算收支相抵后的滚存结转结余。

3. 账务处理

（1）年终转账时，将一般公共预算的有关收入科目贷方余额转入"一般公共预算结转结余"科目的贷方，借记"一般公共预算收入""补助预算收入——一般公共预算补助收入""上解预算收入——一般公共预算上解收入""地区间援助预算收入""调入预算资金——一般公共预算调入资金""债务预算收入——国债收入""债务预算收入——一般债务收入""债务转贷预算收入——一般债务转贷收入""动用预算稳定调节基金"科目，贷记"一般公共预算结转结余"科目；将一般公共预算的有关支出科目借方余额转入"一般公共预算结转结余"科目的借方，借记"一般公共预算结转结余"科目，贷记"一般公共预算支出""补助预算支出——一般公共预算补助支出""上解预算支出——一般公共预算上解支出""地区间援助预算支出""调出预算资金——一般公共预算调出资金""安排预算稳定调节基金""债务还本预算支出——国债还本支出""债务还本预算支出——一般债务还本支出""债务转贷预算支出——一般债务转贷支出"科目。

（2）设置或补充预算周转金时，借记"一般公共预算结转结余"科目，贷记"预算周转金"科目。

【情景9-6】某市有关资料如下：

表9-2 某市有关资料

单位：亿元

项目		借方	贷方
一般公共预算收入			7 631
补助预算收入	一般公共预算补助收入		240
上解预算收入	一般公共预算上解收入		14
地区间援助预算收入			23
调入预算资金	一般公共预算调入资金		36
债务预算收入	国债收入		160
	一般债务收入		21
债务转贷预算收入	一般债务转贷收入		243
动用预算稳定调节基金			78
一般公共预算支出		6 928	
补助预算支出	一般公共预算补助支出	36	
上解预算支出	一般公共预算上解支出	24	
地区间援助预算支出		31	
调出预算资金	一般公共预算调出资金	12	
安排预算稳定调节基金		36	
债务还本预算支出	国债还本支出	150	
	一般债务还本支出	39	
债务转贷预算支出	一般债务转贷支出	40	

借：一般公共预算收入　　763 100 000 000
　　补助预算收入——一般公共预算补助收入
　　　　24 000 000 000
　　上解预算收入——一般公共预算上解收入
　　　　1 400 000 000
　　地区间援助预算收入　2 300 000 000
　　调入预算资金——一般公共预算调入资金
　　　　3 600 000 000
　　债务预算收入——国债收入
　　　　16 000 000 000
　　　　——一般债务收入
　　　　2 100 000 000
　　债务转贷预算收入——一般债务转贷收入
　　　　24 300 000 000
　　动用预算稳定调节基金　7 800 000 000
　贷：一般公共预算结转结余
　　　　844 600 000 000

9.3.2 政府性基金预算结转结余

1. 政府性基金预算结转结余的概念

政府性基金预算结转结余是指本级政府财政政府性基金预算收支的执行结果。

2. 账户设置

总会计应设置"政府性基金预算结转结余"科目核算本级政府财政政府性基金预算收支的执行结果。"政府性基金预算结转结余"科目可根据管理需要，按照政府性基金的项目进行明细核算。"政府性基金预算结转结余"科目期末贷方余额反映政府性基金预算收支相抵后的滚存结转结余。

3. 账务处理

年终转账时，将政府性基金预算的有关收入科目贷方余额转入"政府性基金预算结转结余"科目的贷方，按照政府性基金项目分别转入"政府性基金预算结转结余"科目的贷方，借记"政府性基金预算收入""补助预算收入——政府性基金预算补助收入""上解预算收入——政府性基金预算上解收入""调入预算资金——政府性基金预算调入资金""债务预算收入——专项债务收入""债务转贷预算收入——专项债务转贷收入"科目，贷记"政府性基金预算结转结余"科目；将政府性基金预算的有关支出科目借方余额转入"政府性基金预算结转结余"科目的借方，借记"政府性基金预算结转结余"科目，贷记"政府性基金预算支出""补助预算支出——政府性基金预算补助支出""上解预算支出——政府性基金预算上解支出""调出预算资金——政府性基金预算调出资金""债务还本预算支出——专项债务还本支出""债务转贷预算支出——专项债务转贷支出"科目。

【情景9-7】某市有关资料如下：

表9-3 某市有关资料

单位：亿元

项目		借方	贷方
政府性基金预算收入			641
补助预算收入	政府性基金预算补助收入		29
上解预算收入	政府性基金预算上解收入		812
调入预算资金	政府性基金预算调入资金		51
债务预算收入	专项债务收入		60
债务转贷预算收入	专项债务转贷收入		50
政府性基金预算支出		523	
补助预算支出	政府性基金预算补助支出	71	
上解预算支出	政府性基金预算上解支出	321	
调出预算资金	政府性基金预算调出资金	213	
债务还本预算支出	专项债务还本支出	314	
债务转贷预算支出	专项债务转贷支出	154	

借：政府性基金预算收入　　64 100 000 000
　　补助预算收入
　　　——政府性基金预算补助收入
　　　　　　　　　　　　　2 900 000 000
　　上解预算收入
　　　——政府性基金预算上解收入
　　　　　　　　　　　　　81 200 000 000
　　调入预算资金

——政府性基金预算调入资金
　　　　　　　　　　5 100 000 000
　债务预算收入——专项债务收入
　　　　　　　　　　6 000 000 000

债务转贷预算收入——专项债务转贷收入
　　　　　　　　　　5 000 000 000
贷：政府性基金预算结转结余 164 300 000 000

9.3.3 国有资本经营预算结转结余

1. 国有资本经营预算结转结余的概念

国有资本经营预算结转结余是指本级政府财政国有资本经营预算收支的执行结果。

2. 账户设置

总会计应设置"国有资本经营预算结转结余"科目核算本级政府财政国有资本经营预算收支的执行结果。"国有资本经营预算结转结余"科目期末贷方余额反映国有资本经营预算收支相抵后的滚存结转结余。

3. 账务处理

年终转账时,将国有资本经营预算的有关收入科目贷方余额转入"国有资本经营预算结转结余"科目的贷方,借记"国有资本经营预算收入""补助预算收入——国有资本经营预算补助收入""上解预算收入——国有资本经营预算上解收入"科目,贷记"国有资本经营预算结转结余"科目;将国有资本经营预算的有关支出科目借方余额转入"国有资本经营预算结转结余"科目的借方,借记"国有资本经营预算结转结余"科目,贷记"国有资本经营预算支出""补助预算支出——国有资本经营预算补助支出""上解预算支出——国有资本经营预算上解支出""调出预算资金——国有资本经营预算调出资金"科目。

【情景9-8】

表9-4　有关账户余额表

单位：亿元

项目		借方	贷方
国有资本经营预算收入			4 982
补助预算收入	国有资本经营预算补助收入		23
上解预算收入	国有资本经营预算上解收入		2 410
国有资本经营预算支出		1 501	
补助预算支出	国有资本经营预算补助支出	450	
上解预算支出	国有资本经营预算上解支出	1 512	
调出预算资金	国有资本经营预算调出资金	81	

借：国有资本经营预算收入　498 200 000 000
　　补助预算收入
　　　——国有资本经营预算补助收入
　　　　　　　　　　2 300 000 000
　　上解预算收入
　　　——国有资本经营预算上解收入
　　　　　　　　　　241 000 000 000
　贷：国有资本经营预算结转结余
　　　　　　　　　　741 500 000 000

9.3.4 财政专户管理资金结余

1. 财政专户管理资金结余的概念

财政专户管理资金结余是指本级政府财政纳入财政专户管理的教育收费等资金收支的执行结果。

2. 账户设置

总会计应设置"财政专户管理资金结余"科目核算本级政府财政纳入财政专户管理的教育收费等资金收支的执行结果。"财政专户管理资金结余"科目期末贷方余额反映政府财政纳入财政专户管理的资金收支相抵后的滚存结余。

3. 账务处理

年终转账时,将财政专户管理资金的有关收入科目贷方余额转入"财政专户管理资金结余"科目的贷方,借记"财政专户管理资金收入"科目,贷记"财政专户管理资金结余"科目;将财政专户管理资金的有关支出科目借方余额转入"财政专户管理资金结余"科目的借方,借记"财政专户管理资金结余"科目,贷记"财政专户管理资金支出"科目。

9.3.5 专用基金结余

1. 专用基金结余的概念

专用基金结余是指本级政府财政专用基金收支的执行结果。

2. 账户设置

总会计应设置"专用基金结余"科目核算本级政府财政专用基金收支的执行结果。"专用基金结余"科目应根据专用基金的种类进行明细核算。"专用基金结余"科目期末贷方余额反映政府财政管理的专用基金收支相抵后的滚存结余。

3. 账务处理

年终转账时,将专用基金的有关收入科目贷方余额转入"专用基金结余"科目的贷方,借记"专用基金收入"科目,贷记"专用基金结余"科目;将专用基金的有关支出科目借方余额转入"专用基金结余"科目的借方,借记"专用基金结余"科目,贷记"专用基金支出"科目。

9.3.6 预算稳定调节基金

1. 预算稳定调节基金的概念

预算稳定调节基金是指本级政府财政为保持年度间预算的衔接和稳定,在一般公共预算中设置的储备性资金。

2. 账户设置

总会计应设置"预算稳定调节基金"科目核算本级政府财政为保持年度间预算的衔接和稳定,在一般公共预算中设置的储备性资金。"预算稳定调节基金"科目期末贷方余额反映预算稳定调节基金的累计规模。

3. 账务处理

(1)使用超收收入或一般公共预算结余设置或补充预算稳定调节基金时,借记"安排预算稳定调节基金"科目,贷记"预算稳定调节基金"科目。

(2)将预算周转金调入预算稳定调节基金时,借记"预算周转金"科目,贷记"预算稳定调节基金"科目。

(3)动用预算稳定调节基金时,借记"预算稳定调节基金"科目,贷记"动用预算稳定调节基金"科目。

9.3.7 预算周转金

1. 预算周转金的概念

预算周转金是指本级政府财政为调剂预算年度内季节性收支差额，保证及时用款而设置的周转资金。

2. 账户设置

总会计应设置"预算周转金"科目核算政府财政设置的用于调剂预算年度内季节性收支差额周转使用的资金。"预算周转金"科目期末贷方余额反映预算周转金的累计规模。

3. 账务处理

（1）设置或补充预算周转金时，借记"一般公共预算结转结余"科目，贷记"预算周转金"科目。

（2）将预算周转金调入预算稳定调节基金时，借记"预算周转金"科目，贷记"预算稳定调节基金"科目。

9.3.8 资金结存

1. 资金结存的概念

资金结存是指政府财政纳入预算管理资金的流入、流出、调整和滚存的结果。

2. 账户设置

总会计应设置"资金结存"科目核算政府财政纳入预算管理的资金流入、流出、调整和滚存的情况。"资金结存"科目应设置"库款资金结存""专户资金结存""在途资金结存""集中支付结余结存""上下级调拨结存""待发国债结存""零余额账户结存""已结报支出""待处理结存"明细科目。

3. 账务处理

（1）"库款资金结存"科目核算政府财政以国库存款形态存在的资金。"资金结存"科目期末应为借方余额。

1）收到预算收入时，根据当日预算收入日报表所列预算收入数，借记"资金结存"科目，贷记有关预算收入科目。

已入库款项发生退库（付）的，资金划出时，借记有关预算收入科目，贷记"资金结存"科目。

2）发生预算支出时，按照实际支付的金额，借记有关预算支出科目，贷记"资金结存"科目。

预算支出发生退回的，资金划出时，借记"资金结存"科目，贷记有关预算支出科目。

（2）"专户资金结存"科目核算政府财政以财政专户存款形态存在的资金。"资金结存"科目期末应为借方余额。

1）收到预算收入时，按照有关收入凭证，借记"资金结存"科目，贷记有关预算收入科目。

已收到款项发生退付的，资金划出时，借记有关预算收入科目，贷记"资金结存"科目。

2）发生预算支出时，按照实际支付的金额，借记有关预算支出科目，贷记"资金结存"科目。

预算支出发生退回的，资金划出时，借记"资金结存"科目，贷记有关预算支出科目。

（3）"在途资金结存"科目核算报告清理期和库款报解整理期内发生的需要通过"资金结存"科目过渡处理的属于上年度收入、支出等业务的款项。"资金结存"科目期末余额反映政府财政持有的在途款金额。

1）报告清理期和库款报解整理期内收到属于上年度收入时，在上年度账务中，借记"资金结存"科目，贷记有关收入科目；收回属于上年度支出时，在上年度账务中，借记"资金结存"科目，贷记"预拨经费"或有关支出科目。

2）冲转在途款时，在本年度账务中，借记"资金结存——库款资金结存"科目，贷记"资金结存"科目。

（4）"集中支付结余结存"科目核算省级以上

（含省级）政府财政国库集中支付中，应列为当年支出，但年末尚未支付需结转下一年度支付的款项。"资金结存"科目期末应为贷方余额，反映政府财政尚未支付的国库集中支付结余。

1）年末，对当年发生的应付国库集中支付结余，借记有关支出科目，贷记"资金结存"科目。

2）实际支付应付国库集中支付结余资金时，借记"资金结存"科目，贷记"资金结存——库款资金结存"科目。

3）收回尚未支付的应付国库集中支付结余时，借记"资金结存"科目，贷记有关支出科目。

（5）"上下级调拨结存"科目核算上下级政府财政之间资金调拨和资金结算等事项。"资金结存"科目期末余额反映政府财政上下级往来款项的净额。

1）年终转账时，将"补助预算收入——上级调拨"科目贷方余额转入资金结存，借记"补助预算收入——上级调拨"科目，贷记"资金结存"科目。

2）年终转账时，将"补助预算支出——调拨下级"科目借方余额转入资金结存，借记"资金结存"科目，贷记"补助预算支出——调拨下级"科目。

（6）"待发国债结存"科目核算为弥补中央财政预算收支差额，中央财政预计发行国债与实际发行国债之间的差额。"资金结存"科目期末应为借方余额，反映中央财政尚未使用的国债发行额度。

年度终了，实际发行国债收入用于债务还本支出后，小于为弥补中央财政预算收支差额中央财政预计发行国债时，按照其差额，借记"资金结存"科目，贷记"债务预算收入"科目；实际发行国债收入用于债务还本支出后，大于为弥补中央财政预算收支差额中央财政预计发行国债时，按照其差额，借记"债务预算收入"科目，贷记"资金结存"科目。

（7）"零余额账户结存"科目核算政府财政国库支付执行机构在代理银行开设的财政零余额账户发生的支付和清算业务。财政国库支付执行机构未单设的地区不使用"资金结存"科目。"资金结存"科目年末应无余额。

1）财政国库支付执行机构通过财政零余额账户支付款项时，借记有关预算支出科目，贷记"资金结存"科目。

2）根据每日清算的金额，借记"资金结存"科目，贷记"资金结存——已结报支出"科目。

（8）"已结报支出"科目核算政府财政国库支付执行机构已清算的国库集中支付支出数额。财政国库支付执行机构未单设的地区不使用"资金结存"科目。"资金结存"科目年末应无余额。

1）财政国库集中支付执行机构根据每日清算的金额，借记"资金结存——零余额账户结存"科目，贷记"资金结存"科目。

2）财政国库集中支付执行机构按照国库集中支付制度有关规定办理资金支付时，借记相关预算支出科目，贷记"资金结存"科目。

3）年终，财政国库集中支付执行机构按照累计结清的预算支出金额，与有关方面核对一致后转账，借记"资金结存"科目，贷记有关预算支出科目。

（9）"待处理结存"科目核算结转下年度的待处理收入和待处理支出等。"资金结存"科目期末余额反映尚未清理的以前年度待处理收支的金额。

1）年终转账时，将"待处理收入"科目贷方余额转入资金结存，借记"待处理收入"科目，贷记"资金结存"科目。

2）年终转账时，将"待处理支出"科目借方余额转入资金结存，借记"资金结存"科目，贷记"待处理支出"科目。

3）将以前年度结转的待处理收入转列预算收入或退回时，借记"资金结存"科目，贷记有关预算收入科目、"资金结存——库款资金结存"科目。

4）将以前年度结转的待处理支出转列预算支出或收回时，借记有关预算支出科目、"资金结存——库款资金结存"等科目，贷记"资金结存"科目。

项目小结

本项目介绍了我国财政总会计的预算收入、预算支出和预算结余概念、账户设置及相应的实务操作。通过本项目的学习，在理解财政总会计基本理论的基础上，掌握财政总会计的预算收入、预算支出和预算结余的分类及相应的账务处理。

思考与练习

一、单项选择题

1. 下列有关预算结余的说法中，错误的是（　　）。

   A. 实际业务中要分清行政单位和事业单位在预算结余会计核算中的区别

   B. "财政拨款结转"和"财政拨款结余"用于核算不同级别财政核拨的资金

   C. 零余额账户用款额度、财政应返还额度等属于财务会计科目的范畴

   D. 经营结余、非财政拨款结余分配科目是事业单位的专用科目

2. 下列有关政府性基金预算结转结余的说法中，错误的是（　　）。

   A. "政府性基金预算结转结余"科目是指本级政府财政政府性基金预算收支的执行结果

   B. "政府性基金预算结转结余"期末借方余额反映政府性基金预算收支相抵后的滚存结转结余

   C. "政府性基金预算结转结余"科目可根据管理需要，按照政府性基金的项目进行明细核算

   D. "政府性基金预算结转结余"期末贷方余额反映政府性基金预算收支相抵后的滚存结转结余

3. "一般公共预算结转结余"科目，年终时（　　）。

   A. 无余额

   B. 有贷方余额，反映一般公共预算收支相抵后的滚存结转结余

   C. 有借方余额，反映一般公共预算收支相抵后的滚存结转结余

   D. 保留借方余额

4. 财政总会计中，本级财政按财政体制的规定或因专项需要补助给下级财政的款项确认为（　　）。

   A. 上解支出　　B. 补助支出

   C. 调出资金　　D. 预算支出

5. 关于债务预算收入，下列说法中正确的是（　　）。

   A. 债务预算收入是指事业单位按照规定从银行和其他金融机构等借入的，纳入部门预算管理的，不以财政资金作为偿还来源的债务本金

   B. 债务预算收入是指事业单位按照规定从银行和其他金融机构等借入的，纳入部门预算管理的，以财政资金作为偿还来源的债务本金

   C. 事业单位无须单独设置科目核算债务预算收入，通过"短期借款""长期借款"等科目核算

   D. 对于债务预算收入，事业单位只需要进行财务会计的核算

二、多项选择题

1. 下列有关"资金结存"科目的说法中，正确的是（　　）。
   A. "资金结存"科目有货币资金类科目的内涵
   B. 库存现金、银行存款等需要纳入"资金结存"科目核算
   C. "资金结存"与财务会计的货币资金和财政应返还额度相对应
   D. "资金结存"核算预算会计流入、流出、调整、滚存的"资金"

2. 可以转入一般公共预算结转结余的支出包括（　　）。
   A. 一般公共预算本级支出
   B. 政府性基金预算本级支出
   C. 债务还本支出
   D. 预算周转金

3. 下列有关"国有资本经营预算结转结余"科目的说法中，正确的是（　　）。
   A. "国有资本经营预算结转结余"科目是指本级政府财政国有资本经营预算收支的执行结果
   B. "国有资本经营预算结转结余"科目期末贷方余额反映国有资本经营预算收支相抵后的滚存结转结余
   C. "国有资本经营预算结转结余"科目期末借方余额反映国有资本经营预算收支相抵后的滚存结转结余
   D. "国有资本经营预算结转结余"科目期末无余额

4. 下列属于我国一般公共预算收入的有（　　）。
   A. 税收收入
   B. 行政事业性收费收入
   C. 国有资源（资产）有偿使用收入
   D. 转移性收入

5. 事业单位为了核算借款及债务预算收入，在预算会计下应当设置的科目有（　　）。
   A. "债务预算收入"　B. "债务还本支出"
   C. "短期借款"　　　D. "长期借款"

三、判断题

1. 待处理支出是指政府财政按照预拨经费管理有关规定预拨给预算单位尚未列为预算支出的款项。（　　）

2. 政府性基金预算结转结余是指本级政府财政政府性基金预算收支的执行结果。（　　）

3. 债务还本预算支出是指政府财政偿还本级政府承担的债务本金支出。（　　）

4. 动用预算稳定调节基金是指政府财政为弥补一般公共预算收支缺口动用的预算稳定调节基金。（　　）

5. 调入预算资金是指政府财政为平衡某类预算收支，从其他类型预算资金及其他渠道调入的资金。（　　）

四、简答题

1. 简述政府基金预算收入的账户设置。

2. 简述国有资本经营预算收入的概念。

项目 10　财务会计报表

知识目标

◎ 掌握资产负债表、收入费用表与现金流量表的格式内容

◎ 掌握本年预算结余与本期盈余调节表的格式内容

◎ 了解会计报表附注基本构成内容

技能目标

◎ 掌握资产负债表、收入费用表与现金流量表的项目内容及填列方式

◎ 掌握本年预算结余与本期盈余调节表的项目内容及填列方式

案例导入

在 2022 年 12 月的最后一个星期，安然公司与花旗银行策划了一起制造现金流量的阴谋。由花旗银行向一个与安然公司没有任何关系、投入资本只有 1 500 万美元的 SPE 贷款 4.85 亿美元，再由这个 SPE 购买 5 亿美元的政府债券投资到安然公司控制的一个子公司。作为回报，安然公司承诺按 50% 的利率给这个 SPE 支付利息。安然公司随即将其子公司持有的 5 亿美元政府债券出售变现，并在 2022 年度会计记录结账后的两个星期内将这 5 亿美元连同利息约 1400 万美元偿还给该 SPE，再由它偿还花旗银行的贷款。尽管安然公司为此付出了高昂代价，但其 1999 年度经营活动产生的现金流量由原来的 7 亿美元增至 12 亿美元。

案例思考

1. 经营活动产生的现金流量具体包括哪些内容？

2. 安然公司为何要以高昂代价伪造经营活动产生的现金流量？

本章导语

财务会计报表是政府每月对财政活动的反映，其中包括资产负债表、收入费用表、现金流量表、政府收支本年预算结余与本期盈余调节表，这些报表有助于识别政府收支情况，以此决定财政资金的使用和管理财政赤字等。

任务 10.1　资产负债表

10.1.1　资产负债表的格式

资产负债表的格式如表 10-1 所示。

表 10-1　资产负债表

总会财 01 表

编制单位：　　　　　　　　　　年　　月　　日　　　　　　　　　　单位：元

资产	年初余额	期末余额	负债和净资产	年初余额	期末余额
流动资产			**流动负债**		
国库存款			应付短期政府债券		
其他财政存款			应付国库集中支付结余		
国库现金管理资产			与上级往来		
有价证券			其他应付款		
应收非税收入			应付代管资金		
应收股利			应付利息		
借出款项			一年内到期的非流动负债		
与下级往来			**　流动负债合计**		
预拨经费			**非流动负债**		
在途款			应付长期政府债券		
其他应收款			借入款项		
应收利息			应付地方政府债券转贷款		
一年内到期的非流动资产			应付主权外债转贷款		
**　流动资产合计**			其他负债		
非流动资产			**　非流动负债合计**		
应收地方政府债券转贷款			**　负债合计**		
应收主权外债转贷款			**净资产**		
股权投资			累计盈余		
**　非流动资产合计**			预算稳定调节基金		
			预算周转金		
			权益法调整		
			**　净资产合计**		
资产总计			**负债和净资产总计**		

10.1.2 资产负债表的编制说明

资产负债表"年初余额"栏内各项数字，应当根据上年末资产负债表"期末余额"栏内数字填列。如果本年度资产负债表规定的各项目名称和内容同上年度不一致，应按照本年度的规定对上年末资产负债表各项目的名称与数字进行调整，填入表 10-1"年初余额"栏内。

资产负债表"期末余额"栏各项目的内容和填列方法如下。

1. 资产类项目

（1）"国库存款"项目，反映政府财政期末存放在国库单一账户的款项金额。"国库存款"项目应当根据"国库存款"科目的期末余额填列。

（2）"其他财政存款"项目，反映政府财政期末持有的其他财政存款金额。"其他财政存款"项目应当根据"其他财政存款"科目的期末余额填列。

（3）"国库现金管理资产"项目，反映政府财政期末实行国库现金管理业务等持有的资产金额。"国库现金管理资产"项目应当根据"国库现金管理资产"科目的期末余额填列。

（4）"有价证券"项目，反映政府财政期末持有的有价证券金额。"有价证券"项目应当根据"有价证券"科目的期末余额填列。

（5）"应收非税收入"项目，反映政府财政期末向缴款人收取但尚未缴入国库的非税收入。"应收非税收入"项目应当根据"应收非税收入"科目的期末余额填列。

（6）"应收股利"项目，反映政府财政期末尚未收回的现金股利或利润金额。"应收股利"项目应当根据"应收股利"科目的期末余额填列。

（7）"借出款项"项目，反映政府财政期末借给预算单位尚未收回的款项金额。"借出款项"项目应当根据"借出款项"科目的期末余额填列。

（8）"与下级往来"项目，正数反映下级政府财政欠本级政府财政的款项金额，负数反映本级政府财政欠下级政府财政的款项金额。"与下级往来"项目应当根据"与下级往来"科目的期末余额填列，期末余额如为借方则以正数填列，如为贷方则以负数填列。

（9）"预拨经费"项目，反映政府财政期末尚未转列支出或尚待收回的预拨经费金额。"预拨经费"项目应当根据"预拨经费"科目的期末余额填列。

（10）"在途款"项目，反映政府财政期末持有的在途款金额。"在途款"项目应当根据"在途款"科目的期末余额填列。

（11）"其他应收款"项目，反映政府财政期末尚未收回的其他应收款金额。"其他应收款"项目应当根据"其他应收款"科目的期末余额填列。

（12）"应收利息"项目，反映政府财政期末应收未收的转贷款利息金额。"应收利息"项目应当根据"应收地方政府债券转贷款""应收主权外债转贷款"科目下的"应收利息"明细科目期末余额填列。

（13）"一年内到期的非流动资产"项目，反映政府财政期末非流动资产项目中距离偿还本金日期 1 年以内（含 1 年）的转贷款本金。"一年内到期的非流动资产"项目应当根据"应收地方政府债券转贷款""应收主权外债转贷款"科目下的"应收本金"明细科目期末余额及债务管理部门提供的资料分析填列。

（14）"流动资产合计"项目，反映政府财政期末流动资产的合计数。"流动资产合计"项目应当根据表 10-1 中"国库存款""其他财政存款""国库现金管理资产""有价证券""应收非税收入""应收股利""借出款项""与下级往来""预拨经费""在途款""其他应收款""应收利息""一年内到期的非流动资产"项目金额的合计数填列。

（15）"应收地方政府债券转贷款"项目，反映政府财政期末尚未收回的、距离偿还本金日期超过 1 年的地方政府债券转贷款的本金金额。"应收地方政府债券转贷款"项目应当根据"应收地方政府债券转贷款"科目下的"应收本金"明细科目期末余额及债务管理部门提供的资料分析填列。

（16）"应收主权外债转贷款"项目，反映政府财政期末尚未收回的、距离偿还本金日期超过

1年的主权外债转贷款的本金金额。"应收主权外债转贷款"项目应当根据"应收主权外债转贷款"科目下的"应收本金"明细科目期末余额及债务管理部门提供的资料分析填列。

（17）"股权投资"项目，反映政府财政期末持有股权投资的金额。"股权投资"项目应当根据"股权投资"科目的期末余额填列。

（18）"非流动资产合计"项目，反映政府财政期末非流动资产的合计数。"非流动资产合计"项目应当根据资产负债表中"应收地方政府债券转贷款""应收主权外债转贷款""股权投资"项目金额的合计数填列。

（19）"资产总计"项目，反映政府财政期末资产的合计数。"资产总计"项目应当根据资产负债表中"流动资产合计""非流动资产合计"项目金额的合计数填列。

2. 负债类项目

（1）"应付短期政府债券"项目，反映政府财政期末尚未偿还的、发行期不超过1年（含1年）的国债和地方政府债券本金金额。"应付短期政府债券"项目应当根据"应付短期政府债券"科目的期末余额填列。

（2）"应付国库集中支付结余"项目，反映政府财政期末尚未支付的国库集中支付结余金额。"应付国库集中支付结余"项目应当根据"应付国库集中支付结余"科目的期末余额填列。

（3）"与上级往来"项目，正数反映本级政府财政期末欠上级政府财政的款项金额，负数反映上级政府财政期末欠本级政府财政的款项金额。"与上级往来"项目应当根据"与上级往来"科目的期末余额填列，期末余额如为贷方则以正数填列，如为借方则以负数填列。

（4）"其他应付款"项目，反映政府财政期末尚未支付的其他应付款金额。"其他应付款"项目应当根据"其他应付款"科目的期末余额填列。

（5）"应付代管资金"项目，反映政府财政期末尚未支付的代管资金金额。"应付代管资金"项目应当根据"应付代管资金"科目的期末余额填列。

（6）"应付利息"项目，反映政府财政期末尚未支付的利息金额。省级以上（含省级）政府财政应当根据"应付利息"科目期末余额填列，市县政府财政应当根据"应付地方政府债券转贷款""应付主权外债转贷款"科目下的"应付利息"明细科目期末余额填列。

（7）"一年内到期的非流动负债"项目，反映政府财政期末承担的距离偿还本金日期1年以内（含1年）的非流动负债。省级以上（含省级）政府财政应当根据"应付长期政府债券""借入款项"科目余额填列，市县政府财政应当根据"应付地方政府债券转贷款""应付主权外债转贷款"科目下的"应付本金"明细科目期末余额及债务管理部门提供的资料分析填列。

（8）"流动负债合计"项目，反映政府财政期末流动负债合计数。"流动负债合计"项目应当根据表10-1中"应付短期政府债券""应付国库集中支付结余""与上级往来""其他应付款""应付代管资金""应付利息""一年内到期的非流动负债"项目金额的合计数填列。

（9）"应付长期政府债券"项目，反映政府财政期末承担的、距离偿还本金日期超过1年的国债和地方政府债券本金金额。"应付长期政府债券"项目应当根据"应付长期政府债券"科目期末余额及债务管理部门提供的资料分析填列。

（10）"借入款项"项目，反映政府财政期末承担的、距离偿还本金日期超过1年的借入款项的本金金额。省级以上（含省级）政府财政应当根据"借入款项"科目的期末余额及债务管理部门提供的资料分析填列。

（11）"应付地方政府债券转贷款"项目，反映政府财政期末承担的、距离偿还本金日期超过1年的地方政府债券转贷款的本金金额。"应付地方政府债券转贷款"项目应当根据"应付地方政府债券转贷款"科目下的"应付本金"明细科目期末余额及债务管理部门提供的资料分析填列。

（12）"应付主权外债转贷款"项目，反映政府财政期末承担的、距离偿还本金日期超过1年的主权外债转贷款的本金金额。"应付主权外债转贷款"项目应当根据"应付主权外债转贷款"科目下的"应付本金"明细科目期末余额及债务管理部门提供的资料分析填列。

（13）"其他负债"项目，反映政府财政期末承担的其他负债金额。"其他外债"项目应当根据"其他负债"科目的期末余额填列。

（14）"非流动负债合计"项目，反映政府财政期末非流动负债合计数。"非流动负债合计"项目应当根据资产负债表中"应付长期政府债券""借入款项""应付地方政府债券转贷款""应付主权外债转贷款""其他负债"项目金额的合计数填列。

（15）"负债合计"项目，反映政府财政期末负债的合计数。"负债合计"项目应当根据资产负债表中"流动负债合计""非流动负债合计"项目金额的合计数填列。

3. 净资产类项目

（1）"累计盈余"项目，反映政府财政期末纳入一般公共预算、政府性基金预算、国有资本经营预算管理的预算资金，财政专户管理资金、专用基金历年实现的盈余滚存的金额。"累计盈余"项目应当根据"预算管理资金累计盈余""财政专户管理资金累计盈余""专用基金累计盈余"科目的期末余额填列。

（2）"预算稳定调节基金"项目，反映政府财政期末预算稳定调节基金的余额。"预算稳定调节基金"项目应当根据"预算稳定调节基金"科目的期末余额填列。

（3）"预算周转金"项目，反映政府财政期末预算周转金的余额。"预算周转金"项目应当根据"预算周转金"科目的期末余额填列。

（4）"权益法调整"项目，反映政府财政期末按照持股比例计算应享有的被投资主体除净损益和利润分配以外的其他权益变动的份额。"权益法调整"项目根据"权益法调整"科目的期末余额填列。

（5）"净资产合计"项目，反映政府财政期末净资产合计数。"净资产合计"项目应当根据资产负债表中"累计盈余""预算稳定调节基金""预算周转金""权益法调整"项目金额的合计数填列。

（6）"负债和净资产总计"项目，应当根据资产负债表中"负债合计""净资产合计"项目金额的合计数填列。

任务 10.2　收入费用表

10.2.1　收入费用表的格式

收入费用表的格式如表 10—2 所示。

表10—2　收入费用表

总会财 02 表

编制单位：　　　　　　　　　　　年　　月　　　　　　　　　　　　　　　　　　单位：元

项目	预算管理资金		财政专户管理资金		专用基金	
	本月数	本年累计数	本月数	本年累计数	本月数	本年累计数
收入合计						
税收收入			—	—	—	—
非税收入			—	—	—	—
投资收益			—	—	—	—
补助收入			—	—	—	—
上解收入			—	—	—	—
地区间援助收入			—	—	—	—
其他收入			—	—	—	—
财政专户管理资金收入	—	—			—	—
专用基金收入	—	—	—	—		
费用合计						
政府机关商品和服务拨款费用			—	—	—	—
政府机关工资福利拨款费用			—	—	—	—
对事业单位补助拨款费用			—	—	—	—
对企业补助拨款费用			—	—	—	—
对个人和家庭补助拨款费用			—	—	—	—
对社会保障基金补助拨款费用			—	—	—	—
资本性拨款费用			—	—	—	—
其他拨款费用			—	—	—	—
财务费用			—	—	—	—
补助费用			—	—	—	—
上解费用			—	—	—	—
地区间援助费用			—	—	—	—
其他费用			—	—	—	—
财政专户管理资金支出	—	—			—	—
专用基金支出	—	—	—	—		
本期盈余（本年收入与费用的差额）						

注：表中有"—"的部分不必填列。

10.2.2 收入费用表的编制说明

收入费用表"本月数"栏反映各项目的本月实际发生数。在编制年度收入费用表时,应将"本月数"栏改为"上年数"栏,反映上年度各项目的实际发生数;如果本年度收入费用表规定的各项目名称和内容同上年度不一致,则对上年度收入费用表各项目的名称和内容按照本年度的规定进行调整,填入本年度收入费用表的"上年数"栏。

收入费用表"本年累计数"栏反映各项目自年初起至报告期末止的累计实际发生数。在编制年度收入费用表时,应将本栏改为"本年数"。

收入费用表"本月数"栏各项目的内容和填列方法。

1. "收入合计"项目

(1)"收入合计"项目,反映政府财政本期取得的各项收入合计金额。其中,预算管理资金的"收入合计"应当根据属于预算管理资金的"税收收入""非税收入""投资收益""补助收入""上解收入""地区间援助收入""其他收入"项目金额的合计数填列;财政专户管理资金的"收入合计"应当根据"财政专户管理资金收入"项目金额填列;专用基金的"收入合计"应当根据"专用基金收入"项目金额填列。

(2)"税收收入"项目,反映政府财政本期取得的税收收入金额。"税收收入"项目应当根据"税收收入"科目本期发生额填列。

(3)"非税收入"项目,反映政府财政本期取得的各项非税收入金额。"非税收入"项目应当根据"非税收入"科目本期发生额填列。

(4)"投资收益"项目,反映政府财政本期取得的各项投资收益金额。"投资收益"项目应当根据"投资收益"科目本期发生额填列。

(5)"补助收入"项目,反映政府财政本期取得的各类资金补助收入金额。"补助收入"项目应当根据"补助收入"科目本期发生额填列。

(6)"上解收入"项目,反映政府财政本期取得的各类资金上解收入金额。"上解收入"项目应当根据"上解收入"科目本期发生额填列。

(7)"地区间援助收入"项目,反映政府财政本期取得的地区间援助收入金额。"地区间援助收入"项目应当根据"地区间援助收入"科目本期发生额填列。

(8)"其他收入"项目,反映政府财政本期取得的除"税收收入""非税收入""投资收益""补助收入""上解收入""地区间援助收入""财政专户管理资金收入""专用基金收入"以外的收入金额。"其他收入"项目应当根据"其他收入"科目本期发生额填列。

(9)"财政专户管理资金收入"项目,反映政府财政本期取得的教育收费等资金收入金额。"财政专户管理资金收入"项目应当根据"财政专户管理资金收入"科目本期发生额填列。

(10)"专用基金收入"项目,反映政府财政本期取得的粮食风险基金等资金收入金额。"专用基金收入"项目应当根据"专用基金收入"科目本期发生额填列。

2. "费用合计"项目

(1)"费用合计"项目,反映政府财政本期发生的各类费用合计金额。其中,预算管理资金的"费用合计"应当根据属于预算管理资金的"政府机关商品和服务拨款费用""政府机关工资福利拨款费用""对事业单位补助拨款费用""对企业补助拨款费用""对个人和家庭补助拨款费用""对社会保障基金补助拨款费用""资本性拨款费用""其他拨款费用""财务费用""补助费用""上解费用""地区间援助费用""其他费用"项目金额的合计数填列;财政专户管理资金的"费用合计"应当根据"财政专户管理资金支出"项目的金额填列;专用基金的"费用合计"应当根据"专用基金支出"项目的金额填列。

(2)"政府机关商品和服务拨款费用"项目,反映政府财政本期发生的购买商品和服务的各类费用金额。"政府机关商品和服务拨款费用"项目应当根据"政府机关商品和服务拨款费用"科目本期发生额填列。

（3）"政府机关工资福利拨款费用"项目，反映政府财政本期发生的支付给职工和长期聘用人员的各类劳动报酬及为上述人员缴纳的各项社会保险费等费用。"政府机关工资福利拨款费用"项目应当根据"政府机关工资福利拨款费用"科目本期发生额填列。

（4）"对事业单位补助拨款费用"项目，反映政府财政本期发生的对事业单位的经常性补助费用金额。"对事业单位补助拨款费用"项目应当根据"对事业单位补助拨款费用"科目本期发生额填列。

（5）"对企业补助拨款费用"项目，反映政府财政本期发生的对企业补助拨款费用金额。"对企业补助拨款费用"项目应当根据"对企业补助拨款费用"科目本期发生额填列。

（6）"对个人和家庭补助拨款费用"项目，反映政府财政本期发生的对个人和家庭补助拨款费用金额。"对个人和家庭补助拨款费用"项目应当根据"对个人和家庭补助拨款费用"科目本期发生额填列。

（7）"对社会保障基金补助拨款费用"项目，反映政府财政本期发生的对社会保险基金补助拨款费用金额及补充全国社会保障基金拨款金额。"对社会保障基金补助拨款费用"项目应当根据"对社会保障基金补助拨款费用"科目本期发生额填列。

（8）"资本性拨款费用"项目，反映政府财政本期发生的对行政事业单位房屋建筑物购建、基础设施建设、公务用车购置、设备购置、物资储备等方面资本性拨款费用金额。"资本性拨款费用"项目应当根据"资本性拨款费用"科目本期发生额填列。

（9）"其他拨款费用"项目，反映政府财政本期未列入以上拨款费用项目的财政拨款费用金额。"其他拨款费用"项目应当根据"其他拨款费用"科目本期发生额填列。

（10）"财务费用"项目，反映政府财政本期发生的偿还政府债务利息和支付政府债务发行、兑付、登记相关费用及汇兑损益金额。"财务费用"项目应当根据"财务费用"科目本期发生额填列。

（11）"补助费用"项目，反映政府财政本期发生的各类资金补助费用金额。"补助费用"项目应当根据"补助费用"科目本期发生额填列。

（12）"上解费用"项目，反映政府财政本期发生的上缴上级各类资金产生的费用金额。"上解费用"项目应当根据"上解费用"科目本期发生额填列。

（13）"地区间援助费用"项目，反映政府财政本期发生的地区间援助费用金额。"地区间援助费用"项目应当根据"地区间援助费用"科目的本期发生额填列。

（14）"其他费用"项目，反映政府财政本期股权划出、其他负债变动形成的费用金额。"其他费用"项目应当根据"其他费用"科目的本期发生额填列。

（15）"财政专户管理资金支出"项目，反映政府财政本期使用纳入财政专户管理的教育收费等资金产生的费用金额。"财政专户管理资金支出"项目应当根据"财政专户管理资金支出"科目本期发生额填列。

（16）"专用基金支出"项目，反映政府财政本期使用专用基金产生的费用金额。"专用基金支出"项目应当根据"专用基金支出"科目本期发生额填列。

3."本期盈余"项目

"本期盈余"项目，反映政府财政本年末收入减去费用的金额。"本期盈余"项目应当根据收入费用表中"收入合计"减去"费用合计"的差额填列。

任务 10.3 现金流量表

10.3.1 现金流量表的格式

现金流量表的格式如表 10-3 所示。

表 10-3 现金流量表

编制单位：　　　　　　　　　　　　　　年　　月　　　　　　　　　　　总会财 03 表
单位：元

项目	本年金额	上年金额
一、日常活动产生的现金流量		
组织税收收入收到的现金		
组织非税收入收到的现金		
组织财政专户管理资金收入收到的现金		
组织专用基金收入收到的现金		
上下级政府财政资金往来收到的现金		
收回暂付性款项相关的现金		
其他日常活动所收到的现金		
现金流入小计		
政府机关商品和服务拨款所支付的现金		
政府机关工资福利拨款所支付的现金		
对事业单位补助拨款所支付的现金		
对企业补助拨款所支付的现金		
对个人和家庭补助拨款所支付的现金		
对社会保障基金补助拨款所支付的现金		
财政专户管理资金支出所支付的现金		
专用基金支出所支付的现金		
上下级政府财政资金往来所支付的现金		
资本性拨款所支付的现金		
暂付性款项所支付的现金		
其他日常活动所支付的现金		
现金流出小计		
日常活动产生的现金流量净额		
现金流入小计		

续表

项目	本年金额	上年金额
二、投资活动产生的现金流量		
收回股权投资所收到的现金		
取得股权投资收益收到的现金		
收到其他与投资活动有关的现金		
现金流入小计		
取得股权投资所支出的现金		
支付其他与投资活动有关的现金		
现金流出小计		
投资活动产生的现金流量净额		
三、筹资活动产生的现金流量		
发行政府债券收到的现金		
借入款项收到的现金		
取得政府债券转贷款收到的现金		
取得主权外债转贷款收到的现金		
收回转贷款本金收到的现金		
收到下级上缴转贷款利息相关的现金		
其他筹资活动收到的现金		
现金流入小计		
转贷地方政府债券所支付的现金		
转贷主权外债所支付的现金		
支付债务本金相关的现金		
支付债务利息相关的现金		
其他筹资活动支付的现金		
现金流出小计		
筹资活动产生的现金流量净额		
四、汇率变动对现金的影响额		
五、现金净增加额		

10.3.2 现金流量表的编制说明

现金流量表中的现金是指政府财政的国库存款、其他财政存款及国库现金管理资产中的商业银行定期存款。现金流量表中的现金流量是指现金的流入和流出。

现金流量表应当按照日常活动、投资活动、

筹资活动的现金流量分别反映。

现金流量表"本年金额"栏反映各项目的本年实际发生数。现金流量表"上年金额"栏反映各项目的上年实际发生数，应当根据上年现金流量表中"本年金额"栏内所列数字填列。

现金流量表"本年金额"栏各项目的填列方法。

1. 日常活动产生的现金流量

（1）现金流入项目。

①"组织税收收入收到的现金"项目，反映政府财政本年取得税收收入收到的现金。"组织税收收入收到的现金"项目应当根据会计账簿中"税收收入""在途款"科目发生额分析填列。

②"组织非税收入收到的现金"项目，反映政府财政本年取得非税收入收到的现金。"组织非税收入收到的现金"项目应当根据会计账簿中"非税收入""应收非税收入""在途款"科目发生额分析填列。

③"组织财政专户管理资金收入收到的现金"项目，反映政府财政本年取得财政专户管理资金收入收到的现金。"组织财政专户管理资金收入收到的现金"项目应当根据会计账簿中"财政专户管理资金收入"科目发生额分析填列。

④"组织专用基金收入收到的现金"项目，反映政府财政本年取得专用基金收入收到的现金。"组织专用基金收入收到的现金"项目应当根据会计账簿中"专用基金收入"科目发生额分析填列。

⑤"上下级政府财政资金往来收到的现金"项目，反映政府财政本年收到上下级政府财政转移支付、清算欠款、临时调度款等相关的现金。"上下级政府财政资金往来收到的现金"项目应当根据会计账簿中"补助收入""上解收入""与下级往来""与上级往来"科目贷方发生额分析填列。

⑥"收回暂付性款项相关的现金"项目，反映政府财政本年收回暂付性款项相关的现金。"收回暂付性款项相关的现金"项目应当根据会计账簿中"预拨经费""借出款项""其他应收款"科目贷方发生额分析填列。

⑦"其他日常活动所收到现金"项目，反映政府财政本年收到的除以上项目外与日常活动相关的现金。"其他日常活动所收到的现金"项目应当根据会计账簿中"地区间援助收入""其他收入""其他应付款""应付代管资金""在途款""以前年度盈余调整"等科目贷方发生额分析填列。

（2）现金流出项目。

①"政府机关商品和服务拨款所支付的现金"项目，反映政府财政本年在日常活动中用于购买商品、接受劳务支付的现金。"政府机关商品和服务拨款所支付的现金"项目应当根据会计账簿中"政府机关商品和服务拨款费用"科目和"应付国库集中支付结余"科目借方发生额分析填列。

②"政府机关工资福利拨款所支付的现金"项目，反映政府财政本年承担职工劳务报酬及社会保险费等支付的现金。"政府机关工资福利拨款所支付的现金"项目应当根据会计账簿中"政府机关工资福利拨款费用"科目和"应付国库集中支付结余"科目借方发生额分析填列。

③"对事业单位补助拨款所支付的现金"项目，反映政府财政本年对事业单位经常性补助支付的现金。"对事业单位补助拨款所支付的现金"项目应当根据会计账簿中"对事业单位补助拨款费用"科目和"应付国库集中支付结余"科目借方发生额分析填列。

④"对企业补助拨款所支付的现金"项目，反映政府财政本年对企业资本性投资外的其他补助支付的现金。"对企业补助拨款所支付的现金"项目应当根据会计账簿中"对企业补助拨款费用"科目和"应付国库集中支付结余"科目借方发生额分析填列。

⑤"对个人和家庭补助拨款所支付的现金"项目，反映政府财政本年对个人和家庭补助支付的现金。"对个人和家庭补助拨款所支付的现金"项目应当根据会计账簿中"对个人和家庭补助拨款费用"科目和"应付国库集中支付结余"科目借方发生额分析填列。

⑥"对社会保障基金补助拨款所支付的现金"项目，反映政府财政本年对社会保险基金的补助，以及补充全国社会保障基金支付的现金。"对社会保障基金补助拨款所支付的现金"项目应当根据会计账簿中"对社会保障基金补助拨款费用"科

目和"应付国库集中支付结余"科目借方发生额分析填列。

⑦"财政专户管理资金支出所支付的现金"项目，反映政府财政本年从财政专户管理资金中安排各项支出支付的现金。"财政专户管理资金支出所支付的现金"项目应当根据会计账簿中"财政专户管理资金支出"科目借方发生额分析填列。

⑧"专用基金支出所支付的现金"项目，反映政府财政本年用专用基金收入安排的支出支付的现金。"专用基金支出所支付的现金"项目应当根据会计账簿中"专用基金支出"科目借方发生额分析填列。

⑨"上下级政府财政资金往来所支付的现金"项目，反映政府财政本年支付上下级政府财政转移支付、清算欠款、临时调度款等相关的现金。"上下级政府财政资金往来所支付的现金"项目应当根据会计账簿中"补助费用""上解费用""与下级往来""与上级往来"科目借方发生额分析填列。

⑩"资本性拨款所支付的现金"项目，反映政府财政本年支付行政事业单位和企业用于房屋建筑物构建、基础设施建设、公务用车购置、设备购置、物资储备等相关的现金。"资本性拨款所支付的现金"项目应当根据会计账簿中"资本性拨款费用"科目和"应付国库集中支付结余"科目借方发生额分析填列。

⑪"暂付性款项所支付的现金"项目，反映政府财政本年安排暂付性款项支付的现金。"暂付性款项所支付的现金"项目应当根据会计账簿中"预拨经费""借出款项""其他应收款"科目借方发生额分析填列。

⑫"其他日常活动所支付的现金"项目，反映政府财政本年支付除以上项目外与日常活动相关的现金。"其他日常活动所支付的现金"项目应当根据会计账簿中"其他拨款费用""地区间援助费用""其他应付款""应付代管资金""应付国库集中支付结余""在途款""以前年度盈余调整"等科目借方发生额分析填列。

2. 投资活动产生的现金流量

（1）现金流入项目。

①"收回股权投资所收到的现金"项目，反映政府财政本年出售、转让、处置股权等收回投资收到的现金。"收回股权投资所收到的现金"项目应当根据会计账簿中"股权投资"科目下"投资成本""损益调整"明细科目贷方发生额分析填列。

②"取得股权投资收益收到的现金"项目，反映政府财政本年因被投资单位分配股利、利润或处置股权、企业破产清算等产生收益收到的现金。"取得股权投资收益收到的现金"项目应当根据会计账簿中"应收股利""投资收益"科目贷方发生额分析填列。

③"收到其他与投资活动有关的现金"项目，反映政府财政本年收到除以上项目外与投资活动相关的现金。"收到其他与投资活动有关的现金"项目应当根据会计账簿中"有价证券""应收股利"等科目贷方发生额分析填列。

（2）现金流出项目。

①"取得股权投资所支出的现金"项目，反映政府财政本年为取得股权投资支付的现金。"取得股权投资所支出的现金"项目应当根据会计账簿中"股权投资"科目借方发生额分析填列。

②"支付其他与投资活动有关的现金"项目，反映政府财政本年支付除以上项目外与投资活动相关的现金。"支付其他与投资活动有关的现金"项目应当根据会计账簿中"有价证券"等科目借方发生额分析填列。

（3）投资活动产生的现金流量净额。

"投资活动产生的现金流量净额"项目应当根据现金流入项目合计数减去现金流出项目合计数差额填列，若差额小于零则以负数填列。

3. 筹资活动产生的现金流量

（1）现金流入项目。

①"发行政府债券收到的现金"项目，反映政府财政本年发行国债和地方政府债券收到的现金。"发行政府债券收到的现金"项目应当根据会计账簿中"应付短期政府债券""应付长期政府债券"科目贷方发生额分析填列。

②"借入款项收到的现金"项目，反映政府财政本年借入款项收到的现金。"借入款项收到的

现金"项目应当根据会计账簿中"借入款项"科目贷方发生额分析填列。

③"取得政府债券转贷款收到的现金"项目，反映政府财政本年取得政府债券转贷款收到的现金。"取得政府债券转贷款收到的现金"项目应当根据会计账簿中"应付地方政府债券转贷款"科目下"应付本金"明细科目贷方发生额分析填列。

④"取得主权外债转贷款收到的现金"项目，反映政府财政本年取得主权外债转贷款收到的现金。"取得主权外债转贷款收到的现金"项目应当根据会计账簿中"应付主权外债转贷款"科目下"应付本金"明细科目贷方发生额分析填列。

⑤"收回转贷款本金收到的现金"项目，反映政府财政本年收到下级政府财政归还政府债券转贷款及主权外债转贷款本金相关的现金。"收回转贷款本金收到的现金"项目应当根据会计账簿中"应收地方政府债券转贷款""应收主权外债转贷款"科目下"应收本金"明细科目贷方发生额分析填列。

⑥"收到下级上缴转贷款利息相关的现金"项目，反映政府财政本年收到下级政府财政上缴政府债券转贷款及主权外债转贷款利息相关的现金。"收到下级上缴转贷款利息相关的现金"项目应当根据会计账簿中"应收地方政府债券转贷款""应收主权外债转贷款"科目下"应收利息"明细科目贷方发生额分析填列。

⑦"其他筹资活动收到的现金"项目，反映政府财政本年收到的其他与筹资活动相关的现金。"其他筹资活动收到的现金"项目应当根据会计账簿中"其他应付款""其他应收款"等科目贷方发生额分析填列。

（2）现金流出项目。

①"转贷地方政府债券所支付的现金"项目，反映政府财政本年对下级政府财政转贷地方政府债券所支付的现金。"转贷地方政府债券所支付的现金"项目应当根据会计账簿中"应收地方政府债券转贷款"科目下"应收本金"明细科目借方发生额分析填列。

②"转贷主权外债所支付的现金"项目，反映政府财政本年对下级政府财政转贷主权外债所支付的现金。"转贷主权外债所支付的现金"项目应当根据会计账簿中"应收主权外债转贷款"科目下"应收本金"明细科目借方发生额分析填列。

③"支付债务本金相关的现金"项目，反映政府财政本年偿还政府债务本金支付的现金。省级以上（含省级）政府财政根据会计账簿中"应付短期政府债券""应付长期政府债券""借入款项"科目借方发生额分析填列，市县政府财政根据会计账簿中"应付地方政府债券转贷款""应付主权外债转贷款"科目下"应付本金"明细科目借方发生额分析填列。

④"支付债务利息相关的现金"项目，反映政府财政本年支付政府债务利息相关的现金。省级以上（含省级）政府财政根据会计账簿中"应付利息"科目借方发生额分析填列，市县政府财政根据会计账簿中"应付地方政府债券转贷款""应付主权外债转贷款"科目下"应付利息"明细科目、"财务费用"科目借方发生额分析填列。

⑤"其他筹资活动支付的现金"项目，反映政府财政本年支付的政府债券发行、兑付、登记费用等其他与筹资活动相关的现金。"其他筹资活动支付的现金"项目应当根据会计账簿中"财务费用""其他应付款""其他应收款"等科目借方发生额分析填列。

（3）筹资活动产生的现金流量净额。

"筹资活动产生的现金流量净额"项目应当根据现金流入项目合计数减去现金流出项目合计数差额填列，若差额小于零则以负数填列。

4. 汇率变动对现金的影响额

"汇率变动对现金的影响额"项目反映在政府财政外币现金流量折算为人民币时，采用的即期汇率折算的人民币金额与期末汇率折算的人民币金额之间的差额。"汇率变动对现金的影响额"项目应当根据"财务费用"科目下的"汇兑损益"明细科目发生额分析填列。

5. 现金净增加额

"现金净增加额"项目反映在政府财政本年现金变动的净额，根据现金流量表中"日常活动产生的现金流量净额""投资活动产生的现金流量净额""筹资活动产生的现金流量净额""汇率变动对现金的影响额"项目金额的合计数填列，若金额小于零则以负数填列。

任务 10.4　本年预算结余与本期盈余调节表

10.4.1　本年预算结余与本期盈余调节表的格式

本年预算结余与本期盈余调节表的格式如表 10-4 所示。

表 10-4　本年预算结余与本期盈余调节表

总会财 04 表

编制单位：　　　　　　　　　　　　年　　　　　　　　　　　　　　单位：元

项目	金额
本年预算结余（本年预算收入与支出的差额）	
日常活动产生的差异	
加：1. 当期确认为收入但没有确认为预算收入	
当期应收未缴库非税收入	
减：2. 当期确认为预算收入但没有确认为收入	
当期收到上期应收未缴库非税收入	
3. 当期确认为预算支出收回但没有确认为费用收回	
（1）当期收到退回以前年度已列支资金	
（2）当期将以前年度国库集中支付结余收回预算	
投资活动产生的差异	
加：1. 当期确认为收入但没有确认为预算收入	
（1）当期投资收益或损失	
（2）当期无偿划入股权投资	
2. 当期确认为预算支出但没有确认为费用	
（1）当期股权投资增支	
（2）当期股权投资减支	

续表

项目	金额
减：3. 当期确认为预算收入但没有确认为收入	
（1）当期收到利润收入和股利股息收入	
（2）当期收到清算、处置股权投资的收入	
4. 当期确认为费用但没有确认为预算支出	
当期无偿划出股权投资费用	
筹资活动产生的差异	
加：1. 当期确认为预算支出但没有确认为费用	
（1）当期转贷款支出	
（2）当期债务还本支出	
（3）拨付上年计提债务利息	
减：2. 当期确认为预算收入但没有确认为收入	
（1）当期债务收入	
（2）当期转贷款收入	
3. 当期确认为费用但没有确认为预算支出	
当期计提未拨付债务利息	
其他差异事项	
当期汇兑损益净额	
本期盈余（本年收入与费用的差额）	

10.4.2 本年预算结余与本期盈余调节表编制说明

1. 本年预算结余

"本年预算结余"项目应当根据本年预算收入与预算支出的差额填列。

2. 日常活动产生的差异

（1）"当期确认为收入但没有确认为预算收入"项目，主要为"当期应收未缴库非税收入"项目。"当期确认为收入但没有确认为预算收入"项目反映政府财政本年已确认非税收入但缴款人尚未缴入国库的各项非税款项。应当根据会计账簿中"应收非税收入""非税收入"科目发生额分析填列。

（2）"当期确认为预算收入但没有确认为收入"项目，主要为"当期收到上期应收未缴库非税收入"项目。"当期确认为预算收入但没有确认为收入"项目反映政府财政本年收到的上年应收非税收入。应当根据会计账簿中"应收非税收入"科目贷方发生额及"国库存款"科目借方发生额分析填列，不含以前年度盈余调整事项和新增确认的非税收入。

（3）"当期确认为预算支出收回但没有确认为费用收回"项目。

① "当期收到退回以前年度已列支资金"项目，反映政府财政本年收到退回以前年度已列支资金而冲减预算支出的事项。应当根据会计账簿中"国库

存款""其他财政存款"科目借方发生额及"以前年度盈余调整"科目贷方发生额分析填列。

② "当期将以前年度国库集中支付结余收回预算"项目,反映政府财政本年将以前年度应付国库集中支付结余资金收回预算而冲减预算支出的事项。应当根据会计账簿中"应付国库集中支付结余"科目借方发生额及"以前年度盈余调整"科目贷方发生额分析填列。

3. 投资活动产生的差异

(1)"当期确认为收入但没有确认为预算收入"项目。

① "当期投资收益或损失"项目,反映政府财政本年确认的股权投资收益。"当期投资收益或损失"项目应当根据会计账簿中"投资收益"科目发生额分析填列,其中,投资损失以负数填列;不含清算、处置股权投资增加的收益。

② "当期无偿划入股权投资"项目,反映政府财政本年接受无偿划入的股权投资。"当期无偿划入股权投资"项目应当根据会计账簿中"股权投资"科目下"投资成本"明细科目借方发生额、"其他收入"科目贷方发生额分析填列。

(2)"当期确认为预算支出但没有确认为费用"项目。

① "当期股权投资增支"项目,反映政府财政本年新增股权投资增加的支出。"当期股权投资增支"项目应当根据会计账簿中"股权投资"科目下"投资成本"明细科目借方发生额及"国库存款"科目贷方发生额分析填列,不含无偿划入或权益法调整增加的股权投资以及补记以前年度股权投资。

② "当期股权投资减支"项目,反映政府财政本年退出、清算、处置股权投资减少的支出。"当期股权投资减支"项目应当根据会计账簿中"股权投资"科目下"投资成本"明细科目贷方发生额及"国库存款"科目借方发生额分析,以负数填列,不含无偿划出或权益法调整减少的股权投资额。

(3)"当期确认为预算收入但没有确认为收入"项目。

① "当期收到利润收入和股利股息收入"项目,反映政府财政本年收到被投资主体上缴以前年度利润和股利股息。"当期收到利润收入和股利股息收入"项目应当根据会计账簿中"资金结存——库款资金结存"科目借方发生额以及"一般公共预算收入——利润收入、股利股息收入""国有资本经营预算收入——利润收入、股利股息收入"贷方发生额分析填列,不含清算、处置股权投资增加的收益。

② "当期收到清算、处置股权投资的收入"项目,反映政府财政本年清算、处置股权投资发生的收入。"当期收到清算、处置股权投资的收入"项目应当根据"投资收益""国库存款"科目借方发生额、"股权投资"等科目贷方发生额分析填列。

(4)"当期确认为费用但没有确认为预算支出"项目。"当期确认为费用但没有确认为预算支出"项目主要为"当期无偿划出股权投资费用"项目。"当期确认为费用但没有确认为预算支出"项目,反映政府财政本年无偿划出的股权投资。"当期无偿划出股权投资费用"项目应当根据会计账簿中"股权投资"科目下"投资成本"明细科目贷方发生额、"其他费用"科目借方发生额分析填列。

4. 筹资活动产生的差异

(1)"当期确认为预算支出但没有确认为费用"项目。

① "当期转贷款支出"项目,反映本级政府财政本年转贷下级政府财政的政府债券、主权外债资金。"当期转贷款支出"项目应当根据会计账簿中"债务转贷预算支出"科目借方发生额分析填列。

② "当期债务还本支出"项目,反映本级政府财政本年偿还的债务本金。"当期债务还本支出"项目应当根据会计账簿中"债务还本预算支出"科目借方发生额分析填列。

③ "拨付上年计提债务利息"项目,反映政府财政本年偿还上年已计提的债务利息。"拨付上年计提债务利息"项目应当根据会计账簿中"应付利息"科目年初贷方余额填列,市县政府财政应当根据会计账簿中"应付地方政府债券转贷款"

和"应付主权外债转贷款"科目下"应付利息"明细科目年初贷方余额填列。

（2）"当期确认为预算收入但没有确认为收入"项目。

①"当期债务收入"项目，反映省级以上（含省级）政府财政本年发行政府债券、借入主权外债收入。"当期债务收入"项目应当根据会计账簿中"债务预算收入"科目贷方发生额分析填列。

②"当期转贷款收入"项目，反映市县政府财政本年收到的地方政府债券、主权外债转贷款收入。"当期转贷款收入"项目应当根据会计账簿中"债务转贷预算收入"贷方发生额分析填列。

（3）"当期确认为费用但没有确认为预算支出"项目。

主要为"当期计提未拨付债务利息"项目。"当期确认为费用但没有确认为预算支出"项目反映政府财政本年已计提需要在下一年度支付的利息。省级以上（含省级）政府财政应当根据会计账簿中"应付利息"科目年末贷方余额填列，市县政府财政应当根据会计账簿中"应付地方政府债券转贷款——应付利息"及"应付主权外债转贷款——应付利息"科目年末贷方余额填列。

5. 其他差异事项

"其他差异事项"项目，反映政府财政其他活动事项产生的差异。其中，减少预算结余和增加本期盈余事项以正数反映，增加预算结余和减少本期盈余事项以负数反映。中央财政计提其他负债产生的费用也在"其他差异事项"项目中反映。

6. 当期汇兑损益净额

"当期汇兑损益净额"项目根据"财务费用——汇兑损益"发生额分析填列，汇兑损失以负数反映，汇兑收益以正数反映。

7. 本期盈余

"本期盈余（本年收入与费用的差额）"项目是本年收入与费用的差额，应当根据表10-4"当期预算结余""日常活动产生的差异""投资活动产生的差异""筹资活动产生的差异""其他差异事项""当期汇兑损益净额"金额汇总填列，与"收入费用表"本期盈余合计数一致。

任务 10.5　财务会计报表附注

财务会计报表附注应当至少披露下列内容：

（1）遵循《财政总会计制度》的声明；

（2）本级政府财政财务状况的说明；

（3）财务会计报表中列示重要项目的进一步说明，包括其主要构成、增减变动情况等；

（4）政府财政承担担保责任负债情况的说明；

（5）有助于理解和分析会计报表其他需要说明的事项。

项目小结

财务会计报表的编制主要以权责发生制为基础，以财务会计核算生成的数据为准。本项目介绍了财务会计报表格式与财务会计报表的编制说明。

其中，财务会计报表格式包括资产负债表、收入费用表、现金流量表、本年预算结余与本期盈余调节表的格式内容。

财务会计报表的编制说明包括资产负债表、收入费用表、现金流量表、本年预算结余与本期盈余调节表各项目的内容和填制方法及财务会计报表附注的内容。

思考与练习

一、单项选择题

1. 下列各项中，不属于政府会计主体编制的财务会计报表的是（　　）。
   A. 资产负债表　　　B. 收入费用表
   C. 决算报表　　　　D. 现金流量表

2. （　　）是对在财务会计报表中列示项目所做的进一步说明，以及对未能在财务会计报表中列示项目的说明。
   A. 附注　　　　　　B. 政府部门财务分析
   C. 部门预算表　　　D. 部门决算表

3. 下列各项中，反映事业单位某一会计期间事业成果及其分配情况的报表是（　　）。
   A. 收入费用表　　　B. 财政补助收入支出表
   C. 资产负债表　　　D. 财务会计报表附注

4. 下列关于事业单位财务报告的说法，不正确的是（　　）。
   A. 财务会计报表是对事业单位财务状况、事业成果、预算执行情况等的结构性表述
   B. 财务会计报告是反映事业单位某一特定日期的财务状况和某一会计期间的事业成果、预算执行等会计信息的文件
   C. 财务会计报表由会计报表和附注构成
   D. 事业单位只需要编制年度收入费用表

5. 下列属于筹资活动产生的现金流量的是（　　）。
   A. 取得银行借款的现金
   B. 支付经营租赁费用付出的现金
   C. 取得投资收益收到的现金
   D. 变卖固定资产收回的现金

二、多项选择题

1. 下列各项中，属于财务会计报表的是（　　）。
   A. 资产负债表　　　B. 收入费用表
   C. 现金流量表　　　D. 本期盈余调节表

2. 下列各项中，关于民间非营利组织财务会

计报告的表述正确的有（　　）。

A. 民间非营利组织的财务会计报表至少应当包括资产负债表、收入费用表和现金流量表

B. 民间非营利组织无须编制财务会计报表附注

C. 财务情况说明书是对民间非营利组织一定会计期间业务活动以及财务、收入、成本费用情况进行分析说明的书面文字报告

D. 民间非营利组织的财务会计报告有助于提高民间非营利组织的透明度，增强其社会公信力

3. 以下属于收入费用表中收入项目的有（　　）。

A. 经营收入　　　　B. 投资收益

C. 资产处置费用　　D. 其他费用

4. 政府财务会计要素中应当列入资产负债表的是（　　）。

A. 资产　　　　　　B. 负债

C. 净资产　　　　　D. 收入

5. 现金流量表所指现金有（　　）。

A. 国库存款

B. 其他财政存款

C. 国库现金管理资产中的商业银行定期存款

D. 备用金

三、判断题

1. 政府财务会计报表至少包括资产负债表、收入费用表和现金流量表。（　　）

2. 收入费用表是反映政府会计主体在一定期间内预算收入和预算支出的报表。（　　）

3. 现金流量表应当按照日常活动、投资活动、筹资活动的现金流量分别反映。（　　）

4. 现金流量表是反映政府会计主体在一定会计期间运行情况的报表。（　　）

5. 财务会计报表附注是对在资产负债表、收入费用表、现金流量表等报表中列示项目做的进一步说明，以及对未能在这些报表中列示项目的说明。（　　）

四、简答题

1. 财务会计报表包括哪些？

2. 简述财务会计报表附注应当至少披露的内容有哪些？

项目 11　民间非营利组织业务会计

知识目标

◎ 理解民间非营利组织的科目体系

◎ 理解民间非营利组织资产的账务处理

◎ 掌握民间非营利组织收入与费用的会计核算

技能目标

◎ 掌握限定性资产和非限定性资产的账务处理

◎ 了解民间非营利组织的基本特征

案例导入

某民间非营利组织2021年年初"限定性净资产"科目余额为300万元。2021年余额如下:"捐赠收入——限定性收入"700万元,"政府补助收入——限定性收入"100万元。

案例思考

不考虑其他因素,2021年年末,该民间非营利组织积存的限定性净资产是多少?

本章导语

本章对民间非营利组织相应会计业务的核算规范进行了系统介绍,力争使学生在把握民间非营利组织会计核算业务的同时,能够对民间非营利组织会计有更加深刻的了解。

任务 11.1　民间非营利组织会计概述

民间非营利组织是指由民间出资举办、不以营利为目的，从事教育、科技、文化、卫生、宗教等社会公益活动的社会服务组织，主要包括社会团体、基金会、民办非企业单位、寺院等。

11.1.1　民间非营利组织的界定

1. 民间非营利组织的基本特征

民间非营利组织具有三个方面的基本特征。

（1）民间非营利组织不以营利为宗旨和目的。

民间非营利组织的设立和业务活动的最终目标不以营利为目的，而是在于按照资金提供者的期望和要求，为社会带来更多的服务或产品。

这一特征将民间非营利组织与企业的营利性相区别，但并不排除其因提供产品或者社会服务而获得相应收入或者收取合理费用，只要这些营利活动的所得最终用于组织的非营利事业即可。

（2）资源提供者不以取得经济回报为目标。

民间非营利组织资金提供者，如捐赠人、会员等，出资目的不是期望得到同等或成比例的出资回报，而是希望组织为整个社会或特定团体提供更多的服务或产品，他们不指望获取对非营利组织净资产予以分享的权利。如果出资者等可以从组织中获得回报，应当将其视为企业对待。

（3）资源提供者不享有民间非营利组织的所有权。

民间非营利组织的净资产既不属于组织所有，也不属于出资者。任何单位或个人不因为出资而拥有民间非营利组织的所有权（包括与所有者权益相关的资源出售、转让、处置权），也不存在该组织一旦清算可以分享剩余财产的分配权。非营利组织一旦进行清算，清算后的剩余财产只能交给政府或其他非营利组织或继续服务社会的公益事业。

这一特征既将民间非营利组织与企业区分开来，也将其与政府及其行政事业单位区分开来，因为政府及行政事业单位尽管也属于非营利组织，但是国家对这些组织及其净资产拥有所有权。

2. 民间非营利组织的形式

民间非营利组织的形式多种多样：

（1）社会团体。

社会团体是指中国公民自愿组成，为实现会员共同意愿，按照其章程开展活动的非营利性社会组织，如中国会计学会、中国财政学会等。但是，以下团体除外：①参加中国人民政治协商会议的人民团体；②由国务院机关编制管理机关核定，并经国务院批准免于登记的团体；③机关、团体、企业事业内部经本单位批准成立，在本单位内部活动的团体。

（2）基金会。

基金会是指利用自然人、法人或者其他组织捐赠的资产，以从事公益事业为目的，按照规定成立的非营利性法人，如宋庆龄基金会。基金会作为非营利法人，应当为特定的公益目的而设立。

3. 民办非企业单位

民办非企业单位是指企业事业单位、社会团体和其他社会力量以及公民个人利用非国有资产举办的，从事非营利性社会服务活动的社会组织。其中有从事科学、教育、文艺、卫生、体育等非企业单位，如民办诊所、民办学校、民办剧团、各类体育俱乐部、各类民办研究所等；有从事各种社会救济的非企业单位，如民办孤儿院、养老院等；从事民间公证鉴定、法律服务、咨询服务等社会性质的社会中介组织，如商务咨询所、法律服务所等。

4. 宗教活动场所

寺院、宫观、清真寺、教堂等是由宗教信仰和热心宗教的公民在国家支持下兴办的开展宗教活动的场所，主要包括佛教的寺院、道教的宫观、伊斯兰教的清真寺和基督教的教堂。

11.1.2 民间非营利组织会计的目标和核算基础

1. 民间非营利组织会计目标

要明确民间非营利组织会计的目标：谁需要民间非营利组织的财务会计信息？需要哪些财务会计信息？

（1）会计信息的使用者。

1）民间非营利组织资源的提供者。民间非营利组织资源的提供者，包括捐赠者、会员和债权人。这些捐赠者、会员可能是法人、慈善家、普通公民个人、国际组织，也可能是政府。他们需要了解捐赠资产、缴纳会费的使用状况，能否为民间非营利组织开展业务活动服务，或者所捐赠的资产能否保证按照捐赠者的意愿发挥其应有的作用，预期的捐赠目标能否实现等。债权人则非常关心民间非营利组织的债务还本付息能力。

2）民间非营利组织的服务对象。民间非营利组织需要向社会公众或者资金提供者等提供服务，许多服务对象需要了解民间非营利组织的财务状况、经营绩效以及所收取服务价格的合理性等。比如，捐资举办的民办学校向学生收取学费，学生及其家长需要了解学校的教育成本和运营效率，评估学费定价的合理性等。

3）民间非营利组织的管理者。民间非营利组织的经营管理者要对民间非营利组织的运营负责，他们关心民间非营利组织所支配的资源的利用是否合理、是否按照组织成立的章程运行、是否实现预期目标、预期目标的实现程度、业务活动的发展趋势和财务收支的情况等。

4）民间非营利组织的其他利益相关者。政府部门特别是民政部门、业务主管部门、财政部门、统计部门以及其他的一些相关监管机构需要了解民间非营利组织的会计信息质量，民间非营利组织所控制的经济资源、负债状况、收入、费用的发生情况等，以便了解整个行业的发展情况，加强宏观调控和会计监管。民间非营利组织的内部职工等也会站在自身的立场上关注民间非营利组织与自身利益相关的信息。

（2）会计信息使用者的信息需求。

民间非营利组织会计信息使用者的信息需求可归纳为以下三类：

1）反映民间非营利组织财务状况和现金流量的信息，包括民间非营利组织的资产、负债、净资产和现金流入、流出、净流量方面的信息。通过这些信息，人们可以判断一个民间非营利组织的财务状况、资金运转情况和偿债能力。

2）反映民间非营利组织业务活动和财务收支的信息，包括民间非营利组织的收入、成本费用、净资产变动等信息。通过这些信息，人们可以判断一个民间非营利组织资源的使用情况，并预测其发展趋势。

3）其他有关方面的会计信息，既包括一些相关的财务性质的信息，也包括一些有助于理解和评价相关情况的非财务性质的信息。

2. 民间非营利组织会计的核算基础

民间非营利组织的会计核算应当以权责发生制为基础，以更好地反映民间非营利组织资产负债和业务活动全貌，实现民间非营利组织的会计目标，满足会计信息使用者的信息需要。

11.1.3 民间非营利组织会计的基本假设

1. 会计主体

中国民间非营利组织的会计核算应当以民间非营利组织的交易或者事项为对象，记录和反映该组织本身的各项业务活动。这意味着应当以非营利组织整体而不是基金作为会计记账主体，这也是民间非营利组织与政府会计显著不同的地方。

2. 持续经营

非营利组织提供公共物品或服务具有连续性，所以，持续经营假设同样适用于非营利组织主体。需要注意的是，非营利组织主体持续经营假设是有条件的，当由于实现了组织宗旨和使命、财务资源不足而无法维持、运营失败等原因而失去捐助等情况出现时，非营利组织运作就存在较大风险，破产、清算、解散等不可避免，该假设也就不能成立了。而且在非营利组织以基金作为会计主体的情况下，一旦与一项基金相关的用途或时间限制解除后，该基金会计主体就消失了，其活动也将终止。这也是非营利组织会计持续经营假设与企业会计的一个区别。

3. 会计分期

非营利组织需要定期反映某个时点的财务状况及某个期间的运营情况。所以，会计分期假设对非营利组织来说也是必不可少的。从当前情况看，世界各国非营利组织会计分期一般都与本国的财政年度相同。

4. 货币计量

一般来说，非营利组织会计都以本国货币作为其记账本位币。业务收支以人民币以外的货币为主的民间非营利组织，可以选定其中一种货币作为记账本位币，但是编制的财务会计报告应当折算为人民币。

11.1.4 民间非营利组织会计核算的基本原则

民间非营利组织会计信息的质量要求与政府会计信息的质量要求基本相同，即可靠性、全面性、相关性、可比性、可理解性、实质重于形式等。只是民间非营利组织会计信息的使用者及其信息需求以及经济业务的具体内容与政府会计存在一些差异，因此，相应会计信息质量的要求对应的具体内容也与政府会计存在一些差异。

11.1.5 民间非营利组织的会计要素

民间非营利组织的会计要素是对会计对象的进一步分类，分为资产、负债、净资产、收入和五类（分别详见本书项目 10 之任务 10.2 和任务 10.3），其概念及其确认和计量原则与政府财务会计要素的概念及其确认和计量原则相似。

11.1.6 民间非营利组织的会计科目

会计科目是指对会计要素的具体内容进行分类核算的项目。民间非营利组织会计制规定设置的会计科目分为资产、负债、净资产和收入费用四大类,其具体内容如表 11-1 所示。

表 11-1 民间非营利组织的会计科目表

序号	编号	名称	序号	编号	名称
一、资产类（23 个）			二、负债类（12 个）		
1	1001	现金	24	2101	短期借款
2	1002	银行存款	25	2201	应付票据
3	1009	其他货币资金	26	2202	应付账款
4	1101	短期投资	27	2203	预收账款
5	1102	短期投资跌价准备	28	2204	应付工资
6	1111	应收票据	29	2206	应交税金
7	1121	应收账款	30	2209	其他应付款
8	1122	其他应收款	31	2301	预提费用
9	1131	坏账准备	32	2401	预计负债
10	1141	预付账款	33	2501	长期借款
11	1201	存货	34	2502	长期应付款
12	1202	存货跌价准备	35	2601	受托代理负债
13	1301	待摊费用	三、净资产类（2 个）		
14	1401	长期股权投资	36	3101	非限定性净资产
15	1402	长期债券投资	37	3102	限定性净资产
16	1421	长期投资减值准备	四、收入费用类（11 个）		
17	1501	固定资产	38	4101	捐赠收入
18	1502	累计折旧	39	4201	会费收入
19	1505	在建工程	40	4301	提供服务收入
20	1506	文物文化资产	41	4401	政府补助收入
21	1509	固定资产清理	42	4501	商品销售服务
22	1601	无形资产	43	4601	投资收益
23	1701	受托代理资产	44	4901	其他收入
			45	5101	业务活动成本
			46	5201	管理费用
			47	5301	筹资费用
			48	5401	其他费用

任务 11.2 民间非营利组织的收入与费用

11.2.1 民间非营利组织的收入

1. 收入的概念

收入是指民间非营利组织开展业务活动取得的、导致本期净资产增加的经济利益或者服务潜力的流入。

2. 收入的分类

（1）民间非营利组织收入按来源可分为捐赠收入、会费收入、提供服务收入、政府补助收入、投资收益、商品销售收入和其他收入等。

（2）民间非营利组织收入按业务的主次分为主要业务收入和其他收入。捐赠收入、会费收入、提供服务收入、政府补助收入、投资收益、商品销售收入属于主要业务收入。

（3）民间非营利组织收入按收入是否受到限制分为限定性收入和非限定性收入。

（4）民间非营利组织收入按收入是否为交换交易形成的分为交换交易形成的收入和非交换交易形成的收入。商品销售收入、提供服务收入和投资收益属于交换交易形成的收入。捐赠收入和政府补贴收入等属于非交换交易形成的收入。

需要注意的是，对收入的各种分类是相互交叉的。比如，商品销售收入、提供服务收入、投资收益、其他收入通常属于交换交易收入，捐赠收入、政府补助收入、会费收入属于非交换交易收入。又如，一般情况下，商品销售收入、提供服务收入、投资收益、会费收入、其他收入属于非限定收入，但如果相关资产提供者对资产的使用设置了限制，相关收入则属于限定收入。

3. 收入的确认条件

民间非营利组织在确认收入时，应当区分交换交易所形成的收入和非交换交易所形成的收入。

（1）交换交易是指按照等价交换原则所从事的交易，即当某一主体取得资产、获得服务或者解除债务时，需要向交易对方支付等值或者大致等值的现金，如提供等值或者大致等值的货物、服务等的交易。如按照等价交换原则销售商品、提供劳务等均属于交换交易。

1）对于因交换交易所形成的商品销售收入，应当在下列条件同时满足时予以确认：

①已将商品所有权上的主要风险和报酬转移给购货方；

②既没有保留通常与所有权相联系的继续管理权，也没有对已售出的商品实施控制；

③与交易相关的经济利益能够流入民间非营利组织；

④相关的收入和成本能够可靠地计量。

2）对于因交换交易所形成的提供劳务收入，应当按以下规定予以确认：

①在同一会计年度内开始并完成的劳务，应当在完成劳务时确认收入；

②如果劳务的开始和完成分属不同的会计年度，可以按完工进度或完成的工作量确认收入。

3）对于因交换交易所形成的因让渡资产使用权而发生的收入，应当在下列条件同时满足时予以确认：

①与交易相关的经济利益能够流入民间非营利组织；

②收入的金额能够可靠地计量。

（2）非交换交易是指除交换交易之外的交易。在非交换交易中，某一主体取得资产、获得服务或者解除债务时，不必向交易对方支付等值或者大致等值的现金，或者提供等值或者大致等值的货物、服务等；或者某一主体在对外提供货物、服务等时，没有收到等值或者大致等值的现金、货物等。比如，捐赠、政府补助等属于非交换交易。

对于因非交换交易所形成的收入，应当在同时满足下列条件时予以确认：

1）与交换相关的经济利益或者服务潜力的资源能够流入民间非营利组织并为其所控制，或者相关的债务能够得到解除。

2）交换能够引起净资产的增加。

3）收入的金额能够可靠地计量。

一般情况下，对于无条件的捐赠或政府补助，应当在捐赠或政府补助收到时确认收入；对于附条件的捐赠或政府补助，应当在取得捐赠资产或政府补助资产控制权时确认收入，但当民间非营利组织存在需要偿还全部或部分捐赠资产（或者政府补助资产）或者相应金额的现时义务时，应当根据需要偿还的金额同时确认一项负债和费用。

民间非营利组织应当按是否存在限定将各项收入区分为非限定性收入和限定性收入进行核算。

如果资产提供者对资产的使用设置了时间限制或者（和）用途限制，则所确认的相关收入为限定性收入；除此之外的其他所有收入，为非限定性收入。

民间非营利组织的会费收入、提供服务收入、商品销售收入和投资收益等一般为非限定性收入，除非相关资产提供者对资产的使用设置了限制；民间非营利组织的捐赠收入和政府补助收入，应当视相关资产提供者对资产的使用是否设置了限制，分为限定性收入和非限定性收入进行核算。

期末，民间非营利组织应当将本期限定性收入和非限定性收入分别结转至净资产项下的限定性净资产和非限定性净资产。

4. 收入的核算

（1）捐赠收入。

捐赠收入是指民间非营利组织接受其他单位或者个人捐赠取得的收入，不包括民间非营利组织因受托代理业务而从委托方收到的受托代理资产。

按资产提供者对资产的使用是否设置了时间限制或者（和）用途限制，可将捐赠收入区分为限定性捐赠收入和非限定性捐赠收入。

为了核算捐赠收入，民间非营利组织应设置"捐赠收入"科目，同时设置"限定性收入""非限定性收入"明细科目。

民间非营利组织接受捐赠时，按照应确认的金额：

借：现金
　　银行存款
　　短期投资
　　存货
　　长期股权投资
　　长期债权投资
　　固定资产
　　无形资产
　　贷：捐赠收入

期末，将"捐赠收入"科目各明细科目的余额分别转入限定性净资产和非限定性净资产。

借：捐赠收入——限定性收入
　　　　　　——非限定性收入
　　贷：限定性净资产
　　　　非限定性净资产

对于接受的附条件捐赠，如果存在需要偿还全部或部分捐赠资产或者相应金额的现时义务时，例如，因无法满足捐赠所附条件而必须将部分捐赠退还该捐赠人时，按照需要偿还的金额：

借：管理费用
　　贷：其他应付款

【情景11-1】某基金会收到某华侨捐赠的汽车一辆，发票价值为 200 000 元，其他费用为 3 000 元，用银行存款支付；又接受某归国华侨一笔捐赠款 150 000 元，注明只能用于救助孤寡老人，并且使用年限为 1 年，到期余额应退还。该慈善机构有关人员根据所在区域估计，1 年内可能使用的款项为 100 000 元。

该基金会应编制会计分录为：

借：固定资产　　　　　　　　　　203 000
　　贷：捐赠收入——非限定性收入 200 000
　　　　银行存款　　　　　　　　 3 000
借：银行存款　　　　　　　　　　100 000
　　贷：捐赠收入——限定性收入　 100 000
借：管理费用　　　　　　　　　　 50 000
　　贷：其他应付款　　　　　　　 50 000

（2）会费收入。

会费收入是指民间非营利组织根据章程等的规定向会员收取的会费。

为了核算会费收入，民间非营利组织应设置"会费收入"科目，同时设置"限定性收入"和"非限定性收入"明细科目。如果存在多种会费，可以按会费种类（如团体会费、个人会费等）设置明细账。

（3）提供服务收入。

提供服务收入是指民间非营利组织根据章程等的规定向其服务对象提供服务取得的收入，包括学费收入、医疗费收入、培训费收入等。

为了核算提供服务收入，民间非营利组织应设置"提供服务收入"账户，同时设置"限定性收入"和"非限定性收入"明细科目。如果存在多种劳务，应当按照提供服务的种类设置明细账。

一般情况下，民间非营利组织的会费收入、提供服务收入为非限定性收入，除非相关资产提供者对资产的使用设置了限制。

（4）政府补助收入。

政府补助收入是指民间非营利组织接受政府拨款或者政府机构给予的补助而取得的收入。如果资产提供者对资产的使用设置了时间限制或者（和）用途限制，则所确认的相关收入为限定性收入；除此之外的其他所有收入均为非限定性收入。

为了核算政府补助收入，民间非营利组织应设置"政府补助收入"账户，同时设置"限定性收入"和"非限定性收入"明细科目。

民间非营利组织向会员收取会费、提供劳务取得收入或接受政府补助，满足收入确认条件：

借：现金
　　银行存款
　　应收账款
　　贷：会费收入 —— 限定性收入 —— ××种类
　　　　　　　　—— 非限定性收入 —— ××种类
　　　　政府补助收入 —— 限定性收入
　　　　　　　　—— 非限定性收入

期末，将该科目的余额转入"非限定性净资产"或"限定性净资产"科目。

借：会费收入 —— 非限定性收入
　　提供服务收入 —— 非限定性收入
　　政府补助收入 —— 非限定性收入
　　贷：非限定性净资产 —— 非限定性收入

对于接受的附有条件的政府补助，如果民间非营利组织存在需要偿还全部或部分政府补助资产或者相应金额的现时义务时，比如，因无法满足政府补助所附条件而必须退还部分政府补助时，按照需要偿还的金额：

借：管理费用
　　贷：其他应付款

【情景11-2】众城医疗组织本月收到医疗费收入7 000元，存入银行。年末，其将提供劳务收入中的医疗费收入70 000元转入非限定性净资产。上年收到的政府补助10 000元，现可以动用。

该民间非营利组织应编制会计分录为：

借：银行存款　　　　　　　　　　7 000
　　贷：提供服务收入 —— 非限定性收 ——
　　　　医疗费收入　　　　　　　　7 000
借：提供服务收入 —— 非限定性收入（医疗费收入）　　　　　　　70 000
　　贷：非限定性净资产　　　　　70 000
借：政府补助收入 —— 限定性收入　10 000
　　贷：政府补助收入 —— 非限定性收入
　　　　　　　　　　　　　　　　10 000

（5）投资收益。

投资收益是指民间非营利组织因对外投资取得的投资净损益。

民间非营利组织应当在满足规定的收入确认条件时确认投资收益，为了核算投资收益的发生情况，民间非营利组织应设置"投资收益"科目。

确认实现的收入时：

借：银行存款
　　短期投资跌价准备
　　贷：相关资产
　　贷或借：投资收益

【情景11-3】某民间非营利组织将2个月前购入的账面余额为80 000元且已提跌价准备2 000元的短期债券投资出售，收到价款81 000元，已存入银行。

该民间非营利组织应编制会计分录为：

借：银行存款　　　　　　　　　　81 000
　　短期投资跌价准备　　　　　　 2 000
　　贷：短期投资——债券投资　　80 000
　　　　投资收益——非限定性收入　3 000

（6）商品销售收入。

商品销售收入是指民间非营利组织销售商品（如出版物、药品等）所形成的收入。一般情况下，民间非营利组织的商品销售收入为非限定性收入，除非相关资产提供者对资产的使用设置了限制。

民间非营利组织应当在满足规定的收入确认条件时确认商品销售收入。为了核算商品销售收入的实现和业务活动成本的发生情况，民间非营利组织应设置"商品销售收入"和"业务活动成本"科目。这两个科目应当按照商品的种类设置明细账，进行明细核算。

1）民间非营利组织实现商品销售时，应确认实现收入并结转销售成本。发生现金折扣时，确认的收入扣除现金折扣。将来债务人实际享有的现金折扣，在发生时计入"筹资费用"科目。

2）发生销货退回时，要分情况处理：

①未确认收入的已发出商品的退货，不进行账务处理。

②已经确认收入的销货退回，一般情况下直接冲减退回当月的商品销售收入、商品销售成本等。如果该销售已发生现金折扣，应在退回当月一并处理。

③对于报告年度资产负债表日至财务报告批准报出日之间发生的报告年度或以前年度的销售退回，应当作为资产负债日后事项的调整事项处理，调整报告期间会计报表的相关项目。

A. 按照应冲减的商品销售收入：

借：非限定性净资产
　　限定性净资产
　　贷：银行存款
　　　　应收账款
　　　　应收票据

B. 按照退回商品的成本：

借：存货
　　贷：非限定性净资产

如果该销售已发生现金折扣，应一并处理。

C. 期末结转时，将"商品销售收入"和"业务活动成本"科目的余额转入非限定性净资产或限定性净资产。

借：商品销售收入
　　贷：非限定性净资产
　　　　限定性净资产
借：非限定性净资产
　　限定性净资产
　　贷：业务活动成本

【情景11-4】某民间非营利组织2022年4月1日销售商品一批，发票注明价款70 000元，成本为50 000元。为了尽早收回货款，合同规定全部款项现金折扣条件为（2/10, 1/20, n/30）。购货方于4月20日付款。2022年5月5日，购货方发现其中20%的商品存在质量问题，需退货。2022年5月15日，购货方退回问题货物，并收到退货款。

该民间非营利组织应编制会计分录为：

a. 2022年4月1日：

借：应收账款　　　　　　　　　　70 000
　　贷：商品销售收入　　　　　　70 000
借：业务活动成本　　　　　　　　50 000
　　贷：存货　　　　　　　　　　50 000

b. 2022年4月20日：

借：银行存款　　　　　　　　　　59 300
　　筹资费用　　　　　　　　　　　 700
　　贷：应收账款　　　　　　　　60 000

c. 2022年5月15日：

应冲减现金折扣 = 70 000×1%×20%=140（元）

借：商品销售收入　　　　　　　　14 000
　　贷：筹资费用　　　　　　　　　 140
　　　　银行存款　　　　　　　　13 860
借：存货　　　　　　　　　　　　10 000
　　贷：业务活动成本　　　　　　10 000

（7）其他收入。

其他收入是指民间非营利组织除捐赠收入、会费收入、提供服务收入、商品销售收入、政府补助收入、投资收益等主要业务活动收入以外的其他收入，如确实无法支付的应付款项、存货盘盈、固定资产盘盈、固定资产处置净收入、无形资产处置净收入、在非货币性交易中收到补价情况下应确认的损益等。

一般情况下，民间非营利组织的商品销售收入为非限定性收入，除非相关资产提供者对资产的使用设置了现值。

为了核算其他收入，应设置"其他收入"科目，同时设置"限定性收入"和"非限定性收入"明细科目，还应当按照其他收入种类设置明细账，进行明细核算。

1）其他收入增加：

借：现金
　　文物文化资产
　　贷：其他收入

2）资产等盘盈，根据管理权限报经批准后：

借：文物文化资产
　　贷：其他收入

3）对于固定资产处置净收入：

借：固定资产清理
　　贷：其他收入

4）对于无形资产处置净收入：

借：银行存款　（实际取得的价款）
　　贷：无形资产　（账面价值）
　　　　其他收入　（差额）

5）确认无法支付的应付款项，确认为其他收入。

6）期末，将"其他收入"科目的余额转入非限定性净资产：

借：其他收入——限定性收入
　　　　　　——非限定性收入
　　贷：非限定性净资产
　　　　限定性净资产

【情景11-5】某慈善机构处置一项固定资产，原值180 000元，累计折旧40 000元，出售收入160 000元，已存入银行。某慈善机构期末存货盘盈，同类存货的公允价值为3 000元，按照有关管理权限批准作为非限定性收入。

该慈善机构应编制会计分录为：

借：固定资产清理	140 000
累计折旧	40 000
贷：固定资产	180 000
借：银行存款	160 000
贷：固定资产清理	160 000
借：固定资产清理	20 000
贷：其他收入——非限定性收入	
（固定资产处置净收入）	20 000
借：存货	3 000
贷：其他收入——非限定性收入（存货盘盈）	3 000

11.2.2　民间非营利组织会计的费用

民间非营利组织的费用是指民间非营利组织为开展业务活动所发生的、导致本期净资产减少的经济利益或者服务潜力的流出。按照其功能，民间非营利组织的费用可以分为业务活动成本、管理费用、筹资费用和其他费用等种类。

1. 业务活动成本

业务活动成本是指民间非营利组织为了实现其业务活动目标、开展其项目活动或者提供服务所发生的费用。如果民间非营利组织从事的项目、提供的服务或者开展的业务比较单一，可以将相关费用全部归集在"业务活动成本"项目下进行核算和列报；如果民间非营利组织从事的项目、提供的服务或者开展的业务种类较多，则应当在"业务活动成本"项目下分为项目、服务或者业务大类进行核算和列报。

为了核算业务活动成本，民间非营利组织应设置"业务活动成本"科目。

（1）业务发生。

借：业务活动成本
　　贷：现金
　　　　银行存款
　　　　存货
　　　　应付账款

（2）期末，将业务活动成本转入非限定性净资产。

借：非限定性净资产
　　贷：业务活动成本

【情景11-6】某基金会于2021年9月8日收到80 000元的捐款，捐赠人要求将捐款用于购买学生教材。2021年1月15日，该基金会动用其中的50 000元购买了第一批学生教材；1月20日，将该批教材赠送给希望小学的学生。

该基金会应编制会计分录为：

a. 2021年9月8日：

借：银行存款　　　　　　　80 000
　　贷：捐赠收入——限制性收入　　80 000

b. 2021年9月8日，结转捐赠收入：

借：捐赠收入——限制性收入　80 000
　　贷：限定性净资产　　　　　　80 000

c. 2022年1月15日，购买教材：

借：存货　　　　　　　　　50 000
　　贷：银行存款　　　　　　　50 000

同时，解除限制：

借：限定性净资产　　　　　50 000
　　贷：非限定性净资产　　　　50 000

d. 2022年1月20日，发送教材：

借：业务活动成本　　　　　50 000
　　贷：存货　　　　　　　　　50 000

e. 2022年1月31日，结转捐赠支出：

借：非限定性净资产　　　　50 000
　　贷：业务活动成本　　　　　50 000

2. 管理费用

管理费用是指民间非营利组织为组织和管理其业务活动所发生的各项费用，包括民间非营利组织董事会（或者理事会，或者类似权力机构）经费和行政管理人员的工资、奖金、住房公积金、住房补贴、社会保障费、离退休人员工资与补助，以及办公费、水电费、邮电费、物业管理费、差旅费、折旧费、修理费、租赁费、无形资产摊销费、资产盘亏损失、资产减值损失、因预计负债所产生的损失、聘请中介机构费和应偿还的受赠资产等。其中，福利费应当依法根据民间非营利组织的管理权限，按照董事会、理事会或类似权力机构等的规定据实列支。

为了核算民间非营利组织为组织和管理组织的业务活动所发生的各种费用，应设置"管理费用"科目，并在"管理费用"科目下，按费用项目设置明细账进行明细核算。

（1）业务发生：

借：管理费用
　　贷：累计折旧
　　　　银行存款
　　　　预计负债等

（2）期末，将"管理费用"科目余额转入非限定性净资产：

借：非限定性净资产
　　贷：管理费用

【情景11-7】某慈善机构本月计提固定资产折旧2 000元，购买办公用品1 500元，用银行存款支付；此外，因进行对外担保，该机构很可能要负担100 000元的赔款。

该慈善机构应编制会计分录为：

借：管理费用　　　　　　　 3 500
　　贷：累计折旧　　　　　　　2 000
　　　　银行存款　　　　　　　1 500

借：管理费用　　　　　　　100 000
　　贷：预计负债　　　　　　100 000

3. 筹资费用

筹资费用是指民间非营利组织为筹集业务活动所需资金而发生的费用，包括民间非营利组织为了获得捐赠资产而发生的费用以及应当计入当期费用的借款费用、汇兑损失（减汇兑收益）等。民间非营利组织为了获得捐赠资产而发生的费用包括举办募款活动费、准备、印刷和发放募款宣传资料费以及其他与募款或者争取捐赠资产有关的费用。

为了核算民间非营利组织的筹资费用，应设置"筹资费用"科目，该科目应当按照筹资费用种类设置明细账，进行明细核算。

（1）发生的筹资费用：

借：筹资费用

贷：预提费用
　　　　银行存款
　　　　长期借款

（2）发生的应冲减筹资费用的利息收入、汇兑收益：

　　借：银行存款
　　　　长期借款
　　贷：筹资费用

（3）期末，将"筹资费用"科目的余额转入非限定性净资产：

　　借：非限定性净资产
　　贷：筹资费用

【情景11-8】某慈善机构2021年2月6日为取得捐赠收入而用银行存款支付了资料宣传费3 000元。

该慈善机构应编制会计分录为：

　　借：筹资费用　　　　　　　　　3 000
　　贷：银行存款　　　　　　　　　3 000

4. 其他费用

其他费用是指民间非营利组织发生的、无法归属到上述业务活动成本、管理费用或者筹资费用中的费用，包括固定资产处置净损失、无形资产处置净损失等。

为了核算民间非营利组织的其他费用，应设置"其他费用"科目，该科目应当按照费用种类设置明细账，进行明细核算。

（1）发生的固定资产处置净损失：

　　借：其他费用
　　贷：固定资产清理

（2）发生的无形资产处置净损失：

　　借：银行存款　（实际取得的价款）
　　　　其他费用　（差额）
　　贷：无形资产　（账面价值）

（3）期末，将"其他费用"科目的余额转入非限定性净资产：

　　借：非限定性净资产
　　贷：其他费用

【情景11-9】某基金会处置一项无形资产，无形资产账面余额20 000元，处置收入16 000元。2021年年末，盘亏固定资产一台，价值40 000元，报经批准后核销。

该基金会应编制会计分录为：

　　借：银行存款　　　　　　　　　16 000
　　　　其他费用　　　　　　　　　 4 000
　　贷：无形资产　　　　　　　　　20 000
　　借：其他费用　　　　　　　　　40 000
　　贷：固定资产　　　　　　　　　40 000

民间非营利组织的某些费用如果属于多项业务活动或者属于业务活动、管理活动和筹资活动等共同发生的，而且不能直接归属于某一类活动，应当将这些费用按照合理的方法在各项活动中进行分配。

任务 11.3　民间非营利组织的资产、负债及净资产

11.3.1　民间非营利组织的资产

1. 资产的分类

资产是指过去的交易或者事项形成并由民间非营利组织拥有或者控制的资源，该资源预期会给民间非营利组织带来经济利益或者服务潜力。

按照其流动性，民间非营利组织的资产可以分为流动资产、长期投资、固定资产、无形资产和受托代理资产等。

（1）流动资产。

流动资产是指预期可以在 1 年内（含 1 年）变现或者耗用的资产，包括现金、银行存款、其他货币资金、短期投资、应收款项、预付账款、存货和待摊费用等。

（2）长期投资。

长期投资是相对于短期投资而言的，即民间非营利组织不准备随时变现，并且持有时间在 1 年以上的投资，包括长期股权投资和长期债权投资。

（3）固定资产。

固定资产是指民间非营利组织为行政管理、提供劳务、生产商品或者出租目的而持有的，预计使用年限超过 1 年、单位价值较高的有形资产，包括房屋和建筑物、一般设备、专用设备、交通工具、文物文化资产（陈列品、图书）和其他固定资产。单位价值虽未达到规定标准，但使用期限超过 1 年的大批同类物资（如馆藏图书），也可作为固定资产核算。固定资产包括固定资产、在建工程、文物文化资产。

（4）无形资产。

无形资产是指民间非营利组织为开展业务活动，出租给他人或为管理目的而持有的，没有实物形态的非货币性长期资产，包括专利权、非专利技术、商标权、著作权、土地使用权等。

（5）受托代理资产。

受托代理资产是指民间非营利组织接受委托方委托从事受托代理业务而收到的资产。在受托代理过程中，民间非营利组织通常只是从委托方收到受托资产，并按照委托人的意愿将资产转赠给指定的其他组织或者个人。民间非营利组织只是在委托代理过程中起中介作用，无权改变受托代理资产的用途或者变更受益人。

2. 资产的确认

（1）初始确认。

民间非营利组织在取得一项资源时，如果符合资产的定义和三个特征，而且其成本或者价值能够可靠计量，就应当在满足这些条件时将该项资源确认为一项资产。民间非营利组织在确认资产时，原则上应当按照取得资产所发生的实际成本予以计量。但对于接受捐赠、政府补助、受托代理等特殊情况取得的资产，原则上应当按照公允价值进行初始计量。

（2）后续计量。

民间非营利组织对于短期投资、应收款项、存货、长期投资，必须计提减值准备。对于因技术更新、遭受自然灾害等原因而发生重大减值的固定资产、无形资产，应当计提减值准备，并计入当期费用。

如果已计提减值准备的资产价值在以后会计期间得以恢复，应当在该资产已计提减值准备的范围内部分或全部转回已确认的减值损失，冲减当期费用。

3. 资产的会计处理

民间非营利组织的大部分资产与企业资产的核算相同，本部分仅重点介绍存在明显差别的资产会计处理。

（1）捐赠取得的资产。

对于民间非营利组织接受捐赠的现金资产，应当按照实际收到的金额入账。对于民间非营利组织接受捐赠的非现金资产，如接受捐赠的短期投资、存货、长期投资、固定资产和无形资产等，应当按照以下方法确定其入账价值：

1）如果捐赠方提供了有关凭据（如发票、报关单、有关协议等）的，应当按照凭据上标明的金额作为入账价值。如果凭据上标明的金额与受赠资产公允价值相差较大，受赠资产应当以其公允价值作为其入账价值。

2）如果捐赠方没有提供有关凭据的，受赠资产应当以其公允价值作为入账价值。对于民间非营利组织接受的劳务捐赠，不予确认，但应当在会计报表附注中做相关披露。

其中，公允价值是指在公平交易中，熟悉情况的交易双方自愿进行资产交换或者债务清偿的金额。公允价值的确定顺序如下：

① 如果同类或者类似资产存在活跃市场的，应当按照同类或者类似资产的市场价格确定公允价值。

② 如果同类或者类似资产不存在活跃市场，或者无法找到同类或者类似资产的，应当采用合理的计价方法确定资产的公允价值。

如果有确凿的证据表明资产的公允价值确实无法可靠计量，则民间非营利组织应当设置辅助账，单独登记所取得资产的名称、数量、来源、用途等情况，并在会计报表附注中做相关披露。在以后会计期间，如果该资产的公允价值能够可靠计量，民间非营利组织应当在其能够可靠计量的会计期间予以确认，并以公允价值计量。

【情景11-10】某民办医院接受捐赠的设备一台，其目前的市场价值为15 000元，运费200元，用银行存款支付。

该民办医院应编制会计分录为：

借：固定资产　　　　　　　　　15 200
　贷：捐赠收入　　　　　　　　　15 000
　　　银行存款　　　　　　　　　　 200

（2）受托代理资产。

对于受托代理取得的资产，民间非营利组织应当比照接受捐赠原则确认和计量受托代理资产，同时应按照其金额确认相应的受托代理负债。

民间非营利组织在收到受托代理资产时，应当按照应确认的受托代理资产的入账金额：

借：受托代理资产
　贷：受托代理负债

转赠或者转出受托代理资产时，做相反的会计处理。

民间非营利组织收到的受托代理资产如果为现金、银行存款或其他货币资金，可以不通过"受托代理资产"科目核算，而在"现金""银行存款""其他货币资金"科目下设置"受托代理资产"明细科目进行核算。

民间非营利组织应当设置受托代理资产登记簿，加强受托代理资产的管理，同时应在"受托代理资产"科目下按照指定的受赠组织或个人设置明细账，进行明细核算。"受托代理资产"科目的期末借方余额，反映民间非营利组织期末尚未转出的受托代理资产价值。

【情景11-11】某民间非营利组织收到受托代理资产10 000元，收到的受托代理资产的形式为银行存款。委托人要求民间非营利组织将受托代理资金转出给某特定组织，用于该组织相应的运行目的。

该民间非营利组织应编制会计分录为：

借：银行存款——受托代理资产　　10 000
　贷：受托代理负债　　　　　　　　10 000

（3）文物文化资产。

文物文化资产是指用于展览、教育或研究等目的的历史文物、艺术品以及其他具有文化或历史价值并做长期或者永久保存的典藏等。

为了核算文物文化资产增减变动及结存情况，应设置"文物文化资产"账户。

民间非营利组织应当设置文物文化资产登记簿和文物文化资产卡片，按文物文化资产类别等设置明细账,进行明细核算。

民间非营利组织的文物文化资产主要账务处理如下:

1)文物文化资产在取得时,应当按照取得时的实际成本入账。取得时的实际成本包括买价、包装费、运输费、缴纳的有关税金等相关费用,以及为使文物文化资产达到预定可使用状态前所必要的支出。

外购的文物文化资产,按照实际支付的买价、相关税费以及为使文物文化资产达到预定可使用状态前发生的可直接归属于该文物文化资产的其他支出,如运输费、安装费、装卸费等。

借:文物文化资产
　　贷:银行存款
　　　　应付账款

如果以一笔款项购入多项没有单独标价的文物文化资产,可按照各项文物文化资产公允价值的比例对总成本进行分配,分别确定各项文物文化资产的入账价值。

接受捐赠的文物文化资产,按照所确定的成本:

借:文物文化资产
　　贷:捐赠收入

2)出售文物文化资产、文物文化资产毁损或者以其他方式处置文物文化资产时,按照所处置文物文化资产的账面余额,编制如下会计分录:

借:固定资产清理
　　贷:文物文化资产

3)民间非营利组织应当定期对文物文化资产或者至少每年实地盘点一次。对盘盈、盘亏的文物文化资产,应当及时查明原因,并根据管理权限,报经批准后,在期末前结账处理完毕。

①如为文物文化资产盘盈,按照其公允价值,编制如下会计分录:

借:文物文化资产
　　贷:其他收入

②如为文物文化资产盘亏,按照固定资产账面余额扣除可以收回的保险赔偿和过失人的赔偿等后的金额,编制如下会计分录:

借:管理费用（差额）
　　现金或银行存款（可以收回的保险赔偿）
　　其他应收款（可以收回的过失人赔偿）
　　贷:文物文化资产（账面价值）

【情景11-12】某民间非营利组织接受赠品书画作品2件,确定的成本为400 000元;出售艺术品1件,取得销售收入200 000元,款项存入银行（该艺术品的账面余额为150 000元）。

该民间非营利组织应做会计分录如下:

借:文物文化资产　　　　　　　400 000
　　贷:捐赠收入　　　　　　　　400 000
借:固定资产清理　　　　　　　150 000
　　贷:文物文化资产　　　　　　150 000
借:银行存款　　　　　　　　　200 000
　　贷:固定资产清理　　　　　　200 000
借:固定资产清理　　　　　　　 50 000
　　贷:其他收入　　　　　　　　 50 000

11.3.2　民间非营利组织的负债

1. 负债的分类

负债是指过去的交易或者事项形成的现时义务,履行该义务预期会导致含有经济利益或者服务潜力的资源流出民间非营利组织。

按照其流动性,民间非营利组织的负债分为流动负债、长期负债和受托代理负债等种类。

（1）流动负债。

流动负债是指民间非营利组织在一年内需要偿还的负债,包括短期借款、应付票据、应付账款、预收账款、应付工资、应交税金、预提费用和预计负债等。

（2）长期负债。

长期负债是指民间非营利组织偿还期限在一年以上的负债,包括长期借款、长期应付款和其他长期负债。

其中,长期应付款主要是指民间非营利组织

融资租入固定资产发生的应付租赁款。其他长期负债是指除长期借款和长期应付款外的长期负债。

（3）受托代理负债。

受托代理负债是指民间非营利组织因从事受托代理业务、接受受托代理资产而产生的负债。

2. 负债的确认和计量

各项流动负债和长期负债应当按照实际发生额确认和计量。受托代理负债应当按照相对应的受托代理资产的金额确认和计量。

3. 负债的会计处理

除受托代理负债外，民间非营利组织的负债科目其他业务的会计处理大部分与企业会计相同。

【情景11-13】经计算，某民间非营利组织本月应付工资总额为600 000元。其中，应付给专业业务部门人员工资300 000元，管理部门人员工资200 000元，在建工程人员工资100 000元。

该民间非营利组织应编制会计分录为：

借：业务活动成本　　　　　　　300 000
　　管理费用　　　　　　　　　200 000
　　在建工程　　　　　　　　　100 000
　　贷：应付工资　　　　　　　600 000

11.3.3　民间非营利组织的净资产

净资产是指民间非营利组织的资产减去负债后的余额。

按照是否受到限制，民间非营利组织的净资产分为限定性净资产和非限定性净资产。

1. 限定性净资产

（1）限定性净资产的内容。

限定性净资产主要包括三个方面：

1）民间非营利组织净资产的使用受到资产提供者或者国家法律、行政法规所设置的时间限制或（和）用途限制，由此形成的净资产即为限定性净资产。例如，某基金会收到一项捐赠收入，捐赠人指明只能用于援助失学儿童。

2）民间非营利组织净资产所产生的经济利益（如资产的投资收益和利息等）的使用受到资产提供者或者国家法律、行政法规所设置的时间限制或（和）用途限制，由此形成的净资产即为限定性净资产。例如，某慈善机构收到一笔捐赠款项，该捐赠人要求该笔款项的利息只能用于慈善机构的日常维护。

3）国家有关法律、行政法规对民间非营利组织净资产的使用直接设置限制的，该净资产亦成为限定性净资产。例如，某基金会收到一项政府补贴，要求该项补贴只能用来救济残疾人，这就是一个永久性限制。

（2）限定性净资产的具体会计核算。

为了核算限定性净资产业务，民间非营利组织应设置"限定性净资产"科目。该科目期末贷方余额反映民间非营利组织历年积存的限定性净资产。

1）期末，将当期限定性收入实际发生额转为限定性净资产。

借：捐赠收入——限定性收入
　　政府补助收入——限定性收入
　　会费收入——限定性收入
　　贷：限定性净资产

2）如果限定性净资产的限制已经解除，应当对净资产进行重新分类，将限定性净资产转为非限定性净资产。

借：限定性净资产
　　贷：非限定性净资产

3）如果因调整以前期间收入、费用项目而涉及调整限定性净资产的，应当就需要调整金额编制会计分录：

借或贷：有关科目
　　贷或借：限定性净资产

【情景11-14】某民间非营利组织接受一笔政府补助30 000元，根据政府提出的限制条件，现已到达可以使用这笔补助的时间。该民间非营利组织从确认这笔带有时间限制性条件的收入至解除时间限制条件，共跨越2个会计年度。

该民间非营利组织应编制会计分录为：

借：限定性净资产　　　　　　　30 000
　　贷：非限定性净资产　　　　　　　30 000

【情景11-15】某民间非营利组织年终结转限定性收入账户贷方余额，其中，"捐赠收入——限定性收入"60 000元，"政府补助收入——限定性收入"40 000元。

该民间非营利组织应编制会计分录为：

借：捐赠收入——限定性收入　　60 000
　　政府补助收入——限定性收入　40 000
　　贷：限定性净资产　　　　　　　100 000

2. 非限定性净资产

（1）非限定性净资产的内容。

非限定性净资产是指民间非营利组织的净资产中没有时间限制或（和）用途限制的部分，主要包括：

1）期末民间非营利组织非限定性收入的实际发生额与当期费用的实际发生的差额。

2）由限定性净资产转为非限定性净资产的净资产。

当存在下列情况之一时，可以认为限定性净资产的限制已经解除：①限定性净资产的限制时间已经到期；②所限定净资产规定的用途已经实现（或者目的已经达到）；③资产提供者或者国家有关法律、行政法规撤销了所设置的限制。

如果限定性净资产受到两项或两项以上的限制，应当在最后一项限制解除时，才能认为该项限定性净资产的限制已经解除。

需要注意的是，民间非营利组织的董事会、理事会或类似权力机构对净资产的使用所做的限定性决策、决议或拨款限额等属于民间非营利组织内部管理上对资产使用所做的限制，相关资产不属于限定性净资产。

（2）非限定性净资产的具体会计核算。

为了核算非限定性净资产业务，民间非营利组织应设置"非限定性净资产"科目。该科目期末贷方余额反映民间非营利组织历年积存的非限定性净资产。

1）期末，将各收入类科目所属"非限定性收入"明细科目的余额转入本科目。

借：捐赠收入——非限定性收入
　　政府补助收入——非限定性收入
　　会费收入——非限定性收入
　　提供服务收入——非限定性收入
　　商品销售收入——非限定性收入
　　投资收益——非限定性收入
　　其他收入——非限定性收入
　　贷：非限定性净资产

2）同时，将各费用类科目的余额转入本科目。

借：非限定性净资产
　　贷：业务活动成本
　　　　管理费用
　　　　筹资费用
　　　　其他费用

3）如果因调整以前期间收入、费用项目而涉及调整非限定性净资产的，应当就需要调整的金额编制会计分录：

借或贷：非限定性净资产
　　贷或借：有关科目

【情景11-16】某基金会12月末各收支科目的余额如表11-2所示：

表11-2　某基金会12月末各收支科目的余额

单位：元

科目	借方	贷方
捐赠收入——非限定性收入		30 000
——限定性收入		80 000
会费收入——非限定性收入		100 000

续表

科目	借方	贷方
——限定性收入		50 000
提供服务收入		300 000
政府补助收入——非限定性收入		40 000
——限定性收入		100 000
商品销售收入		250 000
投资收益——非限定性收入		110 000
——限定性收入		20 000
其他收入		200 000
业务活动成本	300 000	
管理费用	90 000	
筹资费用	100 000	
其他费用	90 000	

基金会结转有关收支科目时，应编制会计分录为：

借：捐赠收入——限定性收入　　80 000
　　政府补助收入——限定性收入　100 000
　　会费收入——限定性收入　　50 000
　　投资收益——限定性收入　　20 000
　贷：限定性净资产　　　　　　250 000
借：捐赠收入——非限定性收入　30 000
　　政府补助收入——非限定性收入 40 000
　　会费收入——非限定性收入　100 000

　　投资收益——非限定性收入　110 000
　　提供服务收入　　　　　　300 000
　　商品销售收入　　　　　　250 000
　　其他收入　　　　　　　　200 000
　贷：非限定性净资产　　　　1 030 000
借：非限定性净资产　　　　　580 000
　贷：业务活动成本　　　　　300 000
　　　管理费用　　　　　　　90 000
　　　筹资费用　　　　　　　100 000
　　　其他费用　　　　　　　90 000

任务 11.4　民间非营利组织的会计报表

11.4.1　民间非营利组织财务报告概述

民间非营利组织的财务会计报告，是指反映民间非营利组织某一特定日期财务状况和某一会计期间业务活动情况以及现金流量的书面文件。

民间非营利组织的财务会计报告包括会计报表、会计报表附注和财务情况说明书。

民间非营利组织的会计报表又分为资产负债

表、业务活动表和现金流量表。

会计报表附注主要包括两部分内容：一是对会计报表各项目的补充说明；二是对那些会计报表中无法描述的其他财务信息的补充说明。

财务情况说明书是指对民间非营利组织一定期间经济活动进行分析总结的文字报告。它是在会计报表的基础上，对民间非营利组织财务状况、业务成果、资金周转情况以及发展前景等所做的总括说明。

11.4.2 资产负债表

资产负债表是用来反映民间非营利组织某一会计期末全部资产、负债和净资产情况的报表。通过资产负债表，可以了解民间非营利组织的财务实力、组织的资金配置结构与筹资结构，了解民间非营利组织的资产变现能力及发展能力，其基本格式如表 11-3 所示。

表 11-3 资产负债表

会民非 01 表

编制单位：　　　　　　　　　年　月　日　　　　　　　　　单位：元

资产	年初数	期末数	负债和净资产	年初数	期末数
流动资产：			流动负债：		
货币资金			短期借款		
短期投资			应付款项		
应收款项			应付工资		
预付账款			应交税金		
存货			预收账款		
待摊费用			预提费用		
一年内到期的长期债权投资			预计负债		
其他流动资产			一年内到期的长期负债		
流动资产合计			其他流动负债		
长期投资：			流动负债合计		
长期股权投资			长期负债：		
长期债权投资			长期借款		
长期投资合计			长期应付款		
固定资产：			其他长期负债		
固定资产原价			长期负债合计		
减：累计折旧			受托代理负债：		
固定资产净值			受托代理负债		
在建工程			负债合计		
文物文化资产			净资产：		
固定资产清理			非限定性净资产		
固定资产合计			限定性净资产		

资产	年初数	期末数	负债和净资产	年初数	期末数
无形资产：			净资产合计		
无形资产					
受托代理资产：					
受托代理资产					
资产总计			负债和净资产总计		

民间非营利组织资产负债表大部分项目的内容与填列方法与企业资产负债表对应项目相同，本部分重点介绍与企业资产负债表存在差异的项目。

(1)"货币资金"项目。

该项目应当根据"现金""银行存款""其他货币资金"科目的期末余额合计填列。如果民间非营利组织的受托代理资产为现金、银行存款或其他货币资金且通过"现金""银行存款""其他货币资金"科目核算，还应当扣减"现金""银行存款""其他货币资金"科目中"受托代理资产"明细科目的期末余额。

(2)"受托代理资产"项目。

该项目反映民间非营利组织接受委托从事受托代理业务而收到的资产。

该项目应当根据"受托代理资产"科目的期末余额填列。如果民间非营利组织的受托代理资产为现金、银行存款或其他货币资金且通过"现金""银行存款""其他货币资金"科目核算，还应当加上"现金""银行存款""其他货币资金"中"受托代理资产"明细科目的期末余额。

【情景11-17】2021年年末，某慈善机构的"现金""银行存款""其他货币资金""受托代理资产"科目的期末余额分别为5 000元、500 000元、120 000元、1 300 000元，受托代理的现金、银行存款且通过"现金""银行存款"科目核算的金额分别为2 000元、50 000元。

该慈善机构2021年年末货币资金项目填列的金额：

5 000 ＋ 500 000 ＋ 120 000 = 625 000（元）

625 000 －（2 000 ＋ 50 000）= 573 000（元）

受托代理资产项目填列的金额为：

1 300 000 ＋（2 000 ＋ 50 000）=1 352 000（元）

(3)"应付款项"项目。

该项目反映民间非营利组织期末应付票据、应付账款和其他应付款等应付未付款项，应当根据"应付票据""应付账款""其他应付款"科目的期末余额合计填列。

【情景11-18】某慈善机构2021年年末"应付票据""应付账款""其他应付款"科目的期末余额分别为160 000元、40 000元、30 000元。

该慈善机构2021年年末应付款项项目填列的金额为：

160 000 ＋ 40 000 ＋ 30 000=230 000（元）

(4)"文物文化资产"项目。

该项目反映民间非营利组织用于展览、教育或研究等目的的历史文物、艺术品及其他具有文化或者历史价值并做长期或者永久保存的典藏等。

(5)"受托代理负债"项目。

该项目反映民间非营利组织因从事受托代理业务，接受受托代理资产而产生的负债。

(6)"非限定性净资产"项目。

该项目反映民间非营利组织拥有的非限定性净资产期末余额。

(7)"限定性净资产"项目。

该项目反映民间非营利组织拥有的限定性净资产期末余额。

上述文物文化资产、受托代理负债、非限定性净资产和限定性净资产项目均应当根据"限定性净资产"科目的期末余额填列。

11.4.3 业务活动表

业务活动表是反映民间非营利组织在某一会计期间内开展业务活动实际情况的书面报告文件，是一定期间的民间非营利组织收入与同一会计期间相关的成本费用进行配比的结果。业务活动表的格式如表 11-4 所示。

表 11-4　业务活动表

会民非 02 表

编制单位：　　　　　　　　　　年　月　日　　　　　　　　　　　　　　　单位：元

项目	行次	本月数			本年累计数		
		非限定性	限定性	合计	非限定性	限定性	合计
一、收入							
其中：捐赠收入	1						
会费收入	2						
提供服务收入	3						
商品销售收入	4						
政府补助收入	5						
投资收益	6						
其他收入	9						
收入合计	11						
二、费用							
（一）业务活动成本	12						
其中：	13						
（二）管理费用	21						
（三）筹资费用	24						
（四）其他费用	28						
费用合计	35						
三、限定性净资产转为非限定性净资产	40						
四、净资产变动额（若为净资产减少额，以"－"号填列）	45						

（1）"本月数"栏反映各项目的本月实际发生数；在编制季度、半年度等中期财务会计报告时，应当将本栏改为"本季度数""本半年度数"等本中期数栏，反映各项目本中期的实际发生数。

在提供上年度比较报表时，应当增设可比期间栏目，反映可比期间各项目的实际发生数。如果本年度业务活动表规定的各个项目的名称和内容与上年度不一致，应对上年度业务活动表各项目的名称和数字按照本年度的规定进行调整，填入本表上年度可比期间栏目内。

（2）"本年累计数"栏反映各项目自年初起至报告期末止的累计实际发生数。

"非限定性"栏反映本期非限定性收入的实际发生数、本期费用的实际发生数和本期由限定性净资产转为非限定性净资产的金额。

"限定性"栏反映本期限定性收入的实际发生数和本期由限定性净资产转为非限定性净资产的金额（以"－"号填列）。在提供上年度比较报表项目金额时，限定性和非限定性栏目的金额可以合并填列。

（3）业务活动表各项目的内容。

1）收入。

① "捐赠收入"项目，反映民间非营利组织接受其他单位或者个人捐赠所取得的收入总额。

② "会费收入"项目，反映民间非营利组织根据章程等的规定向会员收取的会费总额。

③ "提供服务收入"项目，反映民间非营利组织根据章程等的规定向其服务对象提供服务取得的收入总额。

④ "商品销售收入"项目，反映民间非营利组织销售商品等所形成的收入总额。

⑤ "政府补助收入"项目，反映民间非营利组织接受政府拨款或者政府机构给予的补助而取得的收入总额。

⑥ "投资收益"项目，反映民间非营利组织以各种方式对外投资所取得的投资净损益。

⑦ "其他收入"项目，反映民间非营利组织除上述收入项目之外所取得的其他收入总额。

2）费用。

① "业务活动成本"项目，反映民间非营利组织为了实现其业务活动目标、开展其项目活动或者提供服务所发生的费用。

民间非营利组织应当根据其所从事的项目、提供的服务或者开展的业务等具体情况，按照"业务活动成本"科目中各明细科目的发生额，在本表第12行至第21行之间填列业务活动成本的各组成部分。

② "管理费用"项目，反映民间非营利组织为组织和管理其业务活动所发生的各项费用总额。

③ "筹资费用"项目，反映民间非营利组织为筹集业务活动所需资金而发生的各项费用总额，包括利息支出（减利息收入）、汇兑损失（减汇兑收益）以及相关手续费等。

④ "其他费用"项目，反映民间非营利组织除以上费用项目之外发生的其他费用额。

3） "限定性净资产转为非限定性净资产"项目，反映民间非营利组织当期从限定性净资产转入非限定性净资产的金额。

4） "净资产变动额"项目，反映民间非营利组织当期净资产变动的金额。

（4）业务活动表各项目的填列。

业务活动表中的项目，除了"限定性净资产转为非限定性净资产"和"净资产变动额"以外的各项目，均应按各科目本期发生额填列。

"限定性净资产转为非限定性净资产"项目应当根据"限定性净资产""非限定性净资产"科目的发生额分析填列。

"净资产变动额"项目应当根据本表"收入合计"项目的金额，减去"费用合计"项目的金额，再加上"限定性净资产转为非限定性净资产"项目的金额后填列。

【情景11-19】某慈善机构2021年度只有"捐赠收入"和"其他收入"两个科目的本年发生额，分别为4 000 000元、40 000元；只有"业务活动成本""管理费用""其他费用"三个科目的本年发生额，分别为250 000元、35 000元、40 000元；"限定性净资产转为非限定性净资产"的金额为90 000元。

该慈善机构2021年末应填列的项目和金额分别如表11-5所示。

表11-5 某慈善机构应填列的业务活动表

单位：元

项　目	金　额
捐赠收入	4 000 000
其他收入	40 000
业务活动成本	250 000
管理费用	35 000
其他费用	40 000
限定性净资产转为非限定性净资产	90 000
净资产变动额	3 805 000

10.4.4 现金流量表

1. 现金流量表的基本内容与结构

现金流量表是反映民间非营利组织一定会计期间内有关现金和现金等价物的流入和流出情况的报表。

现金流量表的现金流量分为业务活动产生的现金流量、投资活动产生的现金流量和筹资活动产生的现金流量，其基本结构见表11-6。

表 11-6　现金流量表

会民非 03 表

编制单位：　　　　　　　年度　　　　　　　　　　单位：元

项目	行次	金额
一、业务活动产生的现金流量：		
接受捐赠收到的现金	1	
收取会费收到的现金	2	
提供服务收到的现金	3	
销售商品收到的现金	4	
政府补助收到的现金	5	
收到的其他与业务活动有关的现金	8	
现金流入小计	13	
提供捐赠或者资助支付的现金	14	
支付给员工以及为员工支付的现金	15	
购买商品、接受服务支付的现金	16	
支付的其他与业务活动有关的现金	19	
现金流出小计	23	
业务活动产生的现金流量净额	24	
二、投资活动产生的现金流量：		
收回投资所收到的现金	25	
取得投资收益所收到的现金	26	
处置固定资产和无形资产所收回的现金	27	
收到的其他与投资活动有关的现金	30	
现金流入小计	34	
购建固定资产和无形资产所支付的现金	35	
对外投资所支付的现金	36	
支付的其他与投资活动有关的现金	39	
现金流出小计	43	
投资活动产生的现金流量净额	44	
三、筹资活动产生的现金流量：		
借款所收到的现金	45	
收到的其他与筹资活动有关的现金	48	
现金流入小计	50	

续表

项目	行次	金额
偿还借款所支付的现金	51	
偿付利息所支付的现金	52	
支付的其他与筹资活动有关的现金	55	
现金流出小计	58	
筹资活动产生的现金流量净额	59	
四、汇率变动对现金的影响额	60	
五、现金及现金等价物净增加额	61	

2. 现金流量表各项目的内容与填列

民间非营利组织现金流量表部分项目的内容与填列方法与企业现金流量表项目的内容与填列方法相同，本书不再赘述。下面重点介绍与企业现金流量表存在差异的项目。

（1）"接受捐赠收到的现金"项目，反映民间非营利组织接受其他单位或者个人捐赠取得的现金。该项目可以根据"现金""银行存款""捐赠收入"等科目的记录分析填列。

（2）"收取会费收到的现金"项目，反映民间非营利组织根据章程等的规定向会员收取会费取得的现金。该项目可以根据"现金""银行存款""应收账款""会费收入"等科目的记录分析填列。

（3）"提供服务收到的现金"项目，反映民间非营利组织根据章程等的规定向其服务对象提供服务取得的现金。该项目可以根据"现金""银行存款""应收账款""应收票据""预收账款""提供服务收入"等科目的记录分析填列。

（4）"销售商品收到的现金"项目，反映民间非营利组织销售商品取得的现金。该项目可以根据"现金""银行存款""应收账款""应收票据""预收账款""商品销售收入"等科目的记录分析填列。

（5）"政府补助收到的现金"项目，反映民间非营利组织接受政府拨款或者政府机构给予的补助而取得的现金。该项目可以根据"现金""银行存款""政府补助收入"等科目的记录分析填列。

（6）"收到的其他与业务活动有关的现金"项目，反映民间非营利组织收到的除以上业务之外的现金。该项目可以根据"现金""银行存款""其他应收款""其他收入"等科目的记录分析填列。

（7）"提供捐赠或者资助支付的现金"项目，反映民间非营利组织向其他单位和个人提供捐赠或者资助支出的现金。该项目可以根据"现金""银行存款""业务活动成本"等科目的记录分析填列。

项目小结

本项目主要讲述了民间非营利组织会计概述，民间非营利组织的收入与费用，民间非营利组织的资产、负债及净资产，民间非营利组织的会计报表。其中：

民间非营利组织会计概述包括民间非营利组织的界定、民间非营利组织会计的目标和核算基础、民间非营利组织会计的基本假设、民间非营利组织会计核算的基本原则、民间非营利组织的会计要素、民间非营利组织的会计科目。

民间非营利组织的收入与费用包括民间非营利组织的收入、民间非营利组织的费用。

民间非营利组织的资产、负债及净资产包括民间非营利组织的资产、民间非营利组织的负债、民间非营利组织的净资产。

民间非营利组织的会计报表包括民间非营利组织财务报告概述、资产负债表、业务活动表、现金流量表。

思考与练习

一、单项选择题

1. 民间非营利组织会计要素不包括（ ）。
A. 收入　　　　B. 支出
C. 费用　　　　D. 净资产

2. 净资产是（ ）。
A. 全部资产减去权益的余额
B. 全部资产减去全部所有者权益的余额
C. 全部资产减去全部负债的余额
D. 全部资产减去发生的损失的余额

3. 民间非营利组织对于因无法满足捐赠所附条件而必须退还给捐赠人的部分捐赠款项，应将该部分需要偿还的款项确认为（ ）。
A. 管理费用　　　B. 业务活动成本
C. 筹资费用　　　D. 其他费用

4. 下列各项关于非营利组织会计处理的表述中，正确的是（ ）。
A. 捐赠收入于捐赠方做出书面承诺时确认
B. 接受的劳务捐赠按照公允价值确认捐赠收入
C. 如果捐赠方没有提供有关凭证，受赠的非现金资产按照名义价值入账
D. 收到受托代理资产时确认受托代理资产，同时确认受托代理负债

5. 民间非营利组织会计中，所拥有的用于展览、教育或研究等目的的历史文物、艺术品确认为（ ）。
A. 固定资产　　　　B. 无形资产
C. 文物文化资产　　D. 受托代理资产

二、多项选择题

1. 民间非营利组织按照是否存在限定将收入区分为限定性收入和非限定性收入，在判断收入是否存在限定时，应当考虑的因素有（　）。

A. 时间　　B. 金额　　C. 来源　　D. 用途

2. 民间非营利组织会计的基本假设包括（　）。

A. 会计主体　　　　B. 持续经营
C. 会计分期　　　　D. 货币计量

3. 民间非营利组织的特征包括（　）。

A. 按投入比例分派利润

B. 资源投资者向该组织投入资源但不取得经济回报

C. 不以营利为宗旨和目标

D. 资源提供者不享有该组织的所有权

4. 民间非营利组织会计期末结转各项净资产时，应转入"非限定性净资产"科目的借方的项目有（　）。

A. 管理费用　　　　B. 筹资费用
C. 业务活动成本　　D. 提供服务收入

5. 关于民间非营利组织会费收入的核算，正确的有（　）。

A. 会费收入是指民间非营利组织根据章程等的规定向会员收取的会费

B. 民间非营利组织的会费收入通常属于交换交易收入

C. 一般情况下，民间非营利组织的会费收入为限定性收入

D. 民间非营利组织的会费收入应当按照权责发生制来确认

三、判断题

1. 民间非营利组织的净资产是指民间非营利组织资产减去负债后的余额。（　）

2. 对于民间非营利组织接受的劳务捐赠，不予确认，但应当在会计报表附注中做相关披露。（　）

3. 管理费用是指民间非营利组织为了实现其业务活动目标、开展项目活动或者提供服务所发生的费用。（　）

4. 民间非营利组织的财务会计报告包括会计报表、会计报表附注和财务情况说明书。（　）

5. 业务活动表是反映民间非营利组织在某一会计期间内开展业务活动实际情况的书面报告文件。（　）

四、简答题

1. 简述民间非营利组织会计的基本假设。

2. 简述民间非营利组织的收入。

REFERENCES 参考文献

[1] 陆志平. 政府会计 [M]. 昆明：云南大学出版社，2018.

[2] 贺蕊莉. 政府与非营利组织会计 [M]. 大连：东北财经大学出版社，2013.

[3] 孙琳. 政府会计学 [M]. 上海：上海财经大学出版社，2020.

[4] 任静，严萍，王吉萍. 行政事业单位会计 [M]. 北京：中国人民大学出版社，2012.

[5] 陈复昌. 政府与事业单位会计 [M]. 北京：中国人民大学出版社，2011.